SCHOTTL

DIE AUTOREN

Lilly Nielitz-Hart studierte Amerikanistik, Kulturwissenschaft und Russistik und arbeitete für eine namhafte Kulturinstitution in Frankfurt am Main. Heute ist sie als freie Redakteurin, Autorin und Übersetzerin in Großbritannien und Deutschland tätig.

Simon Hart, geboren im nordenglischen Leeds, studierte Geschichte und Archäologie. Er ist Lehrer für Geschichte und Politik. Die Autoren leben an der Südküste Englands und haben zahlreiche Reiseführer über die britischen Inseln veröffentlicht.

TOP 10

1 Edinburgh Calton Hill
S. 34, 41

Der Hügel bietet den besten Ausblick auf die Stadt, vom Edinburgh Castle bis zum Flussdelta des Firth of Forth.

2 Melrose
S. 61 f.

In dem hübschen Städtchen befindet sich die schönste der vier Abteien in den Scottish Borders. Von lieblicher Landschaft umgeben, die zum Wandern einlädt, bietet es die perfekte Mischung aus Natur und Historie.

3 George Square in Glasgow
S. 72, 77

Eingerahmt von der klassizistischen Merchant City bildet der weitläufige Platz das Herz der modernen Stadt. Hier finden viele Feste und Veranstaltungen statt.

4 Kilmartin Glen
S. 111 f.

In der altertümlichen Landschaft von Argyllshire findet man die beeindruckendsten prähistorischen Monumente auf dem schottischen Festland, vom Glebe Cairn über die Nether Largie Standing Stones bis zum Dunadd Fort, der Krönungsstätte Dalriadas.

5 Loch Katrine
S. 132, 133

Der schönste See im Trossachs National Park, Heimat des Dampfschiffs »Sir Walter Scott«, lädt zu einer unvergesslichen Bootsfahrt ein. Der Schriftsteller verewigte den See in seinem Epos »Lady of the Lake«.

6 Royal Deeside
S. 152, 170, 172

Zwei Königinnen verliebten sich unsterblich in die von tannenbewachsenen Hügeln eingerahmte Landschaft des Tals am River Dee im Cairngorms National Park: Victoria erbaute hier das Schloss Balmoral, das bis heute der liebste Sommersitz der amtierenden Queen Elizabeth II. ist.

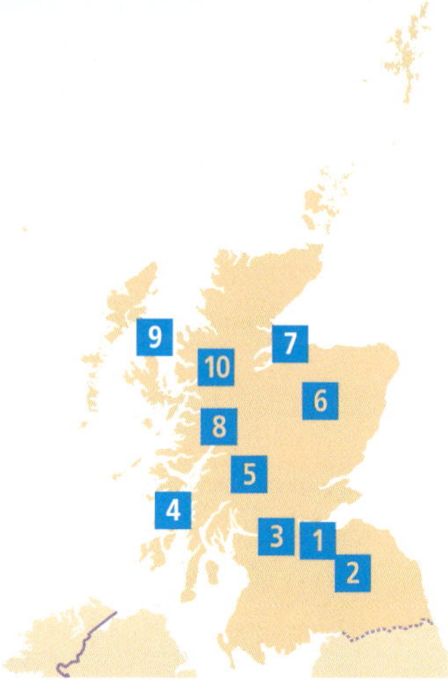

7 Moray Firth
S. 186 f., 193, 195

Der größte Firth Schottlands ist umgeben von einer geschichtsträchtigen Landschaft und der attraktiven Nordseeküste. Die Gewässer sind auch bei Delfinen, Zwergwalen und Robben beliebt, die man hier aus nächster Nähe beobachten kann.

8 Glen Coe
S. 201 ff.

Wie ein grandioses Tor bilden zwei Gipfel den südlichen Eingang des spektakulären Tals. Die entrückte Landschaft, eingerahmt von moosbedeckten Hügeln und durchzogen von Wasserläufen, ist dennoch erstaunlich zugänglich.

9 Isle of Skye
S. 229 ff.

Die Highlands in Miniatur finden sich in der vielseitigen Landschaft der Isle of Skye, mit den Cuillin-Bergen, der Trotternish-Halbinsel und karibisch anmutenden Stränden. Schon die Anreise auf der geschwungenen Brücke bei Kyle of Lochalsh oder per Boot ist ein Erlebnis.

10 Eilean Donan Castle
S. 231, 233

Mit Sicherheit eines der fotogensten Panoramen Schottlands und als Ikone vielfach abgebildet auf Produkten von der Postkarte bis zur Keksdose ist das Schloss aus den Highlander-Filmen im Loch Duich.

Lilly Nielitz-Hart und Simon Hart

SCHOTTLAND

WILLKOMMEN IN SCHOTTLAND

Schottland – Natur, Geschichte, Kultur

Zerklüftete, wildromantische Landschaften mit grandiosen Fjorden und glasklaren Lochs, einsame Sandstrände und eine fantastisch anmutende Inselwelt im Nordatlantik. Das alles vor dem Hintergrund der Schicksale tragischer Gestalten wie Macbeth oder Mary Stuart – danach sehnen sich Schottland-Urlauber. In die unberührte Natur zu reisen ist für viele ein Traum, und wer es wagt, wird nicht enttäuscht.

Die schiere Vielfalt der Landschaft lässt keine Wünsche offen, sie reicht von sattgrünen Auen, dunklen Tannenwäldern und Salzmarschen in den Lowlands bis hin zu kargen, heideüberzogenen Mooren, schneebedeckten Kuppen vulkanischer Hügel, tiefblauen Seen und halbmondförmigen Buchten in den Highlands. Nicht von ungefähr finden sich viele malerische schottische Schlossruinen in Hollywood-Klassikern wie »Highlander« und »Braveheart« wieder.

In spektakulärer Lage auf einer Landzunge im Loch Duich: die Festung Eilean Donan Castle

Den Aussteigertraum von der eigenen Insel – hier könnte man ihn sich erfüllen: Von den über 790 Inseln rund um Schottland sind nur 95 bewohnt und etliche stehen zum Verkauf.

Aber Schottland bietet nicht nur Natur. Allgegenwärtig ist auch die jahrtausendealte Historie frühzeitlicher Steinkreise, von Schlachtfeldern, herrschaftlichen Schlössern oder malerischen Abtei- und Burgruinen. Darüber hinaus hat das Land keinen Mangel an interessanten Museen und Sehenswürdigkeiten, ein geballtes Kulturerlebnis erwartet den Besucher in den Metropolen Edinburgh und Glasgow.

Wer Highlander im Schottenrock mit Dudelsack sucht, findet diese heute vor allem als Unterhaltung für Touristen auf der Edinburgher Royal Mile und anderen Einkaufsstraßen. Schottenkaro, Whisky und weitere touristische Artikel werden in den Highland-Shops der Touristenzentren angeboten.

Der Schottenrock in ausgefallenen Farben und Mustern hat sich unter jungen Männern und Frauen allerdings längst zum coolen Modeaccessoire entwickelt und wird in spezialisierten Boutiquen angeboten. Weit öfter begegnet man jedoch der schottischen Flagge, die gern als Bekenntnis zur schottischen Identität aufgehängt wird. Urschottisch geht es auch beim folkloristischen *Cèilidh* mit Musik und Tanz zu. Bei einem Glas feinstem Whisky kann man hier der feier- und trinkfreudigen keltischen Seele der Schotten auf den Grund gehen. Besucher werden überall herzlich und freundlich aufgenommen.

Fàilte gu Alba! – Willkommen in Schottland!

Von der Architektur der französischen Loire-Schlösser inspiriert: Inveraray Castle

Geografie und Natur

Schottland ist Teil des Vereinigten Königreichs und seine Fläche nimmt mit 78722 Quadratkilometern das nördliche Drittel der britischen Hauptinsel ein. Die Landesgrenze mit England verläuft vom Solway Firth entlang dem River Tweed bis nach Marshall Meadows Bay an der Nordsee. Im Westen sind die Inselgruppen der Inneren und Äußeren Hebriden dem Festland vorgelagert. Ganz im Norden liegen die Orkney- und die Shetland-Inseln.

Wegen der Gletscherbewegungen in der letzten Eiszeit entstanden tief eingeschnittene Meeresarme, sogenannte *Sea Lochs,* und tiefe Inlandseen, insgesamt mehr als 3100, einige sind echte Salzwasser-Fjorde, wie Loch Linnhe, Loch Etive und Loch Fyne – mit 65 Kilometern der längste Fjord Schottlands.

In ländlichen Gebieten sollte man immer und überall mit Schafen auf der Straße rechnen

DIE SCHOTTISCHE FLAGGE

Die schottische Flagge, genannt Saltire, besteht aus einem weißen Andreaskreuz auf hellblauem Grund. Das Motiv geht zurück auf St. Andrew (Sankt Andreas), der seit dem 13. Jahrhundert der Nationalheilige Schottlands ist. Heute feiern die Schotten ihren Nationalheiligen alljährlich am 30. November mit einem Bank Holiday, einem Feiertag.

Geografisch ist Schottland unterteilt in die Hauptregionen Highlands und Lowlands und wird durch mehrere geologische Bruchlinien markiert, die quer durch die Insel führen. Zwischen Lochranza auf der Isle of Arran und Stonehaven an der Ostküste verläuft die tektonische Bruchlinie Highland Boundary Fault; sie trennt Highlands und Lowlands. Vor 410 Millionen Jahren prallten hier zwei Erdplatten aufeinander und drückten dabei die Berge der Southern Uplands nach oben.

Die Lowlands bestehen aus den an England grenzenden Southern Uplands und den Central Lowlands. Letztere bilden das Zentrum Schottlands – hier liegen die Städte Edinburgh, Glasgow, Aberdeen, Dundee, Perth, Stirling und Ayr.

Einen zweiten sichtbaren Schnitt bildet das Great Glen. Diese diagonal verlaufende tektonische Verwerfung trennt den nordwestlichen Teil der Highlands vom Moray Firth bis zum Loch Linnhe von den südlich liegenden Grampian Mountains. Der Calendonian Canal überbrückt die kurze Wasserscheide zwischen Loch Linnhe und Moray Firth, die jeweils nach Westen und Osten abfließen. Die Nordwestküste mit den Inseln Lewis und Harris gehört zu den geo-

Eine der weltweit schönsten Bahnrouten führt durch die schottischen Highlands: der Jacobite Steam Train auf der West Highland Line am Glenfinnan-Viadukt

Typische schottische Blackhouses in Lewis auf den Äußeren Hebriden

logisch ältesten Regionen Schottlands – der Lewis-Gneis ist etwa drei Milliarden Jahre alt. Das Gebiet ist ausgewiesener UNESCO-Geopark, ein Besucherzentrum findet sich in Kylesku (vgl. S. 237).

In der Einsamkeit der Highlands konnten sich seltene Tierarten wie Stein-, Fisch- und Seeadler, Wildkatzen, Schneehasen und Schnee-Eulen erhalten. St. Kilda, die entlegenste der Inselgruppen, ist wegen der Brutstätten von Seevögeln wie Papageitauchern UNESCO-Weltnaturerbe. In den Cairngorm Mountains gibt es neben dem fotogenen Angusrind heute auch Rentiere und sogar Lamas.

Die Küstenregionen weisen einen besonders großen Artenreichtum auf. So sichtet man am Moray Firth Große Tümmler und rund um die Inseln fast 21 Wal- und Delfinarten sowie Robben. Einst waren fast 70 Prozent der Fläche Schottlands von Mischwäldern bedeckt. Nach jahrtausendelangem Raubbau wird der Caledonian Forest heute an verschiedenen Stellen wieder aufgeforstet. Die Bergkuppen sind mit Heidepflanzen, Farnen, Moosen und Gräsern bewachsen. Im Winter erscheint das Heidekraut wie eine braune Decke, im Spätsommer sorgen pinkrosa Blüten für Farbklekse.

Klima

Ausgestreckt zwischen dem 54. und 60. Breitengrad ist in Schottland kein Ort weiter als 64 Kilometer vom Meer entfernt. Das Wetter wird zwar bestimmt von den Wetterfronten des Atlantiks, aber der Golfstrom sorgt für gemäßigte Temperaturen. Im Juli und August wird eine Durchschnittstemperatur von 19° Celsius erreicht. Bei westlicher Wetterlage erreicht der Regen zuerst die Hebrideninseln, während die Nordostküste zu den trockensten Regionen Schottlands gehört. Der Wind ist ein bestimmendes Merkmal, wenn er die Wolken weggefegt hat, scheint die Sonne wieder warm. Ein schönes Nebenprodukt des häufigen Wetterwechsels sind Regenbögen und sattgrüne Wiesen.

Wie überall im Bergland sind die Kuppen der höchsten Erhebungen morgens oft in Nebel gehüllt, der sich aber im Laufe des

Wind und Wetter gewohnt: Schottisches Hochlandrind in der Nähe von Glencoe

Tages lüftet. Im hohen Norden Schottlands sind im Sommer die Tage vier Stunden länger (auf Shetland wird es dann nie richtig dunkel), hier sieht man auch die Polarlichter.

Bewohner

In der Stadt Largs wird alljährlich mit dem Largs Viking Festival an die Seeschlacht erinnert, bei der die Wikinger vom Eiland vertrieben wurden

Die Ureinwohner Schottlands waren die keltischen Pikten, die den Römern das Leben schwer machten. Die Römer drangen daher nie bis in den fernen Norden Schottlands vor. Ab dem 5. Jahrhundert wanderten irische Gälen von Westen ein und ab dem 7. Jahrhundert machten Wikinger die Inseln und nördlichen Küsten unsicher. Im 9. Jahrhundert entstand das erste vereinte Königreich der Pikten und Gälen, das Reich Alba unter Kenneth MacAlpin. Obwohl nur etwa 1,3 Prozent aller Schotten Gälisch sprechen, ist die Sprache bis heute ein Merkmal schottischer Identität. Sogar das schottische Parlament benutzt den gälischen Namen *Pàrlamaid na h-Alba*. In Gälisch ist der Schotte ein *Albanach*. Die Bezeichnung für Engländer südlich der Landesgrenze, *Sassenach* (Sachse), wird als Beleidigung benutzt.

Heute leben in Schottland etwa 5,4 Millionen Menschen. Zwei Drittel davon sind in den Lowlands mit den beiden Metropolen Glasgow und Edinburgh ansässig. Die Highlands, der Norden Schottlands, hat die geringste Bevölkerungsdichte des ganzen Vereinigten Königreichs und ist eine der am dünnsten besiedelten Gegenden Europas mit nur neun Einwohnern pro Quadratkilometer (bzw. 7,8 ohne Inverness).

Im Wesentlichen ist dies eine Spätfolge der Higland Clearances im späten 18. bis zum frühen 19. Jahrhundert. Während dieser Hochland-Vertreibungen wurden die Clans, die sich nach dem Abzug der Wikinger gebildet hatten, zerschlagen. Tausende von ansässigen *Crofters* (Kleinbauern), Clan-Mitglieder, die Land von ihren Clan Chiefs gepachtet hatten, wurden aus ihren Häusern vertrieben, um das Land für die großflächige Schaf- und Rinderzucht frei zu machen (vgl. Kasten S. 228). Ihrer einzigen Lebensgrundlage beraubt, wanderten viele Highlander nach Übersee aus oder wurden zwangsumgesiedelt. Nicht zuletzt aus diesem Grund leben heute weltweit über 25 Millionen Menschen mit einem schottischen Stammbaum außerhalb des Landes. Allein in den USA, Kanada und Australien sind dies über elf Millionen Menschen und damit mehr als doppelt so viele, wie Schottland derzeit an Einwohnern hat. Und bis heute wandern mehr Menschen aus als ein, obwohl der Trend durch die verstärkte Immigration aus Europa in den letzten Jahren abgebremst wurde.

Innerhalb des Vereinigten Königreichs sind die Schotten berüchtigt für ihre schlechte Ernährung, was durch weit verbreitetes Fast Food, zu dem auch frittierte Marsriegel gehören, verstärkt wird. Im Verhältnis ist die Lebenserwartung unter Schotten daher zwei Jahre kürzer als im Rest des Landes. Die Küche aber ist besser als ihr Ruf, Köche mit Michelinstern wie Martin Wishart und Tom Kitchin belegen das, und die neue britische Kochkunst erreicht langsam auch die entlegeneren Gebiete. Allseits bekannt sind die Schotten als Whisky-Brauer und dafür, dass Trinkfestigkeit in einer geselligen Runde gut angesehen ist.

Schottlands Hauptsprache ist Englisch, das sich durch regionale Akzente unterscheidet. Etwa 30 Prozent der Einwohner sprechen das Lowland-Schottisch Scots, das als eigene Sprache anerkannt ist und einige Anforderungen an Touristen stellt. Hierzu gehört z.B. auch der Scots-Dialekt *Glasgow Patter*. Schottisches Gälisch wird von ca. 66 000 Menschen gesprochen, vor allem in Nordwestschottland und auf den Äußeren Hebriden sowie in Glasgow. Das Zentrum der Sprache ist die gälische Universität Sabhal Mòr Ostaig auf der Insel Skye. Bis ins 17. Jahrhundert hinein gab es auf den Orkney- und den Shetland-Inseln noch das Norn, eine heute ausgestorbene Sprache, die auf die Wikinger zurückgeht. Hierauf weisen noch eingebürgerte Worte wie *firth* (Fjord), *fell* (Berg) und *ness* (Kap) hin.

Seit der Reformation ist die calvinistisch orientierte presbyterianische Kirche in Schottland vorherrschend. In Regionen mit einer großen Einwanderungsquote aus dem katholischen Irland entstanden im 20. Jahrhundert Fußballclubs, die zu Rivalen der existierenden Clubs wurden. Konflikte zwischen den religiösen Lagern führten bei Spielen regelmäßig zu gewalttätigen Ausschreitungen. In Edinburgh sind es die Teams Hibernian (irisch-katholisch) und Hearts (protestantisch), in Glasgow die Vereine Celtic (irisch-katholisch) und Rangers (protestantisch). Als die Rangers 2012 in die dritte Liga abstiegen, beruhigte sich die Lage. Zu weiteren großen Glaubensgemeinschaften gehören Juden, Muslime, und Sikhs.

Kunterbuntes Event im Sommer: die »Glasgower Mala«, das größte multikulturelle Festival in Schottland

Ausdruck des Stolzes auf die alten Traditionen: Highlander aus Lonach im schottischen Kilt

Flagge zeigen für ein unabhängiges Schottland

Schottische Unabhängigkeitsbewegung

Der Wunsch, eine unabhängige Nation zu sein, ist bei den Schotten seit dem Mittelalter tief verwurzelt. Unvergessen sind Ereignisse wie die siegreiche Schlacht bei Bannockburn (vgl. Kasten S. 126) gegen die Engländer und Streiter für die schottische Autonomie wie William Wallace (»Braveheart«) und König Robert the Bruce.

Seit 2007 wird das Land von der Scottish National Party (SNP) regiert, deren Ziel es ist, Schottland aus dem Verbund des Vereinigten Königreichs zu lösen. 2011 errang die Partei die absolute Mehrheit. Bei den Nationalwahlen 2016 verlor sie zwei Sitze und damit die absolute Mehrheit.

Im Rahmen der britischen Dezentralisierungspolitik *(Devolution)* und der damit gewonnenen Autonomie erhielt Schottland 1999 das erste Mal seit 292 Jahren wieder ein eigenes Parlament. Die Schotten gestalten seither ihre eigene Schul- und Steuerpolitik und entscheiden selbstständig über regionale Belange. Allerdings

SCHOTTISCHER KILT UND TARTAN

Der heutige Schottenrock entstand im 18. Jahrhundert in Anlehnung an die traditionelle Kleidung der Highlander. Der vielseitige Kilt *(quelt)* bestand ursprünglich aus einer Bahn von schwerem Wollstoff, den man um den Körper wickelte und dessen Ende über die Schulter geworfen wurde. In der Mitte hielt ein Gürtel den Karostoff, den *Tartan*, zusammen, der obere Teil ließ sich mittels einer Schnalle in eine Kapuze verwandeln. Bei einer Übernachtung im Freien diente das Ganze als Decke.

Um 1720 entwickelte Sir Thomas Rawlinson in Inverness die moderne Version eines an den Seiten gefalteten und vorne flachen Rocks. Davor baumelt traditionellerweise der *Sporran*, eine kleine Leder- und Felltasche für Wertsachen. Unter dem Kilt trug man früher ein langes Hemd, jedoch keine Unterkleidung. Die Tracht komplettierten lange weiße Kniestrümpfe, in denen man einen kleinen Dolch, den *Sgian Dubh*, versteckte, sowie eine blaue Flachkappe, anhand derer sich die Clans-Männer auf dem Schlachtfeld jeweils identifizieren konnten.

Nach der Schlacht von Culloden, in der die Unterstützer der Jakobiter, zu denen auch viele Clans gehörten, getötet wurden, war das Tragen von Kilts und Schottenkaro verboten. Lediglich die von der britischen Armee rekrutierten Highland-Regimenter durften den Rock als Uniform beibehalten.

Traditionell ist der Kilt in Schottland den Männern vorbehalten

1782 setzte sich die Highland Society of Edinburgh dafür ein, die traditionelle Tracht wieder salonfähig zu machen. Bald darauf boomte der Handel mit dem Tartan. Ursprünglich waren die Plaids zur Tarnung in der Moorlandschaft in Naturfarben gehalten. Doch nun entstanden viele neue, farbenfrohe Muster und ab 1815 wurden bestimmte Karomuster bestimmten Clans offiziell zugeordnet und registriert. Bis heute findet man in den Webereien, die die Stoffe herstellen, den Clans zugeordnete Muster. Besucher aus Übersee auf der Suche nach ihren Vorfahren decken sich hier gerne entsprechend ein.

Der Grassmarket in Edinburgh ist aufgrund seiner vielen Pubs, Läden und Restaurants bei Einheimischen und Touristen gleichermaßen beliebt

initiierte die SNP mehrfach, zuletzt im September 2014, Referenden über den Austritt aus dem Verbund. Damals entschied sich eine knappe Mehrheit der Schotten für den Verbleib in der Union. Nicht zuletzt, weil die schottische Landwirtschaft die substanzielle Unterstützung der EU nicht verlieren wollte. Im Referendum vom 23. Juni 2016 entschieden sich die Briten mehrheitlich für einen Austritt aus der EU. 62 Prozent der Schotten möchten jedoch weiterhin zur EU gehören. Falls der Brexit stattfindet, hat die SNP daher bereits ein neues Unabhägigkeitsreferendum angekündigt, um eventuell als selbständiger Staat einen Wiedereintritt in die EU zu erwirken.

Wirtschaft und Infrastruktur

Zwischen den beiden größten Städten, Glasgow und Edinburgh, besteht von jeher eine Rivalität. Noch bis ins 18. Jahrhundert hinein war Edinburgh die größte Stadt, bis Glasgow im 19. Jahrhundert zu Schottlands Industriezentrum wurde. Als Regierungssitz und Bankenzentrum sowie als Touristenliebling erhält Edinburgh bis heute mehr Aufmerksamkeit als der größere Nachbar. Glasgow ist jedoch der wirtschaftliche Motor des Landes und stolz auf seine Industriegeschichte, Bildungs- und Kulturinstitutionen machen es zum Sitz der intellektuellen und künstlerischen Avantgarde.

Als Hauptarbeitgeber hat Glasgow mit 7,5 Prozent den höchsten Anteil an ausländischen Einwanderern in Schottland. Dagegen ist jedoch das Pro-Kopf-Einkommen in Edinburgh höher. Schiffsbau, Stahl und Handel sorgten im viktorianischen Zeitalter für Wirtschaftswachstum. In den 1960er Jahren setzte in den Werften am Clyde der Niedergang ein – die Chance der Modernisierung hatte man verpasst, die Aufträge für neue Schiffe wanderten ins Ausland.

Bekanntestes Exportgut: Whisky

Heute konzentriert sich Schottland überwiegend auf Serviceindustrien, Technologie und Elektronik, medizinische Forschung und erneuerbare Energien. Bisher war das Nordseeöl, das vor den Küsten Aberdeens gefördert wird, der wichtigste Wirtschaftsfak-

Der ehemalige Industriemoloch Glasgow hat sich in eine hochmoderne und gefragte Metropole verwandelt

tor. Der steile Verfall der Ölpreise hat die Region jedoch empfindlich getroffen und ist ein Grund, warum sich viele Schotten einem Austritt aus dem Vereinigten Königreich, das als stabilisierender Faktor wirkt, bisher entgegenstellten.

Der schottische Single Malt Whisky ist wegen seiner Qualität in der ganzen Welt beliebt und ein wichtiger Exportartikel. Fast acht Prozent aller Schotten sind in der Whisky-Industrie beschäftigt, die jährlich fünf Milliarden Pfund Umsatz erwirtschaftet. Zu weiteren beliebten Exportartikeln gehören Shortbread und Textilien wie Tartan und Harris Tweed. In den entlegeneren Gegenden stellt die Fischerei, Schaf- und Rinderzucht, Forstwirtschaft oder Tourismusindustrie eine Einnahmequelle dar.

Wer in den Norden Schottlands reist, nimmt unweigerlich die fehlende Infrastruktur und den niedrigeren Lebensstandard der Bewohner wahr. Auch in den schönsten Naturregionen zeichnen sich schottische Vorstädte oft durch schäbige Plattenbauten der 1960er Jahre aus. Es gibt kaum gute oder gar Schnellstraßen und es fehlt an Einkaufsmöglichkeiten. Oft bedient ein einziger Supermarkt eine ganze Region. Wer Kleidung oder spezielle Artikel benötigt, muss bis Inverness oder gar Aberdeen reisen. Entlegene Gegenden wie Knoydart oder Rannoch Moor haben gar keine Straßen und sind nur zu Fuß oder per Boot zu erreichen. Nicht zuletzt wegen fehlender Arbeitsplätze und Infrastruktur wandern jüngere Menschen daher in die südlichen Großstädte ab.

Wandern in den westlichen Highlands

Freizeit

Bei Wanderungen oder Ponyritten durch verkehrsfreie Berglandschaften kann man in Schottland eins sein mit der Natur und die Hektik vergessen. Beliebt ist auch das *Island-Hopping* per Boot von

Insel zu Insel, bei dem man den Zauber der Panoramen genießt. Auf Vogelfelsen finden sich Kolonien von seltenen Seevögeln wie den Papageitauchern. Rund um die Küsten sind Otter, Seehunde, Wale und Delfine zu beobachten, in der Luft kreisen alle Arten von Raubvögeln, darunter sogar Adler. Diese Art von Naturerlebnis zieht Rucksacktouristen aus der ganzen Welt an, die im Sommer die Fähren und Campingplätze bevölkern. Gleichzeitig bieten gediegene Highland-Lodges und Schlosshotels neben feinster Küche viele Möglichkeiten des Zeitvertreibs wie Reiten, Angeln, Golfspielen und Jagen.

Nur die größten Inseln haben Flughäfen und zu vielen kleineren gibt es keine direkte Fährverbindung vom Festland. Die Küsten der Inseln und Lochs erreicht man bis heute am besten mit dem Boot, und mit den Fähren von Caledonian MacBrayne (Calmac) gelangt man fast überall hin. Wer mit dem Auto unterwegs ist, muss die Lochs meist großräumig umfahren oder sich auf Serpentinen über die Berge schlängeln. Die Fähren bieten hier oft sehr praktische Abkürzungen zur nächsten Landzunge. Die North Coast 500 (vgl. Kasten S. 213) ist mit atemberaubenden Landschaften Schottlands Antwort auf die amerikanische Route 66 und umrundet den gesamten Nordwesten. Ambitionierte Bergsteiger frönen dem *Munro Bagging*, benannt nach Sir Hugh Munro, der 1891 damit begann, alle Berge über 914 Meter aufzulisten. Ziel ist, so viele Munros wie möglich zu erklimmen.

St. Andrews, die Heimat des Golfsports

Was für eine Aussicht: Neist Point auf der Isle of Skye

CHRONIK SCHOTTLANDS

DATEN ZUR LANDESGESCHICHTE

Schutzwall gegen die Pikten: der Hadrianswall in Northumberland

8500 v. Chr.
Erste Zeugnisse menschlicher Besiedelung in der Flussebene des Firth of Forth in Edinburgh.

3100–2600 v. Chr.
Zu den ältesten Steinbauten des Neolithikums gehören die Siedlung Skara Brae auf den Orkney-Inseln sowie der Steinkreis in Calanais auf der Isle of Lewis.

500 v. Chr.
Pfahlbauten entstehen am Loch Tay.

122 n. Chr.
Die Römer bauen den 118 Kilometer langen Hadrianswall zwischen River Tyne und Solway Firth zur Abwehr gegen die Pikten aus dem Norden.

142–164 n. Chr.
Der 60 Kilometer lange Antoninuswall sichert die Grenze vom Firth of Forth bis zum Firth of Clyde.

563 n. Chr.
Der irisch-gälische Mönch St. Columba gründet eine Abtei auf der Hebrideninsel Iona.

6.–8. Jh.
Zeit des gälischen Königreichs Dalriada in Argyllshire. Das Piktenreich erstreckt sich im Osten vom Firth of Forth bis Thurso. Südlich des Forth sitzen die angelsächsischen Brythonen. Die Wikinger attackieren die nördlichen Küsten Schottlands.

841
Kenneth MacAlpin (Cináed mac Ailpín) wird Herrscher des vereinten Königreichs Alba der Gälen und Pikten. Er verlegt die Hauptstadt nach Scone (Perth) und das spirituelle Zentrum nach Dunkeld.

1040
Macbeth (Mac Bethad mac Findlaích) streckt Duncan I. in der Schlacht bei Elgin nieder und wird König.

1057
Malcolm III. Canmore tötet Macbeth und wird König. Zusammen mit seiner Frau Margaret of England modernisiert er das Land im

anglo-normannischen Stil und bringt die Kirche in Einklang mit Rom. Margaret wird 1250 heiliggesprochen.

1066
Nach dem Sieg William the Conquerors in der Schlacht bei Hastings steht England unter normannischer Herrschaft. Als eine der umwälzendsten Neuerungen führt William die normannische Feudalordnung ein und mit ihr viele normannische Adelige. In den folgenden Jahrhunderten führen Erbstreitigkeiten zwischen Engländern und Franzosen zu vielen kriegerischen Auseinandersetzungen. Hieraus resultiert später auch die Auld Alliance zwischen Schotten und Franzosen.

Die heilige Margaret von Schottland, die Ehefrau von Malcom III., in einem Bleiglasfenster in Edinburgh

1128
König David I. lässt eine Abtei an der Stelle des heutigen Palace of Holyrood House errichten, insgesamt baut er zwölf Abteien und reformiert das Land.

1156
Der keltisch-nordische Somerled Macgilbred wird als Lord of the Isles Herrscher über die Hebrideninseln. Sein Neffe Donald Mor McRanald begründet den Clan Donald.

1215
Der englische König John unterzeichnet unter dem Druck seiner Edelleute die Magna Charta Libertatum, die früheste Erklärung von Bürgerrechten in der Welt.

1230
Die nordische »Orkneyinga saga« erzählt die Geschichte der norwegischen Herzöge von Orkney und Shetland, die seit 860 unter nordischer Kontrolle stehen.

Die Megalithsteine vom Ring of Brodgar auf Orkney

William-Wallace-Statue in Stirling

1237
Im Treaty of York wird der Verlauf der schottischen Südgrenze vom Solway Firth bis zur Nordsee festgelegt. Schottland tritt Northumberland an England ab.

1263–66
In der Battle of Largs werden die norwegischen Wikinger unter König Haakon von Alexander III. für immer vertrieben und treten 1266 die Hebrideninseln an Schottland ab.

1295
Das von England bedrohte Schottland schließt den Pakt der Auld Alliance mit Frankreich. Beide Länder sagen sich gegenseitige Hilfe bei Angriffen durch England zu. Der Pakt endete 1560 mit dem Treaty of Leith.

1296–1328
Erster Schottischer Unabhängigkeitskrieg. Edward I. besetzt Schottland, setzt König John Balliol ab und entwendet den Krönungsstein »Stone of Scone« (vgl. Kasten S. 146). William Wallace besiegt Edward I. 1297 in der Schlacht von Stirling Bridge, 1305 wird er hingerichtet. 1306 begründet König Robert the Bruce die Stuart-Dynastie und besiegt 1314 Edward II. in der Schlacht von Bannockburn. Die Declaration of Arbroath von 1320 führt 1328 im Treaty of Edinburgh zur Anerkennung Schottlands als selbstständigem Staat.

1332–57
Zweiter Schottischer Unabhängigkeitskrieg. Edward III. widerruft den Treaty of Edinburgh. David II. sucht Asyl in Frankreich.

Schottlands älteste Universität in St. Andrews

1346–57 ist er in englischer Gefangenschaft, Robert Stewart regiert an seiner statt. Die Schotten kaufen David frei und nach dem Tod von Edward III. wird Schottland endgültig eine unabhängige Nation. Robert the Bruce und Richard II. von England beenden mit dem Treaty of Berwick 1357 offiziell den Schottischen Unabhängigkeitskrieg.

1337–1453
Hundertjähriger Krieg über die Erbfolge zwischen England und Frankreich.

1413
Die Universität von St. Andrews wird gegründet.

1468–93
Als James III. die Tochter des dänischen Königs, Margaret, heiratet, bringt sie Orkney und Shetland als Mitgift in die Ehe. 1493 gelangt der Titel Lord of the Isles von den Wikingern unter die schottische Krone. Bis heute ist der britische Thronerbe (heute Prince Charles) gleichzeitig Erbe dieses Titels.

1503
James IV. heiratet Margaret Tudor, die Schwester von Henry VIII.

1509–47
Henry VIII. sagt sich aufgrund der Scheidung von seiner Frau Catalina de Aragón von der katholischen Kirche los. Er ernennt sich selbst zum Oberhaupt der neuen anglikanischen Staatskirche und leitet die englische Reformation ein.

1513
Aufgrund der Auld Alliance verwickelt James IV. die englischen Truppen von Henry VIII. in der Battle of Flodden bei Branxton. Es kommt zur verheerendsten Niederlage der Schotten gegen die Engländer. 10 000 Schotten sterben, darunter auch König James IV.

1542
Mary Stuart, die Tochter von James V. und Marie de Guise, wird geboren.

1542–51
Nach der Krönung von Mary Stuart 1543 im Alter von nur neun Monaten versucht Henry VIII. in »rauem Liebeswerben« *(Rough Wooing)*, ein Eheversprechen mit seinem Sohn Edward zu erzwingen. 1548 wird Mary nach Frankreich in Sicherheit gebracht und der Konflikt endet offiziell mit dem Treaty of Norham 1551.

1558
Mary heiratet den französischen Thronerben, Dauphin François. Elizabeth I. wird Königin von England.

Porträt Heinrich VIII. (Gemälde Hans Holbein d. J., 1536)

1560
In Abwesenheit von Mary Stuart beschließt das Scottish Reformation Parliament die Reformation der schottischen Kirche. Im »First Book of Discipline«, dessen Mitverfasser der protestantische Reformer John Knox ist, werden die Kirchenregeln der neuen presbyterianischen Kirche zum ersten Mal festgelegt.

1561–67
Als Mary Stuart nach Schottland zurückkehrt, kommt es zu Konflikten zwischen ihr und dem calvinistischen Kirchenführer John Knox sowie den Lords of the Congregation; der Grund ist, dass Mary ihrem katholischen Glauben nicht entsagen will. Sie wird zur Abdankung gezwungen und landet in Gefangenschaft in England.

1568–73
Marian Civil War, Zeit des blutigen Konflikts zwischen den protestantischen Lords und dem Infanten James I. sowie den Unterstützern der abgesetzten Königin Mary. Mithilfe der Engländer gelangen das Edinburgher Schloss und damit die Regierungsgewalt in die Hände der Reformatoren.

1582
Die presbyterianische Kirche spaltet sich auf in die gemäßigte Scottish Episcopal Church sowie die radikalere Church of Scotland, *The Kirk.*

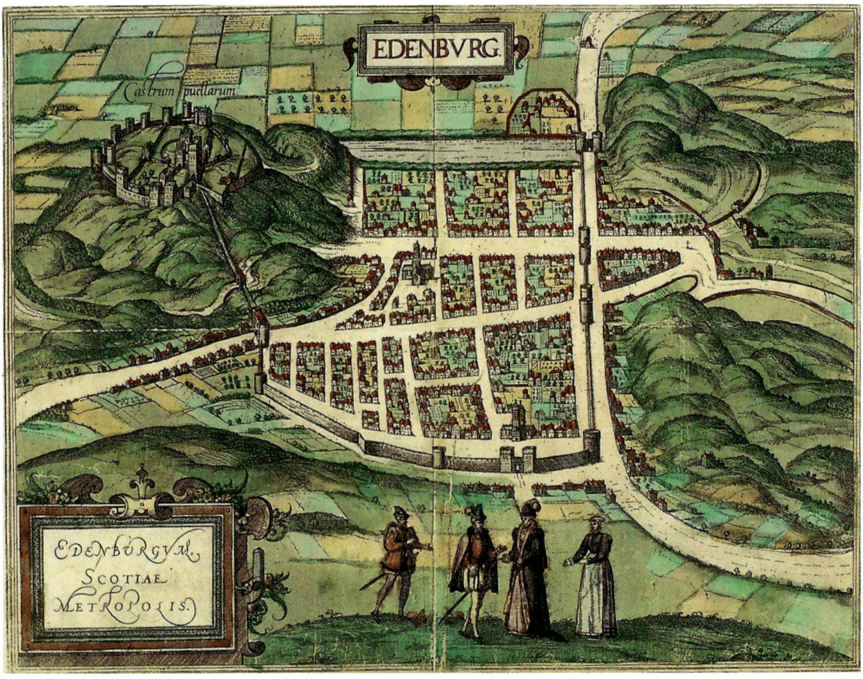

Ansicht von Edinburgh auf einem Kupferstich von Georg Braun und Frans Hogenberg (Köln, um 1575)

1587
Mary Stuart wird auf Befehl von Elizabeth I. hingerichtet.

1603–05
Der protestantische Sohn von Mary Stuart, James VI. (1566–1625), vereint als James I. die Kronen Englands und Schottlands. Am 5. November versuchen katholische Rebellen im Gunpowder Plot das Parlament in London in die Luft zu sprengen. Daran erinnert noch heute die Bonfire Night.

James I. von England vereinigt England und Schottland

1637
James' Sohn Charles I. führt das anglikanische Gebetsbuch ein und es kommt zu einer Revolte. In der Greyfriars Church in Edinburgh unterzeichnen die Rebellen einen *Covenant* (Vertrag), der nur die Autorität Gottes anerkennt.

1642–46
Charles I. versucht wieder absolutistisch zu regieren, dies führt zum Englischen Bürgerkrieg (Civil War). Charles wird 1649 von den Roundheads (den Anhängern des Parlaments) unter Oliver Cromwell hingerichtet. Die schottischen Covenanter kämpfen auf der Seite der Revolutionäre und verhelfen ihnen 1646 zum Sieg.

1651–58
Periode des English Commonwealth. Charles II. lässt sich zwar in einer Zeremonie im Palast von Scone zum König krönen, muss sich aber bald nach Frankreich in Sicherheit bringen, als er in der Battle of Worcester von Cromwell geschlagen wird. 1651 annektiert Cromwell auch die schottische Nation und regiert bis 1658 als Lord Protector. Erst nach Cromwells Tod kehrt Charles II. zurück und etabliert 1660 erneut die Stuart-Monarchie.

1685–1701
Der absolutistische James II. wird 1688 in der Glorious Revolution abgesetzt und flieht nach Frankreich. Das Parlament setzt seine Tochter Mary II. und ihren Ehemann William III. of Orange als Monarchen ein. 1689 legt die Bill of Rights die Rechte und Pflichten eines konstitutionellen Monarchen fest. Der Act of Settlement 1701 regelt die protestantische Thronfolge. Fortan darf kein Katholik mehr den Thron besteigen.

1692
Beim Massaker von Glencoe kommt es zu einem Gemetzel. Mitglieder des Campbell-Clans ermorden die Mitglieder des Donald-Clans, nachdem sie zuvor zwei Wochen deren Gastfreundschaft genossen haben.

1707
Der Act of Union vereint die Parlamente Englands und Schottlands, das schottische Parlament in Edinburgh wird aufgelöst. Der

Act of Union schafft die größte freie Handelszone der damaligen Zeit und führt zu einem wirtschaftlichen Aufstieg.

Prinz Charles Edward Stuart, genannt Bonnie Prince Charlie

1712
Die erste Werft entsteht am River Clyde.

1715
Erster Jakobiteraufstand (The Fifteen) unter James III. und Anhängern der Stuart-Monarchie gegen die neue Herrschaftsordnung und die protestantische Thronfolge.

1745–46
Zweiter Jakobiteraufstand (The Fortyfive) unter Charles Edward Stuart, aufgrund seiner lieblichen Gesichtszüge auch Bonnie Prince Charlie genannt. In der Schlacht bei Culloden werden die Jakobiter endgültig besiegt. Das Tragen von Highland Dress und Tartan wird verboten.

1750–1815
Die Glasgower Tobacco Merchants beginnen mit dem Dreieckshandel in Übersee und spezialisieren sich auf den Import von Zucker, Baumwolle und Rum aus der Karibik. Mit den Gewinnen bauen sie die Merchant City.

1772
Die Royal Bank of Scotland wird gegründet.

1776
Zukunftsweisende Denker wie der Nationalökonom Adam Smith und der Philosoph und Empiriker David Hume bahnen der schottischen Aufklärung den Weg. Der Architekt James Craig entwirft einen Bauplan für die Edinburgher Neustadt.

1805
Lord Admiral Nelson besiegt Napoleon in der Schlacht von Trafalgar.

Sir James Y. Simpson, der Erfinder des Chloroforms

SCHOTTISCHE WISSENSCHAFTLER UND ERFINDER

Edinburgher Mediziner entdeckten das Chloroform (James Young Simpson, 1847), die antiseptische Chirurgie (Lister, Liston und Syme, 1867), die intravenöse Spritze (Alexander Wood, 1853) und das Insulin durch John Macleod. Macleod erhielt dafür 1923 den Nobelpreis. 1928 entdeckte Alexander Fleming das Penicillin und bekam 1945 dafür den Nobelpreis. Zu anderen wegweisenden Erfindungen von Schotten gehören die Dampfmaschine durch James Watt, der Kühlschrank (1748), das erste Wasserklosett (1775), der elektrische Toaster (1893), das Telefon durch Alexander Graham Bell (1876) und der Fernseher durch John Logie Baird (1928).

Die Forth Rail Bridge auf einer Entwurfszeichnung aus dem Jahr 1882: Acht Jahre später wurde sie fertiggestellt

1822
George IV. ist der erste britische Monarch, der seit 1651 Schottland besucht. Der Caledonian Canal wird eingeweiht.

1837–1901
Glanzzeit des British Empire unter Königin Victoria. Glasgow wird zur zweitwichtigsten Stadt der Nation nach London.

1846
Wegen andauernder Hungersnöte in den verarmten Highlands emigrieren bis 1931 etwa drei Millionen Schotten nach England, Amerika und Australien.

1890–96
Die Forth Rail Bridge und die Glasgower U-Bahn werden fertiggestellt.

1909
Die von Charles Rennie Mackintosh entworfene Glasgow School of Art wird eröffnet.

1914–18
150 000 Schotten sterben im Ersten Weltkrieg.

1919
In Glasgow eskaliert eine Arbeiterdemonstration zur Battle of George Square. Die Regierung schickt die Armee mit Panzern, um die Demonstranten in Schach zu halten.

1941
Beim Clydebank Blitz, einem Angriff der deutschen Luftwaffe, werden die Industrieanlagen am Clyde bombardiert, 35 000 Menschen verlieren ihr Zuhause.

1947
Das Edinburgh International Festival (EIF) findet zum ersten Mal statt.

Das Edinburgh Fringe Festival findet seit fast 70 Jahren jedes Jahr im August statt

Das schottische Parlamentsgebäude in Edinburgh wurde 2004 in Betrieb genommen

1950
Drei nationalistische Glasgower Studenten stehlen den Stone of Scone aus der Westminster Abbey und bringen ihn nach Schottland.

1967
Das Kreuzfahrtschiff QE 2 wird in der Werft John Brown Shipyard am Clyde fertiggestellt.

1988
Bei einem Anschlag libyscher Terroristen explodiert eine Pan-Am-Maschine über Lockerbie im County Dumfries and Galloway. 270 Menschen sterben.

1990
Glasgow wird Europäische Kulturhauptstadt.

1996
Der Stone of Scone wird von den Engländern an die Edinburgher zurückgegeben.

Der Stone of Scone in der Great Hall des Edinburgh Castle nach seiner Rückgabe an Schottland

1997
In Roslin bei Edinburgh wird das erste Schaf, Dolly, geklont.

1999
Die Labour-Regierung unter Premierminister Tony Blair führt die Politik der Devolution ein, die Mitgliedsstaaten der Union erhalten mehr Autonomie. Nach fast 300 Jahren hat Schottland wieder ein eigenes Parlament. Die Position des First Minister wird geschaffen. Glasgow wird zur UK City of Architecture and Design.

2004
Das neue Regierungsgebäude in Holyrood wird in Betrieb genommen. Der moderne Bau nach Entwürfen des Stararchitekten Enric Miralles zieht aufgrund überteuerter Kosten Kritik auf sich.

2011
Die linksgerichtete Scottish National Party (SNP) erringt in den Parlamentswahlen die absolute Mehrheit.

2014
Im Mai wird die neue Straßenbahn, Edinburgh Tram, mit drei Jahren Verspätung und hohen Schulden in Betrieb genommen.

Im Referendum am 18. September entscheiden sich 55 Prozent der Schotten für einen Verbleib im Vereinigten Königreich. Der First Minister Alex Salmond tritt zurück und Nicola Sturgeon nimmt seinen Platz ein.

2015
In den Parlamentswahlen gewinnt die SNP 56 von 59 Sitzen. Die Liberaldemokraten halten lediglich Orkney und Shetland, die Konservativen Dumfriesshire, Clydesdale und Tweeddale. Die Labour Party, traditionell die stärkste Partei in Schottland, ist nicht mehr existent. – Die Forth Rail Bridge wird in das UNESCO-Weltkulturerbe aufgenommen.

Die Ölkrise löst auf den schottischen Bohrinseln in der Nordsee Massenentlassungen aus.

2016
Bei den Nationalwahlen am 5. Mai 2016 verliert die SNP mit zwei Sitzen ihre absolute Mehrheit im Parlament, bleibt jedoch weiterhin stärkste Partei.

Am 23. Juni stimmen 62 Prozent der Schotten beim Referendum über den sogenannten Brexit für einen Verbleib Großbritanniens in der Europäischen Union, insgesamt befürworten aber 51,9 Prozent der Briten den Austritt.

Im Juli 2016 tritt Theresa May als neue Premierministerin die Nachfolge von David Cameron an. Die Brexit-Gegnerin betont das Bestreben, trotz EU-Austritt die Union zusammenzuhalten. Um schottische Interessen zu wahren, soll Schottland direkt in die Verhandlungen mit der Europäischen Union einbezogen werden.

Befürworter der schottischen Unabhängigkeit bei einer Demonstration in Edinburgh 2013: im Jahr darauf stimmte Schottland für den Verbleib im Königreich

DIE SCHÖNSTEN REISEREGIONEN SCHOTTLANDS

Die Hafenfront von Portree, dem Hauptort der Isle of Skye

EDINBURGH UND DIE LOTHIANS

HAUPTSTADT ZWISCHEN BERGEN UND MEER

Edinburgh beeindruckt durch homogene Architektur und atemberaubende Panoramen. Die Region Lothian war von jeher heiß umkämpft – Römer, Kelten, Angelsachsen und Engländer beanspruchten die Herrschaft. Königliche Residenzen gab es in Edinburgh ab dem 10. Jahrhundert, aber erst 1437 wurde es unumstrittene Hauptstadt des schottischen Reiches. Während der Blütezeit des 17. und 18. Jahrhunderts verwandelte sich das mittelalterliche *Auld Reekie* (Alte Verräucherte) in ein modernes »Athen des Nordens« und wurde zum Zentrum wegweisender Denker der Aufklärung wie David Hume. Seit der Zeit hat sich die 492 680 Einwohner zählende Stadt großen Charme bewahrt und ganze Straßenzüge in Altstadt und Neustadt wurden von der UNESCO in das Weltkulturerbe aufgenommen.

Schottische Folklore auf der Royal Mile in Edinburgh

Ausgebreitet über den Hügeln mehrerer erloschener Vulkane eröffnen sich beim Bummel immer wieder neue und unerwartete Ansichten: Im Westen ragt der Schlosshügel Castle Rock, mit 128 Metern der höchste Punkt, samt dem Edinburgh Castle aus der Altstadt. Von dort führt die Hauptstraße Royal Mile schnurgerade hinunter nach Osten bis zum Palace of Holyroodhouse, in dem Mary Queen of Scots (vgl. S. 36) residierte. Bis heute ist Holyroodhouse das Edinburgher Domizil der königlichen Familie. Gleich gegenüber tagt die schottische Regierung im modernen Bau des Scottish Parliament. Dahinter erhebt sich der Naturpark Holyrood mit dem 251 Meter hohen Arthur's Seat und der Calton Hill schließlich dominiert den Blick nach Norden. Alle Hügel der Stadt bieten eine unverstellte Sicht: Im Süden erheben sich die Ausläufer der Lowlands und im Norden schimmert das breite Delta des Firth of Forth am Horizont, das die Stadt direkt mit der Nordsee verbindet.

Das kulturelle Angebot Edinburghs, seine Museen, Galerien und Theater, kann sich mit Weltmetropolen messen. Das renommierte Edinburgh Festival mit dem Military Tattoo und dem Fringe Festival bringt jeden Sommer Musik, Theater und Comedy der Weltklasse auf die Bühnen. Ebenso stolz ist die Stadt auf ihr literarisches Erbe. 2004

Vom Calton Hill mit dem Dugald Stewart Monument bietet sich dem Betrachter ein beeindruckendes Panorama auf die Edinburgher Altstadt

von der UNESCO zur »City of Literature« gekürt, trifft man überall auf die Spuren der Nationaldichter Robert Burns, Robert Louis Stevenson und Sir Walter Scott. Die Tradition wird heute nicht zuletzt weitergeführt von Krimiautor Ian Rankin, dessen Inspektor John Rebus in Edinburgh ermittelt, oder von J. K. Rowling, die hier zu ihrer Serie um den Zauberschüler Harry Potter inspiriert wurde.

Die Edinburgher legen zudem viel Wert auf gute Gastronomie – vom michelinbesternten Restaurant über trendige

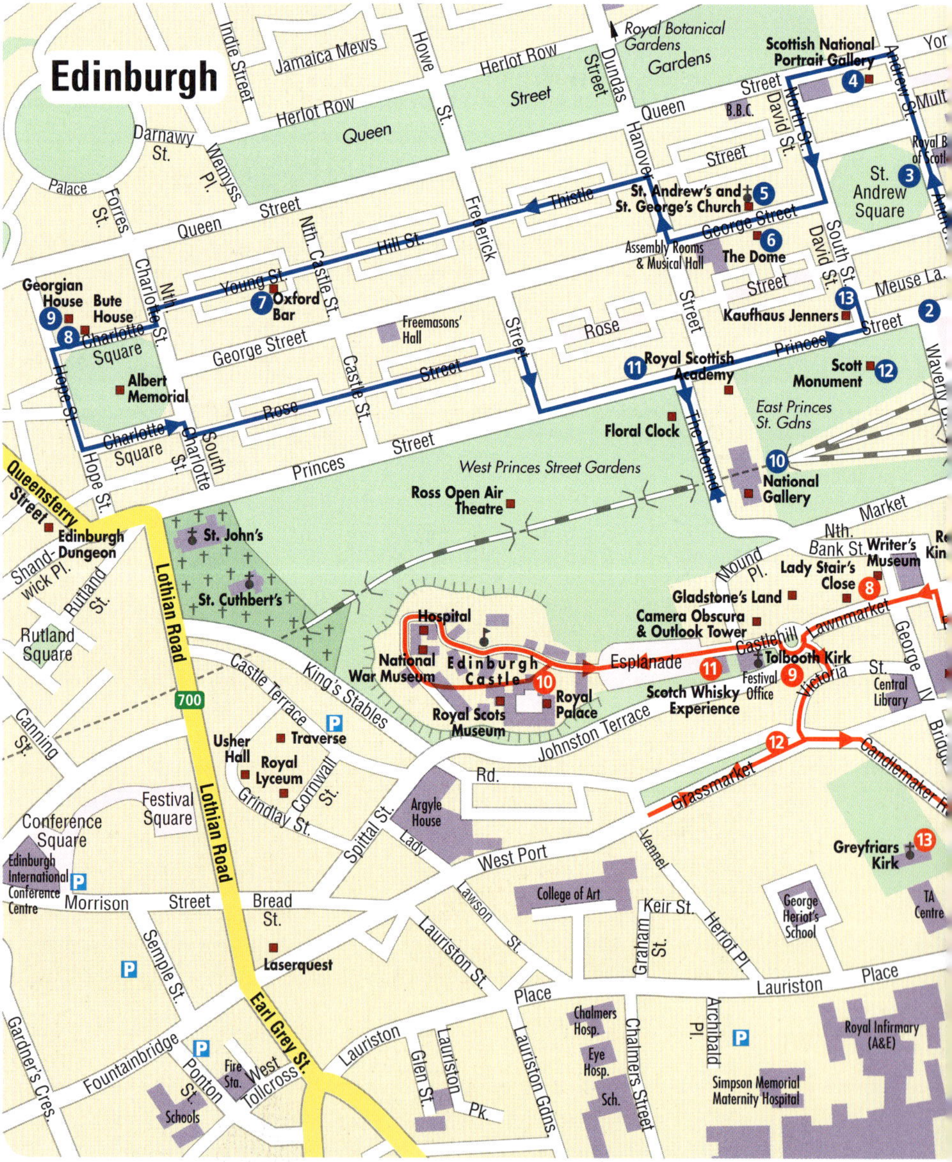

Lounge Bars bis hin zum Biergarten bietet die Stadt etwas für jeden Geschmack.

Edinburgh zeichnet sich aus durch eine offenen Atmosphäre, nicht zuletzt wegen ihrer vier Universitäten und der vielen Studenten. Der Stadtteil Leith und die Orte Dunbar und North Berwick verbreiten maritimes Flair und in Linlithgow Palace, dem Geburtsort von Mary Stuart, und der mittelalterlichen Rosslyn Chapel wird die spannende Geschichte der Region wieder lebendig.

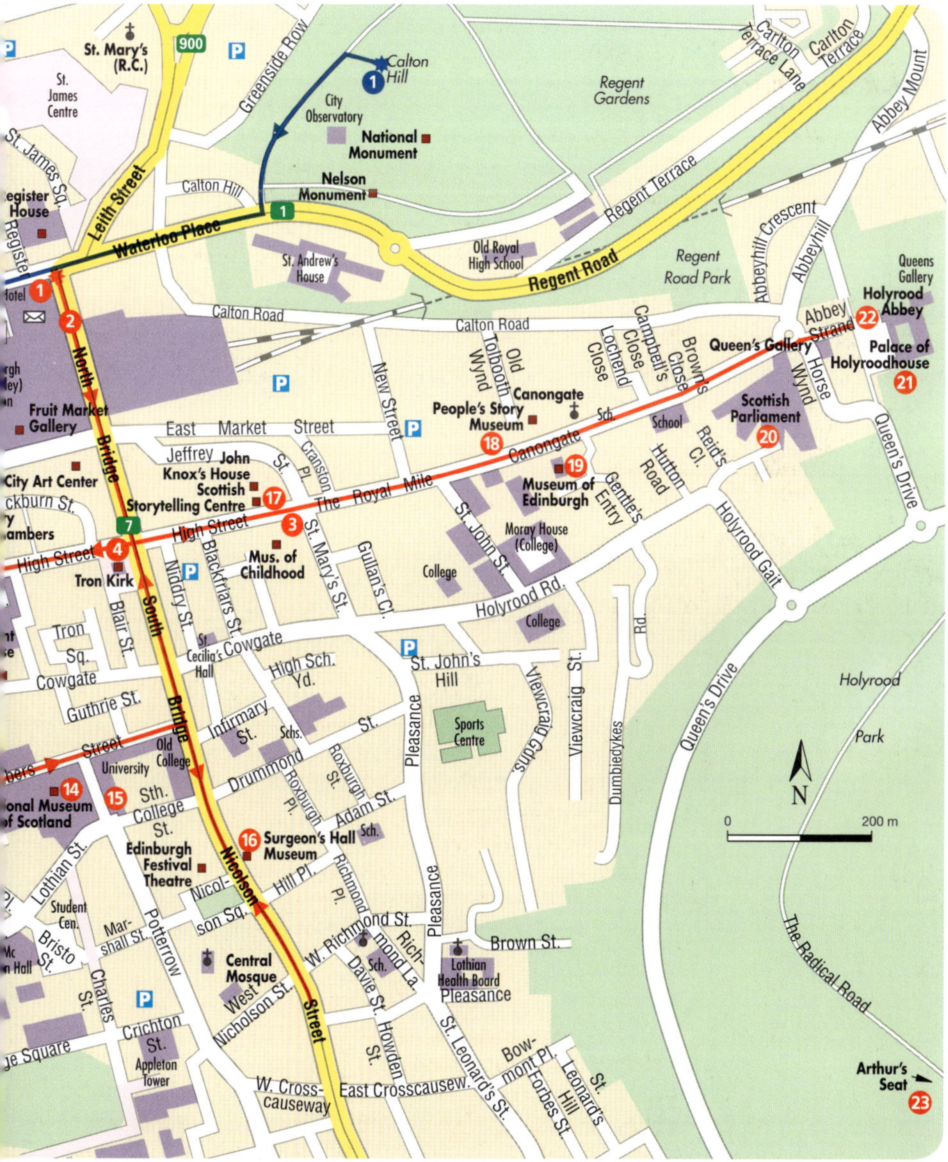

Edinburghs Altstadt »Auld Reekie«

Das Wappen Edinburghs

Der Stadtrundgang beginnt am 1 **Balmoral Hotel**, am Kopfende der geschäftigen **Princes Street**, der Grenze zwischen Neustadt und Altstadt. Vor dem weithin sichtbaren Uhrturm des Fünfsternehotels führen Treppen hinunter zum **Hauptbahnhof Waverley**, der unterhalb der Straßenebene angelegt ist. Oberhalb des Bahnhofs befindet sich die **Tourist Information**. Gleich hinter dem Hotel führt die 2 **North Bridge** in die Altstadt und gewährt einen guten Blick auf die markanten Hügel Castle Rock, Calton Hill und Arthur's Seat. Die Brücke entstand als Verbindungsachse, bevor der Nor Loch beim Bau der Neustadt trockengelegt wurde.

Bald passiert man die Hauptstraße 3 **Royal Mile**, die etwa eine Meile lang ist und direkt durch das Herz der Altstadt führt. Sie ist in mehrere Abschnitte unterteilt: Nach Osten verläuft der Abschnitt Canongate, nach Westen die High Street, Lawnmarket und Castle Hill.

Bei der 4 **Tron Kirk** kann man die beliebten **Gruseltouren** buchen, die in den Edinburgher »Untergrund« führen, durch enge die engen Gassen in versteckten Katakomben. Da die Altstadt im 16. Jahrhundert aus allen Nähten platzte, baute man mit Vorliebe nach oben. Auf der zum Nor Loch hin abfallenden Seite entstanden auf diese Weise bis zu zehnstöckige, verwinkelte Bauten, die so dicht beieinanderstanden, dass die Bewohner der unteren Etagen kein Tageslicht mehr sahen. Enge »Wynds« oder »Closes« dienten als Verbindungsgänge durch das Häusergewirr. Die weiter östlich liegenden **City Chambers**, eine Warenbörse und heute Sitz der Stadtverwaltung, wurden 1753 gnadenlos direkt über existierenden Gassen und Häuschen gebaut. Im dortigen Museum 5 **Real Mary King's Close** erlebt man hautnah, wie die Menschen hier elendig hausen mussten.

Orgel in der St. Giles Cathedral

Kaum zu übersehen ist der ungewöhnliche kronenförmige Aufsatz der 6 **St. Giles Cathedral** gleich gegenüber. Der Kirchturm entstand 1590, aber innen finden sich noch Stilelemente aus dem 14. Jahrhundert. **John Knox**, eine der Schlüsselfiguren der schottischen Reformation, predigte hier ab Mitte des 16. Jahrhunderts, u.a. erinnert eine Statue an ihn. In den nachfolgenden Jahrhunderten war die Kirche Austragungsort vieler Ereignisse in den Wirren der Glaubenskämpfe, die schließlich im englischen und schottischen Bürgerkrieg gipfelten. Die neugotische **Thistle Chapel** aus dem Jahr 1911 ist die Privatkapelle des exklusiven Ritterordens von der Distel aus dem Jahr 1687.

Gleich hinter der Kirche befindet sich der 7 **Parliament Square** mit den Gebäuden des Justizpalastes. Von 1639 bis 1707 tagte hier das schottische Parlament, danach wurde Schottland als Teil des Vereinigten Königreichs vom englischen Parlament im Londoner Westminster aus verwaltet.

Edinburgh Castle thront hoch oben auf dem Castle Rock

Überquert man die Bank Street, erreicht man den Abschnitt **Lawnmarket** mit Ausflugsbussen, Dudelsackspielern und touristischen Läden, die Schottenkaro und Whisky anbieten. Im Lady Stair's Close ist das 8 **Writer's Museum**, das den literarischen Nationalhelden Burns (vgl. S. 84), Stevenson und Scott (vgl. S. 63) gewidmet ist, einen Abstecher wert. In der neugotischen Kirche 9 **Tolbooth Kirk** aus dem Jahr 1844 des Architekten Augustus Pugin ist das **Festivalbüro des Edinburgh Int. Festival (EIF)** untergebracht. Während des Events erhält man dort Karten und Infos.

Weiter bergan gelangt man zum Castle Hill, wo die Grundmauern des 10 **Edinburgh Castle** direkt in den Fels gebaut sind. Aus dem keltischen Fort *Din Eydin* (Edwin's Fort) aus dem 6. Jahrhundert wurde 638 die von den Angelsachsen eroberte »Edinburgh«. König David I. (1124–53) machte Edinburgh zum Königssitz und ließ zu Ehren seiner heiliggesprochenen Mutter auf dem Schlossgelände die **St. Margaret's Chapel** erbauen – heute das älteste noch erhaltene Gebäude in der Stadt. Der Palast, in dem Mary Stuart ihren Sohn und späteren Regenten von England und Schottland James I., bzw. James VI., zur Welt brachte, wurde bis 1633 genutzt. Die hier ausgestellten schottischen Kronjuwelen haben eine abenteuerliche Vergangenheit, denn sie verschwanden nach dem Bürgerkrieg und wurden erst 1818 wiedergefunden. Den dazugehörigen Krönungsstein (Stone of Scone, vgl. Kasten S. 146) aus dem Mittelalter brachten die Engländer 1296 an sich und gaben ihn erst 1996 wieder zurück. Das **National War Museum of Scotland** verdeutlicht die militärische Bedeutung der Festung durch die Jahrhunderte. Auf der Esplanade vor dem Schloss findet jeden Sommer das **Military Tattoo** statt, bei dem Dudelsackorchester

Grand Gallery im National Museum of Scotland mit dem »Window on the World«, der größten Einzelinstallation aller britischen Museen

militärischer Regimenter aus aller Welt auftreten. Jeden Tag um ein Uhr wird von der One O'Clock Gun ein Schuss abgefeuert.

Wieder bergab passiert man rechts die ⓫ **Scotch Whisky Experience**. Bei einer Tour lernt man hier alles über das schottische Nationalgetränk und darf auch probieren. Vorbei an der Tolbooth Kirk führen auf der rechten Seite Treppen hinunter auf die **Victoria Street,** eine hübsche Einkaufsstraße, die sich bis hinunter auf den ⓬ **Grassmarket** windet. Auf dem offenen Platz, wo einst der Viehmarkt stattfand, reihen sich im Sommer Caféterrassen aneinander und samstags gibt es einen Wochenmarkt. Bis ins Jahr 1764 stand am Ostende ein Galgen – im Boden ist mit dunklen Pflastersteinen der Schatten eines Galgenkreuzes nachgezeichnet. Unweit von hier trieben die Gangster **Burke und Hare** ihr Unwesen – sie verschacherten »Galgenvögel« an das medizinische Lehrkrankenhaus, wobei nicht immer alles mit rechten Dingen zuging – 1827 verschwanden siebzehn Menschen, die die beiden auf dem Gewissen hatten.

Über die **Candlemaker Row** im Südosten des Platzes gelangt man hinauf zur ⓭ **Greyfriars Kirk**. Der Friedhof ist übersät mit Mausoleen und verwitterten Grabsteinen aus dem 17. Jahrhundert. An der Ecke zur Straße George IV. Bridge steht das Denkmal des treuen Terriers **Greyfriars Bobby**, das Maskottchen von Edinburgh. Er wachte 14 Jahre lang treu auf dem Grab seines Herrchens.

Berühmt geworden für seine sprichwörtliche Treue: Greyfriars Bobby

Gleich gegenüber erstreckt sich entlang der Chambers Street das weitläufige ⓮ **National Museum of Scotland**. Es beherbergt über 20000 Exponate zu so unterschiedlichen Themen wie Archäologie, Naturkunde, Wissenschaft und Technik sowie Weltkulturen. Empfehlenswert ist der Panoramablick auf die Altstadt von Edinburgh von der Aussichtsplattform im obersten Stock.

Wo die Chambers Street auf die Nicolson Street stößt, befindet sich das **Old College**, Teil des Campus der ⓯ **University of Edinburgh**. Gegründet im Jahr 1583 ist die Universität eine der ältesten Großbritanniens, die heute aufgrund ihrer Forschungseinrichtungen internationales Ansehen genießt. Im 18. Jahrhundert bahnten zukunftsweisende Denker wie Adam Smith, der erste Nationalökonom der Welt, und der Philosoph und Empiriker David Hume den Weg für die **schottische Aufklärung**. Später studierten hier so bekannte Wissenschaftler wie der Biologe Charles Darwin, aber auch der Autor Sir Arthur Conan Doyle (»Sherlock Holmes«), der eigentlich Arzt werden wollte, hörte hier Vorlesungen. Im schräg gegenüberliegenden **16 Surgeon's Hall Museum** sind viele (teils gruselige) Kuriositäten aus den frühen Tagen der Medizin ausgestellt.

Die Nicolson Street führt nach Süden weiter ins Studentenviertel mit vielen Bars und Cafés. Nach Norden stößt man bald wieder auf die Royal Mile und folgt dem Abschnitt Canongate bergab bis ins Viertel Holyrood. Das **John Knox House** ist das älteste noch existierende Haus auf der Royal Mile und entstand circa 1490. Angeblich lebte der Reformator John Knox hier kurze Zeit bis zu seinem Tod im Jahr 1572. In das Museum mit einer Ausstellung über sein Leben und seine Streitgespräche mit Mary Stuart gelangt man durch das **17 Scottish Storytelling Centre** im angrenzenden Neubau. Das hier ansässige Zentrum Traditional Arts and Culture Scotland (TRACS) veranstaltet schottische Theater-, Tanz- und Musikevents.

Bis 1764 stand hier auch das mittelalterliche Stadttor Netherbow Gate, das in den Stadtteil Canongate führte. In der **Canongate Tolbooth**, erkenntlich durch eine große, seitlich angebrachte Uhr, waren die dortige Verwaltung, Gericht und Gefängnis untergebracht. Das volkskundliche Museum **18 People's Story Museum** gibt einen Einblick in das damalige Leben der einfachen Leute. Gleich gegenüber dokumentiert das **19 Museum of Edinburgh** die Geschichte der Stadt. Die Straße mündet auf den Vorplatz des **20 Scottish Parliament**. Im Rahmen der Dezentralisierungspolitik erhielt Schottland im Jahr 1999 nach fast dreihundert Jahren zum ersten Mal wieder ein eigenes Parlament und das neue Regierungsgebäude wurde 2004 fertiggestellt.

Die offizielle Residenz der britischen Queen in Schottland: der Palace of Holyroodhouse

Die Queen's Gallery stellt die private Kunstsammlung der Königin aus

Von hier blickt man auf das historische Zentrum der Macht, denn der ㉑ **Palace of Holyroodhouse** war Sitz der schottischen Könige ab 1501. Neben der 1128 von König David I. gegründeten **Holyrood Abbey** ließ James IV. im 16. Jahrhundert einen Palast errichten, der in späteren Jahren mehrfach ausgebaut wurde. Mary Stuart bewohnte ihn während ihrer Regentschaft von 1561 bis 1567. Nach der Vereinigung der Königreiche Schottland und England unter Marys Sohn James I. verlor Edinburgh an Bedeutung. Die Abtei wurde während des Bürgerkriegs von den Truppen Oliver Cromwells fast völlig zerstört und heute kann man nur noch die Ruinen auf dem Schlossgelände besichtigen. Charles II. ließ eine Porträtgalerie der schottischen Könige in Auftrag geben, die man in der Great Gallery sehen kann. In der angegliederten ㉒ **Queen's Gallery** vor dem Palasteingang werden Wechselausstellungen aus der privaten Sammlung der amtierenden Queen gezeigt. Die Queen verbringt traditionell jedes Jahr eine Woche von Ende Juni bis Ende Juli in dem Palast. Dann finden offizielle Termine mit Staatsgästen sowie eine Gartenparty statt. Gleich hinter dem Palast erheben sich die **Salisbury Crags**, die Teil des Naturparks rund um den ㉓ **Arthur's Seat** sind.

Edinburghs Neustadt – Athen des Nordens

Der Rundgang beginnt auf dem 103 Meter hohen ❶ 1 **Calton Hill** im Osten, den man vom Bahnhof Waverley in wenigen Fußminuten erreicht. Im Norden reicht der Blick bis über den breiten Firth of Forth hinaus bis an die Küste des Countys Fife, im Süden ragen die Ausläufer der Salisbury Crags des Arthur's Seat auf. Wer noch höher hinauf will, kann die 143 Stufen des **Nelson Monument** erklimmen. Der Turm entstand 1807 im Gedenken an den Seeadmiral. Oben zeigt ein roter Ball die Mittagsstunde an – früher justierten Seeleute im Hafen von Leith auf diese Weise ihre

Chronometer. Mitten in der Anlage steht das **National Monument** aus dem Jahr 1826, ein unfertiger Bau, der an das Parthenon in Athen erinnert. Der Architekt William Henry Playfair (1790–1857) sollte hier eine Ruhestätte für die gefallenen Helden der napoleonischen Kriege errichten, aber leider gingen die Geldmittel aus. Von Playfair stammt auch das **Dugald Stewart Monument** aus dem Jahr 1831 im Westen des Hügels. Beide Monumente verdeutlichen das neue Selbstverständnis Edinburghs, das aus der Aufklärung hervorging: Man sah sich als »Athen des Nordens« und baute hier seine Akropolis.

Beim Balmoral Hotel beginnt die ❷ **Princes Street**, die entlang der Grünanlagen der **Princes Gardens** verläuft. Parallel dazu sieht man die Schienen der 2014 fertiggestellten Straßenbahn, die wegen der hohen Kosten und jahrelangen Verzögerungen ein umstrittenes Projekt ist. Folgt man dem Schienenverlauf nach Norden, gelangt man zum ❸ **St. Andrew Square**, der dem Nationalheiligen Schottlands gewidmet ist. Er bildet das Kopfende der rasterartig angelegten klassizistischen Neustadt, die von 1767 bis 1800 basierend auf den Plänen des jungen Architekten James Craig (1739–95) entstand. Hier entwickelte sich schnell das damals größte Banken- und Geschäftszentrum außerhalb Londons. Bis heute ist die Neustadt mit ihren Geschäften, Hotels und Restaurants das moderne Herz der Stadt.

Nelson Monument auf dem Calton Hill

An der Ostseite steht eine palladianische Villa vom klassizistischen Architekten William Chambers aus dem Jahr 1744, heute die Hauptfiliale der **Royal Bank of Scotland**.

Nördlich befindet sich, an der Ecke zur Queen Street, die ❹ **Scottish National Portrait Gallery**. In dem neugotischen Palast aus dem Jahr 1885 spaziert man anhand von Porträts bedeutender Schotten durch die Geschichte des Landes. Das älteste Werk zeigt James IV. und stammt aus dem Jahr 1507, daneben bietet eine Fotogalerie Einblick in das moderne Schottland.

Wieder zurück am St. Andrew Square blickt man nach Westen auf die **George Street**. Rechts ragt der Kirchturm der ❺ **St. Andrew's and St. George's Church** auf, die 1784 im sogenannten

Grüne Lunge zu Füßen von Edinburgh Castle: die Princes Street Gardens

MARY STUART – QUEEN OF SCOTS

Mary Stuart, Königin von Schottland, auf einem Stich von ca. 1580

Das tragische Schicksal von Mary Stuart (1542–87) bewegt bis heute die Gemüter. Von ihren Untertanen gleichzeitig als glamouröse Monarchin verehrt und als Reformationsgegnerin gehasst, verstrickte sich die Königin in zwei fatale Ehen und einen politischen Zwist, der sie den Thron und schließlich das Leben kostete.

Bereits kurz nach ihrer Geburt im Schloss Linlithgow wurde Mary nach dem Tod ihres Vaters James V. zum Spielball politischer Interessen. König Henry VIII. wollte eine Verbindung zwischen seiner Großnichte mit seinem Sohn Edward militärisch erzwingen, aber Marys Mutter Marie de Guise fand eine Einigung mit dem französischen König Henri II. Im Jahr 1548 wurde die fünfjährige Mary an den dortigen Hof in Sicherheit gebracht und 1558 mit dem drei Jahre jüngeren Infanten François vermählt.

Von 1559–60 war François II. Herrscher von Frankreich und Mary seine Königin. Zwei Jahre nach dessen Tod kehrte die neunzehnjährige, politisch unerfahrene Mary 1561 nach Schottland zurück, wo die Reformation, die das Land in zwei gegnerische Fraktionen spaltete, in vollem Gange war. Als bekennende Katholikin machte sich Mary den Reformator John Knox und die protestantischen Lords of the Congregation zu erbitterten Feinden. Sie weigerte sich auch, Elizabeth I. als rechtmäßige Königin Englands anzuerkennen und ihren eigenen Anspruch auf den Thron Englands aufzugeben.

Überstürzt heiratete sie aus Leidenschaft 1565 ihren unreifen Cousin Henry Stuart, Lord Darnley. Die Königin schloss Darnley, der sich inzwischen mit den Reformatoren gegen sie verbündet hatte, jedoch schon bald aus ihrem Leben und den Regierungsgeschäften aus und machte David Riccio, einen katholischen Italiener, zu ihrem Geheimsekretär. Die Lords befürchteten ein Komplott der Gegenreformation und ermordeten Riccio in den Gemächern der Königin im Palace of Holyroodhouse mit 56 Messerstichen. Die hochschwangere Mary floh und kehrte mit Verteidigungstruppen unter Earl of Bothwell ins Edinburgh Castle zurück, wo am 19. Juni 1566 ihr Sohn, der spätere James VI./I., geboren wurde.

1567 starb Darnley bei einer Explosion in der Kirk o' Field in Edinburgh. Man vermutete einen Anschlag auf den König und verdächtigte den Earl of Bothwell und die Königin selbst. Nur drei Monate nach dem Ereignis ehelichte Mary ausgerechnet Earl of Bothwell, was wie ein Schuldbekenntnis wirkte. Sie wurde von den protestantischen Lords verhaftet und ins Lochleven Castle gebracht. Am 24. Juli zwang man sie zur Abdankung. Die Lords übernahmen die Erziehung ihres Sohns und Thronnachfolgers. Mary sah ihn nie wieder.

Mithilfe katholischer Verbündeter gelang Mary 1568 die Flucht, doch ausgerechnet bei Elizabeth I. suchte sie Schutz. Diese nutzte die Chance, Mary für die nächsten 18 Jahre in England unter Hausarrest festzuhalten. Beim schottischen Bürgerkrieg gewannen 1570 die Protestanten mit der Unterstützung Englands Oberhand. Zusammen mit englischen und spanischen Katholiken verwickelte sich Mary in einen fantastischen Coup gegen die englische Königin, wurde als Verschwörerin enttarnt und kam wegen Hochverrats am 9. Februar 1587 in Fotheringhay Castle aufs Schafott.

En ma fin est mon commencement (Mein Ende ist mein Anfang) – dieses Motto hatte sich Mary auf ihr Stuhlkissen gestickt, als sie in englischer Gefangenschaft saß. Ihr Sohn James VI. erreichte später, wofür seine Mutter so viel geopfert hatte: Da Elizabeth I. 1603 kinderlos starb, übernahm er auch den englischen Thron und regierte beide Länder als James VI. von Schottland und James I. von England in Personalunion.

Queen-Anne-Stil fertiggestellt wurde. Entlang der George Street findet man hinter georgianischen Fassaden viele moderne, ganztags geöffnete Lounge Bars, wo sich die Edinburgher Yuppies treffen. So zum Beispiel auch im der Kirche gegenüberliegenden **6 The Dome**, der 1843 für die Commercial Bank of Scotland entstand und wo heute ein Georgian Afternoon Tea serviert wird.

In Richtung Norden blickt man entlang der Hanover Street bergab auf die Erweiterung der Neustadt, die bis 1830 entstand. Als Hauptachse führt die Straße bis nach Inverleith zu den **Royal Botanic Gardens**.

Zwischen der George Street, Queen Street und Princes Street verlaufen parallel kleinere Gässchen, die einst für Kutschen und Lieferanten gedacht waren. Thistle Street und Rose Street bieten einige hübsche Boutiquen und Restaurant-Bars. In der Young Street sollte man in der **7 Oxford Bar** einkehren. Sie ist die Stammkneipe von Inspektor Rebus aus den Kriminalromanen von Ian Rankin. Auch der Autor selbst soll hier hin und wieder Gast sein.

Schließlich gelangt man auf den **8 Charlotte Square**, gestaltet von Robert Adam 1791–94. Auf der Ostseite kann man im Museum **9 Georgian House** das Leben der Oberklasse im 18. Jahrhundert nachempfinden. Gleich daneben, in der Hausnummer 6, hat im **Bute House** der First Minister of Scotland seinen Sitz, der Schottland im Rahmen der Devolutionspolitik regiert. Den Posten hält momentan Nicola Sturgeon von der SNP. Vor 1999 saß hier der von der britischen Regierung eingesetzte Secretary of State for Scotland, der Minister für schottische Belange. Er fungiert heute als Vermittler zwischen beiden Regierungen. Von der George Street führt die Frederick Street zu den Princes Gardens.

Auf dem Hügel **The Mound**, mitten in der Anlage, befinden sich nebeneinander zwei der meistbesuchten Kunstgalerien Edinburghs: die **10 Scottish National Gallery** und die **11 Royal Scottish Academy**. Beide gingen aus der Scottish Academy hervor, die von einem Künstlerkollektiv 1826 gegründet wurde und bis heute schottische Kunst fördert. Werke der modernen Kunst werden in der **Scottish National Gallery of Modern Art** im Stadtteil

Die Royal Scottish Academy ist unterirdisch mit der National Gallery of Scotland verbunden

Denkmal von George IV. auf der George Street, der als erster englischer König nach fast 150 Jahren Schottland einen Besuch abstattete

Dean ausgestellt. Läuft man auf der Princes Street wieder nach Osten in Richtung Balmoral Hotel, kann man das neugotische 12 **Scott Monument** kaum übersehen. Sir Walter Scott machte sich als Schriftsteller der schottischen Nationalromantik, mit Romanen wie »Rob Roy« und »Waverley« einen Namen. Seinen Status als Nationalheld erwarb er sich aber auch durch seine unermüdliche PR-Arbeit für Schottland als Vorsitzender der Royal Celtic Society. Das Monument ist übersät mit Skulpturen von Figuren aus Scotts Romanen. An der Ecke zur St. David Street ist das denkmalgeschützte 13 **Kaufhaus Jenners** aus dem Jahr 1895 einen Blick wert.

SERVICE & TIPPS

Visit Scotland

Edinburgh Information Centre
Princes Mall, 3 Princes St.
Edinburgh, EH2 2QP
✆ 0131 473 3868
www.visitscotland.com
Juli/Aug. Mo–Sa 9–19, So 10–19, Juni bis 18, sonst bis 17 Uhr
Praktische Informationen zu Edinburgh und Schottland, Tickets und Reservierungen. Der Shop verkauft u. a. Karten und Bücher. Eine Filiale gibt es am Flughafen (s. u.).

Öffentliche Verkehrsmittel

Die **Lothian Buses** (www.lothianbuses.com) verbinden alle Stadtbezirke. Infostellen gibt es bei der Waverley Bridge (nahe dem Information Centre) und in der Hanover Street.

Lothian Buses betreibt auch die Straßenbahn **Edinburgh Trams** (www.edinburghtrams.com), die zwischen dem Flughafen und der Haltestelle York Place in der Neustadt verkehrt (Einzelkarte Zentrum £ 1.50/0.70; Tageskarte £ 4/2).

Achtung: Im Bus muss man das abgezählte Fahrgeld bereithalten, denn der Fahrer gibt kein Wechselgeld heraus. Mit einer Kreditkarte kann man sich die Smartphone-App für **m-Tickets** (mobile Tickets) herunterladen (http://lothianbuses.com/apps). Damit kann man Tickets online kaufen und direkt auf das Handy laden.

First Buses (www.firstgroup.com) betreibt Fernbusse ins Umland.

Edinburgh Waverley ist der zentrale Hauptbahnhof der Stadt mit Anbindung an Schnellzüge und die Borders Railway. S-Bahn-ähnliche Pendlerzüge verkehren zwischen Waverley und dem zweiten Stadtbahnhof **Haymarket** sowie anderen Bahnhöfen in Schottland (www.scotrail.co.uk).

Gruseltouren

Gruseltouren führen durch die engen *Wynds* und *Closes* in die versteckten Katakomben der Altstadt wie die South Bridge Vaults. Die Touren mit kostümierten Führern sind teils historisch informativ, teils sind sie auf der Spur von Bösewichten wie Burke und Hare, alten Legenden oder Spukgestalten. Wer sich gerne gruselt, findet hier die perfekte Inszenierung vor einer historischen Kulisse.

City-Sightseeing-Bus in Edinburgh

Informationen unter: www.auldreekietours.com, www.cityofedinburghtours.com, www.mercattours.com

Sightseeing
Für den Einstieg eignen sich **Hop-on-Hop-off-Busse**, bei denen man beliebig ein- und wieder aussteigen kann (www.edinburghtour.com). Geschichtlich Interessierte sollten bei **Historic Edinburgh Tours** buchen (www.historicedinburghtours.co.uk). In den Fußstapfen von Edinburghs Literaten wandert man bei der **Edinburgh Literary Tour** (www.edinburghliterarypubtour.co.uk).

9 Georgian House
7 Charlotte Sq.
New Town
Edinburgh, EH2 4DR
✆ 0131 226 3318
www.nts.org.uk/Property/Georgian-House
Tägl. März, Nov./Dez. 11–16, April–Juni und Sept./Okt. 10–17, Juli/Aug. 10–18 Uhr
Eintritt £ 7/5.50
Das von Robert Adam 1796 entworfene klassizistische Wohnhaus gibt Einblick in das Leben der Oberschicht im 18. Jh.

19 Museum of Edinburgh
142 Canongate, Royal Mile
Edinburgh, EH8 8DD
✆ 0131 529 4143
www.edinburghmuseums.org.uk
Mo–Sa 10–17, Aug. auch So 12–17 Uhr
Eintritt frei
Das Museum dokumentiert Ausschnitte aus der Edinburgher Geschichte.

14 National Museum of Scotland
Chambers St.
Edinburgh, EH1 1JF
✆ 0300 123 6789
www.nms.ac.uk
www.tower-restaurant.com
Tägl. 10–17 Uhr, Eintritt frei
Auf acht Ebenen wird ein Querschnitt durch die Geschichte Schottlands gezeigt, mit Schwerpunkten auf Naturkunde und Wissenschaft sowie Kunsthandwerk aus der ganzen Welt. Feine Küche bietet das Tower Restaurant und auf dem Dach gibt es eine Aussichtsterrasse.

Tyrannosaurus Rex im National Museum of Scotland

18 People's Story Museum
Canongate Tolbooth
Edinburgh, EH8 8BN
✆ 0131 529 4057
www.edinburghmuseums.org.uk
Mo–Sa 10–17, Aug. auch So 12–17 Uhr, Eintritt frei
Im einstigen Zollhaus erlebt man den Alltag der einfachen Leute der Stadt im 17. Jh.

5 Real Mary King's Close
2 Warriston Close
Edinburgh, EH1 1PG
✆ 0845 070 6244
www.realmarykingsclose.com
April–Okt. tägl. 10–21, Nov.–März So–Do 10–17, Fr/Sa 10–21 Uhr
Eintritt £ 14.50/8.75, bis 5 J. frei
Hier erlebt man, wie die Menschen im King's Close beengt und ohne Licht leben mussten, weil die Gasse einfach überbaut wurde.

Gruseltouren buchbar im Kiosk bei der Tron Kirk

Region 1
Edinburgh und die Lothians

In der National Gallery: Paul Gauguins »Vision nach der Predigt (Jakob ringt mit dem Engel)«, 1888

Das John Knox House

⑪ Royal Scottish Academy
The Mound
Edinburgh, EH2 2EL
✆ 0131 225 6671
www.nationalgalleries.org
Mo–Sa 10–17, So 12–17 Uhr
Eintritt frei
Ein Künstlerkollektiv gründete 1826 die Scottish Academy, die bis heute schottische Künstler fördert und seit 1790 deren Werke zusammenträgt.

⑩ Scottish National Gallery
The Mound
Edinburgh, EH2 2EL
✆ 0131 624 6200
www.nationalgalleries.org
Tägl. 10–17, Do bis 19 Uhr
Eintritt frei
Die Scottish National Gallery sitzt in einem Gebäudekomplex von William H. Playfair aus dem Jahr 1895. Unterirdisch gibt es eine Verbindung zur Royal Scottish Academy. Zu sehen sind internationale Meister und schottische Kunst von der Frührenaissance bis zum 19. Jh.

Scottish National Gallery of Modern Art
75 Belford Rd., Dean Village
Edinburgh, EH4 3DR
✆ 0131 624 6200
www.nationalgalleries.org
Tägl. 10–17, Aug. bis 18 Uhr
Eintritt frei
Werke der modernen Kunst aus der Nationalsammlung (s. o.) und Skulpturengarten.

④ Scottish National Portrait Gallery
1 Queen St., Edinburgh, EH2 1JD
✆ 0131 624 6200
www.nationalgalleries.org/portraitgallery
Tägl. 10–17, Do bis 19 Uhr
Eintritt frei
Hier werden Porträts von Schotten gezeigt und Porträts, die von schottischen Künstlern gemalt wurden.

⑰ Scottish Storytelling Centre und John Knox House
43–45 High St.
Edinburgh, EH1 1SR
✆ 0131 556 9579
www.tracscotland.org
Mo–Sa 10–18, Juli/Aug. auch So 12–18 Uhr
Eintritt £ 5/1, bis 7 J. frei
Der fanatische Calvinist und Reformator John Knox schürte von seiner Kanzel aus beständig Unmut gegen seine Königin, Mary Stuart. Mithilfe von Audioguides kann man sich in die Streitgespräche der beiden hineinversetzen.

⑯ Surgeon's Hall Museum
Nicolson St.
Edinburgh, EH8 9DW
✆ 0131 527 1711/1600
www.museum.rcsed.ac.uk
Tägl. 10–17 Uhr, Eintritt £ 6/3.50

Das Museum für Medizingeschichte erinnert an herausragende schottische Ärzte, wie den Gründer der medizinischen Fakultät Robert Sibbald und James Young Simpson, der 1847 das Chloroform entdeckte.

8 Writer's Museum
Lady Stair's Close
Edinburgh, EH1 2PA
✆ 0131 529 4901
www.edinburghmuseums.org.uk/Venues/The-Writers-Museum
Mo–Sa 10–17, Aug. auch So 12–17 Uhr, Eintritt frei
Hier erfährt man Interessantes über die Literaten Robert Burns, Robert Louis Stevenson und Sir Walter Scott.

1 1 Calton Hill/Nelson Monument
Calton Hill
Edinburgh, EH7 5AA
✆ 0131 556 2716
www.cac.org.uk
April–Sept. Mo–Sa 10–19, So 12–17, Okt.–März tägl. außer So 10–15 Uhr
Eintritt £ 4
Der 32 m hohe Turm des Nelson Monument aus dem Jahr 1815 bietet eine tolle Aussicht.

10 Edinburgh Castle
Castlehill, Royal Mile
Edinburgh, EH1 2NG
✆ 0131 225 9846
www.edinburghcastle.gov.uk
Tägl. April–Sept. 9.30–18, Okt.–März 9.30–17 Uhr
Eintritt £ 16.50/9.90, bis 5 J. frei
Die beliebteste Sehenswürdigkeit der Stadt birgt einen königlichen Palast, verschiedene Museen und viel Historie.

13 Greyfriars Kirk and Kirkyard
1 Greyfriars Place
Edinburgh, EH1 2QQ
✆ 0131 226 5429
www.greyfriarskirk.com
April–Okt. ab 10.30 Uhr
Eintritt frei
In dem Museum der Kirche gibt es eine Kopie des National Covenant, den die Presbyterianer hier 1638 unterzeichneten.

Greyfriars Kirk and Kirkyard am südlichen Ende der historischen Innenstadt

Murrayfield Rugby Stadium
Roseburn St., West End
Edinburgh, EH9 3HG
✆ 0131 229 9131
www.scottishrugby.org/murrayfield-stadium/tours
Mo–Fr 9–17 Uhr
Führungen tägl. außer So 11 Uhr, 1,5 Std., Eintritt frei
Rugby ist in Schottland sehr populär und hier wird jedes Jahr der Six Nations Cup ausgetragen. Wenn gerade nicht gespielt wird, werden Stadiontouren angeboten.

21 Palace of Holyroodhouse/ 22 Queen's Gallery
Canongate
Edinburgh, EH8 8DX
✆ 0131 556 5100
www.royalcollection.org.uk/visit/palace-of-holyroodhouse
Tägl. April–Okt. 9–18, Nov.–März 9.30–16.30 Uhr
Eintritt Palast £ 12/7.20, bis 5 J. frei; Kombiticket mit Queen's Gallery £ 16.40/9.30
David I. errichtete im Jahr 1128 eine Abtei zum Dank für seine Rettung nach einem Jagdunfall:

Der moderne Bau des Scottish Parliament wurde vom spanischen Architekten Enric Miralles entworfen

Er wehrte einen wilden Hirsch mit einem Kruzifix (Holy Rood) ab. Der moderne Palast aus dem 16. Jh. ersetzte später das Edinburgh Castle als Sitz der schottischen Monarchen.

11 Scotch Whisky Experience
345 Castlehill
Edinburgh, EH1 2NE
✆ 0131 220 0441
www.scotchwhiskyexperience.co.uk
Tägl. Juni–Aug. 9.30–18.30, Sept.–Mai 10–18 Uhr
Eintritt je nach Tour
Auf unterschiedlichen Touren wird man hier in die Geheimnisse der Whisky-Herstellung eingeweiht. Im Shop gibt es u. a. Probierfläschchen fast aller schottischen Whisky-Sorten.

12 Scott Monument
East Princes St. Gardens
Edinburgh, EH2 2EJ
✆ 0131 529 4068
www.edinburghmuseums.org.uk/Venues/Scott-Monument
Tägl. April–Sept. 10–19, Okt.–März bis 16 Uhr, Eintritt £ 4
Das dem Schriftsteller und Nationalhelden Sir Walter Scott gewidmete Denkmal hat auf 61 m Höhe eine Aussichtsplattform, die man über 287 Stufen erreicht.

20 Scottish Parliament
Canongate
Edinburgh, EH99 1SP
✆ 0131 348 5200
www.scottish.parliament.uk
Mo, Fr/Sa, Fei 10–17, Di–Do 9–18.30 Uhr
Das fantasievolle Parlamentsgebäude des Architekten Enrique Miralles kann man auch ohne Führung (mit Audioguide) besuchen. Der moderne Bau wurde verspätet fertiggestellt, wodurch sich die Kosten verzehnfachten (£ 400 Mio.).

5 St. Andrew's and St. George's Church
13–17 George St.
Edinburgh, EH2 2PA
www.stagw.org.uk
Mo–Fr 10–15, Sa 11–13, So 9–11 Uhr
Die St. Andrew's Church ist architektonisch interessant. 1964 wurde sie mit der Gemeinde der St. George Church vom Charlotte Square vereint.

6 St. Giles Cathedral
Royal Mile, Edinburgh, EH1 1RE
✆ 0131 225 9442
www.stgilescathedral.org.uk
Okt.–April Mo–Sa 9–17, So 13–17, Mai–Sept. Mo– Fr 9–19, Sa 9–17, So 13–17 Uhr
Eintritt frei, um Spende wird gebeten

Bowmore, eine der Whisky-Marken, die man bei der Scotch Whisky Experience probieren kann

In der Kirche mit interessanten Statuen und Monumenten spiegelt sich ein großes Stück der schottischen Reformationsgeschichte.

9 Tolbooth Kirk/ Festivalbüro des Edinburgh Festival
The Hub
348–350 Castlehill
Edinburgh, EH1 2NE
✆ 0131 473 2000
www.eif.co.uk
www.thehub-edinburgh.com
Café Mo–Sa 9.30–17, So 11–17 Uhr
Die neugotische Tolbooth Kirk aus dem Jahr 1844 hat mit 74 m den höchsten Kirchturm in Edinburgh und beherbergt das Festivalbüro. Das Café The Hub ist ganzjährig geöffnet.

15 University of Edinburgh/ Talbot Rice Gallery
South Bridge
Edinburgh, EH8 9YL
✆ 0131 650 1000
www.ed.ac.uk/talbot-rice
Galerie Di–Fr 10–17, Sa 12–17 Uhr, Eintritt frei
Die Galerie der 1583 gegründeten Universität zeigt thematische Ausstellungen moderner Kunst.

Royal Botanic Gardens
20 Inverleith Row, Inverleith
Edinburgh, EH3 5LR
✆ 0131 552 7171
www.rbge.org.uk
Tägl. März–Sept. 10–18, Nov.–Jan. 10–16, Feb., Okt. 10–17 Uhr
Eintritt Garten frei; Palmenhäuser £ 5.50/4.50, bis 15 J. frei
Der Botanische Garten entwickelte sich aus dem Kräutergarten des Medizinprofessors Robert Sibbald. Die schönen Palmenhäuser *(Glasshouses)* mit subtropischen Pflanzen entstanden um 1850.

Edinburgh Festival Theatre
13–29 Nicolson St.
Edinburgh, EH8 9FT
✆ 0131 529 6000
www.edtheatres.com
Ein buntes Programm aus Musicals und Sprechtheater sowie Festivaladresse.

Traverse Theatre
10 Cambridge St.
Edinburgh, EH1 2ED
✆ 0131 228 1404
www.traverse.co.uk.
Eines der wichtigsten Theater der Stadt und Festivalevents..

The Honours
58 A North Castle St.
Edinburgh, EH2 3LU
✆ 0131 220 2513
www.martin-wishart.co.uk
Di–Sa 12–14.30 und 18–22 Uhr
Der Starkoch Martin Wishart öffnete mit dieser Brasserie einen Ableger seines michelinbesternten Restaurants. £££

6 The Dome
The Georgian Tea Room at the Dome
14 George St.
Edinburgh, EH2 2PF
✆ 0131 624 8624
www.thedomeedinburgh.com
Mo–Fr 11–19 Uhr
Stilvoller kann der Afternoon Tea nicht sein als im klassizistischen Gebäude The Dome. Ein Besuch lohnt schon zum Bestau-

Die St. Giles Cathedral wird auch High Kirk of Edinburgh genannt

Haggis und Whisky gibt es reichlich in Edinburgh

nen der opulenten Innendekoration. ££–£££

Café Royal
19 West Register St.
Edinburgh, EH2 2AA
✆ 0131 556 1884
www.caferoyaledinburgh.co.uk
Mo–Mi 11–23, Do–Sa 11–1, So 12.30–23 Uhr
Diese denkmalgeschützte Bar aus dem frühen 19. Jh. hat französisches Ambiente und Austern und Champagner auf der Speisekarte. ££

Howies
10–14 Victoria St., Grassmarket
Edinburgh, EH1 2HG
✆ 0131 225 1721
www.howies.uk.com
Tägl. 11–22 Uhr
Hier geht es schottisch zu, mit Fisch- und Wildspezialitäten, aber auch Klassikern wie Haggis. ££

Valvona & Crolla Ristorante
11 Multrees Walk
Edinburgh, EH1 3DQ
✆ 0131 557 0088
www.valvonacrolla.co.uk
Mo/Di 7.30–23, Mi–Sa 7.30–24, So 9.30–23 Uhr
Italienischer Klassiker in der Edinburgher Gastroszene. ££

Burger Meats Bun
1 Forth St.
Edinburgh, EH1 3JX
✆ 0131 556 7023
www.burger-meats-bun.co.uk
Di–So 12–21.30 Uhr
Wo der Burger auf sein Brötchen trifft – lecker gewürzte Hamburger und Chickenburger mit mexikanischem Einschlag. £

Edinburgh Larder Cafe
15 Blackfriars St.
Edinburgh, EH1 1NB
✆ 0131 556 6922
www.edinburghlarder.co.uk
Mo–Fr 8–17, Sa/So 9–17 Uhr
Nahe der Royal Mile kann man sich hier stärken – vom schottischen Frühstück bis zu Sandwiches und Kuchen wird alles angeboten. £

Hemma
73 Holyrood Rd.
Edinburgh, EH8 8AU
✆ 0131 629 3327
www.bodabar.com/hemma
Tägl. 11–24, Fr/Sa bis 1 Uhr
Unweit vom schottischen Parlament lädt diese Cafébar mit schwedischem Ambiente zu einer ausgedehnten Rast ein. £

Henderson's Restaurant
94 Hanover St., New Town
Edinburgh, EH2 1DR
✆ 0131 225 2131
www.hendersonsofedinburgh.co.uk
Mo–Sa 8–22, So 11–16 Uhr
Das vegetarische Restaurant Edinburgher Institution, mit angeschlossenem Delikatessenladen. £

7 **Oxford Bar**
8 Young St.
Edinburgh, EH2 4JB
✆ 0131 539 7119
www.oxfordbar.co.uk
Tägl. 11–1 Uhr
Inspektor Rebus' Stammkneipe lädt zu einem ruhigen Bier ein.

Royal Oak
1 Infirmary St.
Edinburgh, EH1 1LT
✆ 0131 557 2976
www.royal-oak-folk.com
Mo–Sa 11.30–2, So 12.30–2 Uhr
Ein Edinburgher Klassiker, hier wird fast den ganzen Tag keltische Folkmusik live dargeboten.

The Three Sisters
139 Cowgate, Old Town
Edinburgh, EH1 1JS
✆ 0131 622 6802
www.thethreesistersbar.co.uk
Mo–Fr 17–1, Sa/So 19–3 Uhr
In dem großen Biergarten der Sportsbar auf der Nightlife-Meile Cowgate finden auch größere Gruppen einen Sitzplatz.

Victoria Street in Edinburgh mit allerlei Restaurants und Läden

Whighams Wine Cellar
13 Hope St.
Edinburgh, EH2 4EL
✆ 0131 225 8674
www.whighams.com
Tägl. 12–24, Fr/Sa bis 1 Uhr
Dieser angenehme Weinkeller dient gleichzeitig als Jazzclub.

Tigerlilly
125 George St., New Town
Edinburgh, EH2 4JN
✆ 0131 225 5005
www.tigerlilyedinburgh.co.uk
Tägl. 11–1 Uhr
Die stylische Hotelbar mit DJ ist ein Anlaufpunkt für die modebewusste Neustadt-Szene.

The Vodoo Rooms
19 A West Register St.
New Town
Edinburgh, EH2 2AA
✆ 0131 556 7060
www.thevodoorooms.com
Mo–Do 16–1, Fr–So 12–1 Uhr
Oberhalb des Café Royal kann man hier Konzerte, Clubnächte und andere Events erleben.

21 Century Kilts
48 Thistle St.
Edinburgh, EH2 1EN
✆ 0131 220 9450
www.21stcenturykilts.com
Di–Sa 10–18 Uhr
In einer kleinen Neustadtgasse verbirgt sich dieser Designerladen, mit Kilts für modebewusste Männer, Hipster und Stars.

Bagpipes Galore
20 Haymarket Terrace
Edinburgh, EH12 5JZ
✆ 0131 346 1111
www.bagpipe.co.uk
Tägl. außer So 10–17 Uhr
Einen Abstecher lohnt dieser Laden, in dem handgefertigte Dudelsäcke verkauft werden.

Edinburgh Wollen Mill
139 Princes St
Edinburgh, EH2 4BL
✆ 0131 226 3840
www.ewm.co.uk
Tägl. 9–17.30 Uhr
Wollwaren und tragbares Schottenkaro für die ganze Familie.

Harvey Nichols
30–34 St. Andrew Sq.
Edinburgh, EH2 2AD
✆ 0131 524 8388
www.harveynichols.com/edinburgh
Mo–Mi 10–18, Do 10–20, Fr/Sa 10–19, So 11–18 Uhr
Filiale des Londoner Edelkaufhauses mit Mode von britischen und internationalen Designern sowie dem Restaurant Fourth Floor.

Shoppen im Jenners, dem alteingesessen Kaufhaus am östlichen Ende der Princes Street

Zu Gast beim Edinburgh Military Tattoo: Auf Deutsch bedeutet das Wort »Tattoo« in diesem Fall »Zapfenstreich«

Jenners
48 Princes St.
Edinburgh, EH2 2YJ
✆ 0844 800 3725
www.houseoffraser.co.uk
Mo–Sa 9–20, Do bis 21, So 9–19 Uhr
Das historische Kaufhaus bietet auf mehreren Ebenen gängige Labels, aber auch schottische Leckereien und Souvenirs.

Edinburgh Festival
www.edinburghfestivalcity.com
Das Edinburgh International Festival (EIF) ist der Sammelbegriff für eines der größten Theater- und Kulturevents der Welt. Es findet bereits seit 1947 statt und zieht jedes Jahr von Ende Juni bis Anfang September Millionen von Besuchern in die Stadt. Neben dem Edinburgh Festival, bei dem Musik, Theater und Tanz der Weltklasse geboten wird, und dem international bekannten Military Tattoo (www.edintattoo.co.uk) bietet das Fringe Festival Comedy und experimentelles Theater (www.edfringe.com).
Jede noch so kleine Bühne wird bespielt und man kann Stars von morgen für wenig Geld oder gar umsonst sehen. Parallel zu den beiden großen Events finden fünf weitere Veranstaltungen statt wie das Book und das Jazz Festival. Die Fülle ist kaum überschaubar und wer einen Besuch plant, sollte sich unbedingt schon vor der Reise informieren.

Ausflugsziele:

National Mining Museum
Lady Victoria Colliery
Newtongrange, EH22 4QN
✆ 0131 663 7519
www.nationalminingmuseum.com, tägl. 10–17 Uhr
Eintritt £ 8.50, Kinder frei (bis zu drei Kindern pro Erw.)
Geführte Touren ins Bergwerk und die Ausstellung geben einen Einblick in den schottischen Bergbau.

Glenkinchie Distillery
Pencaitland
Tranent, EH34 5ET
✆ 01875 342 012
www.discovering-distilleries.com/glenkinchie
Tägl. 9.15, 10.45, 13 Uhr
Ein Shuttlebus bringt Besucher von Edinburgh Waterloo Place zur angegebenen Zeit zur Destillerie aus dem Jahr 1837 (Eintritt inkl. Bus £ 20/15).
Wo früher die Gerste gemälzt wurde, wird heute eine sehenswerte Ausstellung zur Whisky-Herstellung gezeigt.

Brennblasen in der Glenkinchie Distillery

Sir Walter Scott nannte Edinburgh »mine own romantic town« – das weltgrößte Schriftstellerdenkmal, das Scott Monument in der Princes Street, erinnert an ihn

Basstölpel auf Bass Rock

❶ DUNBAR UND NORTH BERWICK

Dunbars historischer Fischerhafen lässt den Hauch vergangener Zeiten spüren. Rund um die alten Hafenmauern liegen Fischerboote am Kai, die ihre Netze und Hummerkörbe ausgebreitet haben. In die hiesige Burg, von der noch die Grundmauern erhalten sind, flüchteten sich einst Marie de Guise ebenso wie ihre Tochter Mary Stuart vor rebellischen Reformatoren. Dunbar ist auch der Geburtsort von John Muir, der nach Amerika auswanderte und dort das Konzept der Nationalparks erfand.

Wenige Kilometer weiter östlich kann man in North Berwick an einem hübschen Badestrand ausruhen. Das interessante **Meeresvogelmuseum** bietet Bootsausflüge zu den Vogelkolonien auf dem vorgelagerten Bass Rock an. Das auf einem Klippenvorsprung gelegene **Tantallon Castle** (www.historicenvironment.scot) war Sitz des Red Douglas Clan.

SERVICE & TIPPS

Scottish Seabird Centre/Meeresvogelmuseum
The Harbour
North Berwick, EH39 4SS
April–Aug. tägl. 10–18, sonst bis 17, Winter bis 16 Uhr
Eintritt £ 8.95/4.95, bis 3 J. frei
Das Seevogelmuseum ist schön gelegen und sehr interaktiv gestaltet.

Bootstour zur Tölpelkolonie auf Bass Rock

Keltisches Kreuz vor dem Scottish Seabird Centre in North Berwick

❷ FORTH RAIL BRIDGE

In South Queensferry, ca. zehn Kilometer westlich vom Stadtzentrum, befördert die markante Eisenbahnbrücke Forth Rail Bridge bereits seit 1890 Züge über den Firth of Forth – heute sind es bis zu 200 pro Tag. Der Bau der 50 Meter hohen und 2,5 Kilometer langen Brücke nach einem Entwurf der Ingenieure Sir John Fowler und Benjamin Baker dauerte sieben Jahre, verbraucht wurden dabei 50 000 Tonnen Stahl.

Die rot lackierten Stahlstreben machen aus der fotogenen Brücke ein Monument, das zur Zeit der Einweihung ähnlich viel Aufsehen erregte wie der Eiffelturm. Seit 2015 ist die Brücke nun Teil des UNESCO-Weltkulturerbes.

Einen guten Blick auf die Eisenbahnbrücke hat man von South Queensferry, hier werden auch Bootsausflüge angeboten. Wahlweise fährt man bis zur Autobrücke Forth Road Bridge, wo ein Fußgänger- und Radweg verläuft, der eine Panoramaaussicht bietet.

SERVICE & TIPPS

Forth Bridges
www.forth-bridges.co.uk
Die drei Brücken über den Firth of Forth umspannen drei Jahrhunderte: 1890 eröffnete die Eisenbahnbrücke Forth Rail Bridge, 1964 kam mit der Forth Road Bridge eine vierspurige Autobrücke dazu und im Jahr 2011 begann man mit dem Bau einer weiteren Brücke für den Straßenverkehr: Die Queensferry Crossing soll noch 2016 eröffnet werden.

Maid Of The Forth River Cruises
Unit 2, Hawes Pier
South Queensferry, EH30 9TB
✆ 0131 331 5000
www.maidoftheforth.co.uk
Bootstouren führen unter der

Technische Meisterleistung aus dem Jahr 1890: die Forth Rail Bridge

zum UNESCO-Weltkulturerbe erklärten Brücke Forth Bridge entlang und zur Inchcolm Island.

Ausflugsziel:

Hopetoun House
South Queensferry
Edinburgh, EH30 9RW
✆ 0131 331 2451
http://hopetoun.co.uk
Eintritt £ 9.85/5.45
Imposantes Herrenhaus westlich von South Queensferry. Beeindruckend sind die Räume, aber auch der Garten lohnt einen Spaziergang.

Hopetoun House in South Queensferry: Während der Sommermonate ist das Haus für Besucher geöffnet

3 LEITH

Der Stadtteil Leith, nur zwei Kilometer vom Zentrum Edinburghs entfernt, bietet maritime Atmosphäre. Hier mündet der Fluss Water of Leith in das Flussdelta des Firth of Forth mit direkter Anbindung an die Nordsee. Das Örtchen diente bereits ab dem 14. Jahrhundert als Seehafen und Werft für Edinburgh. **The Shore** bezeichnet den stillgelegten alten Hafen, wo eine hübsche Promenade mit exzellenten Fischrestaurants zum Bummeln einlädt.

Im Einkaufszentrum **Ocean Terminal** befindet sich der Eingang zur »**Royal Yacht Britannia**«, die dauerhaft hier vor Anker liegt. Das historische Schiff war bis 1997 die Privatyacht von Queen Elizabeth II., die sie zum Beispiel für Treffen mit Staatsgästen nutzte. Daneben bot die Yacht der königlichen Familie aber auch die Möglichkeit des Rückzugs in eine abgeschirmte Privatsphäre. So verbrachten Prince Charles und Lady Diana 1981 ihre Flitterwochen hier. Vom Schlafzimmer über den großen Speisesaal bis zu den beengten Unterkünften der Crew kann man mithilfe eines Audioguides alles genau unter die Lupe nehmen. Danach kann man im Royal Deck Tea Room noch einen eleganten Afternoon Tea einnehmen und den Blick auf den Firth of Forth genießen.

Royal Yacht »Britannia« im Hafen von Leith

SERVICE & TIPPS

»Royal Yacht Britannia«
Ocean Dr., Leith, EH6 6JJ
✆ 0131 555 5566
www.royalyachtbritannia.co.uk
Tägl. April–Sept. 9.30–16.30, Okt. 9.30–16, Jan.–März, Nov./Dez. 10–15.30 Uhr
Eintritt £ 15/8,50, bis 5 J. frei
Auf dem historischen Schiff empfing einst Queen Elizabeth II. Staatsbesuch, heute kann man einen Afternoon Tea mit schöner Aussicht genießen.

The Kitchin
78 Commercial Quay
Leith, EH6 6LX
✆ 0131 555 1755
www.thekitchin.com
Di–Do 12.15–14.30 und 18.30–22, Fr/Sa bis 22.30 Uhr
Restaurant des schottischen Chefkochs Tom Kitchin mit Michelinstern. Die modernen schottischen Gerichte haben hier einen französischen Einschlag. Ein dreigängiges Lunch-Menü kann man bereits für £ 29 probieren. ££–£££

Mary Stuart vor dem Linlithgow Palace, ihrem Geburtsort

Fisher's in Leith
1 Shore, Leith, EH6 6QW
✆ 0131 554 5666
Mo–Sa 12–24, So 12.30–24 Uhr
In diesem urigen Fischrestaurant am Fuß eines alten Wachturms geht es entspannt zu. Die Speisekarte ist vielfältig, von Jakobsmuscheln *(scallops)* über Lachs bis zur Sardine. Auch Vegetarisches und Fleischgerichte. £

Ocean Terminal
Ocean Dr.
Leith, EH6 6JJ
✆ 0131 555 8888
www.oceanterminal.com
Mo–Fr 10–20, Sa 10–19, So 11–18 Uhr
Großes Einkaufszentrum mit mehreren Restaurants und Unterhaltungsmöglichkeiten wie Kino und großem Fitnesszentrum.

4 LINLITHGOW

In West Lothian, ca. 20 Minuten von Edinburgh entfernt, befindet sich das historische Örtchen Linlithgow, das nicht nur aufgrund der ausnehmend schönen Ruine von **Linlithgow Palace** einen Besuch wert ist.

Die einstige Festung am Linlithgow Loch wurde von James I. 1425 ausgebaut und von den nachfolgenden Königen in einen Renaissancepalast verwandelt. James IV. und James V. lebten hier, und die Tochter von James V., Mary Stuart, wurde 1542 hier geboren. Mary's Sohn, James VI., nutzte den Palast kaum und während des Jakobiteraufstands im Jahr 1746 wurde er bei einer Feuersbrunst zerstört, die soliden Mauern blieben aber erhalten. Direkt neben dem Palast steht die **St. Michael's Church** aus dem Jahr 1242, in der Mary Stuart getauft wurde. Die Landschaft um den Linlithgow Loch ist ein **Naturschutzgebiet** und lädt zum Spaziergang ein.

SERVICE & TIPPS

Linlithgow Palace
Linlithgow, EH47 7AL
West Lothian
✆ 01506 842 896
www.historicenvironment.scot
Tägl. April–Sept. 9.30–17.30, Okt.–März 10–16 Uhr
Eintritt £ 5.50/3.30
Der Palast ist außergewöhnlich gut erhalten. Sehenswert ist der restaurierte Figurenbrunnen von James V. im Innenhof.

5 ROSSLYN CHAPEL

Der Ort Roslin ist manchen vielleicht ein Begriff, weil hier im Roslin Institute 1996 Dolly, das erste geklonte Schaf der Welt, geboren wurde. Ein Touristenmagnet ist vor allem die spätgotische **Rosslyn Chapel**, die mit dem Templerorden *(Knights Templar)* in Verbindung gebracht wird.

William St. Clair, der 3. Earl of Orkney, ließ die Kapelle 1446 als Stiftskirche und Familiengrabstätte in der Nähe des Rosslyn Castle bauen. Die unfertige Kapelle mit ihren aufwendigen Steinmetzarbeiten beschäftigt seit langer Zeit die Mythologen: Anstatt das Gebäude fertigzubauen, verbrachte St. Clair gute 38 Jahre damit, die fantasiereichen Muster und Verzierungen auszuarbeiten. Die Symbolik soll angeblich auf Initiationsriten des Templerordens hinweisen und man unkt, dass der Orden im Kellergewölbe geheime Schätze, vielleicht sogar den Heiligen Gral versteckt hat.

Das Buch »Da Vinci Code« (2003; dt. Übersetzung »Sakrileg«) von Dan Brown ist diesen Mythen auf der Spur und bei der gleichnamigen Verfilmung wurden etliche Szenen in der Kapelle gedreht.

Eine von über 110 sogenannten Blattmasken in der Rosslyn Chapel: Solche Zierelemente sind typisch für die sakralen Bauten des Mittelalters

SERVICE & TIPPS

Rosslyn Chapel
Chapel Loan
Roslin, EH25 9PU
Midlothian
Anfahrt: Lothian Bus Nr. 37 von Edinburgh/Princes St. bis Original Rosslyn Hotel
✆ 0131 440 2159
www.rosslynchapel.com
Mo–Sa 9.30–17, So 12–16.45 Uhr
Eintritt £ 9, unter 18 J. frei bei Familienbesuch

Die Rosslyn Chapel war eine der wichtigsten Kulissen im Film »Da Vinci Code – Sakrileg« aus dem Jahr 2006

SCOTTISH BORDERS

HISTORISCHE ÖRTCHEN, EINSAME KÜSTEN UND LIEBLICHE NATUR

Das Gebiet der Scottish Borders rund um den River Tweed war eine der am heißesten umkämpften Gegenden Schottlands. Hiervon zeugen die Ruinen einst großartiger Abteien und Schlösser, auf die man überall stößt. Heute herrscht in der lieblichen Landschaft zwischen den Hügeln von Lammermuir und Cheviot ein gemächliches Tempo. An einsamen Küsten, grünen Auen und leise plätschernden Flüsschen lässt es sich gut wandern, Rad fahren und Golf spielen. Und in den hübschen Örtchen kann man gemütlich rasten und durchatmen. Die Borders Railway fährt von Edinburgh bis ins touristische Herz der Gegend. Die stillgelegte Bahnlinie wurde 2015 wieder in Betrieb genommen, eingeweiht durch die amtierende Queen Elizabeth II.

Die Grenze zu England verläuft seit 1237 vom Solway Firth entlang dem Tweed bis zur Nordsee. Damals gehörte die Stadt Berwick-upon-Tweed noch zu Schottland, seit 1482 ist sie endgültig in englischer Hand. Noch Jahrhunderte später war der Verlauf der Grenzlinie umstritten. Nur wenige Kilometer südlich von Coldstream kam es 1513 im englischen Branxton zur Battle of Flodden, einer der verheerendsten militärischen Niederlagen gegen die Engländer. Fast 10 000 Schotten starben, darunter König James IV. und viele Staatsmänner.

Schon die Römer hatten versucht, das Gebiet zu beanspruchen. Im 12. Jahrhundert ließ König David I. die Border Abbeys als wichtige Stützpunkte für sein Reich errichten. Während der Zeit der Unabhängigkeitskriege 1296–1357

Das Leaderfoot Viaduct, eine denkmalgeschützte Brücke am River Tweed nahe Melrose

wurden die Borders zum gesetzlosen Gebiet. Es kam zu ständigen gewalttätigen Auseinandersetzungen durch die *Border Reivers*, organisierte Banden, die sich auf der jeweils anderen Seite der Grenze an Vieh und Diebesgut bereicherten, bis James I. ihnen ab 1603 brutal den Garaus machte. Viele der bedrohten Städtchen beschäftigten Grenzreiter, die des Nachts die Stadtgrenzen patrouillierten. Diese alte Tradition lebt während des alljährlichen Common Riding Festival wieder auf.

Das Common Riding Festival in Hawick findet seit über 500 Jahren jedes Jahr im Juni statt

1 HAWICK

Das propere Städtchen Hawick am River Teviot erwirtschaftete seinen Reichtum im 18. Jahrhundert mit der Textilindustrie. Bailie John Hardie (1722–1800) war einer der Pioniere, die in Hawick moderne Strickmaschinen einführten und Unterwäsche und Strümpfe herstellten. Später importierte man Kaschmir und produzierte daraus hochwertige Strickwaren.

Viele der erfolgreichsten Firmen existieren noch heute, z. B. die klassische Marke Pringle, 1815 von Robert Pringle gegründet. Eine interessante Ausstellung zu dem Thema gibt es im **Borders Textile Towerhouse**. Anfang Juni findet hier das **Common Riding Festival** statt, ein großes Reit- und Volksfest.

Hawick erwirtschaftete seinen Reichtum durch die Produktion von Strickwaren

SERVICE & TIPPS

Visit Scotland
Heart of Hawick, Kirkstile
Hawick, TD9 0AE
✆ 01450 360 680
Mo, Mi 10–17.30, Di, Do 10–18.15, Fr/Sa 10–19.15, So 12–14.45 Uhr
Im Kulturzentrum in einer alten Webmühle findet man die Tourist Information. Hier gibt es auch ein Theater, Kino und Café.

Borders Textile Towerhouse
1 Tower Knowe
Hawick, TD9 9BZ
✆ 01450 377 615, www.museumsgalleriesscotland.org.uk
April–Okt. Mo–Sa 10–16.30, So 12–15, Nov.–März Mo, Mi–Sa 10–16 Uhr, Eintritt frei
In einem alten Befestigungsturm aus dem 16. Jh. ist das Museum untergebracht, das über die Entwicklung der Textilindustrie informiert.

SCOTTISH BORDERS EXPLORER PASS

Der Besucherpass gilt für fünf Sehenswürdigkeiten (drei Border Abbeys, Smailholm Tower und Hermitage Castle) und lohnt sich schon beim Besuch von dreien – man kann auf diese Weise erheblich Geld sparen. Der Pass ist erhältlich in allen teilnehmenden Sehenswürdigkeiten. Weitere Informationen unter www.historicenvironment.scot.

Hawico
Hawick Factory Visitor Centre
Arthur St., Hawick, TD9 9QA
✆ 01450 371 221
www.hawico.com
Mo–Sa 9–17, So 11–16 Uhr
Hier werden seit 1874 feinste Kaschmirartikel hergestellt. Man kann bei der Produktion zuschauen und individuelle Stücke bestellen.

Pringle of Scotland Outlet Store
2 Victoria Rd.
Hawick, TD9 7AH
✆ 01450 360 279
Tägl. außer So 9.30–17 Uhr
Otto Weisz, der österreichische Chefdesigner der Firma, erfand 1934 das klassische Twinset, das in den 1950er Jahren sogar von Hollywood-Stars wie Grace Kelly getragen wurde.

Common Riding Festival
www.hawickcommonriding.com, jährlich am ersten Fr nach dem ersten Mo im Juni
Das erste und größte der jährlich in der Gegend stattfindenden Border Festivals.

Kutscher mit Clydesdale-Pferden, einer kraftvollen Kaltblutrasse, die sich nicht nur in den Scottish Borders großer Beliebtheit erfreute

2 JEDBURGH

Auf der kurvenreichen A68 gelangt man entlang dem Jed Water in das hübsche Marktstädtchen Jedburgh. Nur 16 Kilometer von der englischen Grenze entfernt lag die königliche Freistadt während der Unabhängigkeitskriege mitten im Kampfgebiet und wurde schwer befestigt.

Die mächtige Ruine der **Jedburgh Abbey** mit romanischen und gotischen Elementen thront noch heute gewichtig über dem Fluss. Die Augustinerabtei entstand 1138. Der Eingang erfolgt durch ein informatives Besucherzentrum.

Das alte Schloss **Jedburgh Castle**, in dem Alexander III. 1263 geboren wurde und wo er 1285 heiratete, wurde bereits 1409 zerstört. Über den Ruinen baute man 1832 ein Gefängnis, das bis 1868 in Betrieb war. Es war eines der ersten Mustergefängnisse, in denen Häftlinge unter humaneren Bedingungen untergebracht wurden. Das **Jedburgh Castle Jail & Museum** informiert über die Zeit und zeigt eine Ausstellung zur Geschichte der Stadt.

Vereint romanische und gotische Elemente in einem Bau: das ehemalige Augustinerkloster Jedburgh Abbey

Nach einem Besuch beim Earl of Bothwell im Juni 1566 erkrankte Mary Stuart an einem Fieber und musste mehrere Wochen in Jedburgh ausharren. Im **Queen Mary's House** ist eine Ausstellung über ihr Leben zu sehen, mit Gemälden und Dokumenten, darunter auch eine von Marys vier Totenmasken, eine Haarlocke sowie eine Kopie ihres Hinrichtungsbefehls durch Elizabeth I.

SERVICE & TIPPS

Visit Scotland
Murray's Green
Jedburgh, TD8 6BE
✆ 01835 863 170, tägl. 10–16 Uhr

Jedburgh Abbey
Abbey Bridge End
Jedburgh, TD8 6JQ
✆ 01835 863 925
www.historicenvironment.scot
www.jedburgh.org.uk
Tägl. April–Sept. 9.30–17.30, Okt.–März 10–16 Uhr
Eintritt £ 5.50/3.30
Eine der vier Border Abbeys, gegründet 1138 durch David I.

Jedburgh Castle Jail & Museum
Castlegate, Jedburgh, TD8 6QD
✆ 01835 863254
www.museumsgalleriesscotland.org.uk
April–Okt. Mo–Sa 10–16.30, So 13–16 Uhr
Eintritt frei
Bereits im 12. Jh. errichtet stand die Burg durch ihre Grenzlage häufig im Kreuzfeuer. Sie wurde 1823 zum Gefängnis umgebaut.

Queen Mary's House
Queen St.
Jedburgh, TD8 6EN
✆ 01835 863 331
www.discovertheborders.co.uk
März–Nov. Mo–Sa 10–16.30, So ab 12 Uhr, Eintritt frei
Das Häuschen aus dem 16. Jh. beherbergt eine Ausstellung über Mary Stuarts Leben.

3 KELSO

Wo die Flüsse Tweed und Teviot zusammenfließen, liegt der Marktflecken Kelso, heute eine Hochburg der Lachsangler und Pferdenarren: Von Februar bis November kann man hier mit Angellizenz fischen (www.fishpal.com/scotland/tweed), gut besucht ist die Pferderennbahn (www.kelso-races.co.uk).

Entspannt angeln am River Tweed nahe der Rennie Bridge

In der Nähe der **Rennie Bridge** aus dem Jahr 1803, die den Fluss Tweed überspannt, steht die romanische Benediktinerabtei **Kelso Abbey** aus dem Jahr 1128. Damals war sie die bedeutendste und größte der Border Abbeys. König James III. wurde hier 1460, im Alter von nur neun Jahren, gekrönt. Heute ist nur noch der Westturm gut erhalten. Gegenüber der Abtei, auf der anderen Seite des Flusses, stand das Roxburgh Castle, von David I. im 12. Jahrhundert erbaut. Heute finden sich nur noch Mauerreste.

Die Ruinen der Jedburgh Abbey aus dem 12. Jahrhundert erheben sich trutzig über dem Jed Water

Ausflugsziele:

Von der Kelso Abbey kann man am Tweed entlang bis zum **Floors Castle** wandern und die Aussicht auf den Fluss genießen. Der klassizistische Prachtbau inmitten einer Bilderbuchlandschaft wurde zwischen 1837 und 1847 vom Architekten William Henry Playfair ausgebaut. Bis heute wohnen hier die Nachfahren der Familie.

Westlich von Kelso ragt der **Smailhom Tower** markant aus der Landschaft. Er diente einst als Beobachtungsturm bei Übergriffen durch die Engländer. 1450 von der Pringle-Familie erbaut, widerstand er mancher Belagerung. Im 17. Jahrhundert erwarben die Vorfahren von Sir Walter Scott das Anwesen. Unweit des Turms lag die **Sandyknowne Farm**, auf der Scott während seiner Kinderjahre viel Zeit verbrachte. Hier inspirierten ihn die Geschichten seiner Tante Jenny zur ersten Prosa und später zur Dokumentation der Legenden und des Liedguts der Borders.

SERVICE & TIPPS

Visit Scotland
Town House, Kelso, TD5 7HF
✆ 01573 221 119
www.visitkelso.com, Sept.–Juni 10–15.30, Juli/Aug. bis 17 Uhr

Kelso Abbey
Bridge St., Kelso, TD5 7JD
www.historicenvironment.scot
April–Sept. tägl. 9.30–17.30, Okt.–März Mo–Mi, Sa/So 9.30–16.30 Uhr, Eintritt frei
Überreste einer Abtei, in der einst zwei Könige gekrönt wurden.

Ausflugsziele:

Floors Castle
Roxburghe Estates Office
Kelso, TD5 7SF
✆ 01573 223 333
www.roxburghe.net/castle
Tägl. März und Okt. 11–16, Mai–Sept. 10.30–17 Uhr
Eintritt £ 12/6, unter 8 J. frei
Schottlands größtes bewohntes Schloss liegt 2 km vom Marktplatz in Kelso entfernt am River Tweed in einer schönen Parkanlage.

Smailholm Tower
Sandyknowe Farm
Kelso, TD5 7PG
✆ 01573 460365
www.historicenvironment.scot
Tägl. Mitte März–Sept. 9.30–17.30 Uhr, Eintritt £ 4.50/2.70
Im Turm ist u. a. eine Ausstellung zu Scotts »Minstrelsy of the Scottish Borders« zu sehen.

Floors Castle in Kelso: Zum Anwesen gehören ein Golfplatz und ein Hotel

4 2 MELROSE

Der historische Ort liegt malerisch vor der Kulisse der Eidon Hills am River Tweed und eignet sich gut als Ausgangsbasis für eine Erkundung der **Border Abbeys**: Die vier Abteien Melrose, Jedburgh, Dryburgh und Kelso entstanden unter David I. (1085–1153). Sie waren wichtige Stützpunkte seines Reichs und produzierten darüber hinaus Handelsgüter wie Schafwolle und Webwaren, die von der Küste aus verschifft wurden. Während des *Rough Wooing* unter Henry VIII. wurden sie 1544–49 weitgehend zerstört, sodass man heute nur noch die Ruinen besichtigen kann.

Innenstadt von Melrose

Eine erste Kirche gab es in Old Melrose bereits im 7. Jahrhundert. Unter König David I. entstand 1136 die neue **Melrose Abbey** des Zisterzienserordens. Von den Engländern mehrfach zerstört und 1385 in rotem Sandstein restauriert, sind noch etliche gotische Fensterbögen mit Rosetten und auch die Kuppel des Presbyteriums erhalten. Die Außenwände am südlichen Transept, das zu den Grabstätten der Mönche führt, sind mit Skulpturen verziert. Interessant sind die Wasserspeier in Form von fantastischen Tieren und Dämonen, darunter ein Dudelsack spielendes Schwein. Im Boden unter dem Kapitelhaus fand man eine Kassette, die das Herz von König Robert the Bruce (1274–1329) beinhalten soll. Die Gebeine von Bruce sind in Dunfermline in Fife beigelegt.

Ausflugsziele:

In Melrose beginnt der 103 Kilometer lange **Border Abbeys Way**, der alle vier Abteien passiert. Daneben gibt es zahlreiche kürzere Rundwanderwege durch die schöne Landschaft. Drei Kilometer südlich von Melrose liegt an der B6404 nahe St. Boswells etwa **Dryburgh Abbey,** die Ruine der Abtei des Prämonstratenserordens aus dem Jahr 1150. Die versteckte Lage verschonte sie nicht vor der Zerstörung durch die Engländer, dennoch ist vom Kreuzgang und dem Kapitelhaus noch einiges erhalten. Der Earl of Buchan kaufte 1780 die alte Abtei und ließ sie in einen schönen Landschaftspark einbetten. Er wurde 1829 hier beigesetzt, ebenso wie sein Freund Sir Walter Scott 1832.

In der Nähe von Newstead befand sich im 2. Jahrhundert n. Chr. das römische Fort Trimontium. Im **Trimontium Museum** erfährt man, wie es sich in den Garnisonen zwischen dem Hadrians- und dem Antoninuswall lebte.

Sir Walter Scott (vgl. Kasten S. 63) baute sein Märchenschloss **Abbotsford** mit Türmchen und Erkern aus einem verfallenen Gutshof. Der Eingang kopiert das Portal des Linlithgow Palace, die Decke der Bibliothek die Rosslyn Chapel. Die Innendekoration ist im gotischen Stil gehalten, mit Wandvertäfelungen, Schnitzereien, Ritterrüstungen und einer Waffensammlung. Zu den Gemälden

Unterwegs in einem Oldtimer auf einer Landstraße nahe Kelso

gehören auch Porträts von Scott. Bis 2004 lebten Scotts Nachkommen in dem Haus, 2007 übernahm der Abbotsford Trust die Verwaltung. Dem Trust gehören Mitglieder des Scott-Clans an, so z. B. der Duke und die Duchess of Buccleuch and Queensberry.

Innendekoration im neugotischen Stil: Abbotsford House

SERVICE & TIPPS

Visit Scotland Borders
Priorwood Garden & Gift Shop
Melrose, TD6 9PX
✆ 01896 822 283
www.visitscottishborders.com
www.discovertheborders.co.uk

Borders Railway
www.scotrail.co.uk/scotland-by-rail/borders-railway
Der Zug fährt alle 30 Minuten von Edinburgh Waverley bis Tweedbank. Dort Anschluss z. B. nach Melrose, Abbotsford und Dryburgh mit dem Border Weaver Hop-on-Hop-off-Bus.

Border Abbeys Way
www.scotborders.gov.uk/bordersabbeysway
103 km langer Rundwanderweg, der u. a. an vier Abbeys aus dem 12. Jh. vorbeiführt.

Melrose Abbey
Abbey St., Melrose, TD6 9LG
✆ 01896 822 562
www.historicenvironment.scot
Tägl. April–Sept 9.30–17.30, Okt.–März 10–16 Uhr
Eintritt £ 5.50/3.30 (vgl. auch Kasten S. 56)
Die 1136 gegründete Abtei ist wohl die bekannteste Schottlands. Hier soll König Robert the Bruce beerdigt worden sein.

Marmions Brasserie
Buccleuch St., Melrose, TD6 9LB
✆ 01896 822 245
www.marmionsbrasserie.co.uk
Tägl. außer So 9–21 Uhr
Moderne schottische Küche. ££

Ausflugsziele:

Dryburgh Abbey
St. Boswells, TD6 0RQ
✆ 01835 822 381
www.historicenvironment.scot
Tägl. April–Sept. 9.30–17.30, Okt.–März 10–16 Uhr
Eintritt £ 5.50/3.30
Ruine einer Border Abbey, u. a. Grabstätte von Sir Walter Scott.

Trimontium Museum
The Ormiston, Market Sq.
Melrose, TD6 9PN
✆ 01896 822 651
www.trimontium.org.uk
April–Okt. tägl. 10.30–16.30 Uhr
Eintritt £ 2/1.50
Das ehemalige römische Fort ist heute ein Museum.

Abbotsford
The Abbotsford Trust
Abbotsford, Melrose, TD6 9BQ
✆ 01896 752 043
www.scottsabbotsford.com
April–Okt. 10–17, März, Nov. 10–16 Uhr, Eintritt £ 8.95/4.50
Das prächtige historische Landhaus wurde für Sir Walter Scott (vgl. S. 63) errichtet. Im modernen Visitor Centre gibt es eine Ausstellung zum Leben und Schaffen des Schriftstellers.

Die ehemalige Zisterzienserabtei Melrose Abbey

Haus von Sir Walter Scott in Abbotsford

SCHOTTISCHE ROMANTIK – SIR WALTER SCOTT

Seine Prosa und seine historischen Romane förderten das romantische Schottlandbild des 19. Jahrhunderts und bescherten ihm internationale Anerkennung. Wegen seiner Verdienste um das Land ist der Schriftsteller Sir Walter Scott (1771–1832) für die Schotten bis heute ein Idol.

Scotts persönliche und literarische Geschichte ist eng mit den Scottish Borders verbunden. Obwohl die Familie in Edinburgh lebte, verbrachte der an Kinderlähmung erkrankte junge Scott viel Zeit bei seiner Tante Jenny in Smailholme, die ihn mit den traditionellen Legenden und Balladen der Gegend bekannt machte.

Wenig später begann Scott, schottisches Liedgut zu dokumentieren und veröffentlichte 1802 den Band »The Minstrelsy of the Scottish Border«. Die Region bildet oft den Hintergrund für seine Erzählungen, wie die Lammermuir Hills in »The Bride of Lammermoor«, die von Donizetti als »Lucia di Lammermoor« vertont wurde. Seine historischen Romane »Waverley« und »Rob Roy« spielen zur Zeit der Jakobiteraufstände im 18. Jahrhundert. Sie prägten das Bild vom heldenhaften und tragischen Highlander, was den Zeitgeist der schottischen Nationalromantik traf. Mit »Ivanhoe« schuf er einen Robin-Hood-Charakter, der später in Hollywoodverfilmungen verewigt wurde.

Scott wurde 1809 Teilhaber am Ballantyne-Verlag in Kelso, der auch seine ersten Werke gedruckt hatte. 1811 begann er in der Nähe des River Tweed bei Melrose mit dem Bau seines neugotischen Fantasieschlosses Abbotsford. 1818 wurde Scott geadelt, nachdem unter seiner Leitung die verloren geglaubten schottischen Krönungsinsignien im Edinburgher Schloss wiedergefunden wurden. Als Mitglied der Royal Celtic Society bewegte Scott König George IV. 1822 zu einem Besuch in Edinburgh, bei dem dieser sogar im Highland-Kilt erschien. Seit der Schlacht von Culloden (vgl. S. 190) war kein Monarch mehr nach Schottland gekommen – der Besuch Georges IV. symbolisierte so die Versöhnung der beiden Länder.

Sir Walter Scott (1771–1832)

1826 geriet Scotts Verlag in finanzielle Schwierigkeiten. Zur selben Zeit verstarb seine Frau Carlotte Charpentier. Scott selbst starb 1832 unter ungeklärten Umständen und wurde bei der Dryburgh Abbey beerdigt. An zahlreichen Orten erinnern heute Statuen und Denkmäler an den Schriftsteller.

Kirchturmspitze von Peebles

5 PEEBLES

Der gekrönte Turm der **Old Parish Church** von Peebles ist weithin sichtbar. Der Marktflecken am River Tweed wird überwacht vom **Neidpath Castle** aus dem Jahr 1370, das heute im Besitz des Earl of Wemyss ist. Im Städtchen und an den Ufern des Tweed lässt es sich gut wandern und Rad fahren.

Die bekannteste Persönlichkeit der Gegend ist der Autor des von Hitchcock verfilmten Spionagethrillers »39 Stufen« John Buchan (1875–1940). Er war Diplomat, Kriegskorrespondent der »Times« und später Gouverneur von Kanada. 1915 schrieb er seinen bekanntesten Roman, die Spionagegeschichte um Richard Hannay, der unschuldig eines Mordes verdächtigt wird und sich auf die Flucht begibt. **The John Buchan Story** gibt Einblick in das interessante Leben des vielseitigen Mannes.

Ausflugsziel:

Einst Jagdsitz für die Könige von Schottland ist das **Traquair House** seit 1491 im Besitz der Earls of Traquair. Die katholische Familie war eng mit den Stuarts verbunden und auch Mary Stuart besuchte das Schloss. Innen gibt es noch einen Geheimgang und ein Zimmerchen, wo katholische Priester sich während der Reformation versteckten. Der 4. Earl war an dem Jakobiteraufstand 1715 beteiligt und saß im Tower of London ein. Den 5. Earl ereilte dasselbe Schicksal nach dem Aufstand 1745. Die Schlossherren betreiben eine erfolgreiche Brauerei, wo man das Traquair House Ale probieren kann. Für Kinder spannend sind der Hecken-Irrgarten und ein Abenteuerspielplatz.

SERVICE & TIPPS

Visit Scotland
23 High St.
Peebles, EH45 8AG
✆ 01721 728 095
www.peebles.info

The John Buchan Story/ Tweeddale Museum & Gallery
The Chambers Institution
High St.
Peebles, EH45 8AG
✆ 01721 723 525
www.johnbuchanstory.co.uk/newmuseum.htm
April–Okt. tägl. außer So 10–16.30 Uhr
Tweeddale Museum and Gallery: Mo–Fr 10.30–12.30 und 13–16, Sa 9.30–12.30 Uhr
Eintritt £ 2, unter 16 J. und Tweeddale Museum frei
Museum über das Leben des Schriftstellers und Diplomaten John Buchan. Im selben Haus befinden sich Heimatmuseum und Kunstgalerie, das Tweeddale Museum and Gallery.

Ausflugsziel:

Traquair House
Innerleithen, EH44 6PW
✆ 01896 830 323
www.traquair.co.uk
April–Sept. 11–17, Okt. bis 16, Nov. bis 15 Uhr
Eintritt £ 8.70/4.40
Das älteste bewohnte Haus Schottlands. Bekannt für die Traquair Medieval Fayre, ein Mittelalterfest, das im Mai/Juni stattfindet.

6 ST. ABBS

Der Legende nach geht das Fischerdörfchen St. Abbs auf die angelsächsische Prinzessin Æbbe zurück, die hier im 7. Jahrhundert nach einem Schiffsunglück strandete und als Dank für ihre Errettung ein Kloster gründete. Heute erstreckt sich über die Klippe das Naturreservat St. Abbs Head und die Bucht ist wegen ihrer reichen Meeresflora und -fauna ein Anlaufpunkt für Sporttaucher. Verschiedene Veranstalter bieten Bootstouren an, man kann auch Boote für Tauchausflüge chartern.

In dem kleinen Heimatmuseum im **St. Abbs Visitor Centre** erhält man viele Informationen über das Gebiet.

Über den Küstenpfad kann man eine Wanderung ins südlich gelegene Eyemouth machen, einen weiteren Fischerhafen mit einem **Marinemuseum**.

SERVICE & TIPPS

St. Abbs Visitor Centre
Coldingham Rd.
St. Abbs, TD14 5PL
✆ 01890 771 672
www.stabbsvisitorcentre.co.uk
April–Okt. tägl. 10–17 Uhr
Eintritt frei
In dem kleinen Heimatmuseum kann man per Teleskop ins Naturreservat auf der Klippe schauen. Man erhält viele Informationen über die Gegend.

Eyemouth Maritime Centre
Harbour Rd.
St. Abbs, TD14 5HY
✆ 01890 751 701
www.worldofboats.org/emc
April–Sept. Mo–Sa 10–17, So 12–15 Uhr
Eintritt £ 2.50, bis 5 J. frei
Interessantes über die Schifffahrt erfährt man in diesem Museum, nicht weit von St. Abbs, das untergebracht ist im Nachbau einer alten Fregatte.

Der Legende nach von einer englischen Prinzessin gegründet: St. Abbs

Region 3
Glasgow und der Südosten

GLASGOW UND DER SÜDOSTEN

MARITIME GESCHICHTE UND LITERARISCHES ERBE

Der Südosten der schottischen Lowlands teilt sich auf in die Countys Dumfries and Galloway, Ayrshire sowie Glasgow & Clyde Valley. Im Mittelalter gehörte die Gegend zum brythonischen Reich Alt Clut, später Strathclyde genannt, mit Regierungszentrum auf dem Dumbarton Rock. Im 10. Jahrhundert wurde Strathclyde Teil des Königreichs Alba, des ersten vereinten Schottlands.

Den Norden der Region nimmt Glasgow ein, die größte Stadt Schottlands. Vom 18. bis zum 20. Jahrhundert war Glasgow tonangebend im Seehandel, Schiffsbau und später der Stahlproduktion. Hafen und Werften in Greenock sowie die Arbeitersiedlung in New Lanark erzählen von einer reichen Industriegeschichte. Heute ist Glasgow eine lebendige, moderne und ständig wachsende Metropole, die stolz ist auf ihre kulturelle Vielfalt. Ayrshire and Galloway sind heute vor allem bekannt als »Burns Country«,

denn der Nationaldichter Robert Burns (1759–96) wurde in Alloway geboren und lebte bis zu seinem Tod nahe Dumfries. Zahlreiche Fans pilgern alljährlich zu den Gedenkstätten für den Barden.

Literarisch geht es weiter südlich auch im Städtchen Wigtown zu, der »Schottischen Stadt des Buches«. Hier dreht sich alles um das Druckprodukt – mit mehr als elf Buchläden auf nur 1000 Einwohner.

Das Küstengebiet entlang der Solway Coast, mit hübschen Buchten und Hafenstädtchen, ist weitgehend flach und gehört zu den wärmsten Regionen Schottlands.

Im Hinterland, den sogenannten Southern Uplands, findet sich mit dem Galloway Forest Park eine der einsamsten schottischen Berggegenden südlich der Highlands. Die Gipfel reichen bis auf 843 Meter Höhe. Zahlreiche prähistorische Stelen und Steinkreise zeugen von einer Besiedlung ab 2000 v. Chr. Die naturbelassene Landschaft wechselt zwischen kargen Hügelketten und bewaldeten Gebieten. Die zum Dark Sky Park erklärte Gegend wird von Astronomen geschätzt, die hier am dunklen Nachthimmel die Sterne besonders gut beobachten können.

In den Lowther Hills, in Wanlockhead, kann man sich sogar als Goldgräber versuchen. Für einen Tagesbesuch eignet sich die mittelgroße Isle of Arran, die der Westküste vorgelagert ist.

Fisch, Glocke und Eichbaum: Die Attribute von St. Mungo, dem Schutzpatron von Glasgow, finden sich im Stadtwappen wieder

Land der Steinkreise: die Isle of Arran

Region 3
Glasgow und der Südosten

River Clyde und Clyde Auditorium in Glasgow

Glasgow – Metropole des Westens

Glasgow liegt am River Clyde, dessen breites Delta im Westen in den Atlantik mündet, und bietet als größte Metropole Schottlands wahres Großstadtflair. Der Fluss spielte eine wichtige Rolle beim wirtschaftlichen Aufstieg der Stadt durch Seehandel und Schiffsbau. Wo einst Werften standen, wächst heute hypermoderne Vorzeigearchitektur.

Der historische Stadtkern des einstigen *Glascu* mit der Kathedrale liegt nördlich des Clyde, wo der Mönch Kentigern, auch genannt St. Mungo, im 6. Jahrhundert eine Abtei errichtete. Bereits ab dem 12. Jahrhundert fand in Glasgow eine jährliche Handelsmesse statt. Die erste Universität entstand 1451 – heute sorgen vier Universitäten für studentisches Flair.

Im 17. und 18. Jahrhundert wurde Glasgow das Tor zu den wichtigsten Handelspartnern in Übersee. Die sogenannten *Tobacco Lords* erwirtschafteten mit Tabak- und Sklavenhandel großen Reichtum und gaben der Stadt mit der Merchant City ein neues, klassizistisches Gesicht. Manufakturen, Werften und Stahlwerke entlang dem Clyde waren Zeichen des alten Industriemolochs, und das Erbe der Vergangenheit zeigt sich noch in den unschönen Industrievororten. Heute gilt Glasgow als das *Powerhouse,* als das wirtschaftliche Zentrum Schottlands. Statt rauchender Schlote sind Technologie und Medien, erneuerbare Energien, Banken und Serviceleistungen die Wirtschaftsfaktoren. Die Merchant City wurde gehörig aufpoliert und erstrahlt wieder im alten Glanz.

Toolbooth Steeple, eines der ältestesten Gebäude der Stadt

Wegen des Einwandererstroms von Arbeitssuchenden aus den Highlands, Irland, Italien und Osteuropa wuchs Glasgow bald zur größten Stadt Schottlands heran. Im Stadtbereich leben 600 000 Menschen, etwa 7,5 Prozent davon sind nicht-schottische Einwanderer. Durch seine avantgardistische Kulturszene wurde Glasgow im 19. und 20. Jahrhunderts zum Zentrum der schottischen Jugendstilbewegung. Aus den Absolventen der von Charles Rennie Mackintosh entworfenen Glasgow School of Art gehen bis heute international bekannte Künstler, Designer, Musiker sowie Film- und Theaterschaffende hervor. Im Jahr 1990 war Glasgow euro-

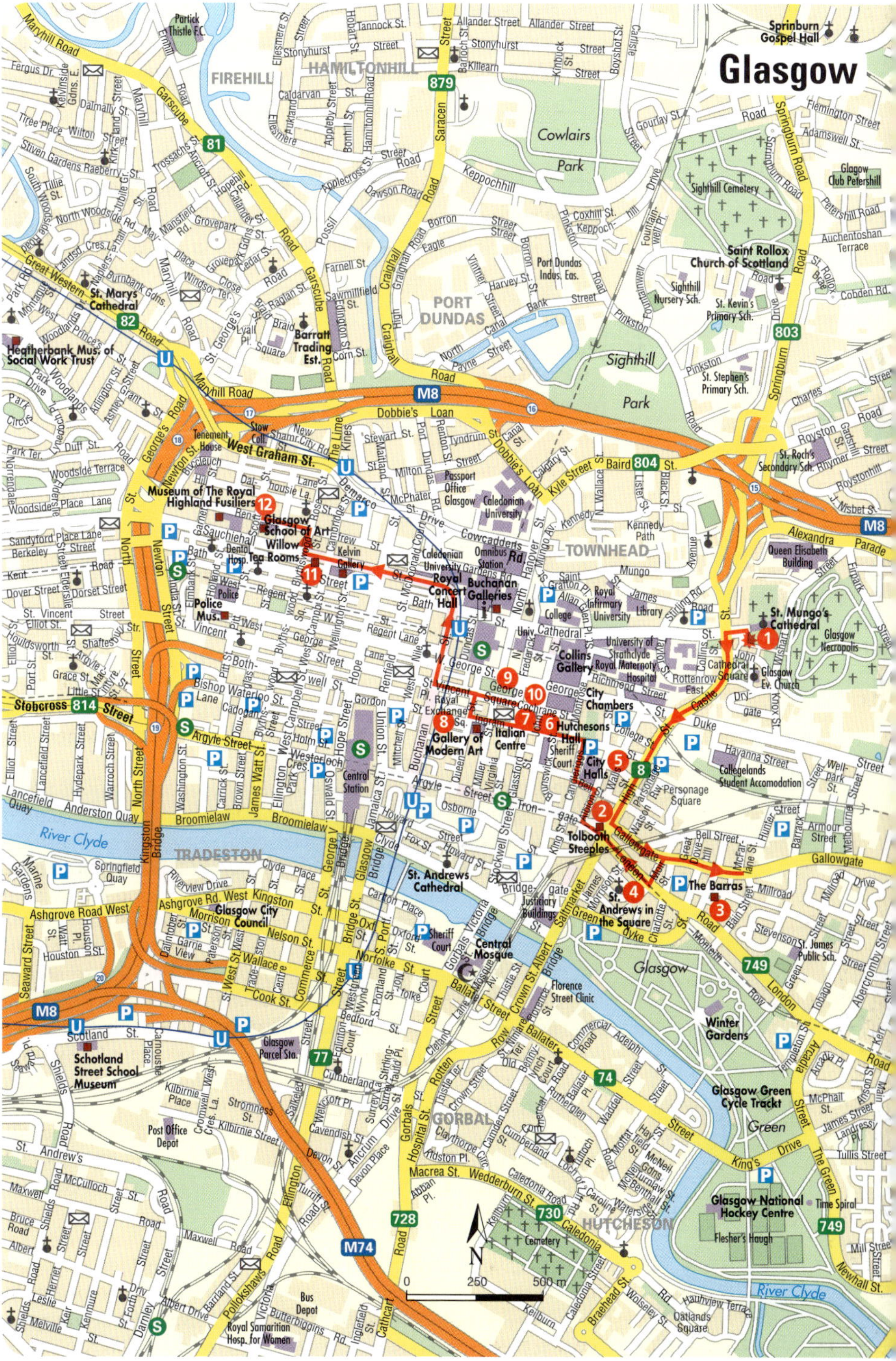

Glasgow
Partick Thistle F.C.
FIREHILL
HAMILTONHILL
Springburn Gospel Hall
Cowlairs Park
Sighthill Cemetery
Glasgow Club Petershill
Saint Rollox Church of Scotland
Sighthill Nursery Sch.
St. Kevin's Primary Sch.
Port Dundas Indus. Est.
PORT DUNDAS
Sighthill Park
St. Stephen's Primary Sch.
St. Marys Cathedral
Barratt Trading Est.
Heatherbank Mus. of Social Work Trust
Maryhill Road
M8
Dobbie's Loan
West Graham St.
Tenement House
Stow Coll.
Museum of The Royal Highland Fusiliers
Glasgow School of Art
Willow Tea Rooms
Kelvin Gallery
Passport Office Glasgow
Caledonian University
Omnibus Station
Royal Concert Hall
Buchanan Galleries
TOWNHEAD
Kennedy Path
Queen Elizabeth Building
St. Mungo's Cathedral
Glasgow Necropolis
St. Roch's Secondary Sch.
Royal Infirmary
University of Strathclyde
Collins Gallery
Royal Maternoty Hospital
Cathedral Square
Glasgow Ev. Church
Police Mus.
City Chambers
Hutchesons Hall
Gallery of Modern Art
Italian Centre
Sheriff Court
City Halls
Collegelands Student Accomodation
Personage Square
Central Station
Tolbooth Steeples
The Barras
St. Andrews in the Square
St. Andrews Cathedral
Justiciary Buildings
River Clyde
TRADESTON
Glasgow City Council
Central Mosque
Florence Street Clinic
Glasgow Green
Winter Gardens
St. James Public Sch.
Glasgow Green Cycle Trackt
Glasgow National Hockey Centre
Time Spiral
Flesher's Haugh
Scotland Street School Museum
Glasgow Parcel Sta.
Post Office Depot
GORBALS
HUTCHESON
Cemetery
Bus Depot
Royal Samaritian Hosp. for Women
Oatlands Square
M74
0
250
500 m
N

Blick auf die Altstadt von Glasgow

päische Kulturhauptstadt und 1999 »UK City of Architecture and Design«. Glasgow bietet viele Weltklassemuseen, Galerien sowie ein unvergleichliches Nachtleben, Gastronomie und Shopping vom Feinsten. Aufgrund der vielfältigen Musikszene, die von populären Indiebands bis zur schottischen Staatsoper und zahlreichen Musikfestivals reicht, trägt sie außerdem den Titel »UNESCO City of Music«.

Im Zentrum der Stadt

Ausgangspunkt des vorgeschlagenen Spaziergangs ist das Zentrum der mittelalterlichen Altstadt, die ❶ **Glasgow Cathedral und Necropolis**. Auf den Überresten von St. Mungos einstiger Abtei entstand 1136 unter König David I. die Kathedrale, die als einzige in Schottland während der Reformation nicht zerstört wurde. Viele Gebäudeteile stammen noch aus dem 15. Jahrhundert. Rechts neben der Kathedrale erreicht man über eine Brücke die Nekropole mit aufwendigen Grabmälern, die vom Pariser Friedhof Père Lachaise inspiriert sind. Die einflussreichen Glasgower Bürger weihten 1832 ihre repräsentative »Stadt der Toten« ein. Einige der Gruften stammen von bekannten Architekten wie Alexander Thomson und Charles Rennie Mackintosh.

Folgt man der alten High Street in Richtung Süden, gelangt man zum markanten ❷ **Tolbooth Steeple** aus dem 17. Jahrhundert, wo die Straßen Trongate und Saltmarket zusammentreffen. Schräg gegenüber stand einst das Marktkreuz Mercat Cross, um das sich noch bis ins 18. Jahrhundert das Stadtleben abspielte.

St. Andrew's in the Square

Östlich von hier liegt das multikulturelle East End mit Pubs und Musikclubs wie dem legendären Barrowland. Hier befindet sich auch der historische Glasgower Wochen- und Trödelmarkt ❸ **The Barras**. Die gesamte Gegend wird momentan regeneriert. In der James Morrison Street lohnt die aufwendige Kirche ❹ **St. Andrew's in the Square** einen Blick, die während des Baubooms im 18. Jahrhundert entstand. Damals dehnte sich die Stadt nach Westen aus, finanziert durch den Geldadel der Tobacco Lords.

Nach der Vereinigung der Königreiche England und Schottland 1707 hatten schottische Geschäftsleute schnell die Gelegenheit für den lukrativen Handel mit den englischen Kolonien in Amerika ergriffen. Im sogenannten Dreieckshandel exportierte man englische Waren nach Afrika, verschiffte von dort Sklaven in die Karibik und nach Nordamerika auf die Plantagen und nahm dann von dort Tabak, Zucker und Rum mit zurück. Mit den so erwirtschafteten Reichtümern stampfte der neue Geldadel die klassizistische **Merchant City** aus dem Boden. Zahlreiche Straßen des Viertels, wie Glassford, Ingram und Buchanan, sind nach den einflussreichsten Unternehmern benannt.

Über die Trongate spaziert man zur Albion Street und biegt in die Bell Street ab. An der Ecke zur Candleriggs stößt man auf den alten Obstmarkt aus dem Jahr 1882, wo heute die Konzerthallen **5 City Halls & Old Fruitmarket** untergebracht sind. In Richtung Norden erhebt sich an der Ingram Street der spitze Turm der **6 Hutchesons' Hall**, 1805 entworfen vom Architekten David Hamilton. Wo einst das Hutchesons' Hospital untergebracht war, residiert heute ein schickes Restaurant. Gleich dahinter verströmt der Innenhof des **7 Italian Centre** mit Boutiquen und Cafés europäisches Flair. Schräg gegenüber befindet sich die vom Stararchitekten Robert Adam entworfene **Trade's Hall** aus dem Jahr 1794, Heimat der 14 historischen Zünfte der Stadt.

An der Kreuzung zur Queen Street steht ein weiterer Prachtbau mit einem beeindruckenden Portikus, die **8 Gallery of Modern Art**. Das Gebäude entstand 1780 für William Cunninghame und kostete damals 10 000 Pfund. Danach diente es als königliche Börse und Bücherei, bis 1996 die Galerie einzog. Im Foyer kann man noch den einstigen Glanz erahnen, heute sind hier Wechselausstellungen moderner Kunst zu sehen. Die davorstehende Statue vom berittenen Duke of Wellington wird allnächtlich von Studenten mit einem Leitkegel geschmückt.

Der dahinterliegende Royal Exchange Square ist von Cafés und Bistros gesäumt. Nach Norden führt die Queen Street zum

Plaudernde Glasgowerinnen am George Square

Die City Chambers am George Square in Glasgow

wichtigsten Platz der Stadt, dem ❾ 3 **George Square**, der 1820 fertiggestellt wurde. In der Mitte steht eine hohe Säule mit einer Statue von Sir Walter Scott. Am George Square finden viele Veranstaltungen statt. Die Ostseite des Platzes wird flankiert vom massiven Rathaus ❿ **City Chambers**, eröffnet von Queen Victoria im Jahr 1888. Es ist Ausdruck des Selbstbewusstseins der Stadt während der viktorianischen Ära, als die Industriestadt Glasgow neben London zur zweitwichtigsten Stadt im Vereinigten Königreich wurde. Angeblich wurden in den City Chambers mehr Marmor und Alabaster verbaut als im Vatikan – einen Blick in die Eingangshalle sollte man also riskieren.

Auf der Buchanan Street, der größten Einkaufsstraße der Stadt

Über die St. Vincent Street gelangt man auf die Haupteinkaufsstraße **Buchanan Street**, sie ist fast auf der gesamten Länge Fußgängerzone. An ihrem Nordende biegt beim Einkaufszentrum **Buchanan Galleries**, wo auch die Tourist Information ihren Sitz hat, die **Sauchiehall Street** ab. Bereits im 19. Jahrhundert kaufte man hier ein und amüsierte sich, und daran hat sich bis heute kaum etwas geändert.

Bei der Hausnummer 217 begibt man sich auf die Spuren von Glasgows berühmtestem Sohn, dem Avantgardisten und Architekten Charles Rennie Mackintosh (1868–1928). Die Tochter eines Teehändlers eröffnete hier 1896 die ⓫ **Willow Tea Rooms** und beauftragte Mackintosh mit einer kompletten Neugestaltung im Glasgower Jugendstil. Er entwarf nicht nur die Außenfassade, sondern gestaltete alles bis ins kleinste Detail, Mobiliar, Besteck und anderes Inventar. Seit 1983 ist der Room de Luxe im ersten Stock wieder als Café geöffnet.

Nur ein kleines Stück weiter in der Renfrew Street stand die Kunstschule ⓬ **Glasgow School of Art**. Das Meisterwerk von Mackintosh wurde zwischen 1897 und 1909 gebaut. Sein konsequentes Design erstreckte sich wiederum auf alle Details des Gebäudes. Im Mai 2014 zerstörte ein verheerendes Feuer das Mackintosh Museum und die Bibliothek mit vielen unersetzlichen Originalen, darunter 8000 Bücher und 90 Ölgemälde. Nach der ersten Fas-

Größtes Museum in Glasgow: Kelvingrove Art Gallery und Museum

Dank der vielen Restaurants und Bars ist die Ashton Lane auch bei Einheimischen als abendliche Bummelmeile beliebt

sungslosigkeit über die Tragödie machte man sich an die Bestandsaufnahme und viele halb zerstörte Überreste werden momentan restauriert. Bei einer Führung im Anbau der Reid Gallery kann man die unbeschädigten Kunstwerke besichtigen.

Glasgows Westen

Im studentischen Westen der Stadt (erreichbar mit dem First Bus 77 von der Bath Street oder mit der U-Bahn) steht in einem schönen Park am River Kelvin die **Kelvingrove Art Gallery and Museum** aus dem Jahr 1901. Unter anderem sieht man hier in der Glasgow Style Gallery Werke von Mackintosh und seinen Zeitgenossen, den »Glasgow Four«. Zu dem Kreis gehörte auch seine Frau Margaret Macdonald Mackintosh (1864–1933), die mit ihm an vielen Projekten zusammenarbeitete.

Nördlich davon gelangt man über den Kelvin Way zum **Hunterian Museum** der University of Glasgow. Hier gibt es eine umfassende Sammlung von Mackintosh-Werken zu sehen sowie eine Rekonstruktion seines Wohnhauses mit Originalbauteilen. Sehr interessant sind auch die Ausgrabungsfunde vom römischen Antoninuswall sowie wissenschaftliche Exponate, z. B. von James Watt und dem Physiker Lord Kelvin.

Unweit vom Universitätscampus eignen sich die **Byres Road** und die **Ashton Lane** gut zum Bummeln, Essen und abendlichen Ausgehen. Wo der River Kelvin in den Clyde mündet, steht der spektakuläre Bau des **Riverside Museum** der britisch-irakischen Stararchitektin Zaha Hadid (1950–2016). Draußen am Kai kann man noch das Museumsschiff **»The Tall Ship«** erkunden. Entlang dem Clyde Walkway spaziert man nun am Fluss bis zum modernen Glasgow Exhibition Centre und der Veranstaltungshalle SSE Hydro.

Dort führen zwei Fußgängerbrücken auf die Südseite des Clyde zum Pacific Quay mit dem **Glasgow Science Centre**. Das interaktive Museum, untergebracht in mit Titanium verkleideten organisch geformten Hallen, bietet neben dem Planetarium und einem Aussichtsturm Erlebnisbereiche zu wissenschaftlichen Themen. Auf

Aussichtsturm des Glasgow Science Centre

Die Industriesiedlung New Lanark wurde 2001 zum Weltkulturerbe erklärt

der Südseite führt der Uferweg zur Hängebrücke Clyde Arc auf die Nordseite und zurück in die Innenstadt.

Von der Glasgow Central Station kann man noch einen Ausflug in den Pollock Country Park unternehmen. Dort wartet die beeindruckende Kunstsammlung die **Burrell Collection** mit mehr als 9000 Objekten. Zusammengetragen wurde sie von Sir William Burrell (1861–1958), einem wohlhabenden Reeder und Hafenspediteur der Firma Burrell & Son. Schon früh begann er mit dem Sammeln von Kunstwerken, darunter chinesische Kunst, spätgotische und Frührenaissance-Werke aus Nordeuropa und französische Malerei des 19. und 20. Jahrhunderts.

Ausflugsziele:

Vom 5. bis ins 9. Jahrhundert befand sich das Zentrum des alten Königreichs Strathclyde auf dem uneinnehmbaren, 73 Meter hohen vulkanischen Hügel von Dumbarton Rock, wo der River Leven in den Clyde mündet. Das **Dumbarton Castle** widerstand jahrhundertelang allen Angriffen und Alexander II. ließ die Festung 1220 zum Schutz gegen die Wikinger neu befestigen. Während der schottischen Reformation wurde Mary Stuart hier kurzzeitig vor den Engländern in Sicherheit gebracht.

Auf dem Weg zur Fähre auf die Isle of Bute passiert man **Port Glasgow**, das ab 1688 als Hafen für Glasgow diente. Das **Newark Castle**, in der Nähe der Fergusson-Werft im Süden der Stadt, stammt aus dem Jahr 1484 und bietet einen Rundumblick auf den Clyde.

Uneinnehmbar für alle Angreifer: Kanonen auf Dumbarton Castle

Auch von **Greenock** aus blickt man auf den breiten, von starken Gezeiten betroffenen Fluss. 1711 entstand hier die erste Werft am Clyde, später wurde aus der Karibik importiertes Zuckerrohr in Raffinerien wie Tate & Lyle verarbeitet. Der klassizistische Gebäudereichtum, darunter das Customs House und das Rathaus, erinnern an die Glanzzeiten. James Watt (1736–1819), der Erfinder

der Dampfmaschine, wurde in der William Street in Greenock geboren. Das **McLean Museum and Art Gallery** widmet sich u.a. seiner Erfindung.

Südöstlich von Glasgow gelangt man auf der schönen Clyde Valley Tourist Route in die Industriesiedlung **New Lanark**, einen Ankerpunkt der europäischen Route der Industriekultur und seit 2001 UNESCO-Weltkulturerbe.

1786 veranlasste David Dale hier den Bau von Baumwollspinnereien, basierend auf der revolutionären Erfindung der wasserbetriebenen Spinnmaschinen des Ingenieurs Richard Arkwright (1732–92). Zum Betrieb nutzte man die natürlichen Wasserfälle des Clyde sowie Dammanlagen. Gegen Ende des 18. Jahrhunderts lebten und arbeiteten über 2000 Menschen in New Lanark.

Als um 1800 Dales Schwiegersohn Robert Owen die Mühlen übernahm, setzte er seine frühsozialistischen Visionen um: Wohnhäuser und Infrastruktur wurden verbessert, Schulen und Werkskantinen sowie eine Bibliothek gebaut. Zudem setzte er Sozialreformen durch, beschränkte die Kinderarbeit drastisch und führte eine Krankenversicherung ein. Die Mustersiedlung wurde später von vielen Sozialreformern und Staatsmännern besucht. Für den Besuch der Anlage sollte man mehrere Stunden einplanen.

SERVICE & TIPPS

Visit Scotland
10 Sauchiehall St.
Glasgow, G2 3GF
✆ 0141 566 4083
www.visitscotland.com,
Im Einkaufszentrum Buchanan Galleries/Sauchiehall Street.

Öffentliche Verkehrsmittel
Die Glasgower **U-Bahn** (www.spt.co.uk) gibt es seit 1896. Sie hat nur eine einzige, kreisförmige Linie mit 15 Stationen (Tagesticket £ 4). Besser vernetzt sind die Busse der **First Buses Group** (www.firstgroup.com/greater-glasgow) sowie der **Glasgow City Bus** (www.glasgowcitybus.co.uk). Tickets für Einzelfahrten (£ 1.20/0.75) gibt es im Bus, aber nur mit **abgezähltem Fahrgeld**. First Buses bietet eine Smartphone-App für **m-Tickets** (mobile Tickets für das Handy), allerdings nur mit Kreditkarte. Die **Hauptbahnhöfe** Glasgow Central und Glasgow Queen Street werden von Scotrail bedient (www.scotrail.co.uk) und binden Glasgow ans Umland und das nationale Streckennetz an (nach Edinburgh 54 Min.). Fernbusse ins Umland fahren von der **Buchanan Bus Station** (www.spt.co.uk/bus).

Sightseeing
City Sightseeing (www.citysightseeingglasgow.co.uk) bietet **Hop-on-Hop-off-Busse**. Die Glasgow School of Art veranstaltet thematische Stadtführungen, z.B. auf den Spuren von Charles Rennie Mackintosh an (buchbar über ✆ 0141 353 4526 oder im Visitor Centre der Kunstschule).

The Burrell Collection
Pollok Country Park
2060 Pollokshaws Rd.
Glasgow, G43 1AT
Bus 57, 57A: Pollokshaws West
✆ 0141 287 2550
www.glasgowlife.org.uk/museums/burrell-collection
Mo–Do, Sa 10–17, Fr, So 11–17 Uhr, Eintritt frei
Die beeindruckende Sammlung zeigt u.a. französische Malerei

Auguste Rodins »Der Denker« (1882) in der Burrell Collection in Glasgow

Statue vom Duke of Wellington vor der Gallery of Modern Art, behütet mit Leitkegel

des 19. und 20. Jh., archäologische Funde, Skulpturen, Wandbehänge und Gemälde.

Sir William Burrell stiftete die Sammlung mit 9000 Objekten im Jahr 1944 der Stadt Glasgow.

8 Gallery of Modern Art – GoMA
Royal Exchange Sq.
Glasgow, G1 3AH
✆ 0141 287 3050
www.glasgowlife.org.uk/museums/GoMA
Mo–Mi, Sa 10–17, Do 10–20, Fr, So 11–17 Uhr, Eintritt frei
Die korinthischen Säulen des Portikus stammen vom Architekten David Hamilton aus den Jahren 1827 und 1832.

Glasgow Science Centre
50 Pacific Quay
Glasgow, G51 1EA
✆ 0141 420 5000
www.glasgowsciencecentre.org
Sommer tägl. 10–17, Winter Mi–Fr 10–15, Sa/So 10–17 Uhr
Eintritt £ 11/9, bis 3 J. frei, Planetarium und Kino extra
Das Museum bietet ein Planetarium, ein 3-D-IMAX-Kino und einen Aussichtsturm.

House for an Art Lover
Bellahouston Park
10 Dumbreck Rd.
Glasgow, G41 5BW
✆ 0141 353 4770
www.houseforanartlover.co.uk
April–Sept. Mo–Mi 10–16, Do–So 10–13, Okt.–März Sa/So 10–13 Uhr, Eintritt £ 4.50/3
Das Haus entstand 1996 im Bellahouston Park nach Originalentwürfen von Charles Rennie Mackintosh und seiner Frau Margaret Macdonald. Beide folgten 1901 der Ausschreibung der deutschen »Zeitung für Innendekoration« und entwarfen ein Design für die Residenz eines modernen, kultivierten »Kunstliebhabers«. Der Entwurf kam damals leider nicht ins Rennen. Erst 1989 wurde die Realisierung des Baus von Graham Roxburgh unter der Leitung des Architekturprofessors der Glasgow School of Art, Andy MacMillan, in Angriff genommen.

Hunterian Museum
Gilbert Scott Building
University Ave.
Glasgow, G12 8QQ
✆ 0141 330 4221
www.glasgow.ac.uk/hunterian
Di–Sa 10–17, So 11–16 Uhr
Eintritt frei, Sonderausstellungen und Mackintosh House £ 5/3
Das Museum entstand 1807 aus der Stiftung von Dr. William Hunter. Es führt außerdem ein zoologisches und ein anatomisches Museum.

Kelvingrove Art Gallery and Museum
Argyle St., Glasgow, G3 8AG
✆ 0141 276 9599
www.glasgowlife.org.uk/museums/kelvingrove
Tägl. 10–17 Uhr, Eintritt frei
In dem lichtdurchfluteten Gebäude aus rotem Sandstein im spanischen Barockstil findet man naturhistorische Artefakte und Werke von Renoir bis Dali.

The Lighthouse
Scotland's Centre for Design and Architecture
11 Mitchell Lane
Glasgow, G1 3NU
✆ 0141 276 5360
www.thelighthouse.co.uk
Mo–Sa 10.30–17, So 12–17 Uhr
Eintritt frei
Das Zentrum für Design und Architektur befindet sich in einem von Charles Rennie Mackintosh entworfenen Gebäude. Kernstück der Ausstellung ist das Mackintosh Interpretation Centre. Ein Rundgang verschafft einen Eindruck von der Architektur des Gebäudes. Zudem kann man Mackintoshs Ent-

würfe, Zeichnungen und auch Designobjekte besichtigen.

Riverside Museum
100 Pointhouse Place
Glasgow, G3 8RS
✆ 0141 287 2720
www.glasgowlife.org.uk/museums/riverside
Tägl. 10–17, Fr, So ab 11 Uhr, Eintritt frei
Spektakulärer Museumsbau von Zaha Hadid. Die Ausstellungsgegenstände reichen vom Leben am Clyde über historische Transportmittel bis hin zu Mode, mit interaktiven Nachbildungen von Glasgower Straßenszenen.

10 **City Chambers**
George Sq., Glasgow, G2 1DU
✆ 0141 287 4018
Mo–Fr 8.30–17, Führungen 10.30 und 14.30 Uhr, Dauer: 45 Min., Eintritt frei
Der viktorianische Prunkbau des Rathauses dominiert den 3 **George Square**, an der Fassade sieht man u. a. eine Statue von Queen Victoria, die den Bau einweihte.

1 **Glasgow Cathedral und Necropolis**
Castle St., Glasgow, G4 0QZ
✆ 0141 552 8198
www.glasgowcathedral.org.uk
April–Sept. Mo–Sa 9.30–17.30, So 13–17, Okt.–März 10–16 Uhr
Eintritt frei, Spenden erwünscht
St. Mungo, dem ersten Bischof der Kathedrale, ist hier ein Schrein gewidmet. Touren der Nekropole bucht man über www.glasgownecropolis.org/tours-events.

12 **Glasgow School of Art/ Window on Mackintosh Visitor Centre**
167 Renfrew St.
Glasgow, G3 6RQ
✆ 0141 353 4500, www.gsa.ac.uk
Tägl. 10–16.30 Uhr, Eintritt frei
Informatives über die Schule und Charles Rennie Mackintosh findet man im Window on Mackintosh Visitor Centre, im Shop gibt es Kunstartikel und Souvenirs.

4 **St. Andrew's in the Square**
1 St. Andrews Sq.
Glasgow, G1 5PP
✆ 0141 559 5902
www.standrewsinthesquare.com
Mo–Fr 10–16 Uhr, Eintritt frei
Für eine Rast eignet sich das Café Source in der Krypta der Kirche (Mo–Do 11–23, Fr/Sa 11–24 Uhr).

Kunst schon am Eingang: Bronzeschild an der Glasgow School of Art

Das Riverside Museum beherbergt seit 2011 unter anderem das Glasgow Museum of Transport

Mehr als hundert Jahre alt und immer noch seetüchtig: »The Tall Ship« am Clyde River

»The Tall Ship«
150 Pointhouse Place
Glasgow, G3 8RS
✆ 0141 357 3699
www.thetallship.com
Tägl. Feb.–Okt. 10–17, Nov.–Jan. bis 16 Uhr, Eintritt frei
Das Segelschiff »Glenlee« wurde in einer Werft am Clyde gebaut und ist eines der wenigen noch erhaltenen, seetüchtigen Exemplare seiner Art.

5 City Halls and Old Fruitmarket
Candleriggs, Glasgow, G1 1NQ
✆ 0141 353 8000
www.glasgowconcerthalls.com
In der alten Markthalle finden u.a. das **Glasgow Jazzfestival** und die **Celtic Connections** statt. Nebenan in der Grand Hall residiert das Symphonieorchester der BBC Scotland.

Òran Mór
Byres Rd., Glasgow, G12 8QX
www.oran-mor.co.uk
✆ 0141 357 6200, Mo–Mi 9–2, Do–Sa 9–3, So 10–3 Uhr
Der Veranstaltungsort, eine alte Kirche, bietet Musik, Comedy und Theater sowie zwei Bars und eine Brasserie. Im UG befindet sich ein Nachtclub.

6 Hutchesons
158 Ingram St., Glasgow, G1 1EJ
✆ 0141 552 4050
www.hutchesonsglasgow.com
Mo–Fr 9–24, Sa/So 10–24 Uhr
Im ehemaligen Hospital Hutchesons' Hall findet sich eine elegante Brasserie sowie die **158 Café Bar** mit leichter Kost und Sonntagsbrunch (10–12.30 Uhr). £££

Cafe Andaluz
12–15 St. Vincent Place
Glasgow, G1 2DW
✆ 0141 222 2255
www.cafeandaluz.com, Mo–Do 12–24, Fr/Sa 12.30–1 Uhr
Spanisches Tapas-Restaurant um die Ecke vom George Square. ££

Stravaign
28 Gibson St.
Glasgow, G12 8NX
✆ 0141 334 2665
www.stravaigin.co.uk, Café-Bar
Mo–Fr 9–1, Sa/So 11–1 Uhr
Das angesagte West-End-Café-Restaurant serviert moderne schottische Küche, mit regionalen Zutaten und fantasiereichen Rezepten. ££

The Ubiquitous Chip
12 Ashton Lane
Glasgow, G12 8SJ
✆ 0141 334 5007
www.ubiquitouschip.co.uk
Tägl. 11–1 Uhr
Diese Glasgower Institution (seit 1971) begann als Protest gegen die omnipräsenten Pommes. Heute steht feinste schottische Küche auf der Karte, es gibt Wein und Whisky sowie einmal im Monat einen Jazz-Lunch. ££

Saramago Cafe Bar
Centre for Contemporary Arts
350 Sauchiehall St.
Glasgow, G2 3JD
✆ 0141 352 4900
www.cca-glasgow.com
Mo–Do 10–24, Fr/Sa 10–1, So 10–22, Brunch 12–17 Uhr
Die Cafe Bar im Kulturzentrum bietet leckere Kleinigkeiten und ein Pre-Theatre-Menü vor den Vorstellungen.

11 The Willow Tea Rooms
217 Sauchiehall St.
Glasgow, G2 3EX
✆ 0141 332 0521
www.willowtearooms.co.uk
Tägl. 9–17, So ab 10.30 Uhr
Der Tea Room **Room de Luxe** befindet sich im ersten Stock, im Erdgeschoss kann man nachempfundene Jugendstilartikel kaufen. Eine Filiale gibt es in der 97 Buchanan Street.

Blackfriars
36 Bell St., Glasgow, G1 1LG
✆ 0141 552 5924
www.blackfriarsglasgow.com

Mo–Do 11–24, Fr/Sa 11–3, So 12.30–24 Uhr
Real Ale Pub mit einer großen Auswahl an originellen Bieren. Im Keller spielen Bands und DJs legen auf.

West
Templeton Building, Glasgow Green, Glasgow, G40 1AW
✆ 0141 550 0135
www.westbeer.com
So–Do 11–23, Fr/Sa 11–24 Uhr (Essen bis 21 Uhr)
Die beliebte Brauerei im Glasgow Green Park in einer historischen Teppichmanufaktur wird von der Deutschen Petra West geführt. Das Bier ist nach deutscher Art gebraut und es gibt Würstchen, Schnitzel und Reibekuchen.

Clutha Bar
167–169 Stockwell St.
Glasgow, G1 4SP
www.facebook.com/Cluthabar
Der bereits seit den 1960er Jahren legendäre Musik-Pub schloss im November 2013 kurzzeitig, nachdem ein Polizeihelikopter in das Gebäude gestürzt war. Fans und Betreiber sorgten für eine Wiederbelebung des Clubs, mit regelmäßigen Jazz-, Folk-, Indie- und Rockkonzerten.

Glasgow Riverside Festival
The Riverside Museum
100 Pointhouse Place
Glasgow, G3 8RS
www.riversidefestivalglasgow.com
Festival elektronischer Musik jedes Jahr am Bank-Holiday-Wochenende Ende Mai. Hier legen die bekanntesten internationalen DJs auf und es wird drei Nächte lang durchgetanzt.

King Tut's Wah Wah Hut
272 A St. Vincent Street
Glasgow, G2 5RL
www.kingtuts.co.uk
Je nach Veranstaltung ab 20 Uhr
Nur 300 Gäste passen in diesen kleinen Club, der vielen bekannten Bands wie Oasis, Snow Patrol und Florence and the Machine ihre ersten Auftritte ermöglichte. Unermüdlich werden hier Nachwuchstalente, u. a. mit einem eigenen Label, gefördert.

Saint Luke's
17 Bain St., Calton
Glasgow, G40 2JZ
✆ 0141 552 8378
www.stlukesglasgow.com
Tägl. 12–24 Uhr
Direkt neben dem Marktgelände der Barrowlands bietet dieses Kulturzentrum in einer alten Kirche ein variationsreiches Programm von World-Music-Events über Theater bis hin zu Kunstausstellungen. Eine Restaurantbar versorgt die Gäste kulinarisch.

Argyll Arcade
30 Buchanan St.
Glasgow, G2 8BA
✆ 0141 221 6680
www.argyllarcade.com
Mo–Sa 10–17.30, So 12–17 Uhr
Die historische Arkade aus dem Jahr 1904 verbindet die Argyle Street und die Buchanan Street. Hier sind 32 Juwelierläden unter einem Dach vereint.

Entworfen vom Art-nouveau-Architekten Charles Rennie Mackintosh: The Willow Tea Room

Donald Dewar, der erste First Minister des schottischen Parlaments wacht über die Passanten auf der Buchanan Street

In der Argyll Arcade kann man in vielen verschiedenen Juweliergeschäften edlen Schmuck kaufen oder auch nur bestaunen

❸ The Barras
Gallowgate, Glasgow, G1 5AX
✆ 0141 552 4601
www.glasgow-barrowland.com
Sa/So 10–17 Uhr
Der Wochen- und Trödelmarkt existiert bereits seit Anfang des 20. Jh., damals wurden die Waren direkt vom Handkarren (*barrow*) verkauft.

Geoffrey Kiltmakers
309 Sauchiehall St.
Glasgow, G2 3HW
✆ 0141 331 2388
www.geoffreykilts.co.uk
Tägl außer So 9–17 Uhr
Kilts und Zubehör für die ganze Familie, nach Wunsch auch maßgeschneidert.

Merchant Square Indoor Shopping
71 Albion St.
Glasgow, G1 1NY
✆ 0141 552 3038
www.merchantsquareglasgow.com
So–Do 8.30–24, Fr/Sa bis 3 Uhr
Im überdachten Innenhof kann man shoppen und einkehren. Regelmäßig finden Kunsthandwerkermärkte statt.

Tiso Outdoor Experience
129 Buchanan St.
Glasgow, G1 2JA
✆ 0141 248 4877
www.tiso.com/shops/glasgow
Mo/Di, Fr/Sa 9.30–17.30, Mi 10–17.30, Do 9.30–19.30, So bis 19.30 Uhr
Hier kann man sich mit wetterfester Kleidung für die Highlands eindecken.

Trongate 103
Trongate 103
Glasgow, G1 5HD
✆ 0141 276 8380
Di–Sa 10–17, So 12–17 Uhr
www.trongate103.com
In dem Künstlerzentrum kann man in Galerien und Studios Kunst direkt beim Erzeuger kaufen. Zudem zeigt das Sharmanka Kinetic Theatre mechanisches Figurentheater (www.sharmanka.com).

Waverley Excursions Ltd
36 Lancefield Quay
Glasgow, G3 8HA
✆ 0845 130 4647
www.waverleyexcursions.co.uk
Abfahrt ab 50 Pacific Quay beim Glasgow Science Centre
Eintritt je nach Fahrt
Geruhsame Stunden kann man bei einer Bootsfahrt auf dem Clyde mit dem »Waverley Paddle Steam« erleben. Der historische Raddampfer fährt sogar bis zur Isle of Skye.

Glasgow Fair
Glasgow hat neben den landesüblichen Feiertagen einen weiteren Urlaubstag anlässlich der Glasgow Fair, jeweils am

dritten Wochenende im Juli. Traditionell unternimmt man dann Dampferfahrten – *doon the watter* – auf dem Clyde.

Ausflugsziele:

Dumbarton Castle
Castle Rd.
Dumbarton, G82 1JJ
✆ 01389 732 167
www.historicenvironment.scot
Tägl. Ende März–Sept. 9.30–17.30, Okt.–Ende März 10–16 Uhr
Eintritt £ 4.50/2.70
Auf einem Basaltfelsen thronende Burg am Ufer des Clyde.

Newark Castle
Castle Rd., Port Glasgow
Penfrewshire, PA14 5NH
✆ 01475 741858
www.historicenvironment.scot
April–Sept. tägl. 9.30–17.30 Uhr
Eintritt frei
Das 1478 erbaute Schloss wurde im 16. Jh. von dem tyrannischen Sir Patrick Maxwell in ein Renaissanceanwesen umgewandelt. Besonders schön ist der Blick vom Obergeschoss auf den Firth of Clyde.

McLean Museum and Art Gallery
15 Kelly St.
Greenock, PA16 8JX
✆ 01475 715 624
www.inverclyde.gov.uk
Tägl. außer So 10–17 Uhr
Eintritt frei
Hier kann man u. a. eine Ausstellung über James Watt und seine bahnbrechende Erfindung, die Dampfmaschine, besichtigen, die der treibende Faktor der industriellen Revolution war.

Esplanade Cafe
3 Campbell St.
Greenock, A16 8AN
✆ 01475 725 618
www.esplanadecafe.co.uk
Mo–Do, Sa 8–20, Fr 8–21, So 9–21 Uhr
Freundliches Eiscafé mit leichter Küche. £

New Lanark
New Lanark Trust
South Lanarkshire, ML11 9DB
✆ 01555 661 345
www.newlanark.org/visitor centre
Tägl. April–Okt. 10–17, Nov.–März 10–16 Uhr
Eintritt £ 9.50/7
1785 entstand hier eine erste Textilfabrik. Der Ort entwickelte sich unter dem Einfluss vom Teilhaber Robert Owen zu einer frühkapitalistischen Mustersiedlung. Sie zählt heute zum UNESCO-Weltkulturerbe.

Clyde Valley Tourist Route
www.visitlanarkshire.com/lanarkshire/towns-and-villages/clyde-valley-tourist-route
Schöne, 42 km lange Strecke von Glasgow bis Lanark.

Dumbarton Castle

Denkmal für James Watt im McLean Museum

Steinkreis im Machrie Moor auf Arran

❶ ISLE OF ARRAN

Die südlichste der schottischen Inseln ist von der Küste Ayrshires sichtbar und landschaftlich außergewöhnlich vielseitig. Der tektonische Graben der Highland Boundary Fault verläuft quer durch die Insel, was sie zu einem Mekka für Geologen macht. Das Südende der Insel ist mild und grün, während der Norden von dem eindrucksvollen Bergmassiv rund um den 874 Meter hohen **Goat Fell** eingenommen wird. Stelen und Steinkreise auf dem Machrie Moor zeugen davon, dass die Insel schon seit der Steinzeit besiedelt ist.

Im 6. Jahrhundert war sie Teil des Königreichs Dalriada (vgl. S. 110), ab dem 8. Jahrhundert unter norwegischer Herrschaft. 1503 ging sie dann in den Besitz der Hamilton-Familie über, die von James III. den Titel Earls of Arran erhielten. Das **Brodick Castle** nahe der Haupstadt Brodick auf der Ostseite wurde ihr Herrensitz.

Der Großteil des heutigen Gebäudes stammt aus dem 19. Jahrhundert und die Hamiltons nutzten es hauptsächlich als Jagd-

schloss. Von den Gärten mit exotischen Pflanzen hat man einen schönen Blick über die Bucht. Das Schloss ist heute im Besitz des National Trust for Scotland.

Landschaftlich und klimatisch sehr abwechslungsreich: die Isle of Arran

Seit Anfang des 20. Jahrhunderts ist Arran (5000 Einwohner) mit ihren geschützten Stränden bei Urlaubern beliebt. Die schöne Landschaft lässt sich gut bei Wanderungen erleben, etwa auf dem **Arran Coastal Way**, einem 105 Kilometer langen Wanderweg rund um die Insel. Vom Fähranleger in Brodick führt der Weg unterhalb des Goatfell-Massivs in Richtung Sannox durch ein Waldgebiet und an der Küstenstraße entlang. Er zieht sich am Felsenmeer der Fallen Rocks entlang – mit viel Glück sieht man hier Delfine im Küstengewässer. Von Lochranza nach Imachar passiert man die **Twelve Apostles of Catacol**. In diesen weiß getünchten Cottages stellten die Fischersfrauen früher Kerzen in die oberen Fenster, als Signal für ihre seefahrenden Männer

Rotwild vor dem Lochranza Castle

Wandert man weiter nach Blackwaterfoot, sollte man einen Abstecher auf das **Machrie Moor** machen. Hier haben prähistorische Bewohner ihre Spuren in Form von mehreren Steinkreisen und zwei Hügelforts hinterlassen. Auf dem Weg nach Lagg kommt man an mehreren, durch das Meer geformten Höhlen vorbei, darunter der **King's Cave**, und bei Kildonan stößt man auf eine Seehundkolonie am Strand. Von Whithing Bay geht es ins Inland, vorbei am Wasserfall **Glenashdale Falls**, in Richtung Lamlash wieder durch ein Waldgebiet und schließlich an der Küste entlang zurück nach Brodick.

Ausflugsziel:

Auf der kleinen Insel **Holy Isle**, vor Lamlash an der Ostküste gelegen, leitet heute der Lama Yeshe Rinpoche das buddhistische Centre for World Peace and Health, wo auch Nichtbuddhisten Meditationskurse buchen können.

SERVICE & TIPPS

Brodick Information Centre
The Pier, Brodick, KA27 8AU
✆ 01770 303 774
www.visitarran.com
Tägl. Sommer 10–17, Winter 10–16 Uhr

Fährverbindungen
www.calmac.co.uk/destinations/arran
Die Reederei Caledonian MacBrayne fährt von Ardrossan nach Brodick ca. 55 Min., von Claonaig, Mull of Kintyre, nach Lochranza ca. 30 Min.

DER NATIONALDICHTER ROBERT BURNS

Als Poet und Lyriker wird der schottische Nationaldichter **Robert Burns** (1759–96) in der ganzen Welt verehrt. Der »Barde aus Ayrshire« kam in Alloway im Burns Cottage zur Welt. Mit seiner volksnahen Poesie wurde er Ende des 18. Jahrhunderts zu einer der Schlüsselfiguren der aufkeimenden romantischen Nationalbewegung.

Zu einer Zeit, als das Hochenglisch die schottischen Dialekte verdrängte, schrieb er in Scots und Gälisch und trat für ein unabhängiges Schottland ein. Burns sammelte außerdem akribisch altes schottisches Liedgut und trug zum Allmanach »Scots Musical Museum« bei, indem er alte Melodien mit neuen Texten versah. Darunter befinden sich so bekannte Klassiker wie »Auld Lang Syne«, was im englischsprachigen Raum traditionell an Silvester gesungen wird.

Burns kam aus einer armen Bauernfamilie mit sieben Kindern. Trotz lückenhafter Schulbildung zeigte er bereits in jungen Jahren Sprach- und Dichtertalent: Atmosphärisch sind seine Liebesgedichte wie »O Once I Lovd« und »Ae Fond Kiss«, die er für seine Angebeteten verfasste. Der lebenslustige Burns war dem Whisky ebenso zugetan wie den Frauen und zeugte zwölf (teils außereheliche) Kinder. Politisch brisant und anzüglich, von lustig bis melancholisch geraten die Reime über den Lebensalltag der einfachen Leute wie in der Gedicht- und Liedersammlung »The Jolly Beggars«. Das Gedicht an die Feldmaus (»To a Mouse«) ist eine Allegorie auf die ausweglosen Lebensbedingungen der schottischen Pachtbauern.

Robert Burns auf einem Gemälde von Alexander Nasmyth

Angespornt von Freunden und Gönnern veröffentlichte er 1786 seinen Gedichtband »Poems, Chiefly in the Scottish Dialect«, mit dem er sofort erfolgreich wurde. Obwohl seine Poesie die Klassenschranken sprengte, verbesserte sich seine finanzielle Situation kaum, er blieb ein armer Bauernpoet. Er versuchte sich auf der kargen Ellisland Farm nahe Dumfries als Landwirt, nahm aber 1791 eine Stellung als Zollbeamter in Dumfries an. Nur wenige Jahre später starb er im Alter von nur 37 Jahren an den Folgen einer Zahnextraktion.

Alljährlich kommen in der ganzen Welt Anhänger des Poeten zu dessen Geburtstag am 25. Januar zur Burns Night zusammen. Hier wird dann das Gedicht »Ode an das Haggis« rezitiert, während man das *Burns Supper* zusammen mit Haggis und Whisky verzehrt.

In den sogenannten Twelve Apostles of Catacol auf der Isle of Arran lebten früher Fischerfamilien

Arran Creamery Cheese Shop
Torrylinn Creamery
Kilmory, KA27 8PQ
✆ 01770 870 240
Mo–Fr 11–14 Uhr
In der Torylinn-Käserei wird der Isle of Arran Cheese hergestellt. Hier kann man bei der Herstellung zuschauen und das fertige Produkt kaufen.

Brodick Castle, Garden & Country Park
Brodick Arran, KA27 8HY
✆ 01770 302 202
www.nts.org.uk
Schloss tägl. Winter 11–15, Sommer 11–16 Uhr, Park tägl. 9.30 Uhr bis Sonnenuntergang
Eintritt £ 12.50, bis 18 J. frei
Vor dem Hintergrund des Goatfell-Gipfels liegt malerisch der rote Sandsteinbau in einem weitläufigen Landschaftspark.

Arran Coastal Way
www.coastalway.co.uk
105 km langer Wanderweg rund um die Insel, aufgeteilt in sieben Abschnitte von unterschiedlichem Schwierigkeitsgrad.

Fiddlers' Music Bar & Bistro
Shore Rd., Brodick
Isle of Arran, KA27 8AJ
✆ 01770 302 579
http://fiddlersmusicbar.com
Tägl. 10–24, Livemusik Mo–Sa ab 19.30 Uhr, So Open Mike ab 14.30 Uhr
Musikkneipe, in der ganztägig Bistroküche serviert wird. £–££

Ausflugsziel:

Holy Isle
Lamlash Bay, KA27 8GB
✆ 01770 601 100
www.holyisland.org
Fähre: Holy Isle Ferry, ✆ 01770 700 463 oder 07970 771 960
Buddhistisches Einkehrzentrum, das Meditationskurse anbietet.

Brodick Castle: Die heutige Anlage ging aus einem Wikingerfort hervor

An der Uferpromenade von Girvan reicht der Blick bis zur Insel Alisa Craig

2 AYR

Das Städtchen Ayr auf beiden Seiten des River Ayr gelegen, eignet sich als Ausgangspunkt für die Erkundung der Sehenswürdigkeiten im Umland. Hotels, Restaurants, Cafés und ein Strand sind vorhanden.

Die einstige Hafenstadt hat zwei schöne Brücken: die **Auld Brig** entstand 1470 und ist die älteste Brücke Schottlands. Die **New Brig** aus dem Jahr 1788 von Robert Adam wurde bei einer Sturmflut stark beschädigt und abgerissen, 1887 aber wieder neu gebaut. Beide Bauwerke wurden von Robert Burns in dem Gedicht »The Brigs o' Ayr« verewigt, in dem er schon 1786 prophezeite, dass die alte Brücke die neue überleben würde.

Das ehemalige Schloss wurde im Bürgerkrieg von Oliver Cromwell 1654 zerstört und durch eine **Festung** ersetzt, von der man die Grundmauern noch sehen kann.

Ende Mai findet in Ayr das **Burns Festival** statt mit Lesungen, Konzerten und vielen weiteren Veranstaltungen.

Ausflugsziele:

Im hübschen Örtchen **Alloway** südlich von Ayr reißt der Besucherstrom im **Geburtshaus des Dichters Robert Burns** (vgl. Kasten S. 84) nicht ab. Auf dem Friedhof der Alloway Kirk ist Burns Vater William beerdigt. Als Schauplatz von Burns Gedicht »Tam o' Shanter« hat die alte Dorfbrücke **Brig o' Doon** aus dem 15. Jahrhundert die Zeiten überstanden: Der angetrunkene Tam hat auf dieser ein

Das Culzean Castle mit seinem malerischen Schlosspark

unschönes Erlebnis mit bösen Hexen. Die Brücke war die Inspiration für das Hollywood-Musical »Brigadoon«.

Das imposante **Culzean Castle** sitzt auf einer Klippe mit Blick auf den Firth of Clyde. Ab dem 14. Jahrhundert residierte hier der Chief des Kennedy-Clans. Die Kennedys übergaben das Anwesen 1945 dem National Trust for Scotland. Allerdings machten sie zur Bedingung, dass ein Apartment im obersten Stock für General Dwight Eisenhower vorbehalten werden sollte. Der Oberbefehlshaber der Alliierten Streitkräfte und spätere Präsident der USA besuchte das Schloss 1946 zum ersten Mal und nutzte es noch weitere drei Male während seiner Aufenthalte in Schottland. Seine heutige Innendekoration erhielt Culzean Castle vom Architekten Robert Adam zwischen 1777 und 1792, u. a. mit einem ovalen Treppenhaus.

Vom Fischereihafen in **Girvan** fahren bei gutem Wetter Ausflugsboote zum 16 Kilometer entfernten Granitfelsen **Ailsa Craig**, der Quellkuppe eines erloschenen Vulkans. 36 000 Vögel nisten dort, darunter Basstölpel, Eissturmvögel und Papageitaucher. An der Uferpromenade von Girvan mit tollem Ausblick auf Arran lässt es sich gut bummeln.

Mekka für alle Fans des Dichters: das Geburtshaus von Robert Burns in Alloway

SERVICE & TIPPS

🛈 Ayr Information Centre
22 Sandgate
Ayr, KA7 1BW
✆ 01292 290 300
www.visitscotland.com
Tägl. 9–17 Uhr
Okt.–März nur Mo–Sa
Die Tourist Information befindet sich im Stadtzentrum im Lady Cathcart House.

The Waterfront Restaurant
4 South Harbour St.
Ayr, KA7 1HZ
✆ 01292 280 212
www.waterfront-ayr.co.uk
Tägl. 10–22 Uhr
Leckere Bistroküche mit vielen Fischgerichten, aber auch Burgern und anderen Klassikern der modernen schottischen Küche. Außenterrasse mit Blick auf den Fluss. £–££

Burns an' a' that! – Burns Festival
www.burnsfestival.com
Beim Burns Festival im Mai finden in Ayr, Alloway und Umgebung zahlreiche Ver-

SCOTT-CLAN

Der Scott-Clan geht auf das 12. Jahrhundert zurück und wurde für seine Königstreue mit vielen Titeln und Ländereien belohnt. Ursprünglich in Buccleuch bei Hawick ansässig, unterstützten die Scotts bereits Robert the Bruce im Kampf gegen die Engländer. Nachdem Anne Scott den illegitimen Sohn von Charles II., den Duke of Monmouth, geheiratet hatte, erhielten sie 1663 vom König den Titel Duke and Duchess of Buccleuch. Sir Walter Scott entstammt einer Nebenlinie des Clans der Scotts of Harden und hatte daher eine entfernte Verwandtschaft zur Königslinie.

Die Illustration zu Burns' Gedicht »Tam o' Shanter« an der Brig o' Doon

Statue von Robert Burns in Dumfries

anstaltungen statt, darunter Folk- und Rockkonzerte, Volksfeste und Lesungen.

Ausflugsziele:

Robert Burns Birthplace Museum
Murdoch's Lone
Alloway, KA7 4PQ
✆ 0844 493 2601
www.burnsmuseum.org.uk
Tägl. 10–17, April–Sept. bis 17.30 Uhr, Eintritt £ 9/7
Der wichtigste Anlaufpunkt für Burns-Fans ist das Museum in Alloway mit einer umfangreichen Ausstellung im Geburtshaus des Dichters.

Culzean Castle and Country Park
Maybole, Ayrshire, A19 8LE
✆ 01655 884 455
www.nts.org.uk
Tägl. Schloss April–Okt. 10.30–17 Uhr, Country Park ganzjährig 10–17 Uhr
Eintritt £ 15.50, bis 18 J. frei
Seit 1945 wird das Schloss vom National Trust for Scotland verwaltet. Man kann mehrere Stunden mit dem Besuch des Schlosses und des Country Parks verbringen.

Ailsa Craig
www.rspb.org.uk
Info Bootstouren:
www.ailsacraig.org.uk
Bei Bootstouren zum Vogelfelsen muss man seefest sein, denn das Wasser hier ist immer bewegt. Die Vogelkolonien sind beeindruckend, aber auch sehr laut.

3 DUMFRIES

Mitten im Grenzgebiet wurde Dumfries mehrfach von den Engländern zerstört. Heute ist es vor allem ein Anlaufpunkt für Fans von Robert Burns (vgl. Kasten S. 84). Man kann das letzte **Wohnhaus des Dichters** besichtigen und das **Burns-Mausoleum** auf dem Friedhof der St. Michael's Church. Über die historische **Devorgila Bridge** gelangt man zum **Robert Burns Centre**, das eine kleine Ausstellung über den Dichter und die Stadt beherbergt.

Vor den sanften Erhebungen der Lowther Hills: der Garten von Drumlanrig Castle

Ausflugsziele:

Robert Burns versuchte sich mehrfach erfolglos als Landwirt, so etwa 1788 bis 1791 auf der **Ellisland Farm** zehn Kilometer nördlich von Dumfries. Anstatt der Felder blühte jedoch seine Poesie und in seiner Zeit hier verfasste er über 130 Gedichte. Heute kann man die verschiedenen Farmgebäude mit dem Wohnhaus und den Werkstätten besichtigen.

In **Wanlockhead** am Mennock Pass auf einer Höhe von 467 Metern in den Lowther Hills wurden bereits von den

Römern wertvolle Minerale wie Eisen, Zink, Kupfer und Silber gefördert. Das hier vorkommende Gold ist sehr rein und hat 22,8 Karat, es wurde u.a. in der schottischen Krone verarbeitet. Das kleine Örtchen gruppiert sich um ein Eisenbergwerk aus dem 18. Jahrhundert. Im **Museum of Lead Mining** kann man die alten Ortsgebäude und die Bibliothek für die Bergarbeiter besichtigen. Besucher können sich außerdem als Goldgräber versuchen.

13 Kilometer südöstlich von Dumfries liegt die gut erhaltene Ruine des Caerlaverock Castle

Das Renaissanceschloss **Drumlanrig Castle** aus rotem Sandstein erhebt sich inmitten weitläufiger Ländereien vor der Kulisse der Lowther Hills. Eigentümer ist Richard Montagu Douglas Scott, der Duke of Buccleuch and Queensberry, einer der reichsten Adligen und Landeigentümer des Vereinigten Königreichs. Das Schloss war ursprünglich im Besitz der Douglas-Familie, ging jedoch im 19. Jahrhundert durch Erbschaft an die Dukes of Buccleuch. Der Nachnahme Montagu Douglas Scott trägt dem Rechnung. Die Douglas' erwirtschafteten im Laufe der Jahrhunderte große Reichtümer. Dazu gehört auch eine beeindruckende Gemäldesammlung (darunter Werke von Rembrandt, Holbein und da Vinci), antikes Mobiliar, Porzellan und Silber. Der heutige Duke ist zudem der Chief des Scott-Clans, zu dem auch der Schriftsteller Sir Walter Scott (vgl. Kasten S. 87) gehörte.

Weitere sehenswerte Häuser in der Umgebung sind **Caerlaverock Castle** und **Sweetheart Abbey**.

Wachspuppen zeigen das Leben Robert Burns auf der Ellisland Farm, wo sich der Poet erfolglos als Bauer versuchte

SERVICE & TIPPS

Visit Scotland
64 Whitesands
Dumfries, DG1 2RS
✆ 01387 253862
www.visitscotland.com
Tägl. 9.30–16/17 Uhr

Robert Burns Centre
Rotchell Rd.
Dumfries, DG2 7SW
✆ 01387 253 374
www.dumgal.gov.uk
April–Sept. Mo–Sa 10–17, So 12–17, sonst Di–Sa 10–13 und 14–17 Uhr, Eintritt frei
Das Kulturzentrum in einer alten Mühle zeigt eine Ausstellung zu Burns und der Geschichte der Stadt Dumfries.

Robert Burns House
Burns St., Dumfries, G1 2PS

In der Sweetheart Abbey beerdigte Lady Devorgilla of Galloway ihren über alles geliebten Gatten

✆ 01387 255 297
www.dumgal.gov.uk
April–Sept. Mo–Sa 10–17, So ab 14, sonst Di–Sa 10–13, 14–17 Uhr, Eintritt frei
Südöstlich der High Street verbrachte der Dichter seine letzten Jahre. Zu sehen sind u. a. sein Schreibtisch und Originalmanuskripte.

Ausflugsziele:

Caerlaverock Castle
Glencaple, Dumfries, DG1 4RU
✆ 01387 770 244
www.historicenvironment.scot/visit-a-place/places/caerlaverock-castle/
Tägl. April–Sept. 9.30–17.30, Okt.–März 10–16 Uhr
Eintritt £ 5.50/3.30
Die dreieckig angelegte Wasserburg war ab dem 13. Jh. der Sitz der Maxwell-Familie. Um 1300 wurde die Burg von Edward I. belagert, doch die Maxwells setzten sich tapfer zur Wehr. Die Schlacht wird jeden Sommer in einem historischen Spektakel nachgestellt. Um 1630 errichtete Robert Maxwell innerhalb der Burg das Nithsdale Lodging im Renaissancestil. Bereits 1640 wurde das Schloss jedoch während der Covenanter Rebellion erneut zerstört und verfiel. Heute ist die Ruine von einem Naturschutzgebiet umgeben.

Drumlanrig Castle
Thornhill, DG3 4AQ
✆ 01848 331 555
www.drumlanrigcastle.co.uk
Gärten April–Sept. tägl. 10–17 Uhr, Schloss Juli–Aug. tägl. 11–16 Uhr (nur geführte Touren)
Eintritt £ 10/6, bis 5 J. frei
Auf dem weitläufigen Gelände des Schlosses findet jedes Jahr Ende August die **Galloway Country Fair** statt, mit Hundeschauen, Sportschießen, Akrobatischen Vorführungen und kinderfreundlichen Aktivitäten.

Ellisland Farm
Auldgirth, DG2 0RP
✆ 01387 740 426
www.ellislandfarm.co.uk

April–Sept. Mo–Sa 10–13 und 14–17, So 14–17, Okt.–März Di–Sa 10–13 und 14–17 Uhr
Eintritt £ 4, bis 15 J. frei
In den alten Farmgebäuden sind Stationen aus Burns' Leben (vgl. Kasten S. 84) mit Wachspuppen in Szene gesetzt.

Museum of Lead Mining
Wanlockhead Village, ML12 6UT
✆ 01659 743 87
www.leadminingmuseum.co.uk
Eintritt £ 8,25/6.25
Bereits ab 1745 wurde in dem hiesigen Eisenbergwerk mithilfe einer neuartigen Balanciermaschine das Wasser aus dem Berg gepumpt. Besucher können sich als Goldgräber betätigen und das gefundene Gold mit nach Hause nehmen.

Sweetheart Abbey
New Abbey
Dumfries, DG2 8BU
✆ 01387 850 397
www.historicenvironment.scot
Tägl. April–Sept. 9.30–17.30, Okt.–März 10–16 Uhr
Eintritt £ 4.50/2.70 (5–15 J.)

Die Sweetheart Abbey geht auf Lady Devorgilla of Galloway (ca. 1210–90) zurück, die mit John Balliol verheiratet war, der unter anderem das Balliol College in Oxford finanziert hat. Nach seinem Tod 1269 gab Lady Devorgilla den Bau der Abtei in Auftrag, die 1273 fertiggestellt wurde. John Balliol wurde hier beerdigt. Das Herz ihres Gatten ließ die untröstliche Lady Devorgilla jedoch einbalsamieren und bewahrte es in einer Kassette aus Elfenbein und Silber auf, die sie immer bei sich trug.

Nach ihrem Tod wurde sie mit der Kassette nahe ihrem Herzen hier beerdigt und das Gebäude erhielt den Spitznamen Sweetheart Abbey.

4 GRETNA GREEN

Die kleine Grenzstadt am River Esk wurde Mitte des 18. Jahrhunderts zum Anlaufpunkt für Heiratswillige aus England, etwa Minderjährige, die hier ohne Formalitäten und ohne Erlaubnis der Eltern den Bund fürs Leben schließen konnten. 1754 war

Hochzeitspaar in Gretna Green: Im Blacksmiths Shop werden noch heute Paare getraut

Old Blacksmiths Shop Centre in Gretna Green

in England die Eheschließung formalisiert worden, während in Schottland jeder Bürger mittels Lizenz zwei Willige trauen konnte.

Der Dorfschmied Joseph Paisley erlangte als **Blacksmith Priest** zweifelhafte Berühmtheit, denn seine **Schmiede** befand sich direkt bei der Kutschenstation. Dort führte er die Zeremonie über seinem Amboss durch und schmiedete gleichzeitig glücksbringende Hufeisen. Im benachbarten Pub fand man unter den Angeheiterten willige Trauzeugen.

Heute geben sich Paare vor allem aus romantischen Gründen das Jawort in Gretna Green. Fast 5000 Ehen werden jährlich dort geschlossen und die gesamte Stadt hat sich auf den Heiratstourismus spezialisiert.

SERVICE & TIPPS

Famous Blacksmiths Shop
Headless Cross
Gretna Green, DG16 5EA
✆ 01461 338 224
www.gretnagreen.com
Tägl. April/Mai 9–17.30, Juni–Sept. 9–18, Okt.–März 9–17 Uhr
Das Häuschen, in dem ab 1754 Paare getraut wurden, beherbergt nun ein Besucherzentrum, einen Shop und ein Restaurant. Der Schmied Joseph Paisley ist davor mit einer Büste verewigt.

---

5 KIRKCUDBRIGHT

Das hübsche Städtchen Kirkcudbright war im Mittelalter ein geschäftiger Handelshafen, heute liegen hier bei Ebbe die Fischerboote auf dem Trockenen. In der Altstadt reihen sich georgianische Stadthäuschen aneinander. Mittendrin steht die pittoreske Ruine des **McLellan Castle.** Das **Stewartry Museum** informiert über die Geschichte der Region.

Anfang des 20. Jahrhunderts entwickelte sich Kirkcudbright zu einer Künstlerkolonie für Maler der Gruppe **Glasgow Boys.** Sie fanden hier naturalistische und ländliche Motive für ihre postimpressionistische Malerei. Bei einem Besuch des **Broughton House** kann man die Werke des Glasgow Boys Edward Atkinson Hornel (1863–1933) besichtigen.

Noch heute gibt es viele kleine Kunstgalerien, Wechselausstellungen zeigt auch das **Tolbooth Arts Centre** (www.artiststown.org.uk).

An der Mündung des River Dee gelegen: Kirkcudbright

SERVICE & TIPPS

Visit Scotland
Harbour Sq.
Kirkcudbright, DG6 4HY
✆ 01557 330 494

Mo–Sa Sommer 9.30–18, Winter 11–15, Herbst/Frühjahr 10–17, So Kernzeit 11–16 Uhr
Direkt am Hafen befindet sich die Tourist Information.

Broughton House & Garden
High St.
Kirkcudbright, DG6 4JX
✆ 0844 493 2246
www.nts.org.uk
April–Okt. tägl. 12–17, Nov./Dez. Do–Sa 11–16, Feb./März nur Garten Mo–Fr 11–16 Uhr
Eintritt £ 6.50/5
In dem Stadthaus richtete der Maler E. A. Hornel 1901–33 ein Studio ein. Heute sind hier seine Werke ausgestellt und es gibt einen japanischen Garten.

The Stewartry Museum
St. Mary St.
Kirkcudbright, DG6 4AQ
✆ 01557 331 643
www.dumgal.gov.uk
Okt.–März tägl. außer So 11–16, April–Sept. Mo–Sa 11–17, So 14–17 Uhr
Eintritt frei
Interessantes Geschichtsmuseum der Region Dumfries und Galloway.

6 LARGS

Das kleine Seebad Largs ist ein beliebtes Ausflugsziel. An der Uferpromenade, an der jede Menge Eisdielen zu finden sind, kann man schön flanieren. Wer sich mit der Wikingervergangenheit beschäftigen möchte, der besucht das **Freizeitzentrum Vikingar!** Die Ausstellung mit Show und Multimedia macht das Leben der Wikinger wieder lebendig. In dem angeschlossenen Schwimmbad lässt es sich wunderbar toben.

Alljährlich zelebriert die Stadt während des einwöchigen **Largs Viking Festivals** Ende August den Sieg über die Wikinger. 1263 fand hier die Seeschlacht von Largs statt. Sie endete unentschieden und die Wikinger unter König Haakon zogen sich zurück, Haakon starb später auf Orkney. Die Hebrideninseln wurden 1266 offiziell an Schottland zurückgeben.

Sehenswert ist auch das **Scottish Maritime Museum** im benachbarten Irvine. Das interaktive Museum informiert über die maritime Geschichte der westschottischen Hafenstädte.

Das Pencil Monument wurde vor hundert Jahren zum Gedenken an die Seeschlacht von Largs errichtet

Alljährlich wird auf dem Largs Viking Festival das raue Leben der nordischen Krieger nachgestellt

SERVICE & TIPPS

Largs and Millport Information Bureau
88 Main St.
Largs, KA30 8AN
www.largsonline.co.uk
Sommer tägl. 10–16 Uhr

Freizeitzentrum Vikingar!
Greenock Rd., Largs, KA30 8Q
✆ 01475 689 777
www.kaleisure.com/facilities/leisure/vikingar
Mo–Fr 9–21, Sa/So 10–17 Uhr, Ausstellung April–Juni, Sept./Okt. tägl. 10.30–14.30, Juli/Aug. 10.30–15.30, Sa/So 11.30–15.30, Feb.–Nov. Sa/So 11.30–14.30, März tägl. 11.30–13.30 Uhr
Freizeit- und Sportzentrum mit Schwimmbad, Café und der Ausstellung Viking Experience.

Nardini's of Largs
2 Greenock Rd., Largs, A30 8NF
✆ 01475 675 000
www.nardinis.co.uk
Tägl. 9–21 Uhr
In dem Art-déco-Gebäude an der Promenade wurden schon 1935 Ausflügler verköstigt. Heute ist es ein Eiscafé und Bistro. £

Largs Viking Festival
www.largsvikingfestival.com
Hauptattraktion des Festivals im Aug./Sept. ist das Wikingerdorf, wo man in das Leben der nordischen Krieger eintauchen kann.

Ausflugsziel:

Scottish Maritime Museum
Harbour Rd., Irvine, KA12 8QE
✆ 01294 278 283
www.scottishmaritimemuseum.org
Tägl. 10–17 Uhr
Eintritt £ 7.50, bis 18 J. frei
Historische Boote, maritime Kunst u. v. m.

7 PORTPATRICK

Portpatrick ist ein hübsches Fischerdörfchen auf der Halbinsel Rhins of Galloway. Vom benachbarten Stranraer gibt es eine Fährverbindung nach Irland.

In Portpatrick beginnt der **Southern Upland Way**, der 341 Kilometer quer durch die Lowlands bis Cockburnspath an der Ostküste führt (www.southernuplandway.gov.uk).

An der windumtosten südlichen Landspitze steht das **Mull of Galloway Lighthouse** mit einem kleinen Besucherzentrum. Hier kann man die 115 Stufen bis zum Aussichtsturm erklimmen. Die Gegend ist ein Vogelschutzgebiet, hier tummeln sich Klippenmöven, Trottellummen und Tordalks. Der Golfstrom sorgt an der Südwestspitze Schottlands für ein warmes Klima, ideal für einen

Ableger des botanischen Gartens von Edinburgh: Im **Logan Botanic Garden** spaziert man unter Palmen und Baumfarnen durch ein exotisches Blumenmeer. Außerdem gibt es einen ummauerten Garten mit einer echten Schlossruine, einen See und einen Waldgarten mit Sumpfpflanzen.

SERVICE & TIPPS

The Waterfront Hotel
7 North Crescent
Portpatrick, DG9 8SX
✆ 01776 810 800
www.waterfronthotel.co.uk
Tägl. Lunch 12–15, Dinner 17–22, Bar & Terrace 9–22 Uhr
Das Hotel hat ein gediegenes Fischrestaurant sowie ein Terassenrestaurant mit frisch zubereiteten Pub-Gerichten. £–££

Ausflugsziele:

Mull of Galloway Lighthouse
Drummore, DG9 9HP
✆ 01776 840 554
www.mull-of-galloway.co.uk
April–Okt. tägl. 10–16 Uhr, Nov.–März nur Sa/So (außer Schulferien)
Eintritt £ 2.50/1 (bis 14 J.)
Vom Leuchtturm blickt man auf die südlichste Landspitze Schottlands.

Logan Botanic Garden
Port Logan
Stranraer, DG9 9ND
www.rbge.org.uk/the-gardens/logan
Mitte März–Ende Okt. tägl. 10–17, Feb. So 10–16 Uhr
Eintritt £ 6.50, bis 15 J. frei
Wahrscheinlich der exotischste Garten Schottlands mit zahlreichen Pflanzen aus aller Welt.

Boote im Hafen von Portpatrick

❽ WIGTOWN

Wigtown befindet sich in dem Landstrich The Machars, wo grüne Wiesen sanft in die Bucht von Bladnoch abfallen. Südlich des Ortes erstreckt sich rund um die Isle of Whithorn das Schlickwatt der Machars. Auf schönen Küstenwanderwegen kann man Wattvögel, Krammetsvögel und Austerfänger beobachten. 1973 wurde hier der Gruselfilm »The Wicker Man« gedreht.

Das kleine Örtchen ist als »Scotland's National Book Town« bekannt – hier kommen elf Buchläden auf nur 1000 Einwohner. Jeder Bookshop hat sich spezialisiert, auf Antiquariat, seltene Ausgaben, Fantasy und Horror oder Geschichte. Die literarische Welt Schottlands trifft sich jedes Jahr zum **Wigtown Book Festival**.

Angeblich das größte Antiquariat in Schottland: The Book Shop in Wigtown

Ausflugsziele:

Von Wigtown aus lohnt ein Ausflug in den **Galloway Forest Park**, eine der einsamsten schottischen Landschaften. Nur eine einzige Straße, die A712, durchschneidet das Gebiet südlich von Loch Clatteringshaw. Am dunklen Nachthimmel kann man hier Sterne besonders gut beobachten, daher wurde die Gegend zu einem Dark Sky Park erklärt.

Die **Isle of Whithorn** bildet die Südostspitze der Region Machars. Hier dreht sich alles um den heiligen St. Ninian, vermutlich der erste Missionar, der ab 397 in Südostschottland reiste und den christlichen Glauben verbreitete. Er gründete eine Kirche in Whithorn und starb hier im Jahr 431. Sein Schrein wurde daraufhin zu einer wichtigen Pilgerstätte.

SERVICE & TIPPS

Tourist Information Point
26 South Main St.
Wigtown, G8 9EH
✆ 01988 403 450
www.macharsaction.com
Mo–Fr 9–7 Uhr

Bladnoch Inn
Bladnoch, Wigtown, DG8 9AB
✆ 01988 402 200
www.the-bladnoch-inn.com
Tägl. Lunch 12–15, Dinner 18–21 Uhr
Gutbürgerliches Pubfood serviert diese Gaststätte nahe Wigtown am River Bladnoch. £

The Bookshop
17 North Main St.
Wigtown G8 9HL
✆ 01988 402 499
www.the-bookshop.com
Die US-amerikanische Autorin und Filmemacherin Jessica Fox landete per Zufall in dem Antiquariat und beschrieb ihre Geschichte in dem Roman »Wie ich das Glück zwischen den Zeilen fand«. Während des Book Festival ist der Laden Treffpunkt für Autoren und Gäste.

The Open Book
2 High St., Wigtown, DG8 9HQ
✆ 01988 402 010

www.facebook.com/TheOpenBookWigtown
Hier wohnen zahlende Gäste (£ 150 pro Woche) direkt über dem gut sortierten Buchladen, den sie gleichzeitig führen dürfen.

Wigtown Book Festival
www.wigtownbookfestival.com
Das zweiwöchige Festival von Ende Sept. bis Anfang Okt. transformiert das Örtchen: Es finden Lesungen und Volksfeste statt, es gibt Filmvorführungen, Kunstausstellungen und die literarische Welt Schottlands geht in den Buchläden ein und aus.

Ausflugsziele:

Galloway Forest Park/Glentrool Visitor Centre
Galloway Forest Park
Cleebridge, Newton Stewart, DG8 6SY
✆ 01671 840 302
www.scotland.forestry.gov.uk/forest-parks/galloway-forest-park
März–Juni, Okt. 10.30–16.30, Juli–Sept. 10.30–17.30 Uhr
Beim Visitor Centre am Loch Trool beginnen zahlreiche Wanderwege. Von hier aus gelangt man etwa auf den höchsten Gipfel des Massivs, den Meyrick, mit 843 Metern Höhe. Hier gibt es auch Zugang zu einer der spektakulärsten Mountain-Biking-Strecken Schottlands, Glentrool 7stanes, mit verschiedenen Schwierigkeitsgraden.

Isle of Whithorn/Whithorn Priory and Visitor Centre
6 Bruce St., Whithorn
Newton Stewart, DG8 8PY
✆ 01988 500 700
www.isleofwhithorn.com
Ostern–Okt. tägl. 10.30–17 Uhr
Das Besucherzentrum befindet sich in der später entstandenen Prämonstratenser-Abtei aus dem 12. Jh.

Badespaß am Otter Pool im Galloway Forest Park

Region 4
Argyll & Bute,
südl. Hebriden

ARGYLL & BUTE UND DIE SÜDLICHEN HEBRIDEN

STILLE FJORDE, MYTHISCHE ORTE UND HERRENHÄUSER

Der Name Argyll bedeutet »Land der Gälen« und jahrhundertelang herrschten die von Irland eingewanderten gälischen Kelten hier in ihrem Reich Dalriada (vgl. Kasten S. 110). Ihre Könige krönten sie auf dem mythischen Berg Dunadd mit Blick auf den heiligen Ben Cruachan. In dieser Landschaft kann man sich verlieren: Wohin das Auge blickt, thronen majestätische runde Bergkuppen über den ruhigen Gewässern der *Sea Lochs*, wie man die lang gestreckten, fjordähnlichen Meeresarme hier nennt, die kaum je ein Lüftchen kräuselt. Wenn morgens Frühnebel über See und Berg hängt, verschwimmt die Unterscheidung zwischen Himmel und Wasser; abgesehen vom Blöken der Schafe und dem Plätschern einsamer Boote herrscht absolute Stille. Schlossruinen erscheinen schemenhaft am Rand eines Lochs oder auf einer Klippe.

Windiger geht es auf den der Westküste vorgelagerten Hebrideninseln Kintyre, Islay, Jura und Mull zu, denn die Atlantikfronten sorgen für häufigen Wetterwechsel. Dafür entschädigen die Küstenstädtchen, die im Sommer von Touristen bevölkert sind, sowie eine tolle Aussicht auf

Kilchurn Castle am Loch Awe

ATLANTISCHER
OZEAN
Innere Hebriden
Nordkanal
Canna
Rum
Cuillin Sound
Elgol
Isleornsay
Armadale
Sound of Sleat
Loch Nevis
Mallaig
Eigg
Muck
Arisaig
Sound of Arisaig
Loch Morar
Loch Quoich
Loch Arkaig
Loch Lochy
Highland
A87
A830
Glenfinnan
Neptun's Staircase
Fort William
Ben Nevis
1343
Loch Shiel
Ardnamurchan
Kilchoan
Salen
Strontian
Corran
Inchree
Onich
Loch Sunart
Coll
Arinagour
Tiree
Scarinish
Tobermory
Calgary Bay
Dervaig
Morvern
Kentallen
A828
Ballachulish
L. Tuath
Sound of Mull
Salen
Lochaline
Fishnish
Loch Linnhe
Portnacroish
Castle Stalker
Port Appin
Treshnish Isles
Ulva
Fingal's Cave
Staffa
Loch Keal
Mull
Achnacroish
Loch Etive
Ben More
966
8
Craignure
Lismore
Duart Castle
Connel
A85
Taynuilt
Ben Cruachan
1124
9
Oban
Kerrera
Iona
Iona Abbey
L. Scridain
Fionnphort
Bunessan
Carsaig Arches
Kilninver
Firth of Lorn
Argyll and Bute
Dalmally
Kilmartin Glen
Seil
Luing
7
Toberonochy
Arduaine
Inveraray Castle
Fyne Ales
A83
4
Cairndow
Inveraray
Loch Awe
Scarba
Colonsay Gardens
Colonsay
Scalasaig
Barnhill
Kilmartin
Dunnad Fort
Auchindrain Township
Furnace
Loch Lomond and The Trossachs National Park
Crinan
Lochgilphead
Ardlussa
Ardrishaig
Ardentinny
Jura
6
Sound of Jura
Tayvallich
Loch Fyne
Otter Ferry
3
Kilmun
Kilcreggan
Paps of Jura
824
Loch Gruinart
Port Askaig
Feolin Ferry
Colintraive
Cowal
Dunoon
Gourock
Finlaggan Visitor Centre
Loch Gruinart Reserve
Bridgend
Craighouse
10
Tarbert
Kilberry Stones
Tighnabruaich
Innellan
Greenock
Portavadie
Wemyss Bay
Port Charlotte
Bowmore
Beinn Bheigeir
581
Kennacraig
Rothesay
North Ayrshire
A78
Portnahaven
Glenegdale
5
Islay
Kildalton Cross
1
Bute
Millport
Largs
Rinns Point
Ardbeg
Gigha I.
Archanmore Gardens
Claonaig
Lochranza
A83
Port Ellen
Mull of Oa
Tayinloan
Goat Fell
874
W. Kilbride
Dalry
Kilwinning
Ardrossan
Saltcoats
Beinn an Tuirc
454
Carradale
Kilbrannan Sound
Kintyre
Brodick
Arran
Lamlash
N
0
10
20
30 km
Blackwaterfoot
2
Machrihanish
Campbeltown
B842
Firth of Clyde
South Ayrshire
Rathlin Island
Southend
Culzean Castle
Mull of Kintyre
Portrush
Ballycastle
Turnberry
Maybole

viele kleinere Inselchen. Wenn das Wetter mitspielt, laden Traumstrände mit türkisfarbenem Wasser und weißem Sand zum Baden ein. Es lassen sich seltene Wasservögel, Otter, Wale, Delfine und sogar Adler beobachten.

Trotz der Abgeschiedenheit waren viele der Inseln bereits in der Frühzeit besiedelt, davon zeugen die Überreste prähistorischer Anlagen und Monumente aus der Zeit bis 5000 v. Chr.

Nach jahrhundertelanger Vorherrschaft der Wikinger entwickelten sich nach deren Abzug im 13. Jahrhundert die Hochland-Clans. Von den nordisch-gälischen Lords of the Isles (vgl. Kasten S. 107) übernahmen sie Titel, Regierungsmacht und die Inseln in ihren Besitz. Viele ihrer Nachfahren leben heute noch in den historischen Schlössern.

Der Sitz der inoffiziellen Herrscher des Inselreichs, der Lords of the Isles, war die Isle of Islay. Die Herrschaft über diese und über die Grafschaft Argyll übernahm im 17. Jahrhundert der mächtige Clan Campbell, die Earls of Argyll. Die Campbells kämpften an der Seite von Robert the Bruce bei Bannockburn um die schottische Unabhängigkeit (vgl. Kasten S. 126) und wurden dafür mit Ländereien und Titeln belohnt. Noch heute sitzt der Clan Campbell im Inveraray Castle am Loch Fyne.

Den besten Einstieg für die Erkundung der Region bildet eine Fährüberfahrt zur Isle of Bute über den breiten Clyde bei Wemyss Bay.

1 ISLE OF BUTE

Anreise mit der Wemyss Bay Ferry nach Rothesay

Die kleine Insel Bute ist von der größeren Halbinsel Cowal durch den Kyle of Bute getrennt und nur per Fähre zu erreichen. **Rothesay** ist die einzige Stadt auf der Insel und gruppiert sich um die ausnehmend hübsche Ruine des **Rothesay Castle** aus dem 13. Jahrhundert. Der hübsche Rundbau, komplett von einem Burggraben umgeben, entstand für die High Stewarts of Scotland, d. h. die Truchsessen des Königs, die die Stuart-Dynastie begründeten. Walter, der 6. High Stewart, heiratete die Tochter von Robert the Bruce und ihr Sohn wurde als Robert II. zum ersten Stewart-Herrscher. Mary, Queen of Scots, änderte die Schreibweise des Namens in Stuart, als sie in Frankreich lebte. Das Schloss wurde von James IV. und V. befestigt und erhielt ein neues Torhaus, danach verfiel es.

Der Nachfolger eines alten Familienzweigs der Stuarts, der 7. Marquess of Bute John Crichton-Stuart, residiert heute im ebenfalls zu besichtigenden **Mount Stuart**. Als Johnny Dumfries hatte er in jungen Jahren Erfolg als Formel-1-Fahrer u. a. für Lotus. Das neugotische Erbschloss geht auf den exzentrischen 3. Marquess zurück. Dieser ließ jeden nur erdenklichen Luxus des viktorianischen Zeitalters einbauen, dazu gehörte elektrisches Licht, Badezimmer und sogar ein Swimmingpool. Heute finden hier Events und Hochzeiten statt, so die von Stella McCartney im Jahr 2003.

Dreh- und Angelpunkt der Stadt sind der bunte Fähr- und Fischereihafen und eine palmengesäumte Promenade. Zu viktorianischen Zeiten war die Insel ein beliebter Ausflugsort für Glasgower, nicht zuletzt wegen der schönen Sandstrände im Westen, wie z. B. Ettrick Bay.

Burgruine im Zentrum der Stadt: Rothesay Castle

SERVICE & TIPPS

Bute Marketing and Tourism Ltd
c/o Butterflies of Bute
45 Victoria St.
Rothesay, PA20 0AP
www.visitbute.com
Tägl. außer So 10–17 Uhr

Anreise
Mit der Fähre von Glasgow/Wemyss Bay nach Rothesay (ca. 45 Min.) oder von Gourock nach Dunoon und dann auf der A815 und A886 bis Colintraive, mit der Fähre nach Rhubodach (10 Min.). Bustouren von Glasgow nach Bute veranstaltet im Sommer www.citysightseeingglasgow.co.uk.

Mount Stuart
2 Mount Stuart
Isle of Bute, PA20 9LR
Bus 90/490 von Rothesay, So Bus 493 vom Fährterminal
✆ 01700 503 877
www.mountstuart.com
www.butefamily.com
Visitor Centre und Garten: Ostern–Okt. 10–18 Uhr
Schlosstouren stündl. März/April 11.30–14.30, Mai–Okt. 11–15 Uhr
Eintritt £ 11.50/6.75, bis 5 J. frei
Im weitläufigen Park des neugotischen Schlosses kann man stundenlang wandern und Rad fahren. 2016 wurde in der Bibliothek des Hauses eine der seltenen 400 Jahre alten Erstausgaben von Shakespeare-Werken mit 36 Stücken entdeckt, die momentan noch dort ausgestellt ist.

Rothesay Castle
Castlehill St.
Rothesay, PA20 0DA
✆ 01700 502 691
www.historicenvironment.scot
April–Sept. tägl. 9.30–17.30, Okt.–März Mo–Mi, Sa/So 10–16 Uhr
Eintritt £ 4.50/2.70
Zugang zum Schloss (13. Jh.) hat man stilecht über eine Brücke, beeindruckend ist die große Empfangshalle im Torhaus, die im 19. Jh. restauriert wurde.

Zavaroni's
20 Argyle St.
Rothesay, PA20 0AU
✆ 01700 502 928
Tägl. 9–17.30 Uhr
Die italienische Dynastie der Zavaronis betreibt gleich mehrere Cafés und Eiscafés in Rothesay. Zur Familie gehörte auch der Kinderstar Lena Zavaroni, die in den 1960er Jahren mit Popsongs Karriere machte.

Butefest
Rothesay
www.butefest.co.uk, Ende Juli
Familienfreundliches Musikfestival in der Hauptstadt der Insel.

Ein Stück Italien auf der Isle of Bute: das Café Zavaroni

❷ CAMPBELTOWN

Campbeltown ist die größte Stadt auf der Kintyre-Halbinsel am Campbeltown Loch. Die lang gestreckte Bucht ist durch das vorgelagerte Mull of Kintyre von Wettereinflüssen aus Westen geschützt. Zu den Sehenswürdigkeiten gehören das Campbeltown Picture House aus dem Jahr 1913 im Art-nouveau-Stil sowie die Whisky-Brennerei **Glen Scotia**. Sie ist eine von drei historischen Destillerien, die überlebt haben – einst waren es mehr als 30. Heute investiert man in die Restauration der historischen Gebäude und versucht den Tourismus wiederzuliebende.

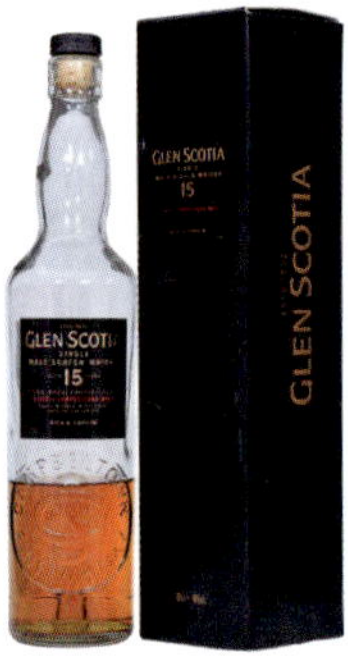

Whisky-Marke aus Campbeltown: Glen Scotia

Ausflugsziele:

In der Tourist Information kann man eine Bootstour zum **Mull of Kintyre** buchen, wo man zu bestimmten Zeiten gleichzeitig Wale und Delfine sichten kann. Weltberühmt wurde das Kap durch den gleichnamigen Hit von Paul McCartney und den Wings.

McCartney kaufte 1966 die High Park Farm auf dem Kintyre-Moor und verwirklichte dort mit seiner Frau Linda († 1998) seinen Traum vom Hippie-Dasein. Für die schottische Hintergrundmusik des bekannten Songs über das Moor sorgte die Dudelsackkapelle von Campbeltown. Große Teile des Mull of Kintyre sind noch heute im Privateigentum der McCartneys und für die Öffentlichkeit unzugänglich. Die serpentinenreiche, steile Straße auf das Moor ist nur etwas für furchtlose Fahrer. Angeblich diente sie als Vorlage für einen weiteren McCartney-Song: »The Long and Winding Road«.

Wer einen Abstecher nach Nordirland machen möchte, bucht eine Fähre von Campbeltown nach Ballycastle. Der **Kintyre Express** fährt auch zur Isle of Islay.

SERVICE & TIPPS

Tourist Information
MacKinnon House, Old Quay
Campbeltown, PA28 6EF
✆ 01586 552 056
www.campbeltown.org.uk
März–Juni, Sept.–Okt. Mo–Sa 10–17, So 12–16, Juli/Aug. Mo–Sa 9–18, So 11–17 Uhr

Die satten Wiesen auf dem Mull of Kintyre eignen sich sehr gut für die Schafzucht

Glen Scotia
12 High St.
Campbeltown, PA28 6DS
✆ 01586 552 288
www.glenscotia.com
Touren nach Vereinbarung
Eintritt ab £ 5
1832 gegründete Whisky-Brennerei.

Argyll Hotel
Bellochantuy
Campbeltown, PA28 6QE
✆ 01583 421 212
www.argyllhotel.co.uk
Direkt am Strand der Bello-

Bei gutem Wetter reicht der Blick vom Leuchtturm des Mull Of Kintyre bis nach Irland

chantuy Bay nordwestlich von Campbeltown liegt dieses Hotel-Restaurant mit schöner Außenterrasse. Auf der Speisekarte stehen Fisch-, Fleisch- und Wildklassiker. ££

Aqualibrium
Kinloch Rd.
Campeltown, PA28 6EG
✆ 01586 551 212
www.argyll-bute.gov.uk/swimming-pool/aqualibrium
Mo–Fr 8–21, Sa 10–17, So 10–15 Uhr
Bei schlechtem Wetter ein guter Anlaufpunkt ist das Fitnesscenter mit Schwimmbad.

Ausflugsziele:

Mull of Kintyre
www.mull-of-kintyre.co.uk
Zum Mull of Kintyre gelangt man von Campbeltown auf der B842, die Tourist Information bietet auch Bootsausflüge an. Von der Südwestspitze des Kaps wird man an klaren Tagen mit einem Blick bis zur nordirischen Küste belohnt, auch Wale und Delfine kann man zu manchen Zeiten sehen.

Kintyre Express
Benmhor
Campbeltown, PA28 6DN
www.kintyreexpress.com
✆ 01586 555 895
März–Sept.
Personenfähre nach Ballycastle an die nordirische Küste (Fahrtzeit 1,5 Std.). Von Ballycastle gibt es eine weitere Verbindung nach Port Ellen auf der Isle of Islay.

3 COWAL PENINSULA

Die Cowal-Halbinsel wird von Loch Long und Loch Fyne eingegrenzt. Am Nordrand erheben sich die sogenannten Arrochar-Alpen, ein schönes Panorama und Wanderparadies, im Winter oft schneebedeckt. Sie grenzen im Osten an den Trossachs National Park und im Süden an den Argyll Forest.

An der Südwestspitze von Cowall ist in **Portavadie** ein modernes Ferienzentrum am Yachthafen entstanden. Hier beginnt auch der 92 Kilometer lange **Cowal Way**, der in Inveruglas am Loch Lomond endet. Der Wanderweg führt durch felsige Landschaften und ermöglicht immer wieder wunderschöne Ausblicke auf die Umgebung und den Firth of Clyde. Hier kann man Rotwild und Steinadler sehen.

Beliebt bei Wanderern in den Arrochar-Alpen: der Beinn Artair, zu Deutsch »der Schuster«

SERVICE & TIPPS

Cowal Way
www.visitcowal.co.uk
Fernwanderweg bis zum Loch Lomond.

Argyll Mausoleum
Kilmun, PA23 8SD
✆ 07501 764 059
www.historickilmun.org
April–Okt. Di–Sa 13–16 Uhr
Eintritt £ 2.50, unter 16 J. frei
Am Ostufer der Cowal Peninsula am Holy Loch befindet sich die Grabstätte der Chiefs des Campbell-Clans. Ab 1442 wurden diese unter dem Boden der mittelalterlichen Kirche beigesetzt, bis 1669 eine private Seitenkapelle entstand. 1790 wurde das heutige Mausoleum erbaut.

Macphunn's Bar and Bistro
Strachur, Loch Fyne, PA27 8BX
✆ 01369 860 279
www.creggans-inn.co.uk
Tägl. 12–14.30 und 18–20.30 Uhr
Fischspezialitäten, Wild- und Lammgerichte im Creggans Inn Hotel im Norden der Halbinsel am Loch Fyne. ££–£££

Portavadie Marina
Loch Fyne, PA21 2DA
✆ 01700 811 075
www.portavadie.com
Spa mit geheiztem Pool, Restaurants und Radverleih. Unterkünfte mit Seeblick.

Gemütliche Steinhäuser in Luss, unweit des Loch Lomond

4 INVERARAY

Am Ufer des Loch Fyne, dem längsten Fjord Schottlands, entstand zwischen 1745 und 1790 das **Inveraray Castle**, ein Märchenschloss des einflussreichen, königstreuen Campbell-Clans, der Earls of Argyll. Zuvor hatten die Campbells in verschiedenen Schlössern rund um die Cowal Peninsula gelebt. Das neugotische Gebäude mit seinen klassizistischen Elementen beherbergt in seinem Innern schöne, prunkvolle Säle. In der Waffensammlung beeindrucken Schwerter aus der Schlacht von Culloden (vgl. Kasten S. 190) und der *Sporran*, die Vorhängetasche des Highland-Helden Rob Roy. Die Nachfahren des Clans sind stolz auf ihre lange Geschichte – wie man an der umfassenden Ahnengalerie sehen kann.

Um die Ländereien für sein neues Schloss zu erweitern, ließ der Earl of Argyll, Kopf des Campbell-Clans, um 1770 kurzerhand das kleine Fischerstädtchen Inveraray abreißen und einen Kilometer weiter am Nordufer des Loch Fyne neu errichten. Die so entstandene Planstadt besteht seither hauptsächlich aus der Main Street, an der sich homogene, weiß getünchte Häuschen mit Restaurants und Souvenirläden entlangziehen.

Hier findet sich auch das ehemalige Gefängnis **Inveraray Jail**, dessen interaktives Museum das Gefangenenleben des 19. Jahrhunderts anschaulich nachvollziehbar macht; selbst Kinder ab sieben Jahre mussten hier einsitzen. Auch einer Verhandlung kann man im alten Gerichtssaal beiwohnen.

Am Ufer des Loch Fyne verläuft ein Spazierweg zum Hafen. Die Stadt lebte lange vom Fischfang – von hier stammen die berühmten *Loch Fyne Oysters* und der Räucherhering *Loch Fyne Kipper*. Austern werden noch immer gefischt, ansonsten lebt der Ort vom Tourismus.

Stammsitz der Dukes of Argyll: Inveraray Castle

SERVICE & TIPPS

Visit Scotland
Front St., Inveraray, PA32 8UY
✆ 01499 302 063
www.visitscotland.com
April–Juni, Sept./Okt. 10–17, Juli–Aug. 10–18, Nov.–März 10–16 Uhr

Inveraray Castle
Inveraray, PA32 8XF
✆ 01499 302 203
www.inveraray-castle.com
April–Okt. tägl. 10–17.45 Uhr
Eintritt £ 10/7
Das im 18. Jh. erbaute Schloss der Campbells bietet neben einer beeindruckenden Ausstellung Freizeitaktivitäten wie Jagdpartien und Sportschießen.

Inveraray Jail
Main St.
Inveraray, PA32 8TX
✆ 01499 302 381
www.inverarayjail.co.uk
April–Okt. 9.30–18, Nov.–März 10–17 Uhr
Eintritt £ 10.95/6.50, bis 5 J. frei
Das interaktive Museum aus dem 19. Jh. gibt einen Einblick in den Gerichts- und Gefängnisalltag seiner Zeit.

Inveraray – eine Planstadt aus dem 18. Jahrhundert

Loch Fyne Oysters

The George Hotel
Main St. E., Inveraray, PA32 8TT
✆ 01499 302 111
www.thegeorgehotel.co.uk
Tägl. 12–21 Uhr
Im authentischen Stadthaus (18. Jh.) wurden einst gälische und englische Gottesdienste abgehalten. Heute ist es Hotel und uriges Pub-Restaurant. £–££

Ausflugsziel:

Auchindrain Township
Auchindrain, Furnace
Inveraray, PA32 8XN
✆ 01499 500 235
www.auchindrain.org.uk
April–Okt. tägl. 10–17 Uhr
Eintritt £ 6.50/4
Das Freilichtmuseum mit restaurierten Cottages und Ställen zeigt das Leben der Highland *Crofters* (vgl. S. 228). In der Gemeinde wurden die Felder und Viehweiden wie in einer Kommune verwaltet.

Fyne Ales
Achadunan
Cairndow, PA26 8BJ
✆ 01499 600 120
www.fyneales.com
Tägl. 10–18 Uhr
Kleine Bierbrauerei im Norden des Loch Fyne.

5 ISLAY

Islay, die südlichste Insel der Inneren Hebriden, hat etwa 3300 Einwohner. Ihr mildes, vom Golfstrom beeinflusstes Klima eignet sich hervorragend für Freizeitaktivitäten wie Wandern, Fahrradfahren, Ponyreiten. Schöne Sandstrände entlang der Westküste, wie Kilchiaran Bay, Sanaigmore Bay und Tayvulin am Loch Gruinart, laden zudem zum Baden ein, wegen der starken Strömungen ist das allerdings nicht überall erlaubt. Die Kiesstrände an der Ostküste jedoch sind durchweg sicher und familienfreundlich.

An der Südküste bei der Hauptstadt **Port Ellen**, wo die Calmac-Fähren von einem viereckigen Leuchtturm begrüßt werden, reihen sich drei der bekanntesten von insgesamt acht **Insel-Destillerien** aneinander: **Laphroaig, Lagavulin** und **Ardbeg**. Die Islay Whiskys sind für ihre besonders torfige Note bekannt. Der Räuchergeschmack wird bereits beim Mälzen der Gerste erzeugt, denn hier verbrennt man Torf von den Mooren der Insel zur Trocknung. Das Mull of Oa, eine der einsamsten Gegenden Islays, war bis ins 19. Jahrhundert eine Hochburg illegaler Whisky-Brennereien. In der weiter nördlich liegenden Inselhauptstadt **Bowmore** wird der gleichnamige Whisky seit 1779 gebrannt.

Gutmütig und robust: schottische Hochlandrinder

Islay war bereits um 7000 v. Chr. besiedelt, die Steinkreise und Stelen bei Cultoon sind Zeugen der neolithischen Kultur. Das 2,5 Meter große keltische **Kildalton Cross** bei der Kildalton-Kirche weiter östlich weist auf die gälischen Siedler im 8. Jahrhundert hin. Ab dem 13. Jahrhundert war Islay Sitz der Lords of the Isles (vgl. Kasten S. 107). Im 17. Jahrhundert gingen Argyll und Islay an die Campbells, die späteren Earls of Argyll, Erzfeinde der MacDonalds. Das **Besucherzentrum Finlaggan**, südlich von Port Askaig, gibt einen Einblick

Port Charlotte auf der Insel Islay

in das Leben der MacDonalds. Über den Resten einer Siedlung aus der Bronzezeit entstand die Kapelle aus dem 14. Jahrhundert, wo noch Grabplatten des Clans sichtbar sind.

Zur Insel gehören auch die Kolonien von Bläss- und Ringelgänsen, die am **Loch Gruinart** von September bis April überwintern.

SERVICE & TIPPS

Anreise mit Fähre
www.calmac.co.uk, ganzjährig Calmac von Kennacraig in Kintyre nach Port Ellen oder Port Askaig.

Anflug
Islay Airport: ✆ 01496 302 022
Von Glasgow nach Islay Glenegedale (www.flybe.com). Von Oban mit Hebridean Air Services (www.hebrideanair.co.uk).

Visit Scotland
The Square, Bowmore, PA43 7JP
✆ 01496 810 254
www.islayinfo.com
www.islayjura.com

Laphroaig Distillery
Port Ellen
Isle of Islay, PA42 7DU
✆ 01496 302 418
www.laphroaig.com
Jan./Feb., Nov./Dez. Mo–Fr 9.45–16.30, März–Okt. bis 17 Uhr, Destillerie-Tour 1 Std. ab £ 6 (unter 16 J. nur in Begleitung Erwachsener)
Der torfige Whisky erhält seine goldene Farbe durch den Zusatz von Karamell.

Das keltische Kildalton Cross auf Islay wird auch Großes Kreuz genannt

LORD OF THE ISLES

Seit dem 8. Jahrhundert hatten die Wikinger den Norden Schottlands regelmäßig überfallen und sich dort als Herrscher etabliert. 1098 gestand ihnen König Edgar offiziell das Recht auf die Inseln zu und sie regierten unter dem Titel Lord of the Isles. Im Gegenzug ließen die Wikinger das schottische Festland in Ruhe. Einer der mächtigsten Inselherrscher war der gälisch-norwegische Somerled Macgilbred (1113–64). Nach seinem Tod wurde das Reich unter seinen Söhnen aufgeteilt, die u.a. zu Ahnherren des Clan Donald und des Clan Dougall wurden. 1266 mussten die Norweger zwar die Inseln an Alexander III. zurückgeben, der Titel blieb jedoch unter dem Clan Donald erhalten. Erst unter James IV. wurden den MacDonalds 1493 ihre Rechte aberkannt und der Titel an den schottischen Thronerben verliehen. Heute ist Prince Charles der offizielle Halter des Titels.

Eine der drei großen Brennereien auf Islay: die Ardbeg Distillery

Lagavulin Distillery
Distillery Cottages
Lagavulin, PA42 7DZ
✆ 01496 302730
www.discovering-distilleries.com/lagavulin, Jan./Feb., Nov./Dez. Mo–Fr 9–17, März–Okt. 9–18 Uhr, Touren 9.30, 11.30, 15.30 Uhr nach Voranmeldung
Eintritt £ 6
Bei einer Tour erhält man einen Schluck des guten Tropfens.

Ardberg Distillery
Port Ellen, Islay, PA42 7EA
✆ 01496 302 244
www.ardbeg.com
Ganzjährig tägl., einstündige Tour (11 und 15 Uhr) £ 5
Destillerie von 1798. Seit 1997 gehört sie zum Konglomerat Louis Vuitton Moët Hennessy, die auch den Glenmorangie Whisky herstellt (vgl. S. 213).

Finlaggan Visitor Information Centre
The Cottage
Ballygrant, PA45 7QL
✆ 01496 840 644
www.finlaggan.org
April–Okt. tägl. außer So 10.30–16.30 Uhr, Eintritt frei, Spenden willkommen
Finlaggan war das Zentrum des Clan Donald auf Islay. Das Besucherzentrum wartet mit viel Historie auf.

RSPB Loch Gruinart Reserve
Bushmills Cottage Gruinart, Bridgend, PA44 7PR
✆ 01496 850 505
www.islayinfo.com/islay_rspb_loch_gruinart.html
Tägl. 10–17 Uhr, geführte Touren Mai–Okt. Do 10 Uhr
In den Wintermonaten machen sich hier Bläss- und Ringelgänse lautstark bemerkbar.

The Harbour Inn & Restaurant
Bowmore, Isle of Islay, PA43 7JR
✆ 01496 810 330
www.harbour-inn.com
Tägl. 9–22 Uhr
Fisch aus heimischen Gewässern, Wildgeflügel und vieles mehr serviert das Bistro, derweil versorgt The Schooner Wine and Malt Bar die Gäste mit feinsten Tropfen. ££–£££

Islay Festival of Malt and Music
www.islayfestival.com, Ende Mai
Beim großen Inselfest werden Whisky und keltisches Erbe mehrere Tage lang zelebriert.

---

6 ISLE OF JURA

Auf der Isle auf Jura sind die Hirsche den Menschen zahlenmäßig überlegen

Die kleinere Isle of Jura ist eine der naturbelassensten der Inneren Hebriden: Es gibt nur eine Straße und die Westküste ist ausschließlich zu Fuß oder per Boot erreichbar. Hier lebt mehr Rotwild, als es Menschen gibt. Anschluss an die Zivilisation bietet der einzige nennenswerte Ort **Craighouse** mit einem Laden, einer Kirche und einem Hotel. Im Süden ragen die markanten kegelförmigen Berge **Paps of Jura** 785 Meter hoch auf. Vor der Nordküste der Insel befindet sich an der Straße von Corryvreckan zwischen Jura und Scarba ein gefährlicher natürlicher Strudel, der **Corryvreckan Whirlpool**. Er entsteht durch unterirdische Gesteinsformationen und die Wellen können hier eine Höhe von bis zu neun Metern erreichen.

Der Grund für die fehlende Infrastuktur auf der Insel liegt vor allem in den Eigentumsverhältnissen: Vom 17. bis 20. Jahrhundert gehörte die Insel dem Campbell-Clan, der die Ländereien dann an sieben verschiedene Parteien verkaufte. Die Eigentümer zeichnen

Wilde Natur auf der Isle of Jura

sich durch Abwesenheit aus und die meisten Gebiete sind nicht einmal durch Pfade erschlossen.

1949/50 lebte George Orwell kurzzeitig im Norden bei Barnhill, während er an seinem Roman »1984« schrieb.

SERVICE & TIPPS

ASP Ship Management
Port Askaig (Islay) nach Feolin (Jura)
✆ 01496 840 681, www.islayinfo.com/jura-ferry.html
Ganzjährig tägl., So reduzierter Verkehr, Fahrzeit 10 Min.

Jura Passenger Ferry
Von Tayvallich (Argyll) nach Craighouse
✆ 07768 450 000
www.jurapassengerferry.com
April–Sept. tägl. außer Mi., Fahrtzeit 1 Std.

Isle of Jura Distillery
Craighouse, PA60 7XT
✆ 01496 820 385, Touren nach Voranmeldung
Leicht torfiger Jura-Whisky.

Wanderung zum Barnhill Cottage und Corryvreckan
www.walkhighlands.co.uk/islay-jura/corryvreckan.shtml
21 km, ca. 7 Std.
Das Cottage von George Orwell ist nur zu Fuß, mit dem Boot oder einem Jeep zu erreichen. Bis Ardlussa führt noch die ausgebaute Straße. Bis zum Flusslauf Lealt Burn kann man noch etwas weiterfahren, dann geht es zu Fuß über einen nicht ausgebauten Pfad bis Barnhill. Vorbei am verlassenen Kinuachdrachd Harbour gelangt man bis hinauf auf das Carraig Mhor zur Klippe mit Aussicht auf den **Corryvreckan Whirlpool** zwischen Jura und Scarba.

Barnhill Cottage
✆ 01786 850 274
www.escapetojura.com/Barnhill.html
Bis 8 Pers., wöchentliche Anmietung
Wer die entlegene Einsamkeit liebt, kann das Barnhill Cottage mieten. £££

Dunadd Fort: In den Fußabdruck im Felsen stellten die Könige von Dalriada beim Krönungsritual ihren Fuß hinein, während sie auf den heiligen Ben Cruachan schauten

DAS KÖNIGREICH DALRIADA

Während der Schottischen Unabhängigkeitskriege von 1296 bis 1357 entstand ein Mythos über den Ursprung der Schotten. Weil es außer alter Königslisten kaum überlieferte Dokumente gab, ließ der Historiker John of Fordun um 1380 seine Fantasie spielen: Er erfand die Gestalt der ägyptischen Prinzessin Scota, die über Spanien und Irland nach Schottland reiste. Aus ihrer Ehe mit dem Gälen Gaedil Glas sollte das schottische Volk hervorgegangen sein.

Heute weiß man, dass der Nordosten der Highlands von keltischen Ureinwohnern besiedelt war, mit Kleinkönigreichen ab der späten Eisenzeit und dem Großkönigreich Fortriu vom 4. bis 9. Jahrhundert. Diese Urvölker wurden von den Römern *picti* genannt, eine Anspielung auf ihre Tätowierungen. Die Pikten sprachen Brythonisch, p-keltisch, das auch im Rest von Britannien verbreitet war.

Bereits ab dem 3. Jahrhundert n. Chr. wanderten aus dem Nordosten Irlands, dem heutigen County Antrim in Ulster, Gälen auf die Hebrideninseln und Argyll ein und gründeten dort im 6. Jahrhundert das Königreich Dalriada. Die von den Römern *scoti* genannten Iren brachten die gälische Sprache, d.h. q-keltisch, das in Irland, aber auch auf der iberischen Halbinsel gesprochen wurde, nach Schottland.

Die natürlichen Grenzen der unzähligen Buchten und Fjorde sowie der hohen Bergketten verhinderten zunächst das weitere Vordringen der Gälen nach Osten, allerdings gibt es Hinweise auf einen ausgedehnten Handel mit Irland und anderen Küsten.

Die erste irische Kolonie in Schottland soll Fergus Mór Son of Erc (gest. 503) gegründet haben. Der irische Mönch St. Columba errichtete 563 auf der Insel Iona eine Abteikirche und reiste als christlicher Missionar durch Schottland.

Regierungszentrum der eingewanderten Gälen, und damit Haupt- und Krönungsort des Königreichs Dalriada, war bis ins 9. Jahrhundert Dunadd bei Kilmartin, das sie auf den Überresten einer prähistorischen Siedlung errichtet hatten. Iona blieb das religiöse Zentrum der Gälen, hier wurden die Könige beerdigt.

Mitte des 7. Jahrhunderts kamen die Wikinger, überfielen die Küsten und brachten die Hebrideninseln für mehrere Jahrhunderte unter ihre Herrschaft. Das drängte die Gälen weiter nach Osten, während die Pikten ihr Reich gleichzeitig gegen die Wikinger und gegen die aus dem Süden vordringenden Angeln verteidigten.

Nach einer verheerenden Schlacht gegen die Norweger im Jahr 839, aus der die Pikten geschwächt hervorgingen, brachte Kenneth MacAlpin (Cináed mac Ailpín) 843 n. Chr. die Macht an sich und vereinte Gälen und Pikten – er selbst hatte einen gälischen Vater und eine piktische Mutter – unter einer Krone. Kultur und Sprache der Pikten wurden schließlich durch den Einfluss der Scoti verdrängt – auf sie geht auch der Name Schottland zurück. Die MacAlpins bildeten die erste royale Dynastie des neuen Königreichs Alba und gelten daher als Begründer des modernen Schottlands.

7 4 KILMARTIN GLEN

In diese Gegend des County Argyll wanderten einst die irischen Gälen ein und gründeten das Königreich Dalriada (vgl. Kasten S. 110) mit dem Regierungszentrum und Krönungsort Dunadd.

Ihre Spuren findet man im Marschland des Moine Mhor im Tal Kilmartin Glen, zwischen Oban und Lochgilphead. Rund um den Ort Kilmartin liegen viele bedeutende prähistorische Stätten wie Ganggräber, Stelen und megalithische Steinkreise. Hier wurden Gräberreihen mit Grabbeigaben aus der Eisen- und Bronzezeit gefunden, die noch andauernden archäologischen Ausgrabungen förderten Töpferwaren, Waffen und Steine mit Inschriften und Symbolzeichnungen zutage.

Im **Kilmartin Museum**, das viele prähistorische Funde zeigt und erklärt, kann man sich einen Eindruck von der Besiedlung des Tals und den ausgeübten Handwerkstechniken verschaffen. Auf dem Museumsgelände liegt das **Glebe Cairn**, ein Hügelgrab aus Steinen; weitere Gräber finden sich im Tal südlich von Kilmartin über zwei Kilometer linear angeordnet.

Südöstlich von Temple Wood, einen Kilometer von Kilmartin entfernt, befindet sich ein Steinkreis von Menhiren, die **Nether Largie Standing Stones**. Man geht davon aus, dass Gräber und Steine zusammen den Teil einer rituellen Anlage bildeten.

Am River Add, etwas südlich von Kilmartin, liegt ein ca. 53 Meter hohe Hügel, auf dem sich bereits in der Eisenzeit ein Fort befand. Vom 6. bis 9. Jahrhundert war das **Dunadd Fort** eine mythische Kultstätte für die irisch-gälischen Einwanderer. Besondere Bedeutung kommt dem »Fußabdruck« im Felsen zu: Hier wurde gemäß eines heidnischen Rituals der König von Dalriada ins Amt gehoben. Dafür soll er seinen Fuß in den Abdruck gestellt und auf den heiligen Berg Ben Cruachan geblickt haben – Zeichen seiner Verbundenheit mit dem Land.

Der **Ben Cruachan** ist mit 1126 Metern der höchste Berg in Argyll. Beim Cruachan Visitor Centre kann man auf einer geführten Tour in die Tiefen des Berges hinabsteigen, um das größte Wasserkraftwerk Schottlands zu besichtigen.

Mehr als 3000 Jahre alt: die Nether Largie Standing Stones

Das weitläufige Moine Mhor im Tal Kilmartin Glen

SERVICE & TIPPS

Kilmartin Museum
Kilmartin, PA31 8RQ
✆ 01546 510 278
www.kilmartin.org
März–Okt. 10–17.30, Nov.–Dez. 11–16 Uhr
Eintritt £ 6/2
Hier sind Artefakte aus den hiesigen Ausgrabungen ausgestellt, z.B. Onyx-Schmuck und Gefäße aus der keltischen Glockenbecherkultur. Auf dem Gelände befindet sich das Hügelgrab Glebe Cairn.

Dunadd Fort
Lochgilphead, PA31 8SU
A816, 2 km südl. von Kilmartin
www.historicenvironment.scot
Der Zugang erfolgt über einen unbefestigten Pfad nach oben, bis man an einen Durchgang zwischen zwei Felsen gelangt. Oben finden sich Mauerreste, ein in den Stein gehauenes Bassin sowie ein in den Stein gemeißelter Fußabdruck.

Cruachan Visitor Centre
Dalmally, PA33 1AN
✆ 0141 6149105
www.visitcruachan.co.uk
April–Okt. tägl. 9.30–16.45, Winter Mo–Fr 10–15.45 Uhr
Tour £ 7/2.50 (6–16 J.)
Früher blickte der König auf den heiligen Ben Cruachan, heute ist hier das größte Wasserkraftwerk Schottlands. Touren, Ausstellung und Café.

8 ISLE OF MULL

Die karge Insel Mull – ihr Name bedeutet »eine Masse von Hügeln« – ist die zweitgrößte Insel der Inneren Hebriden. Mull war schon in der Frühzeit besiedelt und man findet Hinweise auf die Kulturen der Bronzezeit in Form von Steinkreisen und Stelen. Ihre Mitte nimmt eine Hügelkette mit dem 966 Meter hohen **Ben More** als höchstem Berg ein.

Hauptattraktion auf der Isle of Mull: die Hafenstadt Tobermory

Bei der Anfahrt in den Hafen von Craignure im Osten der Insel passiert man das **Duart Castle**. Die imposante Burg aus dem 13. Jahrhundert ist der Hauptsitz des Clan MacLean, der mit dem Clan Campbell von Argyll verfeindet war. Einige Räume und eine Ausstellung über die Geschichte des Schlosses kann man besuchen.

Im Norden der Insel liegt das Hafenstädtchen **Tobermory**, mit seinen bunten Häuschen eine bekannte Postkartenansicht und Hauptattraktion der Insel. Das **Mull Museum** informiert über die faszinierende Geschichte der Insel – von der Frühgeschichte über im Jahr 1588 versunkene Fregatten der spanischen Armada bis hin zu Marinestützpunkten des Zweiten Weltkriegs. Edle Tropfen werden seit 1798 in der **Tobermory Distillery** erzeugt.

Das Duart Castle ist heute im Besitz des Clan MacLean und öffentlich zugänglich

Etwa 20 Kilometer westlich von Tobermory lädt der weiße Sandstrand von **Calgary Bay** zum Verweilen ein. Einen Strandaufenthalt kann man mit einem Spaziergang im **Calgary Art in Nature** entlang einfallsreicher Skulpturen durch den Eichenwald kombinieren. Ausgangspunkt ist der Carthouse Gallery Tearoom mit Holzschnitzerwerkstatt und Galerie.

Auf den Bootstouren rund um Mull, Coll und die Ardnamurchan-Halbinsel sieht man Seevögel, Seehunde und mit Glück sogar Zwergwale, Riesenhaie und Delfine.

Ausflugsziele:

Die meisten Touristen besuchen auf einer Tagestour nach Mull auch die kleineren Hebriden-Inseln Staffa und Iona. Auf **Iona** wandelt man auf den Spuren des irischen Mönchs St. Columba. Seine 563 gegründete Abtei wurde bald zu einem Gelehrtenzentrum, von dem aus Missionare nach Schottland und England gesandt wurden, um das keltische Christentum zu verbreiten. Man nimmt an, dass das »Book of Kells«, eine aufwendig illustrierte Bibel, auf Iona entstand. Columba starb 597, und was man von seinem Leben weiß, geht auf die Chronik »The Life of St. Columba« zurück, die um 700 von Abt Adomnán verfasst wurde. Nach Wikingerangriffen wurden St. Columbas Gebeine ebenso wie das »Book of Kells« nach Irland in Sicherheit gebracht.

Inspirierte Felix Mendelssohn Bartholdy zur Hebriden-Ouvertüre: die Fingal's Cave auf Staffa

Irische Klostergründung auf Iona: Iona Abbey

Etwa zehn Kilometer westlich von Mull liegt **Staffa**, ein geologisches Juwel. Die **Fingal's Cave**, gestützt von vulkanischen Basaltsäulen, wurde von den Meeresbewegungen geformt. Sie inspirierte Felix Mendelssohn Bartholdy zu seiner Hebriden-Ouvertüre. Hier nisten Seevögel wie Papageitaucher und Trottellummen.

Die kleine Insel **Ulva** ist der nordwestlichen Halbinsel vorgelagert. Auf der B8073 passiert man zwischen Kilbrennan und Lagganulva den spektakulären Wasserfall **Eas Fors**, ein wahrhaftes Naturschauspiel. Vom Fähranleger in Ulva führen mehrere markierte Spazierwege über die Insel, mit tollem Ausblick auf Mull. Das Boathouse bietet hervorragende Fischküche .

SERVICE & TIPPS

Anreise Caledonian MacBrayne (Calmac)
www.calmac.co.uk
Vom Festland gibt es Autofähren von Oban bis Craignure, von Kilchoan bis Tobermory und von Lochaline nach Fishnish.

Visit Scotland
The Pier, Craignure, PA65 6AY
✆ 01680 812 556
www.visitscotland.com
Die Tourist Information befindet sich gegenüber dem Fährterminal.

Mull Museum
Columba Buildings, Main St.
Tobermory, PA75 6NY
✆ 01688 302 603
www.mullmuseum.org.uk
April–Okt. Mo–Sa 10–16 Uhr, im Sommer auch So
Hier erfährt man alles über die Isle of Mull.

Duart Castle
Isle of Mull, PA64 6AP
✆ 01680 812 309
www.duartcastle.com
April So–Do 11–17, Mai–Okt. tägl. 10.30–17 Uhr
Stammsitz der MacLeans. Schön ist auch der Garten.

Tobermory Distillery
Ledaig, Tobermory, PA75 6NR
✆ 01688 302 645
www.tobermorymalt.com

Mo–Fr 10–17, Sa/So bis 16 Uhr
Feine Destillerie der Insel.

Calgary Art in Nature
Calgary Bay, PA756QQ
www.calgaryartinnature.co.uk
Café/Galerie tägl. Sommer 10.30–16.30, Winter 11–15 Uhr
Galerie, Skulpturen, Café.

Pony Trekking
Killiechronan, PA72 6JU
Westlich von Salen an der B8035
✆ 07748 807 447
www.mullponytrekking.co.uk
Einer der besten Wege, die unerforschten Pfade der Insel zu erkunden, ist sicherlich per Pony, weil man die Aussicht entspannt genießen kann.

Sealife Surveys
Taigh Solais Ledaig
Tobermory, PA75 6NR
✆ 01688 302 916
www.sealifesurveys.com
Touren zur Beobachtung von Seevögeln und Meeressäugern.

Ausflugsziele:

Iona Abbey
Iona, PA76 6SQ
Anreise: von Oban (vgl. Mull) oder Fionnphort (www.staffatours.com)
✆ 01681 700 512
www.historicenvironment.scot
März–Sept. tägl. 9.30–17.30, sonst 10–16 Uhr
Eintritt £ 7.10/4.30
www.welcometoiona.com
Restaurierte Benediktinerabtei, ursprünglich aus dem 13. Jh. mit keltischen Hochkreuzen und einem St.-Columba-Schrein. Bis heute ist der Ort ein Pilgerzentrum. Viele der frühen Könige von Dalriada (vgl. S. 110) sollen auf dem Friedhof der Abtei bestattet worden sein.

Staffa National Nature Reserve
Anreise: von Oban (vgl. dort, Seafari und West Coast Tours) oder Fionnphort (www.staffatours.com)
www.nts.org.uk/Property/Staffa-National-Nature-Reserve
Die meisten Bootstouren bieten Kombifahrten mit Iona bzw. den vulkanischen Treshnish Isles an.

Ulva
www.isleofulva.com
Fähre auf Anfrage Mo–Fr 9–17 Uhr, im Sommer auch So
Spazierwege führen über die Insel, das **Boathouse** bietet Seafood und Erfrischungen (www.theboathouseulva.co.uk).

9 OBAN

Die Hafenstadt Oban (8500 Einwohner) lebt am und vom Meer, sie bildet ein Tor zu den südlichen Hebrideninseln. Die selbst ernannte Seafood Capital of Scotland hat nicht nur viele gute Fischrestaurants, sondern auch die im Jahr 1794 gegründete **Oban Distillery**, um die die Stadt seitdem gewachsen ist. Gleich gegenüber vom North Pier, im Herzen der heutigen Stadt, wird der leichte Single Malt Oban bereits seit 1800 gebrannt.

Der **McCaig's Tower**, in der Form des römischen Kolosseums, ist ein *folly*, eine typisch englische Torheit, und thront als Teil eines unvollendeten Baus des Bankiers John Stuart McCaig aus dem Jahr 1887 über der Stadt. Nach einem kurzen Aufstieg bietet sich von hier ein toller Ausblick über die Bucht und die vorgelagerten Inseln.

Papageitaucher auf der Insel Staffa

Der Hafen von Oban

Über die Esplanade gelangt man im Norden von Oban auf dem Weg zur Ganavan Bay, die mit einem Badestrand lockt, zunächst zur 600 Jahre alten Schlossruine **Dunollie Castle**, die seit Jahrhunderten den engen Eingang zur Bucht von Oban bewacht: Bereits im 12. Jahrhundert entstand hier auf den Fundamenten einer dalriadischen Burg des Königs von Lorn die Burg der MacDougalls, die sie bis 1745 bewohnten. Danach bauten sie ein neues Herrenhaus, das man besichtigen kann.

Teehäuschen auf Kerrera, einer Insel vor der Stadt Oban

Ein Rundwanderweg im Norden von Oban führt zu den schönen **Ganavan Sands** und den Überresten von **Dunstaffnage Castle**, das um 1220 als mächtige Festung für den Clan Dougall errichtet und 1309 von Robert the Bruce eingenommen wurde.

Ausflugsziele:

Die malerische Ruine **Castle Stalker** des Clan Dougall aus dem Jahr 1320 erhebt sich nahe Port Appin im Loch Linnhe auf einer Insel, die man mit dem Boot oder zu Fuß nur bei Ebbe erreichen

Besucher können das Castle Stalker per Boot oder bei Ebbe auch zu Fuß erreichen

kann. Sie diente u. a. als Kulisse für den Monthy-Python-Film »Die Ritter der Kokosnuss«.

Die zehn Kilometer lange, Oban vorgelagerte Insel **Kerrera** hat nur 34 Einwohner und ist autofrei. Wegen ihrer schönen Lage eignet sie sich für einen entspannten Wanderausflug. Südwestlich vom Fähranleger stößt man auf die pittoreske Burgruine **Gylen Castle**, die 1580 ebenfalls von den MacDougalls bewohnt war. Der **Kerrera Tea Garden** (www.kerrerabunkhouse.co.uk) lädt zu einer Rast ein. Im Nordosten kann man eine Seehundkolonie beobachten.

SERVICE & TIPPS

Oban Tourist Information Centre
3 North Pier, Oban, PA34 5QD
✆ 01631 563 122
www.oban.org.uk
Tägl. Mai–Okt. 9–18, Juli/Aug. bis 19, Nov.–März 10–17 Uhr

Dunollie Castle/ 1745 House
Oban, PA34 5TT
✆ 01631 570 550
www.dunollie.org
April–Okt. Mo–Sa 10–16, So ab 13 Uhr
Eintritt £ 5.50/2.80, bis 5 J. frei
Sowohl die mittelalterliche Burgruine als auch der im 18. Jh. erbaute Herrensitz der MacDougalls sind zu besichtigen.

Dunstaffnage Castle
www.historicenvironment.scot
Burgruine des Clan Dougall.

1794 eröffnete die Oban Distillery, die Stadt selbst entstand erst später um sie herum

Hier war Flora MacDonald 1476 inhaftiert, nachdem sie Bonnie Prince Charlie zur Flucht verholfen hatte (vgl. S. 190).

McCaig's Tower
Duncraggan Rd.
Oban, PA34 5DP
Der Bau des Kolosseums war eine Extravaganz des Bankiers John Stuart McCaig (1824–1902).

Oban Distillery
Stafford St., Oban, PA34 5NH
✆ 01631 572 004
www.discovering-distilleries.com/oban
Juli–Sept. Mo–Fr 9.30–19.30, Sa/So 9.30–17, März–Juni, Okt.–Nov. tägl. 9.30–17, sonst tägl. 12.30–16.30 Uhr
Eintritt £ 8/4, bis 8 J. frei
Eine Führung sollte man im voraus buchen.

Ganavan Sands
www.walkhighlands.co.uk/argyll/dunstaffnage.shtml
Schöner Wanderweg zum Strand Ganavan Sands und zur Burgruine Dunstaffnage Castle.

Eeusk Fish Restaurant
North Pier
Oban, PA34 5QD
✆ 01631 565 666
www.eeusk.com
Tägl. 12–21 Uhr (Kinder bis 12 J. nur bis 17.45 Uhr)
Die riesige Auswahl an Fisch und Meeresfrüchten auf der Karte stammt aus den hiesigen Gewässern, so auch die Langustinen, Muscheln und Austern aus dem Loch Linnhe. ££

Cuan Mor
60 George St.
Oban, PA34 5SD
✆ 01631 565 078
www.cuanmor.co.uk
Dieser Pub braut sein eigenes Bier, aber die Whisky-Bar ist auch gut bestückt. Dazu spielen keltische Bands.

Ausflugsziele:

Castle Stalker
✆ 01631 730 354
www.castlestalker.com
Touren nach Voranmeldung
Eintritt £ 20/10
Burgruine auf einer vorgelagerten kleinen Insel.

Kerrera
Anreise: Kerrera Ferry von Gallenach, etwa 4 km südlich von Oban
www.kerrera-ferry.co.uk
Entspannte, autofreie kleine Insel.

Seafari
Easdale, PA34 4RF
✆ 01852 300 003
www.seafari.co.uk
Hier kann man Whale Watching betreiben und Seevögel auf Iona und Staffa aufspüren.

West Coast Tours
1 Queenspark Place
Oban, PA34 5RS
& 01631 566 809
www.westcoasttours.co.uk
Tourdauer 10 Std., £ 60
Von Oban aus werden auf einer Three-Isles-Tagestour Mull, Staffa und Iona angesteuert mit Aufenthalt auf allen drei Inseln.

Kanutour rund um die autofreie Insel Kerrera

Die Ortschaft Tarbert von der alten Festung aus gesehen

⑩ TARBERT

Tarbert liegt auf dem kleinen Landstreifen, der Kintyre zur Halbinsel macht. Die bunten Häuserfassaden am Hafen empfangen den Besucher freundlich. Am Yachthafen mit seinen Restaurants und Shops lässt es sich entspannt bummeln.

Einen schönen Blick auf den Hafen und das Meer hat man von der alten Festung oberhalb von Tarbert, die man durch die Seitenstraßen erreicht. Sie stammt aus dem 8. Jahrhundert und wurde von Robert the Bruce weiter ausgebaut.

Ausflugsziele:

Entlang der A83 in Richtung Süden und Kennacraig sowie Tayinloan reihen sich Buchten und Strände aneinander, z. B. die schöne Machrihanish Bay, die auch bei Surfern sehr beliebt ist.

Von Tarbert aus legen die Fähren nach Portavadie auf die Cowal-Halbinsel ab und von Kennacraig am West Loch Tarbert gibt es eine Fährverbindung zur Isle of Islay und nach Colonsay. Claonaig verbindet Kintyre mit Lochranza auf der Isle of Arran.

SERVICE & TIPPS

Caledonian MacBrayne
www.calmac.co.uk
Fähren nach Portavadie (Cowal Peninsula) brauchen ca. 40 Min.

Visit Scotland
Harbour St., Tarbert, PA29 6UD
✆ 01880 820 429
www.visitscotland.com
www.tarbertlochfyne.com
Tägl. 10–16 Uhr

Region 5
Stirlingshire & Trossachs

STIRLINGSHIRE UND DER TROSSACHS NATIONAL PARK

HIGHLAND-HELDEN, SCHLACHT-FELDER UND SEENPLATTE

Aus der Ebene des River Forth, die im Nordosten von den Ochil Hills begrenzt wird, ragen bei Stirling zwei vulkanische Hügel heraus: Auf dem einen thront das Stirling Castle, das an drei Seiten von steilen Felsen umgeben ist. Wenige Kilometer entfernt erhebt sich das National Wallace Monument, ein viktorianisches Denkmal an den Helden William Wallace (»Braveheart«), der von hier aus 1297 seinen strategischen Angriff gegen die Engländer in der Battle of Stirling Bridge startete. Südlich von hier errangen die Schotten in der Schlacht von Bannockburn unter Robert the Bruce 1314 ihren wichtigsten Sieg in den Schottischen Unabhängigkeitskriegen.

An der Grenze zwischen den Lowlands und den Highlands stellte Stirling lange ein Bollwerk auf dem Weg in Schottlands Norden dar. Die Stirling Bridge bot die erste Möglichkeit, den breiten River Forth in nördlicher Richtung zu überqueren, und über die Jahrhunderte hin-

weg verteidigten Römer, Angelsachsen und Schotten den strategisch wichtigen Punkt. Während der Unabhängigkeitskriege wurden die Furt am Fluss und Stirling Castle Dutzende Male von gegnerischen Fraktionen belagert, eingenommen und zurückerobert.

Im Westen von Stirling beginnt der Trossachs National Park, im Jahr 2002 war er der erste Nationalpark Schottlands. Die grüne Gegend am südlichen Rand der Highlands mit dem größten Loch Schottlands, Loch Lomond, ist außergewöhnlich vielseitig und wurde bereits Ende des 19. Jahrhunderts touristisch erschlossen. Bis heute gehört der Park wegen seiner Nähe zu den Metropolen Glasgow und Edinburgh zu den meistbesuchten Gebieten Schottlands. Im Sommer sind die einspurigen Straßen hier oft verstopft. Am besten parkt man daher das Auto und erkundet die Gegend zu Fuß oder auf einem der Ausflugsdampfer, die im Sommer auf den Seen verkehren. An der Westseite des Loch Lomond verläuft der 154 Kilometer lange Wanderweg West Highland Way, der nördlich von Glasgow beginnt und in Fort William endet.

Zahlreiche Orte in den Trossachs werden mit dem romantischen Highland-Helden Rob Roy MacGregor in Verbindung gebracht, dessen ereignisreiches Leben den Hintergrund für ein Gedicht von William Wordsworth (1803), einen Roman von Sir Walter Scott (1817) und einen Hollywood-Film (1995) bildet.

Wegweiser im Trossachs-Nationalpark

Bester Ausblick auf Loch Lomond vom Conic Hill am West Highland Way

Region 5
Stirlingshire & Trossachs

Die Falls of Falloch nahe Loch Lomond im Trossachs National Park

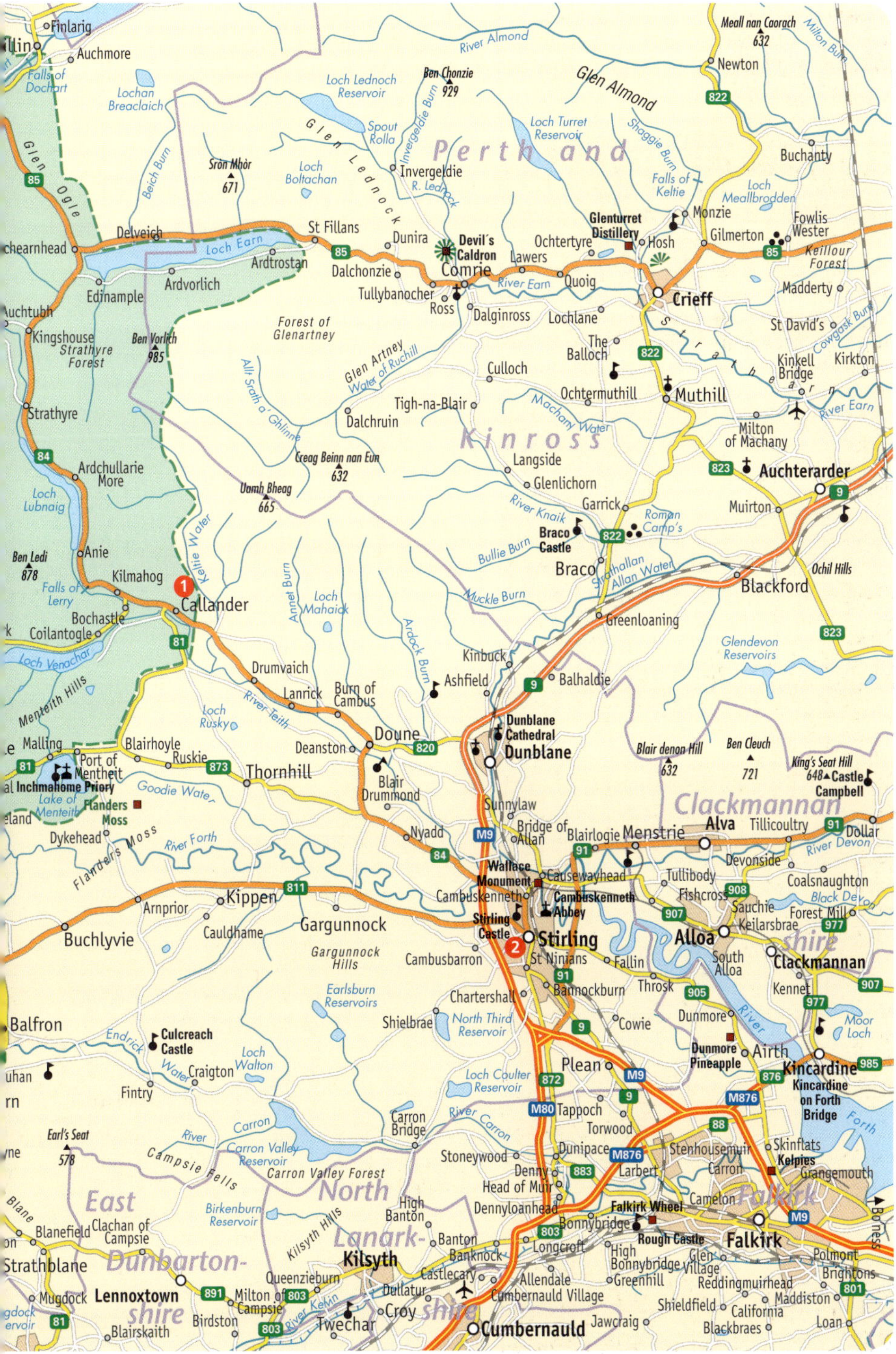

Perth and Kinross
Clackmannanshire
Falkirk
North Lanarkshire
East Dunbartonshire
Finlarig
Auchmore
Falls of Dochart
Lochan Breaclaich
Loch Lednock Reservoir
Ben Chonzie
929
River Almond
Glen Almond
Meall nan Caorach
632
Newton
Milton Burn
Glen Lednock
Spout Rolla
Invergeldie Burn
Invergeldie
R. Lednock
Loch Turret Reservoir
Shaggie Burn
Falls of Keltie
Buchanty
Loch Meallbrodden
Glen Ogle
Beich Burn
Sròn Mhòr
671
Loch Boltachan
Glenturret Distillery
Monzie
Fowlis Wester
Gilmerton
Keillour Forest
Delveich
Loch Earn
St Fillans
Dunira
Devil's Caldron
Comrie
Ochtertyre
Hosh
Lochearnhead
Ardtrostan
Dalchonzie
Lawers
River Earn
Quoig
Crieff
Madderty
Edinample
Ardvorlich
Tullybanocher
Ross
Dalginross
Lochlane
Strath Earn
St David's
Cowgask Burn
Auchtubh
Kingshouse
Strathyre Forest
Ben Vorlich
985
Forest of Glenartney
Glen Artney
Water of Ruchill
The Balloch
Culloch
Kinkell Bridge
Kirkton
Allt Srath a' Ghlinne
Tigh-na-Blair
Ochtermuthill
Muthill
Strathyre
Dalchruin
Machany Water
River Earn
Milton of Machany
Creag Beinn nan Eun
632
Langside
Ardchullarie More
Auchterarder
Loch Lubnaig
Uamh Bheag
665
Glenlichorn
Garrick
Muirton
River Knaik
Braco Castle
Roman Camp's
Keltie Water
Ben Ledi
878
Anie
Bullie Burn
Braco
Allan Water
Strathallan
Ochil Hills
Kilmahog
Falls of Lerry
Annet Burn
Loch Mahaick
Blackford
Callander
Bochastle
Muckle Burn
Ardoch Burn
Greenloaning
Coilantogle
Loch Venachar
Glendevon Reservoirs
Drumvaich
Kinbuck
Menteith Hills
Ashfield
Balhaldie
Loch Rusky
River Teith
Lanrick
Burn of Cambus
Malling
Doune
Dunblane Cathedral
Dunblane
Blairhoyle
Deanston
Blair Drummond
Blairdenon Hill
632
Ben Cleuch
721
King's Seat Hill
648
Castle Campbell
Port of Menteith
Ruskie
Thornhill
Inchmahome Priory
Lake of Menteith
Goodie Water
Flanders Moss
Sunnylaw
Bridge of Allan
Blairlogie
Menstrie
Alva
Tillicoultry
Dollar
Dykehead
River Forth
Nyadd
River Devon
Devonside
Wallace Monument
Causewayhead
Tullibody
Coalsnaughton
Arnprior
Kippen
Cambuskenneth
Cambuskenneth Abbey
Fishcross
Black Devon
Sauchie
Forest Mill
Buchlyvie
Cauldhame
Gargunnock
Stirling Castle
Stirling
Alloa
Keilarsbrae
Gargunnock Hills
Cambusbarron
St Ninians
Fallin
South Alloa
Clackmannan
Earlsburn Reservoirs
Chartershall
Bannockburn
Throsk
Kennet
Balfron
Shielbrae
North Third Reservoir
Cowie
Dunmore
River Forth
Moor Loch
Endrick Water
Culcreach Castle
Loch Walton
Craigton
Dunmore Pineapple
Airth
Kincardine
Kincardine on Forth Bridge
Plean
Fintry
Loch Coulter Reservoir
Tappoch
Torwood
Carron Bridge
River Carron
Earl's Seat
578
River Carron
Carron Valley Reservoir
Campsie Fells
Carron Valley Forest
Stoneywood
Dunipace
Denny
Head of Muir
Larbert
Stenhousemuir
Carron
Skinflats
Kelpies
Grangemouth
High Banton
Dennyloanhead
Camelon
Falkirk Wheel
Blanefield
Clachan of Campsie
Birkenburn Reservoir
Kilsyth Hills
Banton
Banknock
Bonnybridge
Longcroft
Rough Castle
Falkirk
Polmont
Bo'ness
Strathblane
Kilsyth
Queenzieburn
Castlecary
High Bonnybridge
Glen Village
Brightons
Mugdock
Lennoxtown
Milton of Campsie
Dullatur
Allendale
Cumbernauld Village
Greenhill
Reddingmuirhead
Birdston
River Kelvin
Croy
Twechar
Shieldfield
California
Maddiston
Blairskaith
Cumbernauld
Jawcraig
Blackbraes
Loan
M9
M80
M876

Die Balquhidder Church: Vorne rechts ist das Grab des vermeintlichen Viehdiebes Rob Roy

1 CALLANDER

Callander, ein typisches Highland-Städtchen an einer lang gestreckten Hauptstraße und umgeben von schönster Natur, liegt an der Einfallsstraße A84 in den Trossachs National Park. Im Sommer geht es hier geschäftig zu und die Straßencafés sind voll.

Der kleine Ort eignet sich vor allem als Ausgangspunkt für Touren in den Nationalpark. Der begeistert nicht nur mit wunderschöner Landschaft, sondern auch mit schottischer Geschichte. Von hier aus kann man sich auf die Spuren des schottischen Robin Hood begeben. Rob Roy wurde 1671 als Sohn von Donald MacGregor of Glengyle geboren. Die Familie verdiente wie viele andere Clans ihren Lebensunterhalt als Viehtreiber. Ihnen haftete jedoch der Ruf als Viehdiebe an, weil die Highlander auch Vieh von reichen Landeigentümern stahlen. Später wurde MacGregor deswegen als eine Art Robin Hood verherrlicht.

Mit einem Darlehen des Duke of Montrose versuchte sich Rob Roy als ehrlicher Viehzüchter zu etablieren. Als er die Schulden nicht zurückzahlen konnte, weil er selbst betrogen worden war, ließ ihn der Duke strafrechtlich verfolgen. Zwischen 1713 und 1720 lebte er weitgehend als Gesetzloser.

Nach 1715 galten die Mitglieder des Clan Gregor zudem als Regierungsfeinde, weil sie am Jakobiteraufstand von 1715 und an der Schlacht von Glen Shiel teilgenommen hatten. 1727 wurde Rob Roy begnadigt und zog sich bis zu seinem Tod 1734 in das Clanquartier nach Balquhidder zurück. Auf dem **Rob Roy Way**, einem Fernwanderweg, der durch einige der schönsten Regionen des Trossachs-Nationalpark führt, wird ein Stück dieser schottischen Geschichte lebendig.

Ausflugsziel:

Die Fahrt zu dem winzigen Örtchen Balquhidder oberhalb des Loch Voil über eine enge Bergstraße von Auchtubh führt durch eine wunderschöne Landschaft und lohnt allemal den Abstecher. Hier lebte der »schottische Robin Hood« Rob Roy bis zu seinem Tod. Auf dem Friedhof der **Balquhidder Church** ist das Familiengrab der MacGregors zu besichtigen.

In Callander wird mit einer kleinen Ausstellung an das Leben von Rob Roy erinnert

SERVICE & TIPPS

Visit Scotland
52–54 Main St.
Callander, FK17 8BD
✆ 01786 475 019
www.visitscotland.com
Tägl. April–Okt. 10–17, Nov.–März 9.30–16 Uhr

Rob Roy Way
www.walkhighlands.co.uk/rob-roy-way.shtml
www.robroyway.com
128 km langer Wanderweg durch die Highlands.

The Old Fudge Shop
1 Ancaster Sq.
Callander, FK17 8DX
✆ 01877 331 392
www.theoldfudgeshop.com
Hier kann man sich mit Süßigkeiten von Fudge bis Eiscreme eindecken.

Lady Kentmores Antiques
35 Main St.
Callander, FK17 8DX
✆ 01877 339 835
www.ladykentmores.com
Mo–Sa 9-17 Uhr
Eintritt £ 2/1
Dieser Antiquitätenladen auf der High Street zeigt u. a. auch eine kleine Ausstellung zum Highland-Helden Rob Roy.

Balquhidder Church
Balquhidder, FK19 8PA
Auf dem Friedhof der Kirche befindet sich u.a. das Grab von Rob Roy MacGregor und das seiner Familie.

2 STIRLING

Die Stadt Stirling liegt an der Mündung des River Forth. Wegen ihrer strategisch günstigen Lage war sie lange umkämpft und Schauplatz der Schottischen Unabhängigkeitskriege. Stirling ist eng mit der Geschichte der Stuart-Monarchie und mit den bekanntesten schottischen Nationalhelden verbunden. Unter Schotten genießt es daher Kultstatus.

Die kopfsteingepflasterten Gässchen der Altstadt winden sich auf den Schlosshügel hinauf, während das moderne Zentrum sich an dessen Fuß er-

Das wehrhafte Stirling Castle überstand im Laufe der Zeit mehr als 16 Belagerungen

DIE SCHLACHT VON BANNOCKBURN

Nach dem Tod von König Alexander III. 1286 geriet Schottland in eine prekäre Lage, denn Alexanders Thronfolgerin, seine minderjährige Nichte Margaret, starb bereits 1290. Da es insgesamt 13 Anwärter auf den Thron gab, drohte ein Bürgerkrieg.

Die Vormunde Margarets wandten sich an den englischen König Edward I. (1239–1307) zur Schlichtung. Nur zwei der Thronanwärter kamen aufgrund ihres Stammbaums wirklich infrage: John Balliol (1249–1314) und Robert the Bruce, 5. Lord of Annandale (1210–1295).

Edward I. nutzte die Lage für seine eigenen Interessen aus und verlangte die Anerkennung seiner Oberherrschaft. Der von ihm schließlich bevorzugte John Balliol musste früh erkennen, dass er nur ein Spielball des englischen Königs war. Bald regierte das wütende Parlament daher ohne Balliol und schloss stattdessen 1295 im Treaty of Paris einen Pakt mit den Franzosen, die »Auld Alliance«, zum Schutz gegen Angriffe durch England. Dies markierte den Beginn der Schottischen Unabhängigkeitskriege.

Als Antwort eröffnete Edward I. 1296 eine brutale Unterwerfungskampagne gegen Schottland und erwarb sich so den Beinamen »Hammer der Schotten«. Am 8. Juli zwang er John Balliol, den Königstitel abzugeben. Im Süden Schottlands begann daraufhin ein Guerillakampf unter William Wallace (gest. 1305), im Norden gewann Andrew de Moray (gest. 1300) wichtige Orte wie Inverness von den Engländern zurück. Wallace und Moray vereinten ihre Kräfte 1297 in der Battle of Stirling Bridge, wo sie einen spektakulären Sieg gegen die übermächtigen Engländer errangen. Wallace wurde wenige Jahre später gefangen genommen und auf grausamste Weise hingerichtet.

Nun stellte Robert the Bruce (1274–1329) Anspruch auf den schottischen Thron. Er ließ sich 1306 zum König krönen und kämpfte weitgehend im Untergrund gegen England. Nach dem Tod Edwards I. setzte Edward II. den Kampf fort und marschierte 1314 gen Stirling Castle. Zahlenmäßig überlegen begingen die Engländer jedoch zahlreiche taktische Fehler, und so stürmte das schottische Heer unter der Führung von Bruce vom Stirling Castle Hill auf die Gegner ein, die vom Marschland des Flüsschens Bannock Burn eingeschlossen waren. Die Engländer mussten herbe Verluste einstecken, Edward II. gelang die Flucht. Nach dem entscheidenden Sieg wurde Bruce vom Volk gefeiert, von Edward II. aber weiterhin nicht als Herrscher eines unabhängigen Schottlands anerkannt.

Im Jahr 1320 verfasste Bruce zusammen mit seinen Baronen die »Declaration of Arbroath«. Hierin erklärten sie, dass sie für ihre Freiheit kämpften, und baten beim Papst um die Anerkennung der schottischen Unabhängigkeit: »*... as long as a hundred of us remain alive, never will we on any conditions be subjected to the lordship of the English. It is in truth not for glory, nor riches, nor honours that we are fighting, but for freedom alone, which no honest man gives up but with life itself.*« 1328 gab der Thronnachfolger Edward III. schließlich den Anspruch auf den schottischen Thron auf und erkannte Bruce als König an.

Robert the Bruce tötet Henry de Bohun in der Schlacht von Bannockburn

Bruce starb 1329, noch bevor er erfahren konnte, dass auch der Papst Schottland als unabhängigen Staat anerkannt hatte. Auf dem Sterbebett bat Bruce Lord James Douglas, sein Herz auf einen Kreuzzug mitzunehmen und es im Heiligen Land zu bestatten. Dieser wurde jedoch auf dem Weg dorthin in Spanien getötet. Das Herz in einer Silberkassette wurde nach Schottland zurückgebracht und unter dem Hochaltar von Melrose Abbey in den Scottish Borders beerdigt. Robert the Bruces restliche Gebeine sind in der Abtei von Dunfermline beigelegt.

streckt. Ganz oben thront die Trutzburg **Stirling Castle**. Eine erste Burg wurde unter Alexander I. gebaut, der hier 1124 verstarb. Unter seinem Bruder David I. wurde Stirling zur Freistadt und nachfolgende Könige hielten hier Parlamentssitzungen ab.

Seine Glanzzeit erlebte Stirling zur Zeit der Stuart-Monarchie im 15. und 16. Jahrhundert. James IV. gab ein Vermögen aus, um den Palast für seine Frau Margaret Tudor, die Tochter von Henry VII. von England, herrichten zu lassen. Damals entstand die Great Hall, einer der größten Bankettsäle im Land. James V. und Marie de Guise bauten den Royal Palace aus. Mary Stuart wurde hier 1543 gekrönt, ihr Sohn James VI. 1566 getauft. Der ließ später die Royal Chapel für die Taufe seines eigenen Sohnes Prince Henry bauen. Charles II. war der letzte Monarch, der bis 1650 im Schloss wohnte.

Die Inneneinrichtung von Stirling Castle besteht heute zu großen Teilen aus Repliken

Die Innenräume von Stirling Castle sind heute weitgehend mit Nachbildungen geschmückt. So hat man die Decke mit den Stirling Heads, den holzgeschnitzten Porträts der schottischen Herrscher und anderer einflussreicher Personen, farbenfroh restauriert. Die alten Gobelins aus der Zeit vor James V. wurden fast 14 Jahre lang restauriert und nachgewebt. Die Palasträume und die kostümierten Figuren erwecken die Zeiten der Stuarts wieder zum Leben.

Die **Holy Rude Church** ist neben dem Schloss das zweitälteste Gebäude der Stadt. 1129 vom Dominikanerorden gegründet, wurde sie im 15. Jahrhundert restauriert. 1567 wurde James VI. hier gekrönt, nachdem seine Mutter Mary Stuart von den Lords of the Congregation zur Abdankung gezwungen worden war. Der Reformator John Knox predigte regelmäßig in der Kirche.

Seit 1831 ist die **Old Stirling Bridge** über den River Forth nur noch für Fußgänger zugänglich. Während des Jakobiteraufstands 1745 verteidigten Regierungstruppen die Brücke gegen die Truppen von Bonnie Prince Charlie, die von den Highlands aus nach Süden marschierten. Der Vorgängerbau, eine mittelalterliche Holzbrücke wurde während der Battle of Stirling Bridge 1297 weitgehend zerstört. Erst im 14. und 15. Jahrhundert entstand die Steinbrücke, deren Fundamente heute noch stehen.

Die Stadtmauern entstanden zu der Zeit des *Rough Wooing*, als Henry VIII. Schottland belagerte, um eine Ehe seines Sohnes Edward mit Mary Stuart zu erzwingen.

Am nördlichen Flussufer lohnt die **Cambuskenneth Abbey** einen Besuch: Die unscheinbaren Ruinen und der ebensolche Turm täuschen, denn die von David I. am mäandernden River Forth gegründete Abtei hatte im Mittelalter eine große Bedeutung. Robert the Bruce hielt 1326 Parlamentssitzungen ab. König James III., der 1488 in der Battle of Sauchieburn starb, wurde hier ebenso bestattet wie schon zwei Jahre zuvor seine Frau Margaret of Denmark, die Grabsteine kann man besichtigen.

Ritterrüstung im Stirling Castle

Ausflugsziele:

Vom Stirling Castle aus scheint das sechs Kilometer nördlich gelegene **National Wallace Monument** zum Greifen nah. Das neugotische Denkmal aus dem 19. Jahrhundert erinnert an William Wallace, der die Schotten 1297 in der Battle of Stirling Bridge in den Sieg gegen England führte. Der kronenartige Aufsatz des Turms bildet gleichzeitig eine Aussichtsplattform mit einem tollen Ausblick auf die Ebene des Forth und das Stirling Castle.

Rund drei Kilometer südlich von Stirling errangen die Schotten 1314 einen der entscheidendsten Siege der Schottischen Unabhängigkeitskriege. Auf dem Schlachtfeld der **Battle of Bannockburn** (vgl. Kasten S. 126) erinnert heute ein Denkmal an den Sieg des schottischen Heeres unter Robert the Bruce. Das Gebiet ist gut markiert und vermittelt einen Eindruck davon, wie sich der Kampf abgespielt haben mag.

Nicht verpassen sollte man einen Besuch des hypermodernen Schiffshebewerks **Falkirk Wheel**, das den von Edinburgh kommenden Union Canal mit dem 35 Meter weiter unten liegenden Glasgower Forth and Clyde Canal verbindet. Wer eine Bootsfahrt um das Schiffshebewerk bucht, kann den 50-minütigen Hebevorgang auf der rotierenden riesenradähnlichen Vorrichtung, die einmalig auf der Welt ist, erleben.

Vom Falkirk Wheel aus gelangt man auf einem 15-minütigen Fußweg zum **Rough Castle** mit den Mauerresten eines ehemaligen römischen Forts. Als Verteidigung gegen Übergriffe durch die »barbarischen« Pikten aus den Highlands bauten die Römer 142 n. Chr. den **Antoninuswall** vom Firth of Forth bis zum Firth of Clyde. Der 60 Kilometer lange aufgeschüttete Erdwall, heute UNESCO-Weltkulturerbe, reichte von Old Kilpatrick an der Westküste bis nach Bo'ness im Osten und sein Verlauf lässt sich noch erkennen. Im Hunterian Museum in Glasgow werden archäologische Fundstücke ausgestellt.

Nur wenige Kilometer kanalaufwärts vom Falkirk Wheel sind im Park **The Helix** am Forth and Clyde Canal **The Kelpies**, zwei 30 Meter hohe Pferdekopfskulpturen zu bewundern. Die je 300 Tonnen schweren Köpfe des Bildhauers Andy Scott aus dem Jahr 2013 bestehen aus einer komplizierten Stahlkonstruktion. Wandert man um die Skulpturen herum, ergeben sich immer wieder neue Eindrücke, als würden die beiden Pferde mit dem Betrachter interagierten.

»The Kelpies« am Forth and Clyde Canal: Im Rahmen einer gebuchten Tour können die Statuen auch von innen erkundet werden

Das Innenleben der Skulpturen kann man bei einer geführten Tour erkunden. In der schottischen Mythologie ist das *Kelpie* ein wandelndes Wassermonster, das in den Lochs von Schottland

Der Dunmore Pineapple ist eine architektonische Kuriosität

haust (auch das Loch-Ness-Monster ist ein Kelpie). Es nimmt oft die Gestalt eines Pferdes an. Der Künstler wollte mit seiner Skulptur aber auch auf die traditionelle Verbundenheit von Mensch und Pferd als Arbeitstier in der Region hinweisen.

Weiter im Westen am River Forth lohnt ein Abstecher in den **Dunmore Park** bei Airth. Im schönen Garten des Herrenhauses der Earls von Dunmore ist vor allem der **Dunmore Pineapple**, der Pavillon in Form einer Ananas, ein Anziehungspunkt. Der 4. Earl of Dunmore ließ diesen 1761 für seine Frau Charlotte bauen.

Das historische Örtchen **Dunblane** am Allen Water ist vor allem wegen der Kathedrale aus dem 13. Jahrhundert bekannt. Sie soll von dem keltischen Missionar St. Blane im 7. Jahrhundert errichtet worden sein. Nach der Reformation verfiel sie und war fast 300 Jahre ohne Dach Wind und Wetter ausgesetzt. Im 19. Jahrhundert wurde sie grundlegend restauriert.

Im Jahr 1996 ereignete sich in Dunblane ein Massaker, bei dem ein Amokläufer 16 Kinder und einen Lehrer der Primary School erschoss. Der spätere Tennis-Champion Andy Murray (geb. 1987), Wimbledon-Sieger von 2013, der in Dunblane aufwuchs und hier zur Schule ging, gehört zu denen, die den Angriff überlebten. Heute führt Murray nördlich von hier das Luxushotel Cromlix in Kinbuck.

Bei Bo'ness hat man dann noch die Gelegenheit, im **Bo'ness Motor Museum** berühmte Filmautos zu bestaunen wie den Bond-BMW aus »Tomorrow Never Dies« oder das Auto, mit dem Harry Potter und Ron Weasley nach Hogwarts fliegen.

Nach dem Film »Braveheart« verdreifachten sich die Besucherzahlen des Wallace Monuments nahe Stirling

SERVICE & TIPPS

Visit Scotland
Old Town Jail, St. John St.
Stirling, FK8 1EA
✆ 01786 475 019
www.destinationstirling.com
Tägl. 10–17 Uhr
Infos und Buchungen von Touren, Unterkünften etc.

Sightseeing
www.stirlingwalkingtours.com
Die Stirling Walking Tours führen Besucher in die entlegenen Ecken des Schlosses und der Stadt und unterhalten dabei mit zahlreichen Anekdoten.

Cambuskenneth Abbey
10 St. James' Orchard

Stirling, FK9 5NQ
www.historicenvironment.scot
Ostern–Sept. tägl. 9.30–18 Uhr
Eintritt frei

Führung durch das Stirling Castle: Die kostbaren Gobelins aus dem 16. Jahrhundert wurden jahrelang aufwendig neu gewebt

In der spätmittelalterlichen Klosterruine ist der freistehende Glockenturm am besten erhalten.

Holy Rude Church
St. John St., Stirling, FK8 1ED
www.holyrude.org
Mai–Sept. tägl. 11–16 Uhr
Eintritt frei, Spende von £ 2 erwünscht
Das älteste Gebäude der Stadt. Sehenswert ist u. a. der hölzerne Dachstuhl.

Stirling Castle
Castle Esplanade
Stirling, FK8 1EJ
✆ 01786 450 000
www.stirlingcastle.gov.uk
Tägl. 9.30–18, Okt.–März bis 17 Uhr, Eintritt £ 14/7.50
Das Eintrittsticket berechtigt auch zum Besuch der Argyll Lodging, eines Herrenhauses aus dem 17. Jh. gleich unterhalb des Schlosses.

Stirling Old Town Jail
Old Town Jail, Stirling, FK8 1EA
✆ 01786 464 640
www.destinationstirling.com
Eintritt £ 6.50/4.50
In dem ehemaligen Gefängnis kann man an einer unterhaltsamen Tour teilnehmen und Anekdoten der hiesigen Unterwelt hören. Vom Aussichtsturm überschaut man die Umgebung.

Hermann's Restaurant
Mar Place House, 58 Broad St.
Stirling, FK8 1EF
✆ 01786 450 632, www.hermanns-restaurant.co.uk
Schottische Küche mit österreichischem Einschlag in eleganter Atmosphäre direkt unterhalb vom Schloss. ££

Ausflugsziele:

The National Wallace Monument
Abbey Craig, Hillfoots Rd.
Stirling, FK9 5LF
✆ 01786 472 140
www.nationalwallacemonument.com
Tägl. 10–17, März–Okt. bis 17.30 Uhr
Eintritt £ 10/6.25
Während man den 67 m hohen Turm erklimmt, erfährt man auf jedem Stockwerk etwas über das Leben des legendären William Wallace und über die Battle of Stirling Bridge.

The Battle of Bannockburn Experience
Bannockburn Heritage Centre
Glasgow Rd., Whins of Milton
Stirling, FK7 0LJ
✆ 0844 493 2139
www.battleofbannockburn.com
Visitor Centre tägl. März–Okt. 10–17.30, Nov./Dez. bis 17 Uhr, Schlachtfeld tägl. bis Dämmerung, Eintritt £ 11.50/8.50 unter 7 J. frei
Im modernen Besucherzentrum der Battle of Bannockburn finden sich viele interaktive Installationen. So kann man sich selbst als Stratege versuchen und einen mittelalterlichen Kampf in 3-D erleben.

Falkirk Wheel
Lime Rd., Falkirk, FK1 4RS
✆ 0870 050 0208

www.scottishcanals.co.uk/falkirk-wheel
Eintritt £ 12.50/7.50, unter 3 J. frei
Schiffshebewerk, das den Union Canal mit dem Glasgower Forth and Clyde Canal verbindet.

Edinburgh–Falkirk
www.sustrans.org.uk/ncn/map/route/union-canal
Der Union Canal eignet sich auch gut für eine Radtour. Alle Radstrecken sind bei Sustrans online verfügbar.

Muiravonside Country Park
The Loan, Whitecross
Linlithgow, EH49 6LW
www.falkirkcommunitytrust.org/venues/muiravonside
April–Sept. 8–20, Okt.–März 8–17 Uhr
Im Country Park an den Ufern des River Avon kann man wandern, einen Skulpturenpark besichtigen und einen kleinen Bauernhof besuchen. Für die Verpflegung sorgt ein Café.

Antoninuswall
Rough Castle
Bonnybridge, FK4 2AA
www.antoninewall.org
In Rough Castle sind Teile des römischen Verteidigungswalls und des Grabens noch gut zu sehen.

The Helix – The Kelpies
Falkirk, FK2 7ZT
✆ 01324 590 600
www.thehelix.co.uk
Tägl. 10–17 Uhr
Kelpies-Touren £ 6.95/4 (5–15 J.)
Der weitläufige Naturpark mit den beeindruckenden Pferdeskulpturen bietet viele Freizeitmöglichkeiten, Boot- und Fahrradverleih.

Dunmore Park
Dunmore Park, Airth, FK2 8LU
✆ 0844 493 2132
www.nts.org.uk
Die Hauptattraktion dieses Landschaftsparks ist der **Dunmore Pinapple**, der Pavillon in Form einer Ananas. Im Park kann man in Ferienwohnungen auf dem Gelände übernachten.

Dunblane Cathedral
The Cross, Dunblane, FK15 0AQ
✆ 01786 825 388
www.dunblanecathedral.org.uk, April–Sept. Mo–Sa 9.30–12.30 und 13.30–17, So 14–17.30, Okt.–März Mo–Sa 10–16, So 14–16 Uhr
Die Kirche soll von dem keltischen Missionar St. Blane im 7. Jh. errichtet worden sein, nach der Reformation verfiel sie und stand fast 300 Jahre ohne Dach in Wind und Wetter. Im 19. Jh. wurde sie grundlegend restauriert.

Bo'ness Motor Museum
Bridgeness Rd., Bo'ness
Falkirk, EH51 9JR
✆ 01506 827 007
www.motor-museum.bo-ness.org.uk, Mo–Sa 10–16, So 11–16 Uhr, Eintritt £ 5.95/4.50
Zu sehen sind Autos und andere Memorabilia aus den James-Bond-Filmen, aus der Privatsammlung von Colin Anderson. Der **Moneypenny Diner** versorgt hungrige Gäste.

Statue von Robert the Bruce am Bannockburn Heritage Centre

Dunblane Cathedral: Das aufwendige Chorgestühl stammt aus den Jahren 1912 bis 1914

❸ TROSSACHS NATIONAL PARK/LOCH LOMOND

Der 1865 Quadratkilometer große **Trossachs-Nationalpark** liegt am Südrand der Highlands und grenzt im Westen an die Arrochar Alps in Argyllshire, im Norden an die Cairngorms und im Osten an Perthshire. Hier werden Freizeitaktivitäten von Wandern und Radfahren über Klettern und Reiten bis Golf angeboten. Auf den 22 Seen gibt es Wassersportmöglichkeiten wie Angeln, Segeln, Surfen, Kanufahren und Schwimmen.

Die meisten Besucher aus den Großstädten Edinburgh oder Glasgow kommen nur für einen Tag oder das Wochenende. Man kann sich aber auch in einem der Städtchen am Rande des Parks wie Callander (vgl. S. 124) oder Tarbet einquartieren und das Gebiet von dort erkunden.

Die hübschen Ufer des **Loch Lomond** werden schon seit 1841 in dem Lied »The Bonnie Banks of Loch Lomond« besungen. Mit 39 Kilometern Länge und bis zu acht Kilometern Breite ist er der größte See Schottlands. Am Westrand verläuft die Hauptstraße A82, allerdings sind die Parkplätze begrenzt.

Einige der schönsten Panoramen bietet der Wanderweg des **Great Trossachs Path**, der von Kilmahog im Osten bis zum **Loch Lomond** führt, vorbei an Loch Katrine, Loch Arklet und am Ostrand des Loch Lomond in Inversnaid endet. Dort kann man auf den Water Bus umsteigen, der die ganze Länge des Sees befährt.

Der **West Highland Way** verläuft direkt am Ostufer des Loch Lomond. Bei der Wanderung hat man hier den **Ben Lomond**, mit 974 Metern der südlichste Munro Schottlands, immer im Blick.

Von Kilmahog aus windet sich die schmale, holprige A 821 durch den Osten des Nationalparks bis zum Visitor Centre am Trossachs Pier beim 5 **Loch Katrine**. Von hier aus verkehrt schon seit 100 Jahren das **Steamship »Sir Walter Scott«**. Der See wurde zur Touristenattraktion, nachdem Sir Walter Scott 1810 sein episches Gedicht »Lady of the Lake« veröffentlichte, eine Liebesgeschichte um Ellen Douglas, die sich rund um den See abspielt. Die Fahrt auf den stillen Wassern nach Stronachlachar ist ein besonderes Erlebnis.

Das Steamship »Sir Walter Scott« am Loch Katrine

Auf einer Insel im **Lake Menteith** befindet sich die alte Augustinerabtei, **Inchmahome Priory**, die auf das Jahr 1238 zurückgeht. Die Westfassade der Abtei weist Ähnlichkeiten mit der Kathedrale von Dunblane auf. Der Earl of Menteith, der auf der benachbarten Insel Inch Talla lebte, veranlasste den Bau 1238. Im 16. Jahrhundert wurde hier Mary Stuart als Kleinkind kurzzeitig vor Henry VIII. in Sicherheit gebracht.

SERVICE & TIPPS

Anreise
Von Glasgow aus verkehren Citylink-Busse (www.citylink.co.uk) bis Callander. Die West Highland Railway fährt von Glasgow Queen Street bis Arrochar/Tarbet und weiter nach Crianlarich. Zudem gibt es viele Veranstalter, die Tagestouren anbieten (z. B. www.highlandexplorertours.com, www.scotlinetours.co.uk).

Loch Lomond and The Trossachs National Park
National Park Centre
Balmaha, G63 OJQ
✆ 01389 722 100
www.lochlomond-trossachs.org
April–Okt. tägl. 9.30–16, Juli/Aug. bis 18, Nov.–März Sa/So 9.30–16 Uhr
Vom Visitor Centre verkehrt ein Water Bus u. a. nach Luss und auf die Insel Inchcailloch. Wahlweise kann man auch Kanus mieten oder Bootsausflüge unternehmen (z. B. mit www.cruiselochlomond.co.uk).

Carrochan
Carrochan Rd., Balloch, G83 8EG
✆ 01389 722 600
www.lochlomond-trossachs.org/visiting/outdoor-activities-on-water/menu-id-318.html
Segeln, Surfen, Wasserski, Stehpaddeln auf dem Loch Lomond.

Great Trossachs Path
www.thegreattrossachsforest.co.uk/great-trossachs-path
48 km langer Wanderweg.

West Highland Way
www.west-highland-way.co.uk
154 km langer Wanderweg entlang Loch Lomond von Wilngavie nördlich von Glasgow bis Fort William.

5 Loch Katrine – Steamship »Sir Walter Scott«
Trossachs Pier, Stirling, FK17 8HZ

✆ 01877-376 315
www.lochkatrine.com
Hin- und Rückfahrt £ 14/7, bis 5 J. frei
Der See Loch Katrine, der Sir Walter Scott zu seinem epischen Gedicht »Lady of the Lake« inspirierte, lässt sich besonders schön an Bord des historischen Dampfers erkunden.

Inchmahome Priory
Port of Menteith, FK8 3RA
✆ 01877 385 294
www.historicenvironment.scot
März–Sept. 10–16.15, Okt. 10–15.15 Uhr, Eintritt £ 5.50/3.30
In der Augustinerabtei fand Mary Stuart als Kleinkind Zuflucht. Vom Port of Menteith (www.portofmenteith.org.uk) verkehrt eine Fähre zur Abtei, der Eintritt schließt den Preis für die Fahrt mit ein.

Village Inn
Loch Long, Shore Rd.
Arrochar, G83 7AX
✆ 01301 702 279
www.villageinnarrochar.co.uk
Mo–Do 11–23, Fr–So 11–24 Uhr
Gleich außerhalb von Tarbet an der A814 am Loch Long findet sich dieses idyllisch gelegene Pubrestaurant mit Klassikern wie Burgern, Salaten und Fischgerichten. ££

Die Gegend rund um Loch Lomond lässt sich am besten zu Fuß erkunden

Kanutour auf dem Loch Lomond

PERTHSHIRE UND FIFE

MITTELALTERLICHE GESCHICHTE UND GOLFSPORT AN GRÜNEN KÜSTEN

Nördlich und westlich von Perth am River Tay, Schottlands längstem Fluss, findet man eine waldreiche Gegend. Pertshire, das sogenannte Big Tree Country, liegt eingebettet zwischen den Ausläufern der Nationalparks Trossachs und Cairngorms. Durch sanfte Täler, eingerahmt von tannenbewachsenen Hügeln, rauschen fischreiche Flüsschen – hier wird schottischer Lachs geangelt und Whisky gebraut. Die ländlich eleganten Orte erscheinen wohlhabend, denn dies ist die bevorzugte Wohngegend der Elite des Landes.

Die Südseite von Fife gehört aufgrund ihrer Nähe zu Edinburgh zu dessen Pendlergürtel. Die touristischere Ost-

In Scone wurden jahrhundertelang die schottischen Könige gekrönt, der heutige Scone Palace entstand erst im Jahr 1808

küste wird bestimmt von St. Andrews mit seiner historischen Universität und dem berühmten Royal Ancient Golf Club, der Heimat des Golfsports. Die pittoresken Fischerörtchen in East Neuk ziehen ganzjährig Ausflügler an.

In den fruchtbaren Auen und Wäldern Mittelschottlands befindet sich die Wiege der Nation. Scone Palace und Dunfermline Abbey gehören zu den wichtigsten historischen Anlagen des Landes. Als Kenneth MacAlpin die Pikten und Gälen 843 vereinte, machte er Scone zum Regierungssitz des neuen Reiches Alba. Mit sich brachte er einen groben, unbearbeiteten Sandsteinblock, den Stone of Scone, den er auf dem Moot Hill, gegenüber dem heutigen Scone Palace, platzierte. Fortan wurden die schottischen Könige hier, auf dem Stein sitzend, gekrönt.

Als Kenneth McAlpin 849 die Reliquien von St. Columba von der Insel Iona vor den Wikingern nach Dunkeld in Sicherheit brachte, wurde der Bischofssitz der wichtigste des Reiches und das neue spirituelle Zentrum, bis im 10. Jahrhundert St. Andrews die Rolle übernahm. Dunkeld wird auch mit König Macbeth in Verbindung gebracht, der östlich von Perth in Dunsinane residierte und später durch William Shakespeare verewigt wurde (vgl. Kasten S. 181).

Das County Fife war das Herrschaftsgebiet der MacDuffs, die den kleinen Landstrich zwischen dem Firth of Tay und dem Firth of Forth wie ein Kleinkönigreich regierten, weshalb man auch vom Kingdom of Fife spricht. Bis 1425 waren sie die einflussreichste adelige Familie im Land, denn sie krönten die Könige in Scone (unter David I. fiel diese Aufgabe an die Stewarts).

König Malcolm III. machte im 11. Jahrhundert Dunfermline zu seinem Hauptsitz – es blieb schottische Hauptstadt bis 1437. Seine Frau, die später heiliggesprochene St. Margaret, gründete die erste Abtei der Stadt, die bis heute ein Pilgerzentrum ist.

Famous Grouse Whisky, gebraut in der Glenturret Distillery

❶ CRIEFF

Crieff, im Tal des River Strath, liegt genau auf der Highland Boundary Fault, die die Grampian Mountains von den Lowlands trennt. Die Stadt war vom 16. bis 18. Jahrhundert eine Endstation für die Viehtreiber (*cattle drovers*) aus den Highlands, wie z.B. der Clan Gregor, zu dem auch Rob Roy gehörte. Die Tiere wurden auf dem hiesigen Viehmarkt verkauft, wobei es ähnlich gesetzlos zuging wie im Wilden Westen.

Nachdem die Bahn 1856 die Stadt erreicht hatte, wurde Crieff ein beliebter Naherholungsort und später ein Kurbad, wo sich die Viktorianer im Crieff Hydro Hotel Wasserkuren unterzogen. Bis heute ist Crieff eine beschauliche Kleinstadt mit herausgeputzten viktorianischen Häusern an den Straßen.

Für leibliche Erbauung sorgt die älteste Whisky-Destillerie. **Glenturret** brennt bereits seit 1775 den Glenturret Single Malt, das Wasser dazu stammt aus dem Loch Turret. Aus der Destillerie stammt auch der bekannte Whisky-Blend Famous Grouse, eine der erfolgreichsten Whisky-Marken.

Gleich außerhalb von Crieff befindet sich am River Earn die **Library of Innerpeffray**. Die älteste Bibliothek Schottlands aus dem Jahr 1680 zählt seltene Ausgaben aus fünf Jahrhunderten zu ihren Schätzen.

SERVICE & TIPPS

Visit Scotland
High St., Crieff, PH7 3HU
✆ 01764 652 578
www.crieffandstrathearn.co.uk
Ostern–Okt. tägl. 10–16, Nov.–März Mo/Di, Fr/Sa 10–15.30 Uhr

The Famous Grouse Experience/Glenturret Distillery
The Hosh
Crieff, PH7 4HA
✆ 01764 656 565
www.theglenturret.com
Tägl. März–Okt. 10–18, Nov.–Feb. bis 17 Uhr, Touren ab 10.30 Uhr stündlich
Eintritt £ 10/8, unter 8 J. frei
1896 experimentierte Matthew Gloag mit einer Mischung verschiedener Single Malts, um einen sogenannten Blend herzustellen. Der Verschnitt teurer Whiskys mit Reinalkohol senkt den Preis erheblich, daher gehören Blends zu den meistverkauften Whisky-Sorten. Bis heute ist die Marke Famous Grouse geschmacklich eine der feinsten Verschnitte und daher besonders beliebt.

The Library of Innerpeffray
Innerpeffray
Crieff, PH7 3RF
✆ 01764 652 819
www.crieffandstrathearn.co.uk
März–Okt. Mi–Sa 10–12.45 und 14–16.45, So 12–16 Uhr
Eintritt frei
Die älteste Leihbibliothek Schottlands mit wertvollen Ausgaben.

The Quaich
47 East High St.
Crieff, PH7 3HT
✆ 01764 650 789
www.quaich-bar.co.uk
Mo–Do 11–23, Fr/Sa 11–24, So 12.30–23 Uhr
Entspannte Kaffebar direkt auf der High Street von Crieff. Neben leichten Gerichten wie Salaten und Burgern wird eine große Auswahl an Whiskys angeboten. ££

❷ DUNFERMLINE

Dunfermline liegt gegenüber von Edinburgh auf der Nordseite des Firth of Forth. An guten Tagen kann man vom Abteihügel sogar die Forth Rail Bridge in der Ferne sehen.

Bis 1437 war Dunfermline Schottlands Hauptstadt, nachdem König Malcolm III. im 11. Jahrhundert hier seinen Hauptsitz eingerichtet hatte. Malcolm besiegte Macbeth und begründete die Dynastie des House of Dunkeld, die bis zum Tod Alexanders III. 1286 dauerte und Schottland relative Stabilität brachte: Malcolm regierte 35 Jahre (1058–93). Seine erste Heirat war ein diplomatischer Schachzug. Er ehelichte Ingibjörg, die Witwe des Earl of Orkney Thorfinn the Mighty, und bannte damit die Gefahr aus dem Norden.

Als der Normanne William the Conqueror 1066 England eroberte, floh die angelsächsische Königsfamilie, zu der auch Prinzessin Margaret, die Schwester des Thronanwärters Edgar Ætheling gehörte, nach Schottland. Der nun 40-jährige Witwer Malcolm verliebte sich in Margaret, die beiden heirateten kurz darauf in Dunfermline. Margaret war die treibende Kraft bei der Einführung anglo-normannnischer Neuerungen im Land. Als fromme Katholikin brachte sie die keltisch-christliche Kirche, die sich noch an St. Columba orientierte, mit den Praktiken der römisch-katholische Kirche in Einklang – 1250 wurde sie posthum heiliggesprochen. Ihr Sohn David I. wurde zu einem der bedeutendsten Könige Schottlands.

Dunfermline ist der Geburtsort von Andrew Carnegie, der später in den USA ein Vermögen mit Stahl erwirtschaftete

1072 ließ Prinzessin Margaret in Dunfermline eine Benediktinerkirche errichten, deren Überreste man durch ein Gitter im Boden der heutigen Kirche der **Dunfermline Abbey** noch sehen kann. Um Pilgern die Reise zu vereinfachen, ließ Margaret einen

Fährservice über den Firth of Forth einrichten – die Endpunkte South Queensferry und North Queensferry sind nach ihr benannt.

Margarets Sohn David I. transformierte die Anlage 1128–50 zur spektakulärsten Benediktinerabtei des damaligen Schottlands. Im 16. Jahrhundert ließ König James VI. die Abtei für seine Frau Anne of Denmark als Palast erweitern. Ihr Sohn Charles I. wurde 1600 hier geboren. Heute ist von dem Bau nur noch die eindrucksvolle Sandsteinfassade erhalten. Der Palast schmiegte sich in mehreren Ebenen an den Abteihügel, und von den Fensterbögen hat man noch heute einen guten Ausblick auf das Umland.

1093 wurde Margaret bei der Abteikirche beerdigt, später wurden ihre Gebeine zusammen mit denen König Malcolms III. zum Hochaltar verlegt. Heute ist der St.-Margarets-Schrein vor der Fassade der Kirche jedoch leer. Als Mary Stuart mit James im Kindbett lag, ließ sie Margarets Schädel ins Schloss von Edinburgh bringen, da sie sich von der Reliquie Hilfe versprach. Danach wurde das Haupt nach Frankreich verschleppt. Philip II. von Spanien transferierte schließlich die restlichen Gebeine von Margaret und Malcolm nach Madrid, heute gelten sie als verloren. In der Kathedrale wurden 1329 auch die Gebeine von Robert the Bruce beigelegt. Sein Herz ruht jedoch in der Melrose Abbey (vgl. S. 62).

Dunfermline war auch der Geburtsort des Selfmademan und Stahlmagnaten **Andrew Carnegie** (1835–1919). 1848 wanderte die Familie nach Amerika aus, wo Carnegie sein Vermögen erwirtschaftete. Anfang des 20. Jahrhunderts war er einer der reichsten Männer der Welt und betätigte sich auch in Schottland als Wohltäter.

Die Vororte der Stadt sind wenig ansehnlich, aber von der Abtei aus gelangt man gleich in die hübsche Altstadt mit interessanten Gebäuden, wie den neugotischen City Chambers.

Ausflugsziele:

Im 13. Jahrhundert entstand in East Port der **Falkland Palace**, Sitz des mächtigen Clan MacDuff, der Earls of Fife, die die schottischen Könige krönten. Robert Stewart, 1. Duke of Albany, wurde 1402 angeklagt, den ältesten Sohn und Thronerben von König Robert III., David, 1. Duke of Rothesay, hier eingekerkert zu haben, weil dieser seine Macht einschränkte. Die Albany-Stewarts gerieten daraufhin in Ungnade.

Im 15. Jahrhundert wurde der Falkland Palace von der schottischen Krone übernommen und zu einem Renaissanceschloss ausgebaut

Die Könige James IV. und James V. gestalteten das Schloss bis zum Jahr 1541 in einen Renaissancepalast um und hielten sich oft dort auf. Unter James V. entstand ein Tennisplatz – der älteste in Schottland –, der heute noch existiert. Er starb hier nach der Schlacht bei Solway Moss und seine nur sechs Tage alte Tochter Mary Stuart wurde seine Nach-

folgerin. 1887 ließ der 3. Marquess of Bute den im Bürgerkrieg zerstörten Palast restaurieren.

In North Queensferry lohnt vor allem mit Kindern ein Ausflug zum **Deep Sea World**, einem der größten Aquarien Schottlands.

Von Andrew Carnegie gestiftet: der Pittencrieff Park in Dunfermline

SERVICE & TIPPS

Visit Scotland
High St.
Dunfermline, KY12 7DL
✆ 01383 720 999
www.visitscotland.com

Andrew Carnegie Birthplace Museum
Moodie St.
Dunfermline, KY12 7PL
✆ 01383 724 302
www.carnegiebirthplace.com
März–Nov. Mo–Sa 10–17, So ab 14 Uhr
Unterhalb der Abtei und östlich vom Pittencrieff Park, den Andrew Carnegie den Bürgern von Dunfermline stiftete, steht dessen Geburtshaus. Carnegie stammte aus einer Weberfamilie, die in bescheidenen und beengten Verhältnissen oberhalb der Werkstatt lebte.

Dunfermline Abbey and Palace
Dunfermline, KY12 7PE
✆ 01383 724 586
www.historicenvironment.scot
Ostern–Sept. tägl. 9.30–17.30, Okt.–März Mo–Mi, Sa/So 10–16 Uhr, Eintritt £ 4.50/2.70
Das Schiff der Abteikirche ist noch im Original erhalten, von außen wurde es um 1620 durch Stützpfeiler vor dem Einsturz bewahrt. Im bewohnbaren Teil der Abtei, dessen Ruinen man gleich neben der Kirche findet, waren ursprünglich permanente Gästezimmer für die Monarchen eingerichtet.

Ausflugsziele:

Falkland Palace
East Port, Falkland
Cupar, KY15 7DA
✆ 01337 857 397
www.nts.org.uk
März–Okt. tägl. 11–17, So ab 12 Uhr, Eintritt £ 12.50/9
Im Inneren des im 19. Jh. restaurierten Clansitzes der MacDuffs sieht man viele Kunstschätze, meist aus dem 17. Jh.

Deep Sea World Aquarium
Batter Quarry North
Queensferry
Fife, KY11 1JR
✆ 01383 411 880
www.deepseaworld.com
Mo–Fr 10–17, Sa/So 10–18 Uhr
Eintritt £ 13.50/9.50
Eines der größten Aquarien Schottlands, gleich auf der Nordseite der Forth Rail Bridge, zeigt Flora und Fauna aus heimischen und internationalen Gewässern.

3 DUNKELD UND BIRNAM

Die beiden Orte Dunkeld und Birnam trennt nur der River Tay, sie sind durch eine ausnehmend hübsche siebenbogige Eisenbrücke des Ingenieurs Thomas Telford aus dem Jahr 1809 miteinander verbunden.

Einst war **Dunkeld** spirituelles Zentrum Schottlands. Kenneth MacAlpin ließ 849 die Reliquien St. Columbas von der Insel Iona vor den Wikingern nach Dunkeld in Sicherheit bringen und machte es zum neuen geistlichen Zentrum des Reiches.

Während der Reformation und einer Schlacht zwischen Jakobitern und Regierung 1689 wurde der Großteil der mittelalterlichen Stadt zerstört, noch heute finden sich in der Kathedrale Einschusslöcher aus jener Zeit. Die halb verfallene **Dunkeld Cathedral** liegt heute äußerst romantisch in einer Parkanlage inmitten eines Tannenhains direkt am River Tay.

Über die Telford-Brücke gelangt man zum Uferweg am Tay, der zur **Birnam Oak** führt. Die von Stützen aufrechtgehaltene Eiche ist mindestens 300 Jahre alt und einer der wenigen verbliebenen Bäume des einstigen dichten Waldes. »Bis Birnams Wald anrückt auf Dunsinan, ist Furcht mir nichts«, spricht König Macbeth in Shakespeares Stück. Drei Hexen prophezeien ihm, dass er nichts zu fürchten habe, bis der Wald von Birnam zu ihm komme. In der Tragödie findet Macbeth sein Ende, als er von seinem Nachfolger Malcolm III. ermordet wird. Dieser nutzt die Baumrinde der Eichen von Birnam als Tarnung, um sich mit seinen Mannen anzuschleichen. So bewahrheitet sich die Prophezeiung der Hexen. Die Geschichte mit der Eiche ist allerdings frei erfunden, denn tatsächlich starb Macbeth (Mac Bethad mac Findlaích, 1040–57) westlich von Aberdeen in Lumphanan (vgl. Kasten S. 181).

Die Innenstadt von Dunkeld besteht weitgehend aus Häusern des späten 17. Jahrhunderts

SERVICE & TIPPS

Visit Scotland
The Cross, Dunkeld, PH8 0AN
✆ 01350 727 688
www.dunkeldandbirnam.org.uk
Gleich am Marktkreuz, auf dem Weg zur Kathedrale.

Birnam Oak
Oak Rd., Dunkeld, PH8 0BL
Symbolträchtige, mind. 300 Jahre alte Eiche.

Dunkeld Cathedral
The Manse, Cathedral St.
Dunkeld, PH8 0AW
✆ 01350 727 249
www.dunkeldcathedral.org.uk
Tägl. April–Sept. 10–18.30, Okt.–März bis 16 Uhr
Der Domchor aus dem 13. und 14. Jh. ist weiterhin in Benutzung. Das Kirchenschiff stammt aus dem 15. Jh.

Spill the Beans Café
6 Cathedral St.
Dunkeld, PH8 0AW
✆ 01350 728 111
Leckere Kuchenauswahl, warme Snacks und guter Kaffee, gleich bei der Kathedrale.

The Tay Bank
Tay Terrace, Dunkeld, PH8 0AQ
✆ 01350 727 340
www.thetaybankdunkeld.com
So–Do 11–23, Fr/Sa 11–24 Uhr
Gleich an der Telford Bridge und kaum zu verfehlen lädt dieser Gastropub zu einem entspannten Abend ein.

Neben moderner schottischer Küche im Restaurant bietet der Pub am Wochenende Livemusik von Folk bis Jazz. ££

Düstere Romantik: Dunkeld Cathedral

The Erigmore Estate Leisure Park
Birnam, PH8 0BJ
✆ 01350 727 236
www.erigmore.co.uk/
Swimmingpool tägl. außer Do 9–13 und 14–17, Do nur bis 13 Uhr, Eintritt £ 5/3
Eine willkommene Einkehr bieten der Pool und das Spa bei schlechtem Wetter, danach kann man sich im Restaurant The Three Trees stärken (beide sind öffentlich zugänglich).

4 EAST NEUK

Die sogenannte Ostecke von Fife gehört zu den beliebtesten Ausflugszielen des Countys. Hier reiht sich eine Kette malerischer Fischerdörfchen aneinander, die zum Bummeln und Entdecken einladen. Der für Schottland untypische flämische Baustil der weiß getünchten Cottages mit roten Ziegeldächern ist nicht zuletzt Zeugnis der langen Handelsbeziehungen mit den Niederlanden.

Der knapp 200 Kilometer lange **Fife Coastal Path** vom Firth of Tay im Norden zum Firth of Forth im Süden passiert die Dörfchen Anstruther, Crail, Pittenweem, St. Monans und Elie, die alle nicht weit voneinander entfernt liegen. Dabei hat man in der Ferne immer die Forth Rail Bridge im Blick. Auf dem Weg gibt es verschiedene Badestrände und einige Museen zu besuchen.

Im Örtchen **Anstruther** etwa dokumentiert das interessante **Scottish Fisheries Museum** in einem Gebäudekomplex aus dem 16. bis 18. Jahrhundert die Geschichte der Fischereiindustrie, vom Heringsboom bis zum Walfang.

Das Fischerdörfchen Crail ist einer der malerischen Orte, die am Fife Coastal Path liegen

Im hübschen Örtchen **Crail** mit seinen kopfsteingepflasterten Straßen ankern im Hafen die Fischerboote und Hummerkörbe liegen zum Trocken in der Sonne. Frischer Fisch wird von Imbissbuden aus angeboten. Das **Crail Museum and Heritage Centre** beleuchtet verschiedene Aspekte der Geschichte Crails.

SERVICE & TIPPS

Tourist Information
www.eastneukwide.co.uk

Scottish Fisheries Museum
Harbourhead
Anstruther, KY10 3AB
✆ 01333 310 628
www.scotfishmuseum.org
April–Sept. Mo–Sa 10–17.30, So 11–17, Okt.–März Mo–Sa 10–16.30, So 12–16.30 Uhr
Eintritt £ 8, bis 18 J. frei
Gemälde, Fotografien und viele Anschauungsobjekte, darunter auch 20 historische Boote, illustrieren das Thema Fischerei.

Crail Museum and Heritage Centre
62–64 Marketgate St.
Crail, KY10 3TL
✆ 01333 450 869
www.crailmuseum.org.uk
Osterferien und Juni–Sept. Mo–Sa 11–16, So ab 13.30 Uhr, April/Mai und Okt. nur Sa/So
Eintritt frei
Das Heimatmuseum zeigt u. a. historisches Handwerk.

Fife Coastal Path
www.fifecoastalpath.co.uk
Der knapp 200 km lange Wanderweg führt entlang der Küste und auch durch die hübschen Fischerorte von East Neuk von Firth of Tay zur Firth of Forth.

East Neuk Festival
www.eastneukfestival.com
12 Tage im Juni: Musik von Klassisch bis Jazz, Poetry sowie andere Events.

5 PERTH

Perth ist ein gut situiertes, ansprechendes Städtchen, das seinen Reichtum mit Lachs, Wolle und Whisky erarbeitete. An einer schönen Uferpromenade am River Tay und auf der breiten Fußgängerzone der High Street, mit witzigen Skulpturen, lässt es sich gut bummeln. Eine moderne Kunstgalerie und eine lebhafte Gastronomieszene komplettieren das Bild.

Vor den Toren der Stadt wird ein Stück der mittelalterlichen Geschichte Schottlands lebendig. Hier lag einst der Ort Scone. 843 wurde er unter Kenneth MacAlpin zur Hauptstadt des Reiches Alba ernannt und blieb es bis ins 11. Jahrhundert. Beim Ausbau des **Scone Palace** im 19. Jahrhundert wurden die Einwohner allerdings in das benachbarte heutige Scone umgesiedelt. In der Gartenanlage des Scone Palace findet man bei den verfallenen Mauern zum alten Friedhof noch das alte Marktkreuz und einen alten Torbogen. Oberhalb des Friedhofs sind Reste der einstigen Abtei zu sehen, die Alexander I. 1114 hier gründete. Gleich gegenüber fand auf dem Moot Hill die Krönungszeremonie der schottischen Könige auf dem Stone of Scone (vgl. S. 146) statt. Die Kapelle dahinter entstand auf den Fundamenten einer alten piktischen Kirche.

Kunst auf der High Street in Perth

Der Scone Palace selbst ist seit 1604 im Besitz der Familie Murray, die später den Titel Earls of Mansfield und Viscounts of Stormont trug. Der 3. Earl gab dem Palast um 1803 sein heutiges Gesicht. Der 1. Earl, William Murray, war als Lord Chief Justice der zweitwichtigste Richter des Landes. Er zeichnete sich durch seinen liberalen Geist aus, und seine Rechtsprechung etwa im Fall Somerset gegen Stewart 1772 war ein erster Schritt hin zur Abschaffung der Sklaverei in England. Er übernahm die Erziehung der unehelichen Tochter seines Neffen Dido Belle, eines Marineadmirals, mit einer afrikanischen Sklavin. Ein für damalige Verhältnisse revolutionäres Porträt von ihr und seinem Mündel Lady Elizabeth Murray, auf dem das dunkelhäutige Mädchen als gleichgestellt erscheint, diente 2013 als Vorlage für den Film »Dido Elizabeth Belle«. Das Gemälde ist heute im Ambassador's Room zu besichtigen.

Ausflugsziele:

Nur mit dem Boot zu erreichen ist das **Lochleven Castle** auf einer Insel im Loch Leven, in dem Mary Stuart zwischen 1567–68 eineinhalb Jahre in Gefangenschaft verbrachte. Das Schloss wurde ab

Loch Leven, der größte See der Central Lowlands

Moot Hill gegenüber vom Scone Palace: Hier wurden einst die schottischen Häupter gekrönt

1390 von den schottischen Monarchen genutzt, danach ging es in den Besitz von Sir Henry Douglas vom Clan Douglas über. Der Bruder des damaligen Schlossbesitzers, Sir William Douglas, unterlag Mary Stuarts weiblichem Charme und verhalf ihr zur Flucht: Er besorgte ein Boot und warf die Schlüssel zum Tor anschließend ins Wasser. Die Schlüssel fand man erst Jahre später wieder.

Südwestlich von Perth befindet sich das Golfhotel **Gleneagles**. Die 1924 eröffnete Luxusherberge war damals eine Sensation und wurde als Riviera der Highlands gelobt. Die Eigentümer der Caledonian Railway Company versahen das Hotel sogar mit einer eigenen Bahnstation. Durch den G8-Gipfel, der 2005 hier stattfand, wurde es in der ganzen Welt berühmt.

SERVICE & TIPPS

Visit Scotland Perth
45 High St., Perth, PH1 5TJ
✆ 01738 450 600
www.visitscotland.com
Mo–Sa Sept.–Juni 9.30–17, Juli/Aug. bis 18 Uhr, So jeweils kürzer

Die britische Tradition des Pferdesports wird auch bei den Perth Races gepflegt

Perth Museum and Art Gallery
78 George St., Perth, PH1 5LB
✆ 01738 632 488
www.pkc.gov.uk/museums
April–Okt. tägl. 10–17 Uhr
Eintritt frei
Hier gibt es eine Dauerausstellung über die Region sowie thematische Wechselausstellungen.

Scone Palace
Perth, PH2 6BD
✆ 01738 552 300
www.scone-palace.co.uk
Tägl. März/April, Okt. 10–16, Mai–Sept. 9.30–17 Uhr
Eintritt £ 11/8
Im Inneren des Palasts gibt es grandios dekorierte Räume, darunter auch ein Zimmer, in dem Queen Victoria 1842 übernachtete. Auch die Gartenanlagen

sind sehr sehenswert, dabei läuft man unweigerlich zahmen Pfauen über den Weg, die hier frei herumspazieren.

The Bothy
33 Kinnoull St., Perth, PH1 5EN
✆ 0845 659 5907
www.bothyperth.co.uk
Tägl. 10–23, Do–Sa bis 0.30 Uhr
Moderne schottische Küche, von Wildbret bis Fisch und Salate in Lounge-Atmosphäre.
££

Perth Races
Scone Palace Park
Perth, PH2 6BB
✆ 01738 551 597
www.perth-races.co.uk
Typisch britisch ist es, einen Tag beim Pferderennen zu verbringen. Daneben finden auch andere Events wie das April-Festival statt.

Ausflugsziele:

The Gleneagles Hotel
Auchterarder, PH3 1NF
✆ 0800 389 3737
www.gleneagles.com
Auch wer sich keine Übernachtung in dem historischen Fünfsternepalast leisten mag, kann das Spa besuchen oder eine Runde Golf spielen.

Lochleven Castle
Perthshire
Kinross, KY13 8UF
✆ 01577 862 670
www.historicenvironment.scot
Ostern–Sept. tägl. 10–16.15, Okt. bis 15.15 Uhr
Eintritt £ 5.50/3.30 (inkl. Bootsfahrt)
Von Kinross, südlich von Perth, verkehren Ausflugsboote zur Insel. Wahlweise kann man auch um den See wandern und die Aussicht auf das Schloss, in dem Mary Stuart eingesperrt war, von der Ferne genießen.

RSPB Loch Leven Nature Reserve
Vane Farm Nature Centre
Near Kinross, KY13 9LX
✆ 01577 862 355
www.rspb.org.uk
Tägl. 10–17 Uhr, Café bis 16 Uhr
Eintritt £ 5/1
Der Loch Leven ist im Sommer ein Anlaufpunkt für brütende Fischadler, Kurzschnabelgäse, Schwäne und Enten.

Das Nature Centre des RSPB (vgl. S. 290) am Südende des Sees umfasst den Vane Hill. Von oben hat man einen guten Ausblick. Für die Vogelbeobachtung aus der Nähe gibt es drei Aussichtsplattformen am Seeufer.

Beim Spaziergang in den Gärten des Scone Palace kreuzen häufiger Pfauen den Weg

6 PITLOCHRY

Pitlochry liegt am Fuß der Cairngorm Mountains am River Tummel und entstand auf beiden Seiten einer Militärstraße, die General Wade im 1725 als Verbindung zu den Forts im Norden und zur Verteidigung gegen die Jakobiter hatte bauen lassen. Bereits zu Zeiten der Viktorianer war es ein beliebter Luftkurort. Zu den Sehenswürdigkeiten gehört die Lachsleiter am **Pitlochry Dam**, der Staumauer aus dem Jahr 1947. Während der Saison kann man hier beobachten, wie Lachse auf der Fischtreppe nach oben in den Loch Faskally steigen.

Seit 1852 finden im Ort die **Pitlochry Highland Games** statt. Jedes Jahr kann man im September solch seltsame Disziplinen bewundern wie *tossing the caber*, wobei ein riesiger Baumstamm gehoben und möglichst weit geworfen werden muss.

Die Hauptstraße von Pitlochry: Seit Mitte des 19. Jahrhunderts ist der Ort ein beliebtes Reiseziel

Ausflugsziele:

Die A9 führt von Pitlochry nach Norden zum **Pass von Killiecrankie,** einem engen Taleinschnitt des River Garry. 1689 fand hier eine der ersten Schlachten der Jakobiteraufstände statt, in der die Rebellen die Engländer unter General Mackay besiegten. Das weiß getünchte **Blair Castle** liegt malerisch noch ein Stück weiter im Glen Garry, schön eingerahmt von Bergen und Wald. Das Schloss war der Sitz des Duke of Atholl, Chief des Clan Murray. Queen Victoria gestattete ihm die Formierung seiner Privatarmee – der Atholl Highlanders, die hin und wieder für Touristen aufmarschieren.

Südwestlich von Pitlochry wiederum befand sich 400 Jahre lang der Sitz des Clan Menzies (gespr. »Mingis«) im Renaissanceschloss **Castle Menzies** aus dem 16. Jahrhundert. Heute wird es von der Menzies Clan Society verwaltet. Der Clan unterstützte die Jakobiter und Bonnie Prince Charlie übernachtete hier 1746 auf seinem Weg nach Culloden (vgl. Kasten S. 190).

In Schottlands Seen sieht man oft kleine Inselchen, die manchmal Überbleibsel von Pfahlbauten sind, deren Stützen tief im Boden der Seen verankert wurden. Im Loch Tay hat man Pfähle aus der Eisenzeit 600–400 v. Chr. gefunden, Werkzeuge zur Holzbearbeitung, Nahrungsreste und sogar 2600 Jahre alte Kleidung. Heute kann man hier die Nachbildung eines Pfahlbaus und im **Loch Tay Crannog Centre** Originalfunde besichtigen. Der See ist auch bei Wassersportlern beliebt.

STONE OF SCONE

Auf dem Stone of Scone, einem etwa 150 Kilogramm schweren Block aus rotem Sandstein, wurden vom 9. bis zum 13. Jahrhundert alle schottischen Könige gekrönt. 1296 ließ ihn Edward I. in die Westminster Abbey schaffen und unter dem Krönungsstuhl anbringen. Fortan waren es die englischen und später die britischen Könige, die auf ihm gekrönt wurden, ein Affront gegenüber den Schotten. Erst 1996 gaben die Engländer den Krönungsstein zurück. Heute befindet er sich im Edinburgh Castle.

SERVICE & TIPPS

Visit Scotland
22 Atholl Rd.
Pitlochry, PH16 5BX
✆ 01796 472 215
www.visitscotland.com
Ostern–Juli, Sept.–Okt. tägl. außer So 9.30–17.30, Juli/Aug. tägl. 9–18, So jeweils kürzer, Okt.–März tägl. außer So 10–16 Uhr

Pitlochry Dam/Pitlochry Angling Club
The Secretary, P.O. Box 7222
Pitlochry, PH16 9AE
✆ 07541 404 048
www.pitlochryanglingclub.com
Tagesticket Dam Fishing £ 35
Bei dem Angelverein kann man Erlaubnisscheine auch online buchen, mit denen man am Pitlochry Dam Lachse angeln darf. Den besten Fang der gut genährten Fische aus dem Atlantik macht man Mitte März bis Mitte Juni.
Begonnen wird an der Südseite des Flusses bei der Portnacraig Road, mittags wechselt man auf die andere Seite. Angelbeginn ist frühmorgens, bis 17 Uhr muss man den Fluss verlassen haben.

Fern Cottage
Ferry Rd., Pitlochry, PH16 5DD
✆ 01796 473 840
www.ferncot tagepitlochry.co.uk
Moderne schottische Küche mit mediterranem Einschlag. ££

Lavender Spa/ Atholl Palace Museum
Atholl Palace Hotel
Pitlochry, PH16 5LY
✆ 01796 473 777
www.athollpalace.com/spa
Museum tägl. 10–17 Uhr, Eintritt frei
Spa tägl. 10–18, Pool und Fitnessraum Mo–Fr 7–21, Sa/So 7–19 Uhr
Eintritt ab £ 5
Wer sich einmal richtig verwöhnen will, ist im Spa dieses exklusiven Hotels richtig. Hier kann man auch Anwendungen buchen oder im Pool plantschen, wenn man nicht im Hotel wohnt. Über die lange Geschichte des ersten Hotels am Platz kann man danach im angeschlossenen Museum informieren.

Pitlochry Highland Games
Ferry Rd.
Pitlochry, PH16 5DZ

In solchen Pfahlbauten (crannogs) haben die Menschen der Eisenzeit am Loch Tay gelebt

Der siebte Duke of Atholl ließ das Märchenschloss Blair Castle bauen

www.pitlochryhighlandgames.co.uk, tägl. 10.30–17.30 Uhr
Eintritt £ 8/2, bis 5 J. frei
Die ersten Highland Games gab es 1852 und nun finden sie jedes Jahr am zweiten Samstag im September statt.

Ausflugsziele:

Blair Castle
Blair Atholl, Pitlochry, PH18 5TL
www.blair-castle.co.uk
Ostern–Okt. tägl. 9.30–17.30 Uhr, Eintritt £ 10.70/6.40
Mehrfach erweitert zeigt sich das Schloss heute im Scottish Baronial Style aus den Jahren 1860–70. Besonders sehenswert sind auch die Gartenanlagen.

Castle Menzies
Weem, Aberfeldy, PH15 2JD
✆ 01887 820 982
www.castlemenzies.org
April–Okt. tägl. 10.30–17, So ab 14 Uhr, Eintritt £ 6.60/3
Auf dem Gelände des Renaissanceschlosses befindet sich auch die mittelalterliche Old Kirk of Weem mit dem Mausoleum des Menzies-Clans.

Loch Tay Crannog Centre
The Scottish Crannog Centre
Loch Tay, Kenmore
Aberfeldy, PH15 2HY
✆ 01887 830 583
www.crannog.co.uk
Ostern–Okt. tägl. 10–17.30 Uhr
Eintritt £ 8.75/6.50
Das hochinteressante Besucherzentrum am stillen und tiefen Loch Tay informiert über die Pfahlbauten *(crannogs)* in Schottland, die von 3000 v. Chr. bis ins 17. Jh. hinein entstanden.

7 ST. ANDREWS

In der exklusiven Universitätsstadt herrscht ein gemächliches Tempo. Sie liegt in einer schönen Bucht und öffnet sich mit zwei Stränden zum Meer. Nachdem die Wikinger über den River Tay in Dunkeld eingefallen waren und die Kathedrale geplündert hatten, wurde St. Andrews, das damals noch Kilrymont hieß, im 10. Jahrhundert zum geistlichen Zentrum der Schotten.

Der historische Stadtkern folgt noch der mittelalterlichen Straßenordnung, Kathedrale und Schloss – beide stehen nur noch als Ruinen – liegen ganz nah an der Küste. Keltische Mönche errichteten hier die Kirche St. Mary on the Rock, deren Überreste heute noch nahe beim Hafen stehen.

Um 1070 wurde die St. Regulus Church erbaut, wo die Gebeine des Apostels Andreas verwahrt werden sollten. Diese waren der

Legende nach von dem Griechen Regulus im 4. Jahrhundert nach Schottland gebracht worden. Aufbewahrt wurden sie zunächst im noch erhaltenen Turm der Kirche. Erst im Jahr 1160 begann man mit dem Bau der **St. Andrews Cathedral**, die nach fast 200 Jahren Bauzeit 1318 von Robert the Bruce eingeweiht wurde. Sie stieg zur wichtigsten Kathedrale im Land und zum Pilgerzentrum auf. Hier heirateten James V. und Marie de Guise am 10. Juni 1538, bevor sie in den Linlithgow Palace umzogen, wo ihre Tochter Mary Stuart geboren wurde.

Das **St. Andrews Castle** war Sitz des katholischen Kardinals Beaton, gegen den sich der Hass der Reformatoren richtete. König James V. (1513–42), der die Reformation in England unter Henry VIII. ignorierte und Rom treu ergeben blieb, hatte dafür vom Papst das Recht erhalten, auch seine illegitimen Kinder sowie Favoriten in wichtige Kirchenpositionen einzusetzen. So machte er David Beaton zum Erzbischof und Kardinal von St. Andrews, der mit äußerster Härte gegen die Reformatoren vorging.

1546 ließ er etwa George Wishart (1513–46), einen der Reformatoren, die die calvinistische Lehre predigten, verhaften und in einem Schauprozess hinrichten. Es kam zu einer Rebellion, die Reformatoren griffen das Schloss an und Beaton wurde auf grausame Weise umgebracht. Unter denen, die das Schloss belagerten, war auch der Reformator John Knox, der in St. Andrews studiert hatte und ein Freund von Wishart war.

Marie de Guise, die damals noch anstelle ihrer Tochter Mary Stuart regierte, bat die Franzosen um Hilfe. Im Sommer 1547 wurden die Besatzer zur Aufgabe gezwungen, John Knox gefangen genommen und als Galeerensklave eingesetzt. 1559 wiegelte er die Protestanten erneut gegen die Katholiken auf, bis diese die Kathedrale besetzten und plünderten. Heute steht nur noch ihre

Die gemütliche Universitätsstadt St. Andrews

Ruine. Überall in der Stadt findet man Erinnerungen an die bewegten Zeiten der Reformation. Die **Universität**, an der sich übrigens Prince William und Kate Middleton kennenlernten, entstand 1410 und bestimmt noch heute das Leben der Stadt. Das älteste Universitätsgebäude ist das St. Salvator College aus demselben Jahr.

Auf einer grünen Dünenlandschaft vor der Kulisse von St. Andrews erstreckt sich wohl einer der bekanntesten Golfplätze der Welt, der **Royal and Ancient Golf Club** (vgl. Kasten). Er umfasst auch den historischen Old Course, den jeder Golfer einmal bespielen möchte: Wurden doch genau hier 1744 die ersten Golfregeln festgelegt. Der Club gilt daher heute als Alma Mater des Golfsports.

SERVICE & TIPPS

i Visit Scotland
70 Market St.
St. Andrews, KY16 9NU
✆ 01334 472 021
www.visitscotland.com
Tägl. 9.15–17, Juli–Sept. Mo–Sa bis 18 Uhr
Tickets für Fähren, Busse usw.

DER GOLFSPORT IN SCHOTTLAND

In Großbritannien ist Golf ein Breitensport. Die meisten Clubs bieten die Zahlung einer Green Fee an, so dass man einen Link stunden- oder tageweise spielen kann, ohne Mitglied werden zu müssen. In vielen Clubs gibt es außerdem 9-Loch-Routen für Anfänger sowie Übungseinrichtungen. St. Andrews gilt allgemein als die Heimat des britischen Golfsports, weil hier im Royal and Ancient Golf Club im Jahr 1744 die früheste Niederschrift der modernen Golfregeln erfolgte.

Wie und wann sich der Golfsport in Großbritannien entwickelt hat, ist nicht ganz genau geklärt. Die ersten geschriebenen Hinweise finden sich im 15. Jahrhundert, genauer gesagt im Jahr 1457, als König James II. das Spiel untersagte, damit seine Untertanen sich im militärisch wichtigeren Bogenschießen üben konnten. Das Verbot wurde im 16. Jahrhundert wieder aufgehoben, weil selbst James IV. und Mary Stuart an dem Spiel Gefallen fanden. Golfähnliche Spiele gab es auch in China und Holland. Doch zu jedem Sport gehören auch Regeln und die wurden in St. Andrews festgelegt. Von hier aus verbreitete sich im 18. Jahrhundert das Spiel in der ganzen Welt. Heute legt der Dachverband R&A, der aus dem Royal and Ancient Golf Club hervorging, die aktuellen Regeln für das Spiel fest, allerdings in Zusammenarbeit mit der United States Golf Association (USGA).

Golfanlage der St. Andrews Links, auch bekannt als »Home of Golf«

Allein in der ländlich grünen Landschaft von Fife gibt es über 45 Golfplätze. In den letzten Jahren sind die Spielerzahlen jedoch rückläufig und man erklärt dies unter anderem damit, dass man zum Golfspielen recht viel Zeit braucht, die die Menschen heute nicht mehr aufbringen können oder wollen. Wer in Schottland spielen will, kann bei den meisten Clubs auch online im Voraus buchen. Für einen Championship Course muss man jedoch ein bestimmtes Handicap vorweisen können.

St. Andrews Castle
The Scores
St. Andrews, KY16 9AR
✆ 01334 477 196
www.historicenvironment.scot
Tägl. April–Sept. 9.30–17.30,
Okt.–März 10–14 Uhr
Eintritt £ 5.50/3.30, Kombiticket mit Kathedrale £ 8/4.80
Das Schloss fiel ebenso wie die Kathedrale den Reformationswirren im 16./17. Jh. zum Opfer, die pittoreske Ruine ist dennoch ein beliebtes Ziel von Touristen.

St. Andrews Cathedral
The Pends
St. Andrews, KY16 9QL
✆ 01334 472 563
www.historicenvironment.scot
Tägl. April–Sept. 9.30–17.30,
Okt.–März 10–14 Uhr
Eintritt £ 4.50/2.70
Kombiticket mit Schloss £ 8/4.80
Von der einst wichtigsten Kathedrale Schottlands steht nur noch eine Ruine. Der romanische Vorgängerbau mit dem für damalige Verhältnisse hohen Turm von 33 m ist auch noch mitten in den Ruinen zu sehen.

Royal and Ancient Golfclub
Links Clubhouse
West Sands
St. Andrews, KY16 9XL
www.standrews.com
Ältester Golfclub der Welt und Hüter der Regeln des Golfsports. Besucher dürfen nach Zahlung der Green Fees auch als Gäste auf den verschiedenen Golf Links spielen.

The Byre Theatre
University of St. Andrews
Abbey St.
St. Andrews, KY16 9LA
✆ 01334 475 000
www.byretheatre.com
Kartenvorverkauf tägl. außer So 10–16.30 Uhr
Café-Restaurant Mo/Di 10–21, Mi–Sa 10–24, So 10–17 Uhr
Das Kulturzentrum bietet ein vielseitiges Programm mit Theater, Konzerten und Film. Daneben ist das Café-Restaurant ein beliebter Treffpunkt, donnerstags gibt es hier Jazzkonzerte.

Nur noch als Ruinen erhalten: St. Andrews Cathedral …

The Seafood Restaurant
Bruce Embankment
St. Andrews, KY16 9AB
✆ 01334 479 475
www.theseafoodrestaurant.com, tägl. 10–24 Uhr
Das verglaste Restaurant direkt am Strand hat eine unschlagbare Aussicht auf die Bucht von St. Andrews. Hier wird sehr feine Küche serviert, der Schwerpunkt liegt auf Fisch und guten Weinen. ££–£££

… und St. Andrews Castle

Region 7
Aberdeen, Angus
& Cairngorms

ABERDEEN, ANGUS UND DER CAIRNGORMS NATIONAL PARK

NORDSEEMETROPOLE, WHISKY UND KÖNIGLICHE LANDSCHAFTEN

Der Lover's Walk am River Dee: Königin Victoria verliebte sich einst in die idyllische Flusslandschaft und verbrachte fortan den Sommer dort

Der Nordosten Schottlands vereint viele unterschiedliche landschaftliche Merkmale, vom Hochgebirge bis zu breiten Nordseestränden. Im Osten bestimmt das naturbelassene Bergland des Cairngorms National Park das Bild, des größten und jüngsten der britischen Nationalparks mit einer Fläche von 3800 Quadratkilometern. Hier befinden sich fünf der sechs höchsten Berge Schottlands, und an den glasklaren Wassern des Spey wird der feine Speyside Single Malt Whisky gebraut, zu dem so bekannte Marken wie Glenfiddich und Glenlivet gehören. In den Lüften kreisen Steinadler und in den Wäldern wie dem dichten Kiefernwald Caledonian Forest kann man Wildkatzen sichten.

Das Gebiet um den River Dee trägt den Titel 6 Royal Deeside, seit Queen Victoria sich in die Landschaft verliebte und das Balmoral House zu ihrem Sommersitz ausbau-

te. Die königliche Nähe zog bereits zu damaligen Zeiten Touristenschwärme an. Die amtierende Queen Elizabeth II. verbringt hier noch heute jedes Jahr den Sommer. Die umliegenden Örtchen Ballater und Braemar sind nicht zuletzt wegen der kuriosen Highland Games, allen voran dem Braemar Gathering, bekannt, wo starke Männer in Kilts Baumstämme durch die Gegend werfen.

Beim Braemar Gathering legen sich jedes Jahr Jung und Alt mächtig ins Zeug

Südlich des Gebirges verläuft die Highland Boundary Fault bis zur Nordsee bei Stonehaven. Rund um die Küste zieht sich am Fuß des Gebirges ein breiter Streifen ländlich-flaches Gebiet, das nur von sanften Hügeln, begrünten Dünen und Seeklippen unterbrochen wird. Hier bestimmte von jeher die See das Leben der Bewohner der einst so bedeutenden Fischereihäfen wie Arbroath oder Aberdeen. Dazwischen erstrecken sich die Strände, die die Region zu Beginn des 20. Jahrhunderts zu einem beliebten Urlaubsziel werden ließen.

Tatsächlich gehört der Nordosten Schottlands zu den regenärmsten und sonnigsten Gebieten, obwohl fast immer mit Wind zu rechnen ist. Das Gebiet wird nicht zuletzt dominiert von zwei der größten Städte Schottlands, von Aberdeen und Dundee. In Aberdeen ist das Öl von den Nordseebohrinseln Motor für den Wohlstand. Die reiche Historie spiegelt sich in Gebäuden wie der alten Universität aus dem 14. Jahrhundert.

Dundee, Kapitale des kleinen Countys Angus am Delta des River Tay, war lange Zeit tonangebend in der Juteindustrie, dem Walfang und dem Schiffsbau. Heute bietet die viertgrößte Stadt Schottlands mit ihren interessanten Museen viel Kultur. Hier ist auch der Sitz eines der größten Verlagshäuser Schottlands, der DC Thomson & Son Ltd., das neben regionalen Zeitungen auch die bekannten Dandy Comics herausgibt. Weiter östlich an der Küste liegt der Fischereihafen Arbroath. In der einst bedeutenden Arbroath Abbey wurde 1320 die »Declaration of Arbroath«, die schottische Unabhängigkeitserklärung, verfasst.

Hölzerne Buhnen (groynes) schützen die Strände vor Aberdeen gegen die fortwährende Erosion

Angus war Teil des südlichen Reiches der Pikten, der schottischen Ureinwohner. Spuren ihrer Zivilisation findet man an vielen Stellen, etwa in ihren typischen Skulpturensteinen. Einige davon sind in Museen untergebracht, andere kann man an ihren ursprünglichen Standorten betrachten wie die Skulpturensteine in Aberlemno.

Dank des glitzernden Granits auch »Silver City« genannt: die Innenstadt von Aberdeen

Aberdeen – Stadt zwischen Dee und Don

Aberdeen ist mit 230 000 Einwohnern Schottlands drittgrößte Stadt und liegt zwischen den Flüssen Dee und Don. Im 14. Jahrhundert wuchs Old Aberdeen an der Mündung des River Don rund um die St. Machars Kathedrale und das King's College, den Vorläufer der späteren Universität. New Aberdeen war der Fischerei- und Handelshafen am Delta des River Dee mit einer günstigen Lage an der Nordsee. Später verlagerte sich der Schwerpunkt von der Fischerei auf den Schiffsbau. Erst 1891 wurden die beiden Orte miteinander vereint.

Der Großteil der Architektur der heutigen Stadt stammt aus dem 19. Jahrhundert und besteht aus grauem Granit. Granit verwittert nicht so schnell wie Sandstein und glitzert in der Sonne, weshalb die Stadt auch Silver City genannt wird. Wegen der grauen Einheitsfarbe wird hier besonders viel Energie in Blumendekorationen gesteckt, die das Ganze farblich auflockern.

Heutzutage ist Aberdeen auch als *Oil Capital* Schottlands bekannt, denn in den 1960er und 1970er Jahren wurden vor der schottischen Küste große Erdölvorkommen entdeckt und die Firma BP machte Aberdeen zu ihrem Hauptsitz. Dies führte zu einem Bauboom und einer Vergrößerung des Hafens. Die Finanzkrise im Jahr 2008 und die fallenden Ölpreise der letzten Jahre haben jedoch Auswirkungen gezeigt. Heute wagt man den Blick in die Zukunft und investiert in erneuerbare Energien. Auch die University of Aberdeen und die Robert Gordon University sind ein bestimmender Faktor für das Leben in der Stadt.

Stadtrundgang

Der Rundgang beginnt im Osten der Hauptstraße Union Street am Platz ❶ **Castlegate** mit dem Marktkreuz (Mercat Cross), wo einst das Schloss stand. Während der Unabhängigkeitskriege hatten sich die Engländer hier verschanzt, weshalb König Robert the Bruce es 1308 in Schutt und Asche legte. Als gute Patrioten halfen die Bürger von Aberdeen dabei mit und wurden von Bruce dafür mit Ländereien belohnt. Aus dieser Zeit stammt das Motto der Stadt, *Bon Accord*, welches das Passwort für den Angriff gewesen sein soll.

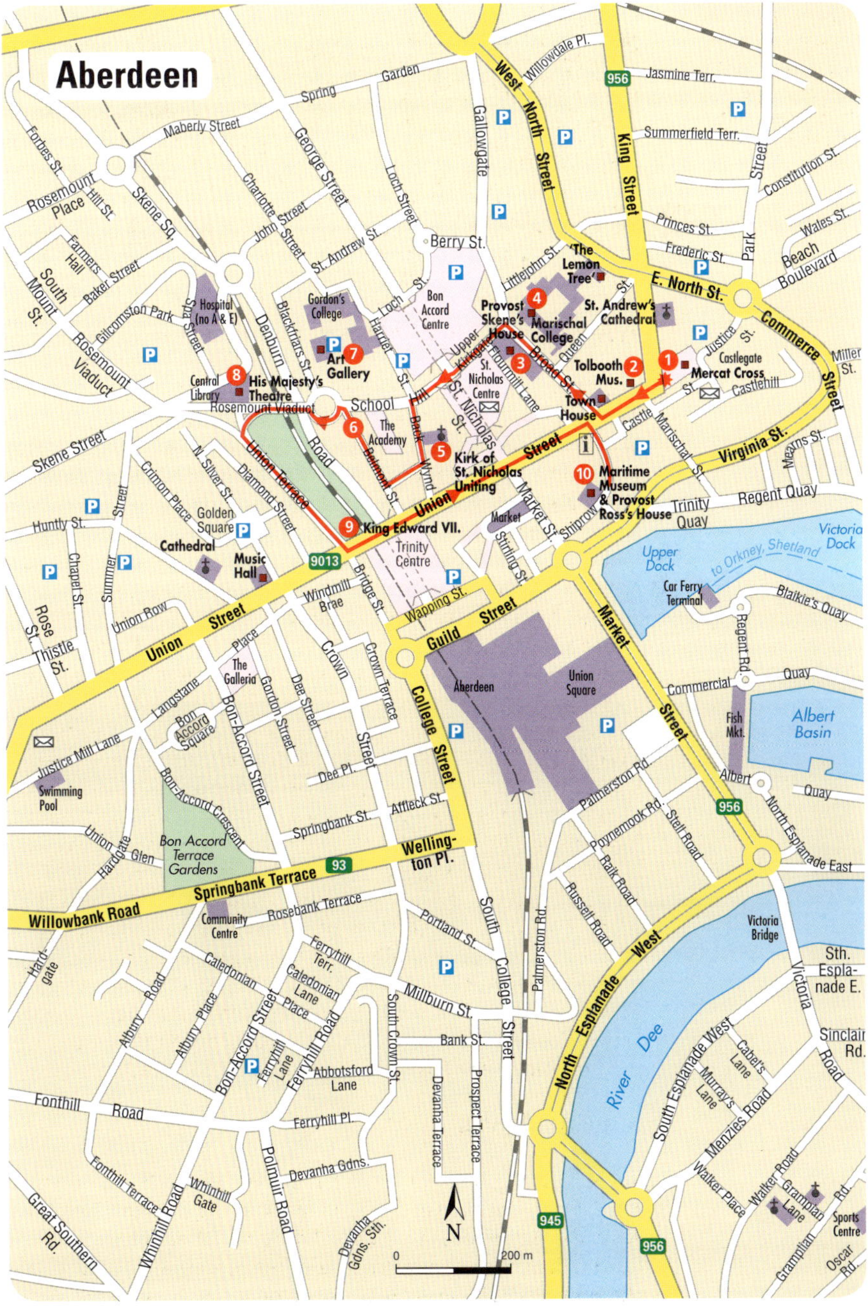

In Richtung Südwesten gelangt man zum ❷ **Tolbooth Museum**, einem ehemaligen Gefängnis mit gotischen Spitztürmen. Das Museum dient als Heimatmuseum und gibt Einblick in das Strafwesen des 17. und 18. Jahrhundert. Biegt man rechts in die Broad Street, erreicht man das ❸ **Provost Skene's House** aus dem Jahr 1545, das Einblick in das Leben der Oberklasse vom 17. bis 19. Jahrhundert gibt. Gegenüber erhebt sich der neugotische Bau des ❹ **Marischal College** im Perpendikularstil des späten 19. Jahrhunderts von Archibald Simpson und A. Marshall Mackenzie. Es soll das zweitgrößte Granitgebäude der Welt sein. Das protestantische College wurde im Jahr 1593 von Earl Marischal gegründet und ist heute Teil der University of Aberdeen. Auf dem Vorplatz des Colleges steht ein Reiterstandbild von Robert the Bruce.

Über die Straße Upper Kirkgate gelangt man zur ❺ **St. Nicholas Kirk**. Die Kirche ist unterteilt in eine West- und Ostkirche. Die Ostkirche steht über alten Fundamenten aus dem 12. und 15. Jahrhundert, wo derzeit archäologische Ausgrabungen stattfinden. Folgt man weiter der Upper Kirkgate bzw. Schoolhill, kann man links einen Abstecher in das hübsche Gässchen Back Wynd machen, dann wieder nach rechts abbiegen, bis man auf die ❻ **Belmont Street** gelangt, eine beliebte Flaniergasse.

Folgt man der Belmont Street wieder nach Norden, steht man bald vor der ❼ **Aberdeen Art Gallery** mit Werken vom späten 19. Jahrhundert bis zur Gegenwart. Darunter französische Impressionisten, schottische und englische Künstler sowie Kunsthandwerks- und Designgegenstände. Weiter entlang der Schoolhill gelangt man zum Rosemount Viaduct, das über eine Parkanlage führt. Vor dem Musicaltheater ❽ **His Majesty's Theatre** biegt man links in die Union Terrace ab, die zurück zur Union Street

Das Mercat Cross mit dem schottischen Einhorn an der Spitze symbolisiert das mittelalterliche Marktrecht in Aberdeen

führt. Auf der linken Seite erhebt sich dort eine Granitstatue von 9 **König Edward VII.**

Von hier aus folgt man der Union Street in Richtung Osten und passiert links den klassizistischen Paradebogen von John Smith aus dem Jahr 1829, der ebenfalls zur St. Nicholas Kirk (s. o.) führt. Bei der Market Street beginnt links der Einkaufsbereich der Fußgängerzone. Kurz darauf biegt man rechts in die Shiprow ein und gelangt zum 10 **Maritime Museum**. Das Meeresmuseum beleuchtet die enge Verbundenheit mit der See, die von jeher das Geschick der Stadt bestimmt. Das Museum ist zum Teil untergebracht im **Provost Ross's House** aus dem Jahr 1593, dem zweitältesten Haus Aberdeens. Wieder zurück auf der Union Street kann man von dort mit dem Bus Nr. 20 nach Old Aberdeen fahren.

In der Aberdeen Art Gallery werden Werke von Meistern wie William Turner, Monet oder Picasso gezeigt

Old Aberdeen

Bis heute wirkt Old Aberdeen wie ein eigenständiger Ort, obwohl es 1891 eingemeindet wurde. Die meisten Sehenswürdigkeiten befinden sich entlang der alten High Street, beginnend mit den **Powis Gates** am Anfang der Straße. Das Tor mit den zwei minarettartigen Türmen wurde von Hugh Fraser Leslie of Powis 1834 errichtet. Auf der rechten Seite passiert man das **King's College** aus dem Jahr 1495. Der einflussreiche Bischof Elphinstone, ab 1488 Kanzler unter James III. und ab 1492 Lordsiegelbewahrer unter James IV., war die treibende Kraft hinter der Gründung der Universität. Dem Bischof ist hier ein massives Grabdenkmal gewidmet.

Ein Stück weiter auf der rechten Seite befindet sich im Old Townhouse aus dem Jahr 1789 das **Kings's Museum**. Gezeigt werden Exponate aus der Sammlung der Universität seit 1727. Links steht noch der Fuß des Mercat Cross von Old Aberdeen aus dem 16. Jahrhundert. Hier erstreckt sich auch der **Cruickshank**

Highlanddance in Aberdeen

Das Roundhouse am Pocra Quay in Footdee, das frühere Haus des Hafenmeisters

Botanic Garden, eine Stiftung von Miss Anne Cruickshank mit 2500 Pflanzen. Rechts erhebt sich die **St. Machar's Cathedral**. Das heutige Gebäude entstand mit vielen Unterbrechungen zwischen 1320 und 1532. Nach der Reformation gingen die Kirchenschätze verloren. Angeblich ist hier aber ein Arm von William Wallace in der Kirchenwand beigesetzt.

Der **Seaton Park** führt von hier aus bis zu den Ufern des River Don. Die **Brig o' Balgownie** ist eine hübsche Steinbrücke aus dem 17. Jahrhundert, einst die einzige Verbindung über den Fluss. Der Dichter Lord Byron erwähnte die Brücke in seinem Gedicht »Don Juan«. Schlägt man vor der Brücke den Spazierpfad entlang des Don in Richtung Osten ein, gelangt man auf die **Esplanade** und zum beliebten Strand von Aberdeen. Dauerhaft steht hier der Vergnügungspark **Codonas** mit Karussells und Eiscremebuden.

Ausflugsziel:

Einen Ausflug lohnt das alte Fischerdörfchen **Footdee** nahe dem Hafenausgang am Pocra Quay. An der Stelle befand sich bereits im Mittelalter ein Dorf. Die pittoresken alten Häuschen mit fantasievoll gestalteten Vorgärten sind um zwei Plätze herum angeordnet. Man baute die Eingänge mit Blick auf die Innenhöfe, um sie vor dem Seewind zu schützen.

In Richtung Osten verläuft der Pocra Quay über den North Pier weit hinaus bis in die See, vorbei am **Roundhouse**, einem achteckigen Turm aus dem Jahr 1797, von dem aus früher der Schiffsverkehr kontrolliert wurde. Der Obelisk **Scarty's Monument** erinnert an einen Wachmann, der hier bei schlechtem Wetter Wache halten musste. Der moderne weiße Bau gegenüber beherbergt das moderne **Schifffahrtskontrollzentrum**. In der Hafeneinfahrt tummeln sich manchmal Delfine.

SERVICE & TIPPS

Visit Scotland
23 Union St.
Aberdeen, AB11 5BP
✆ 01224 288 828
www.visitscotland.com
Juli/Aug. Mo–Sa 9–18.30, So 10–16, sonst Mo–Sa 9.30–17, Ostern–Juni, Sept.–Weihnachten auch So 11–16 Uhr

Öffentliche Verkehrsmittel
www.aberdeencity.gov.uk/transport_streets/public_transport
Hier kann man einen Netzplan für alle Busse herunterladen.

7 Aberdeen Art Gallery
Schoolhill
Aberdeen, AB10 1FQ
✆ 03000 200 293
www.aagm.co.uk
Bis Winter 2017 wegen Umbau geschl.
Während des Umbaus der Kunstgalerie werden einige der Werke im Aberdeen Maritime Museum (s.u.) gezeigt. Auf der Website gibt es auch Hinweise zu Sonderausstellungen an anderen Orten.

10 Aberdeen Maritime Museum
Shiprow, Aberdeen, B11 5BY
✆ 01224 337 700
www.aagm.co.uk/Visit/AberdeenMaritimeMuseum
Mo–Sa 10–17, So 12–15 Uhr
Vom Schiffsbau über die Hochseefischerei bis zur Öl- und Gasförderung in der Nordsee werden alle maritimen Aspekte Aberdeens beleuchtet.

Gordon Highlanders Museum
St. Luke's, Viewfield Rd.
Aberdeen, AB15 7XH
✆ 01224 311 200
www.gordonhighlanders.com
Feb.–Nov. Di–Sa 10–16.30 Uhr
Eintritt £ 7/3.50 (bis 14 J.)
Das Infanterieregiment der Gordon Highlanders wurde von Alexander, 4. Duke of Gordon, 1794 gegründet. Bis zum Zweiten Weltkrieg war es in vielen Auseinandersetzungen aktiv, 1994 wurde es Teil der persönlichen Highlander Garde der amtierenden Queen. Nach den Highland Clearances boten solche Regimenter den Mitgliedern der Highland-Clans eine neue berufliche Laufbahn.

Herbst am Strand von Aberdeen: im Hintergrund der Vergnügungspark Codonas

Das King's College gehört heute zur University of Aberdeen

King's Museum
University of Aberdeen
Old Town House, High St.
Aberdeen, AB24 3EN
✆ 01224 274 330
www.abdn.ac.uk/museums
Di–Sa 11.30–16.30 Uhr
Eintritt frei
Unter den Exponaten befinden sich prähistorische schottische Artefakte, Funde aus Ägypten und Griechenland etc.

3 Provost Skene's House
Guestrow, zwischen Broad St. & Flourmill Lane
Aberdeen, AB10 1AS
✆ 01224 641 086
www.aagm.co.uk/Visit/ProvostSkenesHouse
In dem Gebäude aus dem 16. Jh. geben verschiedene Stockwerke Einblick in das Leben der Oberklasse vom 17. bis 19 Jh. Während der Umbauarbeiten am Marischal Square ist das Haus leider geschlossen.

2 The Tolbooth Museum
Castle St.
Aberdeen, AB11 5BQ
✆ 01224 621 167
www.aagm.co.uk/Visit/TheTolboothMuseum
Mo–Sa 10–17, So 12–15 Uhr
Eintritt frei
Das Tolbooth Museum, ein Gefängnis aus dem 17. Jh., ist eines von Aberdeens ältesten Gebäuden. Zu sehen sind u.a. noch erhaltenen Originalzellen sowie die Schneide der Aberdeen Guillotine aus dem 17. Jh.

King's College
52 College Bounds
Aberdeen, AB24 3FX
✆ 01224 272 000
www.abdn.ac.uk
Bischof Elphinstone war ab 1488 Kanzler unter James III. und ab 1492 Lordsiegelbewahrer unter James IV. Das College gründete er mit dem Ziel, Ärzte, Lehrer und Geistliche für die Gemeinden Nordschottlands auszubilden. 1515 wurde er zum Erzbischof von St. Andrews ernannt, verstarb aber kurz darauf.

St. Machar's Cathedral
18 The Chanonry
Aberdeen, AB24 1RQ
✆ 01224 485 988
www.stmachar.com
April–Okt. tägl. 9–17, Nov.–März 10–16 Uhr
Da die schottische Kirche keine Bischöfe hat, ist St. Machar's eigentlich eine High Kirk.

5 St. Nicholas Kirk
New Vestry, Back Wynd

Bleiglasfenster in der St. Machar's Cathedral

Aberdeen, AB10 1JZ
✆ 01224 643 494
www.kirk-of-st-nicholas.org.uk
Mai–Sept. Mo–Fr 12–16, Sa 13–15 Uhr, So während des Gottesdienstes
Eintritt frei, Spenden erwünscht
Die Westkirche wurde im 18. Jh. von James Gibbs entworfen und auf älteren Fundamenten errichtet.

Cruickshank Botanic Garden
Cruickshank Building
St. Machar Dr.
Aberdeen, AB24 3UU
www.abdn.ac.uk/botanic-garden
Tägl. April–Sept. 9–19, Okt.–März 9–16.30 Uhr, Eintritt frei
Der Garten auf dem Campus des King's College ist außerordentlich vielseitig.

Silver Darling
North Pier House
43 Pocra Quay
Aberdeen, AB11 5DQ
✆ 01224 576 229
www.thesilverdarling.co.uk
Tägl. außer So 18.30–21.30, Mo–Fr auch 12–13.45 Uhr
Sehr feines Fischrestaurant direkt mit Blick auf den Hafenausgang. ££–£££

8 **Restaurant 1906**
His Majesty's Theatre
Rosemount Viaduct
Aberdeen, AB25 1GL
✆ 01224 637 788
www.aberdeenperformingarts.com/venues
Do–Sa 12–16.30 Uhr, an Vorstellungstagen länger
Internationale Küche in Aberdeens einziger Theatergastronomie. £–££

Union Square
12 Guild St.
Aberdeen, AB11 5RG
✆ 01224 254 300
www.unionsquareaberdeen.com
Das neueste Einkaufszentrum direkt gegenüber dem Hafen bietet 60 verschiedene Geschäfte, Restaurants und Freizeitmöglichkeiten.

Ausflugsziel:

Footdee (Fittie)
Aberdeen, AB10 5DX
Anreise mit First Bus Nr. 12
www.visitabdn.com/attractions-and-activities/view/fittie
Schönes Fischerörtchen am Hafenausgang von Aberdeen.

Das Fischerdorf Footdee am Hafenausgang des Pocra Quay, links befindet sich das moderne Schifffahrtskontrollzentrum

❶ ARBROATH

Im Jahr 1178 entstand die **Arbroath Abbey**, von der heute noch die Ruinen stehen. 1320 wurde hier die »Declaration of Arbroath«, die schottische Unabhängigkeitserklärung, verfasst. Mit dem Schreiben an Papst Johann XXII., das von Robert the Bruce und seinen Baronen unterzeichnet war, hoffte man, endlich Anerkennung für ein unabhängiges Schottland zu erreichen. Erst vier Jahre später kam die offizielle Würdigung des Papstes. Die Mauern aus dem für die Region typischen roten Sandstein lassen einen prächtigen Bau erahnen. 1951 geriet die Abtei in die Schlagzeilen, als hier der Stone of Scone (vgl. S. 146) wiedergefunden wurde, den Studenten drei Monate vorher aus der Westminster Abbey entwendet hatten.

Heute nur noch eine Ruine: Arboath Abbey

In Arbroaths hübschem Fischerhafen steht der Fang des Tages im Vordergrund. In den Seitenstraßen des Hafens reihen sich kleine Fischlädchen aneinander, die den berühmten geräucherten Schellfisch *Arbroath Smokie* verkaufen. Die kleinen Katen bieten eine große Auswahl an Fischspezialitäten, die direkt vor Ort zubereitet werden. Gleich hinter der Ladentheke wird der fangfrische Fisch verarbeitet. Geräuchert wird der *Smokie* aber im sechs Kilometer nördlich gelegenen Örtchen Auchmithie.

Der berühmte »Arbroath Smokie« wird im Örtchen Auchmithie geräuchert

Ausflugsziel:

Das kleine County Angus wird bestimmt durch das Delta des River Tay mit seinen Hafenstädten. Es ist auch bekannt für seine exzellenten Golfplätze. Der beliebte, südlich von Aberdeen in Carnoustie gelegene Golfclub **Carnoustie Golf Links** ist einer von neun Austragungsorten der British Open (Open Championship), insgesamt fünf davon liegen in Schottland. Clubfremde Spieler sind auf den drei anspruchsvollen Plätzen willkommen.

Frische Fische fischt Stuart's Fresh Fish

SERVICE & TIPPS

Visit Scotland
Harbour Visitor Centre
Fishmarket Quay
Arbroath, DD11 1PS
✆ 01241 872 609
Ostern–Okt. Mo–Sa 10–17, Juli/Aug. bis 18, So jeweils 12–16, Nov.–März Mo–Fr 10.30–16, Sa 11–16 Uhr
Gleich am Hafen gelegen ist dieses Besucherzentrum.

Arbroath Abbey
Abbey St.
Arbroath, DD11 1EG
✆ 01241 878 756
www.historicenvironment.scot
Tägl. Ostern–Sept. 9.30–17.30, Okt.–März tägl. 10–16 Uhr
Eintritt £ 5.50/3.30
Zu sehen sind hier noch die Ruinen der Abtei, in der die schottische Unabhängigkeitserklärung verfasst wurde.

Old Boatyard Restaurant
Fishmarket Quay
Arbroath, DD11 1PS
✆ 01241 879 995
www.oldboatyard.co.uk
Tägl. 10–23 Uhr
Am Kai serviert dieses moderne Restaurant den *Smokie* in allen erdenklichen Formen, von Suppe bis Pastete und sogar Eiscreme! Daneben gibt es aber auch andere leckere Fischspezialitäten. £–££

Stuart's Fresh Fish
46 Ladybridge St.
Arbroath, DD11 1AX
✆ 01241 876 254
www.arbroathsmokiesdirect.co.uk
Lädchen mit *Smokies* und anderen Fischspezialitäten direkt am Hafen. £

Ausflugsziel:

Carnoustie Golf Links
Links Parade
Carnoustie, DD7 7JE
✆ 01241 802 270
www.carnoustiegolflinks.co.uk
Bereits seit dem 16. Jh. wird in Carnoustie Golf gespielt, der Platz ist einer der neun Austragungsorte der British Open (Open Championship). Für Gäste geöffnet.

Carnoustie Golf Links – einer der Austragungsorte der Open Championship (British Open)

Wer von Inverness mit dem Zug nach Aviemore fährt, hat unterwegs einen fantastischen Ausblick auf die schottischen Highlands

❷ AVIEMORE

Aviemore liegt im Cairngorms National Park (vgl. S. 173 ff.)

Die Architektur von Schottlands beliebtestem Skigebiet Aviemore in den Cairngorms ist großteils ein Fehlschlag aus den 1970er Jahren. Doch von hier aus lässt sich das außerordentlich vielseitige Gebiet bestens erkunden. Im Winter steht Skifahren im Vordergrund, im Sommer werden sportliche Aktivitäten wie Wandern, Klettern, Fahrradfahren und Wassersport auf den umliegenden Seen angeboten.

Ausflugsziele:

In der weitgehend baumlosen Berggegend Schottlands, ein Resultat jahrtausendelanger Abholzung, sind Wälder eine Seltenheit. Rund um den Loch Morlich im Herzen der Cairngorms erstreckt sich das Naturschutzgebiet **Glenmore Forest Nature Reserve**. Auf einfachen Wanderungen lassen sich hier seltene Wildpflanzen und Vögel wie auch das im Vereinigten Königreich rar gewordene rote Eichhörnchen entdecken. Der See ist zudem beliebt bei Wassersportlern.

Als die Fischadler zum Nisten nach Schottland zurückkehrten, suchten sie sich die Gegend am Loch Garten aus, die genau ihren Ansprüchen an das Lebensumfeld entspricht. Das **Osprey Centre on Loch Garten** der **RSPB**, der Royal Society for the Protection of Birds (vgl. S. 290), bietet unter anderem die Gelegenheit, sie in freier Wildbahn zu beobachten. Wenn dies fehlschlägt, bleibt immer noch die Übertragung aus der Nestkamera, wo man die Fütterung der Jungtiere beobachten kann.

Durch seinen grauen Cousin aus Übersee selten geworden: rotes Eichhörnchen im Glenmore Forest Nature Reserve

Weiter südlich bei Kingussie lassen sich auf einer Wildtiersafari im **RZSS Highland Wildlife Park** Wildkatzen, Wölfe und andere Wildtiere vor der spektakulären Kulisse der Cairngorm Mountains beobachten.

Wer einen Einblick in das Alltagsleben der Highlander bekommen möchte, fährt ins südlich von Kingussie gelegene Newtonmore. Das **Highland Folk Museum** zeigt anhand von 30 historischen Gebäuden, wie die Highlander in der Zeit vom 18. bis ins 20. Jahrhundert lebten.

Aviemore ist vor allem als Skigebiet beliebt

SERVICE & TIPPS

Visit Scotland
7 The Parade, Grampian Rd.
Aviemore, PH22 1RH
✆ 01479 810 930
www.visitscotland.com
Mo–Sa 9–17, Juni bis 18, Juli–Aug. bis 18.30 Uhr, So jeweils kürzer

Mountain Café
111 Grampian Rd.
Aviemore, PH22 1RH
✆ 01479 812 473
www.mountaincafe-aviemore.co.uk, Mo–Fr 8.30–17, Sa/So 8.30–17.30 Uhr
In diesem modernen Café mit leckerem Frühstücks- und Lunchangebot kehrt man vor und nach der Piste ein.

CairnGorm Ski Area
Aviemore, PH22 1RB
✆ 01479 861 261
www.cairngormmountain.org
Hier kann man sich über die geöffneten Pisten und Lifte im Skigebiet informieren.

Strathspey Steam Railway
Aviemore Station, Dalfaber Rd.
Aviemore, PH22 1PY
✆ 01479 810 725
www.strathspeyrailway.co.uk
Juni–Aug. 3- bis 4-mal tägl. 10.30–14.45 Uhr, sonst seltener
Fahrt £ 21.50/10.50
Der historische Dampfzug fährt von Aviemore über Boat of Garten bis Broomhill.

Ausflugsziele:

Glenmore Forest Nature Reserve
Glenmore Visitor Centre
Aviemore, PH22 1QU
✆ 01479 861 220
www.scotland.forestry.gov.uk/forest-parks/glenmore-forest-park
Tägl. 9.30–16.30 Uhr
In der weitgehend baumlosen Berggegend Schottlands, ein Resultat jahrtausendelanger Abholzung, sind Wälder eine Seltenheit. Der Glenmore Forest ist das größte zusammenhängende Gebiet historischen

Wildkatze im RZSS Highland Wildlife Park bei Kingussie

Waldes aus *Caledonian Pine* (Waldkiefern) in Schottland. Auf der Website kann man eine Karte mit verschiedenen Wandervorschlägen herunterladen.

Loch Morlich Watersports
Forestry Commission Scotland
Aviemore, PH22 1QY
✆ 01479 861 221
Segeln, Kanu, Kajakfahren in den Cairngorms auf dem Loch Morlich.

RSPB Osprey Centre on Loch Garten
Nethy Bridge, PH25 3HA
✆ 01479 831 476
www.rspb.org.uk
April–Aug. tägl. 10–18 Uhr
Eintritt £ 5/3
Großer Naturpark der Royal Society for the Protection of Birds (RSPB; vgl. S. 290) mit Besucherzentrum, Angeboten zur Vogel- und Tierbeobachtung, Spielplätzen und mehr.

Boat of Garten Hotel
The Boat Hotel
Boat of Garten, PH24 3BN
✆ 01479 831 258
www.boathotel.co.uk
In Boat of Garten, wo auch die Strathspey Steam Railway hält, serviert dieses Hotelrestaurant moderne schottische Küche mit viel Wildfleisch wie Reh und Fasan, aber auch exzellente Fischgerichte. Das Menü bietet mit vier Gängen für £ 45 ein gutes Preis-Leistungs-Verhältnis. ££

RZSS Highland Wildlife Park
Kincraig, Kingussie, PH21 1NL
✆ 01540 651 270
www.highlandwildlifepark.org.uk
Tägl. April–Okt. 10–17, Juli/Aug. bis 18, Nov.–März bis 16 Uhr
Eintritt £ 15.40/11.55
Im Wildpark der Royal Zoological Society of Scotland (RZSS) können Wölfe und andere Wildtiere in freier Wildbahn beobachtet werden.

Highland Folk Museum
Kingussie Rd.
Newtonmore, PH20 1AY
✆ 01540 673 551
www.highlifehighland.com/highlandfolkmuseum
Ostern–Aug. tägl. 10.30–17.30, Sept./Okt. 11–16.30 Uhr
Eintritt frei
Freilichtmuseum zur Lebensweise der Highlander. Sammlungen zu Kulturtechniken in Häusern wie u. a. dem Räucherhaus und der Schule.

In Glenmore nahe Aviemore gibt es die einzige freilebende Rentierherde im Vereinigten Königreich

Frühling am Loch Morlich im Herzen des Glenmore Forest Nature Reserve

3 BALLATER

Auch in Ballater dürfen die Hoflieferanten der Queen ihre Geschäfte mit diesem Siegel schmücken

Im 18. Jahrhundert kamen die Touristen ins liebliche Tal am River Dee nach Ballater, der heimlichen Hauptstadt des 6 **Royal Deeside**, um das Wasser der hiesigen Heilquelle zu trinken. 1842 besuchten Queen Victoria und ihr Gemahl, der Deutsche Prinz Albert, zum ersten Mal die Cairngorms. Sie mochten die Gegend von Anfang an und Prinz Albert fühlte sich in der waldreichen, bergigen Landschaft an sein Zuhause in Thüringen erinnert. 1852 kauften sie das nahe Ballater gelegene Anwesen **Balmoral Castle**. Damit stieg die Beliebtheit des Ortes rasant, und nachdem die Bahnstrecke in das nun als Royal Deeside bekannte Gebiet 1853 ausgebaut war, kamen die Touristen in Strömen.

Queen Elizabeth II. entwickelte eine ähnlich enge Beziehung zu dem schottischen Anwesen wie Victoria, wohl nicht zuletzt deshalb, weil die Heimat ihrer Mutter im Glamis Castle nicht weit entfernt liegt. Balmoral symbolisiert in der königlichen Familie noch heute den Rückzug in ein einfacheres Leben, weit entfernt von den Verpflichtungen des Alltags.

Ein großes Volksfest sind jedes Jahr die **Ballater Highland Games** – eine abgespeckte Version des Braemar Gathering (vgl. S. 172). Dann messen sich im August Athleten in sportlichen Disziplinen wie dem Hammerwurf oder dem Steinstoßen, am Abend gibt es Musik und Volkstanz.

Ballater liegt im Cairngorms National Park (vgl. S. 173 ff.)

SERVICE & TIPPS

Visit Scotland
Cairngorms National Park Authority, Albert Memorial Hall
Ballater, AB35 5QB
✆ 01339 755 306
www.visitscotland.com
Tägl. außer So 10–17 Uhr

Balmoral Castle
The Estates Office, Balmoral Estates, Ballater, AB35 5TB
✆ 013397 42534
www.balmoralcastle.com
Ostern–Juli tägl. 10–17 Uhr
Eintritt £ 11.50/5, bis 5 J. frei
Die Sommerresidenz der königlichen Familie. Hier geht man auch den traditionellen Sportarten der Oberklasse nach wie der Wildjagd.

Ballater Highland Games
High Trees, Morven Way
Ballater, B35 5SF
✆ 013397 56224, www.ballater-highlandgames.com
Die Wettkämpfe finden jedes Jahr am 2. Do im August statt.

Balmoral Castle: Seit Queen Victoria verbringt hier die königliche Familie ihre Sommerferien

❹ BANFF

Banff war eine wichtige Station auf der Handelsroute von Aberdeen nach Inverness und wurde 1372 zur Freistadt. Sie war einer der schottischen Seehäfen, die im 12. Jahrhundert mit der Hanse Handel trieben. Heute geht es hier an der historischen Hafenpromenade gemächlich zu.

Das Zentrum des Ortes bildet die Ruine des Schlosses, in dem König Malcolm IV. 1163 residierte. Der Clan Duff, der eigentlich das Kingdom of Fife beherrschte, errichtete 1735–49 unter William Adam Macduff den Prachtbau **Duff House**. James Duff ließ 1783 auch den Hafen in der Nachbarstadt **Macduff** ausbauen. Der Ort liegt auf der anderen Seite der Brücke, die hier den River Deveron überspannt. Einen Besuch dort lohnt das **Macduff Marine Aquarium**, das über das marine Leben des Moray Firth wie über die hier heimischen Delfine und Wale informiert. Im *Touch Pool* darf man sogar Seesterne anfassen.

Duff House in Banff, in Auftrag gegeben von William Duff of Braco, der 1759 den Titel »Earl of Fife« erhielt

Ausflugsziel:

Westlich von Banff bei Fochabers an der Mündung des River Spey befindet sich das **Scottish Dolphin Conservation Centre**. Mit Glück kann man große Tümmler direkt von der Küste aus beobachten.

SERVICE & TIPPS

Visit Scotland
St. Mary's Car Park
Collie Lodge, Banff, AB45 1AU
✆ 01261 812 419
www.banffshirecoast.com
Tägl. außer So Ostern–24. Sept. 10–17, 25. Sept.–24. Okt. 10–16 Uhr

Duff House
Banff, AB45 3SX
✆ 01261 818 181
www.duffhouse.org.uk
Tägl. April–Okt. 11–17, Nov.–März bis 16 Uhr
In dem pompösen Haus werden Leihgaben aus den Nationalgalerien des Landes ausgestellt, daher kann man hier viele Originale alter Meister bewundern.

Macduff Marine Aquarium
11 High Shor
Macduff, AB44 1SL
✆ 01261 833 369
www.macduff-aquarium.org.uk
Ostern–Okt. Mo–Fr 10–17, Sa/So 11–17, Nov.–März Mo–Mi, Sa 11–16 Uhr, Eintritt £ 6.65/3.45
Das Aquarium informiert über die Unterwasserwelt des Moray Firth, es gibt einen Oktopus-Tank, und zu bestimmten Zeiten füttern Taucher die Fische von Hand.

Ausflugsziel:

WDC – Scottish Dolphin Centre
Spey Bay, Moray, IV32 7PJ
✆ 01343 820 339
www.wdcs.org/connect/wildlife_centre
Tägl. 10.30–17 Uhr
Das Zentrum hat sich dem Schutz der schottischen Wale und Delfine verschrieben. Es informiert über seine Arbeit, bietet unterschiedliche Touren zur Beobachtung von Seelöwen, Ottern und Delfinen.

Eine der Königsdisziplinen bei den Highland Games in Braemar: das Baumstammwerfen

5 BRAEMAR

Braemar liegt im Cairngorms National Park (vgl. S. 173 ff.)

Braemar, am oberen Lauf des Flusses Dee im 6 Royal Deeside gelegen, wird vor allem mit den **Highland Games** in Verbindung gebracht, denen auch die königliche Familie jedes Jahr beiwohnt. Am ersten Samstag im September kommen Tausende von Besuchern, um zuzusehen, wie Sportler sich in Disziplinen wie Tauziehen, Baumstammwerfen und Hammerwerfen versuchen (oder um die Queen in der Ferne zu erspähen). Dazu werden traditionelle Volkstänze vorgeführt und mit dem Dudelsack musiziert.

Angeblich gehen die Festivitäten auf Malcolm III. Canmore zurück, der hier vor seinem Angriff auf König Macbeth in Lumphanan 1057 (vgl. Kasten S. 181) die Kampfstärke seiner Truppe testen wollte. Seit Queen Victoria 1848 das Fest besuchte, ist die Anwesenheit eines Mitglieds der königlichen Familie Tradition.

Eine der besten Möglichkeiten, um die einzigartige Landschaft des Cairngorms-Nationalparks zu erkunden, ist eine **Jeep-Safari**. Auf geführten Touren werden verschiedene Aussichtspunkte besucht, von denen der Blick weit über Upper Deeside schweifen kann.

SERVICE & TIPPS

Visit Scotland
Unit 3, The Mews, Braemar, AB35 5YL, ✆ 01339 741 600
Mitte Mai–Sept. tägl. 9.30–17, Aug. bis 18, Okt.–Mitte Mai tägl. außer So 9.30–16.30 Uhr

Highland Games – Braemar Gathering
Braemar Royal Highland Charity, Society Office
Braemar, AB35 5YU
✆ 013397 41098
www.bramargathering.com
Spiel und Spaß und sportliche Wettkämpfe.

Braemar Highland Safaris
North View, Hillside Rd.
Braemar, AB35 5YU
✆ 01339 741 420
www.braemarhighlandsafaris.co.uk, Touren £ 45
Vierstündige, geführte Jeep-Safaris. Es gibt unterschiedliche Routen.

6 CAIRNGORMS NATIONAL PARK

Der größte und jüngste der britischen Nationalparks erstreckt sich über eine Fläche von 3800 Quadratkilometern. Das Cairngorm-Plateau mit seinen glasklaren Flüsschen und dichten Wäldern vereint 55 Berggipfel, 43 davon sind Munros über 910 Meter. Fünf der sechs höchsten Berge Schottlands befinden sich darunter wie der zweithöchste, 1309 Meter hohe Ben Macdui.

Der Cairngorms National Park ist die höchste und kälteste Hochebene Großbritanniens und Schottlands beliebtestes Skigebiet um Aviemore (vgl. S. 165). Von dort aus lässt sich der Nationalpark bestens erkunden. In der naturbelassenen Berggegend wachsen seltene Pflanzen, Wildtiere wie Wildkatzen, Schneehasen, Königsadler und Auerhähne haben hier eine Heimat gefunden.

Unzählige Wanderwege durchziehen die Cairngorms. Gemütlich geht es etwa um den **Loch an Eilein** mit seiner kleinen Burgruine. Eher eine Herausforderung ist der **Speyside Way**, der fast den gesamten Park von Osten nach Westen durchquert (vgl. S. 182). Starten kann man z. B. in **Grantown-on-Spey** (vgl. S. 182). Für Radfahrer ist die Strecke bis Ballindalloch zugelassen, danach sind Alternativrouten ausgeschildert.

Rundwege für Wanderer und Radfahrer entlang dem River Dee beginnen auch in **Ballater** (vgl. S. 170) und **Braemar** (vgl. S. 172) und führen durch Eichen- und Pinienwälder über Täler immer wieder zu schönen Aussichtspunkten.

Wer in den Angus Glens wandern möchte, wählt **Kirriemuir** als Ausgangspunkt. Von dort bietet sich auch eine Fahrt mit der **Caledonian Railway Brechin** an (vgl. S. 184). Und wer Lust auf **Wassersport** hat, kann dem auf einem der vielen Seen wie dem Loch Insh nachgehen.

Im Nationalpark heimisch: der Auerhahn

Eine der vielen Wanderrouten im Cairngorms National Park führt am Loch an Eilein entlang

Es gibt etwa 43 verschiedene Whisky-Sorten in der Region Speyside, …

SPEYSIDE WHISKY

Der Legende nach brachten irische Mönche bereits im 15. Jahrhundert die Whisky-Brennerei nach Schottland. Heute ist die schottische Whisky-Industrie der drittgrößte Wirtschaftsfaktor in Schottland. Sie macht 70 Prozent der Nahrungsmittel- und Getränkeindustrie aus und trägt 3,3 Milliarden Pfund zum Bruttosozialprodukt bei.

Mehrere Jahrhunderte lang wurde das Lebenswässerchen, auf Gälisch *uisge betha*, wegen der hohen Steuern illegal gebrannt, was zu einem ausgedehnten Schmuggel führte. Erst 1823 entschlossen sich die meisten Hersteller nach einer Gesetzesreform ihr Geschäft zu legalisieren.

Obwohl alle Whisky-Regionen in Schottland ihren eigenen Stil und ihr eigenes Aroma haben und man sie schlecht miteinander vergleichen kann, rechnen Whisky-Kenner die Speyside Single Malts zu den feinsten Sorten. Aus der naturbelassenen Berggegend der Cairngorms, mit glasklaren Flüsschen und dichten Wäldern, stammen so bekannte Sorten wie Glenlivet, Glen Grant und Glenfiddich.

Single Malt bedeutet, dass die Flasche nur eine Sorte Whisky aus einer bestimmten Destillerie enthält. Bei verschnittenen Whiskys *(blend)* werden dagegen mehrere Whiskys mit Reinalkohol gemischt. In der relativ kleinen Region Speyside werden 43 verschiedene Single Malts hergestellt und jedes Jahr kommen neue hinzu, entlang dem Speyside Malt Whisky Trail (vgl. S. 182 f.) kann man sie erkunden. In den Destillerien erfährt man alles über die Herstellung und darf natürlich auch einen kleinen Schluck *(wee dram)* kosten.

Malt Whisky wird aus gemälzter Gerste hergestellt, die mit Wasser vermischt wird bis sie anfängt zu keimen. Dabei entsteht das stärkehaltige Malz *(malt)*. Der Keimprozess wird durch die Trocknung gestoppt. Diese ist wesentlich für das Aroma des Whiskys, denn die Gerste nimmt das Aroma des beim Trocknungsprozess entstehenden Rauchs an. Anschließend wird die Gerste geschrotet und mit warmem Wasser versetzt, wodurch sich der Zucker aus der Stärke auflöst. Die entstandene Flüssigkeit wird wie ein Bier gebraut und in großen Kupferkesseln zweimal destilliert. Ein langsames Destillieren bei niedriger Temperatur erzeugt ein sanfteres Aroma, bei höheren Temperaturen entsteht ein schärferer Geschmack. Auch die Form der Kupferkessel spielt eine Rolle.

… von denen man viele in den Destillerien probieren kann

Zum Schluss kommt die Spirituose in ein Holzfass, wo sie mehrere Jahre vor sich hin reift, und zwar für mindestens drei Jahre. Die besten Whiskys reifen acht bis 15 Jahre, manche sogar bis 25 oder gar 50 Jahre. Das fertige Getränk entfaltet bei Zimmertemperatur das beste Aroma, Whisky-Trinker geben auch oft einen Schluck warmes Wasser hinzu. Auf keinen Fall gehören Eiswürfel in das Getränk – *on the rocks* ist beim schottischen Whisky nicht angesagt.

SERVICE & TIPPS

Cairngorms National Park
www.cairngorms.co.uk
Informationen zum Park, seinen Highlights und Aktivitäten.

Loch an Eilein
www.walkhighlands.co.ukcairngorms/loch-an-eilein.shtml
Schöner Spazierweg.

Cycle Highlands
Victoria Rd., Ballater
Royal Deeside, AB35 5QQ
✆ 013397 55864
www.cyclehighlands.com
Im Sommer tägl. 9–17 Uhr, im Winter auf Nachfrage
Hier kann man Fahrräder für eine Tour ausleihen.

Loch Insh Watersports Centre
Kincraig, Kingussie, PH21 1NU
✆ 01540 651 272
www.lochinsh.com
Segeln, Surfen, Kajaking in den Cairngorms am Loch Insh.

Auch wenn es Wachspuppen sind, die Mannschaft auf der »RSS Discovery« erscheint sehr lebendig

7 DUNDEE

Dundee, an den Ufern des breiten River Tay, ist die viertgrößte Stadt Schottlands mit etwa 150 000 Einwohnern. Auf den ersten Blick fallen die zwei markanten Tay-Brücken auf sowie die Werften und industriellen Anlagen, die sich am Fluss aneinanderreihen. Aber Dundee ist eine dynamische, aufstrebende Stadt mit einem pulsierenden kulturellen Leben. Momentan werden mehrere Milliarden investiert, um das Tay-Ufer zu regenerieren.

Den Anfang machte das Museum **Discovery Point**, dort erfährt man alles über das Schiff »RSS Discovery« und die erste wissenschaftliche Expedition in die Antarktis, die Captain Robert Scott und Ernest Shackleton unternahmen. Das hölzerne Dreimastschiff wurde 1901 in Dundee speziell für diesen Zweck und

Blick auf Dundee mit der berühmten Tay Rail Bridge

die Bedingungen in der Antarktis entwickelt. Weil in Dundee auch Schiffe für den Walfang gebaut wurden, war das nötige technische Know-how vorhanden. Die Expedition war ein Erfolg, aber das Schiff blieb im Eis stecken und konnte erst 1904 befreit werden. Seit 1992 liegt es als Museumsschiff wieder in seinem Heimathafen. Robert Scott starb 1912 bei der Terra-Nova-Expedition – als er versuchte den Südpol zu erreichen. Shackletons zweite Expedition 1914–17 auf der »Endurance« endete im Packeis.

Hier wuchs die Mutter der Queen auf: Glamis Castle in Angus

Ein weiteres Projekt der ehrgeizigen Umgestaltung der Dundee Waterfront ist das **Victoria & Albert Museum of Design Dundee** (www.vandadundee.org). Die Eröffnung der schottischen V&A-Filiale des Londoner Museums, entworfen von Kengo Kuma, ist für 2018 geplant.

Dundee war einst Schiffsbau- und Walfangzentrum und der Hauptproduzent von Jute. Aus indischer Baumwolle wurde hier ein starker, mit Öl versetzter Jutestoff gewebt, der u. a. für Segel Verwendung fand. Im **Verdant Works** erfährt man, wie Dundee Anfang des 19. Jahrhundert zur Jutehauptstadt wurde.

Das weitläufige **Overgate Shopping Centre** erstreckt sich rund um den einladenden City Square im Osten der Hauptstraße Nethergate. Im Westen findet man rund um das Cultural Quarter Kultureinrichtungen wie das **DCA Dundee Contemporary Arts**, mit Galerie, Theater und Kino, sowie eine lebhafte Gastronomieszene.

Aus dem einstigen Fischerhafen **Broughty Ferry** wurde im 19. Jahrhundert Dundees wohlhabendster Vorort. Vor dem Bau der Eisenbahnbrücke verkehrte hier eine Fähre, die Züge über den Tay beförderte. Zu besichtigen ist der einstige Befestigungsturm **Broughty Castle Museum**. Mit seinem kleinen Strand am River Tay, den hübschen Gässchen und vielen Restaurants ist Broughty Ferry heute Naherholungsgebiet der Einwohner von Dundee.

Ausflugsziele:

In dem winzigen **Meigle Museum** in Meigle nördlich von Dundee trifft man auf unerwartete archäologische Schätze. Im 9. Jahrhundert befand sich hier ein piktischer Herrensitz und bei der Restaurierung der alten Dorfkirche wurden zahlreiche Gebäudefragmente und Steine mit piktischen Motiven entdeckt. Die Darstellungen reichen von Tiergestalten, Fabelwesen und Jagdszenen bis hin zu kriegerischen Szenen. Die reich verzierten keltischen Kreuze bezeugen, dass die Pikten bereits ab dem 5. Jahrhundert oder früher christianisiert waren, teils finden sich aber auch Symbole einer früheren Mythologie. Die piktischen Schriftzeichen konnten noch nicht entschlüsselt werden. Man geht davon aus, dass in Angus und entlang der nordschottischen Küste noch viele unentdeckte Artefakte in der Erde ruhen.

Östlich von Meigle liegt das **Glamis Castle**. Als Sir John Lyon 1376 zum *Thane of Glamis* (Ritter von Glamis) ernannt wurde, baute er das Anwesen, das seitdem der Familiensitz der Lyons ist. Der heutige Bau stammt weitgehend aus dem 18. und 19. Jahrhundert. Lady Elizabeth Bowes (1900–2002), die Mutter der amtierenden Queen Elizabeth II., im Volksmund auch Queen Mum genannt, wuchs hier auf. Ihr Vater, der Earl of Strathmore and Kinghorne, begann eine Zucht von Aberdeen Angus Rindern, aus der 1879 die Aberdeen-Angus Cattle Society hervorging, deren Vorsitzender heute Prince Charles ist.

In Aberlemno, in der Nähe von Forfar, kann man die **Aberlemno Sculptured Stones** besichtigen, vier frei stehende piktische Steine. Drei davon finden sich direkt an der B9134, die durch den Ort führt. Sie sind verziert mit wiederkehrenden piktischen Symbolen wie zwei Kreisen, zwischen denen eine z-förmige Linie verläuft – sehr wahrscheinlich ein Verweis auf das druidische Zweigestirn von Sonne und Mond. Der bedeutendste unter den Skulpturensteinen steht bei der Dorfkirche. Hier wird eine Schlacht dargestellt, bei der man Kämpfer mit piktischen Frisuren erkennt, die sich mit Kämpfern in angelsächsischen Helmen auseinandersetzen. Wahrscheinlich ist hier die Schlacht von Dún Nechtain dargestellt, die sich 685 in Dunachton am River Spey zutrug. Damals vertrieben die Pikten unter König Bridei die Angelsachsen dauerhaft aus der Gegend.

Der »Schlangenstein«, einer der vier piktischen Aberlemno Sculptured Stones

TAY BRIDGE

Der Ingenieur Thomas Bouch konstruierte die Eisenbahnbrücke über den River Tay von Dundee nach Wormit aus einem komplexen Design von gusseisernen Streben. 1877 wurde die hochgelobte, 6,5 Kilometer lange, innovative Brücke eröffnet und der Ingenieur geadelt. In einer stürmischen Nacht am 28. Dezember 1879 brach der mittlere Teil der Brücke ohne Vorwarnung zusammen und riss sechs Eisenbahnwaggons hinunter in den Fluss, 75 Menschen starben. Das Unglück löste große Bestürzung aus. Eine Untersuchung ergab, dass dem Bau eine gravierende baustatische Fehlberechnung zugrunde lag – man hatte die Windbelastung nicht mitberechnet.

Den Dichter William McGonagall inspirierte das Drama zu seinem Gedicht »The Tay Bridge Disaster«. Auch Theodor Fontane verfasste seine eigene Version mit »Die Brück' am Tay«.

Die Tay Bridge kurz nach dem tragischen Unglück 1879

SERVICE & TIPPS

Visit Scotland
16 City Sq.
Dundee, DD1 3BG
✆ 01382 527 527
www.visitscotland.com
Tägl. außer So Okt.–Juni 9.30–17, Juli/Aug. 10–17.30 Uhr

Discovery Point
Discovery Quay
Dundee, DD1 4XA
✆ 01382 309 060
www.rrsdiscovery.com
Mo–Sa 10–18, Nov.–März bis 17, So jeweils ab 11 Uhr
Eintritt £ 9.25/5.50, Kombiticket mit Verdant Works (s.u.) £ 16/9
Das Museum erzählt anhand vielseitiger Exponate die spannende Geschichte der »Discovery«-Expedition und der beiden Entdecker Robert Scott und Ernest Shackleton.

The McManus
Albert Sq., Meadowside
Dundee, DD1 1DA
✆ 01382 307 200
www.mcmanus.co.uk
Mo–Sa 10–17, So 12.30–16.30 Uhr, Eintritt frei
Am Albert Square zeigt diese Galerie eine aufschlussreiche Ausstellung über die Geschichte von Dundee und eine riesige Sammlung dekorativer Kunst.

Verdant Works
West Henderson's Wynd
Dundee, DD1 5BT
✆ 01382 309 060
www.rrsdiscovery.com
Ostern–Okt. Mo–Sa 10–18, So jeweils ab 11, Nov.–März Mi–Sa 10.30–16.30 Uhr
Eintritt £ 9.25/5.50
Kombiticket mit Discovery Point £ 16/9
Hier erfährt man, warum

Die »Discovery« im Hafen von Dundee: Mit diesem Schiff unternahm Robert Scott 1901–04 seine Expedition in die Antarktis

Dundee Anfang des 19. Jh. zur Jutehauptstadt wurde.

»HMS Unicorn«
Victoria Dock
Dundee, DD1 3BP
✆ 01382 200 900
www.frigateunicorn.org
April–Okt. tägl. 10–17, Nov–März Mi–Fr 12–16, Sa/So 10–18 Uhr, Eintritt £ 5/4
Der historische Segler von 1824, den man am City Quay im Victoria Dock besichtigen kann, ist das einzige erhaltene Exemplar einer schottischen Schlachtfregatte. Das Einhorn am Bug ist das Nationalsymbol Schottlands und Schildhalter des Wappens. Auf vier Decks kann man die Kriegsführungstechnik des 19. Jh. studieren.

Vissochi's
40 Gray St., Dundee, DD5 2BJ
✆ 01382 779 297, www.vcaffe.it
Di 9.30–17, Mi/Do, So bis 20, Fr/Sa bis 22 Uhr
Beste italienische Eiscreme in der Region, auch italienische Küche.

Overgate Shopping Centre
Dundee, DD1 1UQ
✆ 01382 314 210
www.overgate.co.uk
Mo–Sa 9–18, Do bis 19.30, So 11–17 Uhr
Vor dem modernen Einkaufszentrum steht die St. Mary's Church, deren Turm St. Mary's Tower noch aus dem 15. Jh. stammt. Im Shoppingcenter gibt es Filialen vieler gängiger Anbieter von Kleidung, Sport und Elektronik sowie viele Restaurants.

DCA Dundee Contemporary Arts
152 Nethergate
Dundee, DD1 4DY
✆ 01382 909 900
www.dca.org.uk, tägl. 10–24, Café Fr/Sa bis 1 Uhr
Das Kulturzentrum bildet das Herz des sogenannten Cultural Quarter der Stadt. Im Shop findet man Designartikel, das Jute Bar Café (£–££) bietet ganztags Bistroküche.

Broughty Ferry/ Broughty Castle Museum
Castle Approach,
Broughty Ferry, DD5 2TF
✆ 01382 434 000
www.cometobroughty.co.uk
www.leisureandculturedundee.com, April–Sept. Mo–Sa 10–16, So 12.30–16 Uhr, Okt.–März Mo geschl.
Das Museum dokumentiert Leben und Geschichte des Ortes.

Ausflugsziele:

Meigle Museum
Dundee Rd., Meigle
Blairgowrie, PH12 8SB
✆ 01828 640 612
www.historicenvironment.scot
April–Sept. tägl. 9.30–17 Uhr
Eintritt £ 4.50/2.70
Das frühere Schulhaus präsentiert eine außerordentliche Sammlung piktischer Skulpturensteine.

Glamis Castle
Angus, DD8 1RJ
✆ 01307 840 393
www.glamis-castle.co.uk
Ostern–Okt. tägl. 12–17.30 Uhr
Eintritt £ 11/8
Mit einer geführten Tour kann das Schloss, in dem Queen Mum aufwuchs, besichtigt werden. Der weitläufige Park ist für Besucher geöffnet.

Aberlemno Sculptured Stones
Forfar, DD8
✆ 01307 830 220
www.historicenvironment.scot
April–Okt. (im Winter sind die Steine wetterfest verpackt)
Piktische Symbolsteine, z. T. 5 m hoch mit verschiedenen Darstellungen.

Direkt am River Tay gelegen: Broughty Castle

Schottische Heimkehrer aus Indien bauten um 1820 Elgins Innenstadt im Stil des Klassizismus aus

8 ELGIN

Das ruhige Marktstädtchen Elgin am River Lossie war schon im 12. Jahrhundert eine Freistadt mit einer Burg, wo die schottischen Könige ihr Parlament abhielten. Die hübsche Hauptstraße führt zur beeindruckenden Ruine der **Elgin Cathedral**. Die gotische Kathedrale aus dem Jahr 1242 wurde 1390 von Alexander Stewart, Earl of Buchan, dem *Wolf of Badenoch*, niedergebrannt und im Jahr 1402 noch einmal ausgebaut. Das gut erhaltene Westportal lässt auf die frühere Pracht der einst zweitwichtigsten Kathedrale im schottischen Reich nach St. Andrews schließen.

Das **Elgin Museum** eröffnete bereits im Jahr 1843 und gibt mit über 30000 Artefakten einen Einblick in die Geschichte der Region Moray. Hier sind beispielsweise piktische Symbolsteine ausgestellt.

Seit der Reformation nur noch eine Ruine: Elgin Cathedral

Ausflugsziele:

Skulpturensteine findet man auch außerhalb von Elgin. Im Westen der Stadt, am Stadtrand des kleinen Ortes Forres, steht einer der bedeutendsten piktischen Skulpturensteine: der **Sueno's Stone**. Die Stele ist sieben Meter hoch und durch einen Glaskasten vor Wettereinflüssen geschützt. Der Stein zeigt auf der einen Seite ein Kreuz, auf der anderen eine Schlacht in großem Detail, wahrscheinlich die Abbildung einer Auseinandersetzung zwischen den Pikten und dem Wikingerkönig Swein Forkbeard.

Nur etwa drei Kilometer außerhalb von Elgin liegen die Ruinen von **Spynie Palace**, dem Sitz der Bischöfe von Moray im Mittelalter. Der letzte Bischof, William Hay, lebte hier noch bis nach der Reformation 1689.

SERVICE & TIPPS

Visitor Information
Elgin Library, Cooper Park
Elgin, IV30 1HS
✆ 01343 562 608
www.moray.gov.uk
Mo–Fr 10–18, Sa 10–16 Uhr

Elgin Museum
1 High St., Elgin, IV30 1EQ
✆ 01343 543 675
www.elginmuseum.org.uk
April–Okt. Mo–Fr 10–17, Sa 11–16 Uhr, Nov./Dez. auf Anfrage, Eintritt frei, Spenden willkommen
Im ältesten Museum Schottlands werden prähistorische Fossilien, römische Münzen sowie piktische Steine gezeigt.

Elgin Cathedral
Elgin, IV30 1HU
✆ 01343 547 171
www.historicenvironment.scot
Ostern–Sept. tägl. 9.30–17.30, Okt.–März Mo–Mi, Sa/So 10–16 Uhr, Eintritt £ 7.10/4.30, Kombiticket mit Spynie Palace £ 8.70/5.30
Viele mittelalterliche Skulpturensteine sind in einer Ausstellung im noch erhaltenen Nord- und Südturm zu sehen. Interessant ist auch der Friedhof mit gotischen Grabsteinen sowie einem piktischen Kreuz.

Johnstons of Elgin
Newmill, Elgin, IV30 4AF
✆ 01343 554 099
www.johnstonscashmere.com
Mo–Sa 9–17.30, So 11–17 Uhr
Die Textilmanufaktur stellt bereits seit 1797 feinste Kaschmirwaren her. Hier kann man beim Herstellungsprozess zuschauen und dann im Mill Shop die fertigen Artikel kaufen.

Ausflugsziele:

Sueno's Stone
Findhorn Rd., Forres, IV36 3WX
www.historicenvironment.scot
Einer der bedeutendsten piktischen Skulpturensteine, 7 m hoch und 1,35 m breit, beschützt durch Panzerglas.

Spynie Palace
Duffus Rd., Elgin, IV30 5QG
✆ 01343 546 358
www.historicenvironment.scot
Ostern–Sept. tägl. 9.30–17.30 Uhr, Eintritt £ 4.50/2.70, Kombiticket mit Kathedrale £ 8.70/5.30
Der Turm der Ruine, David's Tower, ist 22 m hoch.

MAC BETHAD MAC FINDLAÍCH

Macbeth (Mac Bethad mac Findlaích), Earl of Moray, war von 1040 bis zu seinem Tod König von Schottland, nachdem er in der Schlacht bei Elgin Duncan I., der wegen seiner unbarmherzigen Art der Staatsführung bei Volk und Adel unbeliebt war, getötet hatte.

In seinem bekannten Stück beschreibt Shakespeare Macbeth als bösartigen, machthungrigen Emporkömmling. Tatsächlich war Macbeth jedoch ein weiser und geachteter Herrscher. Während seiner 17-jährigen Regierungszeit erlebte Schottland eine Blüte: Nach ständigen Machtkämpfen folgten innerer und äußerer Frieden sowie relativer Wohlstand.

Duncans Sohn Malcolm (der spätere Malcolm III. Canmore) jedoch besiegte mit Unterstützung von König Edward the Confessor Macbeth 1054 zunächst in der Schlacht bei Dunsinane und tötete ihn 1057 bei Lumphanan. Als letzter schottischer König ist Macbeth auf Iona begraben.

Macbeth und seine Frau auf einem Stahlstich von 1870

9 GRANTOWN-ON-SPEY

Die zentral gelegene Stadt im Cairngorms National Park eignet sich gut als Ausgangspunkt für die Erkundung von Speyside und der Cairngorm Mountains. Hier gibt es Hotels, Restaurants und Geschäfte. Von hier aus gibt es aber auch unzählige Wanderwege, etwa den **Speyside Way**, der fast den gesamten Park von Osten nach Westen durchquert.

In Aberlour wird ebenso Whisky produziert wie …

Ausflugsziele:

Von Grantown-on-Spey bietet sich die Besichtigung einer der vielen Whisky-Brennereien an, die den **Malt Whisky Trail** säumen – etwa die Aberlour oder die Glenlivet Distillery. Nicht umsonst ist die gesamte Region für ihre Produktion von hochwertigem Hochprozentigem bekannt.

Wo der Fluss Aberlour, dem die keltischen Druiden magische Qualitäten zuschrieben, unter alten Steinbrücken entlangrauscht, steht heute die **Aberlour Distillery**, die den Aberlour Single Malt herstellt. In dem hübschen Örtchen lässt es sich gut eine Weile rasten. Das berühmte Walker's Shortbread wird auch hier produziert.

Die **Glenlivet Distillery** geht zurück auf George Smith, der aus einer Familie von Whisky-Schmugglern stammte, aber als Erster die Lizensierung durchsetzte. Auch der Schriftsteller Charles Dickens ließ sich den guten Tropfen schmecken.

Grantown-on-Spey liegt im Cairngorms National Park (vgl. S. 173 ff.)

SERVICE & TIPPS

Visitor Centre/ Grantown Museum
Burnfield House, Burnfield Ave.
Grantown-on-Spey, PH26 3HH
✆ 01479 872 478
www.cairngorms.co.uk, April–Okt. tägl. außer So 10–17 Uhr
Eintritt £ 4, bis 16 J. frei
Das Museum informiert über die Geschichte der Region, das Besucherzentrum hält viele Informationsblätter zur Region und dem Nationalpark bereit.

Speyside Way
www.speysideway.org
Der Speyside Way führt von Spey Bay am Moray Firth bis Kincraig in den Cairngorms, immer flussaufwärts entlang dem River Spey. Der erste Teil der Strecke führt durch eine flache, leicht hügelige Gegend. Danach steigt die Strecke zwischen Ballindaloch und Grantown an, wo man den Fluss für eine Weile verlässt.

Ein Abstecher führt über die Highland-Moore oberhalb von Glenlivet bis ins Gebirgsstädtchen Tomintoul.

Für Radfahrer ist die Strecke bis Ballindalloch zugelassen, danach sind Alternativrouten ausgeschildert. Die National Cycle Network Route 1 (www.sustrans.org.uk) verläuft auf einer ähnlichen Strecke.

Culdearn House Hotel
Woodlands Terrace
Grantown-on-Spey, PH26 3JU
www.culdearn.com
Sehr feine, moderne schottische Küche gibt es in diesem Hotel-Restaurant. ££

Ausflugsziele:

Malt Whisky Trail
www.maltwhiskytrail.com
Der Whisky Trail führt zu sieben

… die berühmten schottischen Shortbreads

weltbekannten Destillerien und informiert über die Herstellung des Single Malt.

Aberlour Distillery
Aberlour, AB38 9PJ
✆ 01340 881 249
www.aberlour.com
Buchung notwendig
Whisky-Brennerei. Am ersten Maiwochenende findet jährlich ein Festival rund um die Speyside Whiskys statt. Dann gibt es Workshops, Touren durch die Destillerien, Musikveranstaltungen und andere Events (www.spiritofspeyside.com).

Glenlivet Distillery
Ballindalloch, B37 9DB
✆ 01340 821 720
www.theglenlivet.com
Mitte März–Mitte Nov., Vorausbuchung notwendig
Standardtour £ 35
Weltbekannte Destillerie mit informativem, kleinen Museum.

---

⑩ KIRRIEMUIR

Im Strathmore-Tal befindet sich dieser hübsche verwinkelte Ort, der weitgehend aus rotem Sandstein erbaut wurde. Er eignet sich gut als Ausgangsbasis für einen Besuch der Angus Glens, der Täler, die sich um die Ausläufer des Cairngorm-Gebirges ziehen. Vorab kann man sich im **Gateway to the Glens Museum** informieren.

Der berühmteste Sohn der Stadt ist der Schriftsteller J. M. Barrie (1860–1937), der mit seinem Kinderbuch die Figur des Peter Pan unsterblich machte. Im **J. M. Barrie Birthplace Museum** kann man sich in den Alltag des Schriftstellers hineinversetzen, der viele Kinder mit seinen Geschichten unterhielt.

In Kirriemuir lebte auch Hugh Munro, der Mann, der Schottlands Berge katalogisierte; alle Gipfel, die über 910 Meter hoch sind, werden als »Munros« eingestuft.

Ausflugsziele:

Attraktion ist eine Ausflug mit der historischen **Caledonian Railway** aus dem Jahr 1848, die einst das größte Schienennetz Schottlands besaß. Heute fahren die alten Dampflokomotiven nur noch zu bestimmten Zeiten als Touristenattraktion auf der Strecke von Brechin nach Bridge of Dun. Hier hielt der Zug von Queen Victoria am Abend, damit die Monarchin ihre Nachtruhe genießen konnte, bevor er am nächsten Morgen nach Balmoral weiterfuhr.

Für Wanderungen in den **Angus Glens** bietet das Rangerzentrum im Glen Doll die ideale Ausgangsbasis.

Heute fahren die Dampfloks der Caledonian Railway nur noch für Touristen

Peter-Pan-Statue in Kirriemuir unweit des Geburtshauses von J. M. Barrie

SERVICE & TIPPS

Visit Scotland
32 High St., Kirriemuir DD8 4BB
✆ 01575 575 479
www.visitscotland.com

Gateway to the Glens Museum
32 High St., The Square
Kirriemuir, DD8 4BB
✆ 01575 575 479
http://archive.angus.gov.uk/historyaa/museums/kirriemuir
Di–Sa 10–17 Uhr, Eintritt frei
In diesem Museum erfährt man einiges über die Landschaft der Angus Glens und erhält auch Bücher und Kartenmaterial. Zudem gibt es Wissenwertes über die Geschichte der Stadt Kirriemuir und ihre illustren Bewohner.

J. M. Barrie Birthplace Museum
9 Brechin Rd.
Kirriemuir, DD8 4BX
✆ 01575 572 646
www.nts.org.uk, Ostern–Juni, Sept. tägl. außer Fr 12–17, Juli/Aug. Mo, Do–So 12–17 Uhr
Eintritt £ 6.50, bis 18 J. frei
J.M. Barrie (1860–1937), der Autor des bekannten Kinderromans »Peter Pan«, wurde 1860 in Kirrimuir geboren. Auf dem Hausberg von Kirriemuir befinden sich ein »Niemandsland«-Spielpark mit einem großen Piratenschiff und eine Camera obscura, die Barrie der Stadt stiftete. Barrie ist auf dem hiesigen Friedhof beerdigt.

Armstrong's Restaurant
Roundyhill
Glamis, DD8 1QT
✆ 01575 575 503, www.armstrongs-restaurant.com
Wildfleisch und Wildgeflügel und natürlich Aberdeen Angus stehen auf der Speisekarte dieses modernen schottischen Restaurants gleich am Ortsrand von Kirriemuir. £–££

Ausflugsziele:

Caledonian Railway Brechin
The Station, Park Rd.
Brechin, DD9 7AF
✆ 01356 622 992
www.caledonianrailway.com
Auf der erhaltenen Eisenbahnstrecke von 1848 fährt die historische Dampflok von Brechin bis Bridge of Dun.

Angus Glens Ranger Service
Glen Doll Ranger Base
Glen Clova, Kirriemuir, DD8 4RD
✆ 01575 550 233
www.scotland.forestry.gov.uk/visit/glen-doll, tägl. 9–16.30, Sommer bis 18 Uhr
Das Besucherzentrum der Forest Rangers hält Informationen über die Angus Glens, die schönen Täler am River Esk, bereit. Bei Wanderungen kann man Steinadler und andere Wildtiere erspähen.

Kälbchen des schottischen Aberdeen-Angus-Rinds

11 STONEHAVEN

Stonehaven, ein hübsches Fischerörtchen in einer halbmondförmigen Bucht gelegen, ist ein beliebter Ausflugsort etwa 20 Kilometer südlich von Aberdeen. Zur Zeit des Heringsbooms wuchs die Neustadt heran. Im Norden der Bucht befindet sich der Garron Point, wo bei den Klippen urzeitliches Gestein sichtbar ist, das durch die Bewegungen der Highland Boundary Fault nach oben gedrückt wurde.

Im Süden ragt auf einer Klippe das malerische **Dunnotar Castle** auf. Das oft fotografierte Schloss war zuletzt Hintergrund der neuen Verfilmung von »Frankenstein« (2015) mit James McAvoy und Daniel Radcliffe.

SERVICE & TIPPS

Visit Scotland
66 Allardice St.
Stonehaven, AB39 2AA
✆ 01569 762 806
www.visitscotland.com
Juli/Aug. Mo–Sa 10–18, So 11–16, Sept.–Juni tägl. außer So 10–17 Uhr

Dunnotar Castle
Stonehaven, AB39 2TL
✆ 01569 762 173, www.dunnottarcastle.co.uk, tägl. 9–18 Uhr bei gutem Wetter
Die Ruine in spektakulärer Lage auf einer Klippe, die in die Nordsee ragt. Der Hügel war wahrscheinlich schon zur Zeit der Pikten besiedelt und kurzfristig in der Hand der Wikinger. Ab dem 14. Jh. entstand hier die Burg der Earls Marischal. Diese gehörten zu den engsten Bediensteten des Königs und verwahrten die Kronjuwelen. Als im Bürgerkrieg Oliver Cromwell das Schloss belagerte, hielten die Insassen acht Monate stand und bewahrten so die schottischen Kronjuwelen vor der Zerstörung.

Stonehaven Open Air Pool
Queen Elizabeth Park
Stonehaven, AB39 2RD
✆ 01569 762 134
www.stonehavenopenairpool.co.uk, Juli–Mitte Aug. Mo, Do 10–19.30, Mi 10–24, Di, Fr 6.30–19.30, Sa/So 10–18, Ende Mai–Anfang Juli, Mitte Aug.–Anfang Sept. Mo–Fr 13–17.30, Sa/So 10–18 Uhr
Eintritt £ 5.35/3.25, bis 5 J. frei
Eines der seltenen beheizten Freibäder (Lidos) im Land aus den 1930er Jahren.

Die Klippe mit dem Dunnotar Castle ragt in die raue Nordsee hinein

Region 8
Inverness und das Great Glen

INVERNESS UND DAS GREAT GLEN

GRANDIOSE TÄLER, DER HÖCHSTE MUNRO UND EIN SEEMONSTER

Das lang gestreckte Great Glen ist eine tektonische Verwerfung: Unterirdisch prallten hier vor 700 Millionen Jahren zwei Erdplatten aufeinander und wanderten in entgegengesetzte Richtungen. Dieser Grabenbruch erstreckt sich von Fort William bis nach Inverness. Nach der letzten Eiszeit wurde das lange Tal vor etwa 10 000 Jahren durch Schmelzwasser ausgefüllt, das verschiedene Lochs bildete, die aber nicht alle durchgängig verbunden sind. Etwa auf halber Strecke gibt es eine Wasserscheide beim Loch Oich. Er ist über Loch Ness mit dem 7 Moray Firth, dem größten Fjord Schottlands, verbunden, der von dort in die Nordsee fließt. Der benachbarte Loch Lochy mündet über den Loch Linnhe in den Atlantik. Die Verwerfung ist weiterhin seismisch aktiv, das letzte größere Beben ereignete sich 1934.

Am Nordostende des Glen sitzt Inverness als Tor in die nordwestlichen Highlands. Die Highlands waren Schau-

Vor Wetterwechseln ist man hier nie gefeit: am Ben Nevis, dem höchsten Berg Schottlands

platz der Jakobiteraufstände und das Schlachtfeld der Battle of Culloden (vgl. S. 190) liegt gleich östlich von Inverness. Die Bastion Fort George sitzt an einer Verengung des Moray Firth und diente im 18. Jahrhundert zur Bewachung der Küste. Weiter östlich finden sich schöne Strände. Im größten Firth Schottlands sind Delfine und Zwergwale heimisch, die man bei Bootstouren beobachten kann.

In Inverness beginnt der 97 Kilometer lange Caledonian Canal, ein Bauwerk des viktorianischen Staringenieurs Thomas Telford. Er verbindet alle Lochs des Great Glen zu einem durchgängigen Wasserweg und ermöglichte Schiffen zum ersten Mal die Durchfahrt von der Ostküste zur Westküste. Etwa parallel zum Kanal verläuft der Wanderweg Great Glen Way. Ausflugsboote und Wanderer pilgern hier regelmäßig zum Loch Ness auf der Suche nach Nessie, dem Loch-Ness-Monster.

Am Südwestende des Great Glen liegt Fort William, wegen seiner Infrastruktur ebenfalls ein wichtiger Anlaufpunkt für die Bewohner der einsamen Berggegenden und darüber hinaus das Tor zum Bergmassiv von Ben Nevis. Ben Nevis ist der höchste Munro Schottlands und seine Kuppe auf 1345 Metern ist meist von dichten Nebelschwaden umgeben. Südlich von Fort William erstreckt sich eines der dramatischsten Täler der Highlands, das **8** Glen Coe. Gleich in der Nachbarschaft liegt das einsame und faszinierende Rannoch Moor.

Inverness, das Tor zu den Highlands

INVERNESS – DIE HIGHLAND-HAUPTSTADT

Inverness ist ein guter Ausgangspunkt für Highland-Touren. Die größte Stadt im Nordwesten Schottlands ist ein Verkehrsknotenpunkt für die wichtigsten Straßen in die nordwestlichen Highlands, hat eine freundliche Atmosphäre und bietet gute Einkaufsmöglichkeiten. Auch Highlander kommen aus allen Gegenden hierher zum Einkaufen.

In der Vergangenheit war die Gegend eine Hochburg der Pikten. So befand sich auf der Nordseite des River Ness auf dem 172 Meter hohen Hügel Craig Phadrig ein piktisches Fort, wo König Bridei 565 von St. Columba zum christlichen Glauben bekehrt worden sein soll. Im Mittelalter entstand in der geschützten Mündung am Fluss ein geschäftiger Hafen, von wo aus Wolle und Tierfelle exportiert wurden.

Bereits im 13. Jahrhundert wurde die erste Brücke über den Ness gebaut. Seine Glanzzeit hatte Inverness im 16. und 17. Jahrhundert. Der historische Kern ist überschaubar, denn trotz ihrer Bedeutung für die Region hat die kompakte Stadt gerade mal 48 200 Einwohner. Das Zentrum erstreckt sich auf beiden Seiten des Ness. Hier kann man gut bummeln und dabei die wichtigsten Sehenswürdigkeiten besichtigen. Den besten Ausblick hat man vom Schlossberg, der über dem Fluss und der Ness Bridge thront. Inverness ist übrigens mit der Stadt Augsburg verschwistert.

Stadtrundgang

Der Rundgang beginnt am ❶ **Falcon Square**, vor dem Komplex des Eastgate Shopping Centre am Bahnhof. Direkt gegenüber gelangt man durch ein Portal mit korinthischen Säulen in die historischen Hallen des ❷ **Victorian Market** aus dem Jahr 1890. Über die Straße Queensgate erreicht man die Church Street und blickt bald auf das ❸ **Abertarff House** aus dem Jahr 1593, wo sich heute das

Blick auf die Free North Church mit dem höchsten Kirchturm der Stadt

Highlandbüro des National Trust for Schottland befindet. Ein Stück weiter steht die **4 Old High Church**, ursprünglich aus dem 12. Jahrhundert. Hierher brachte man die Jakobiter, die die Schlacht von

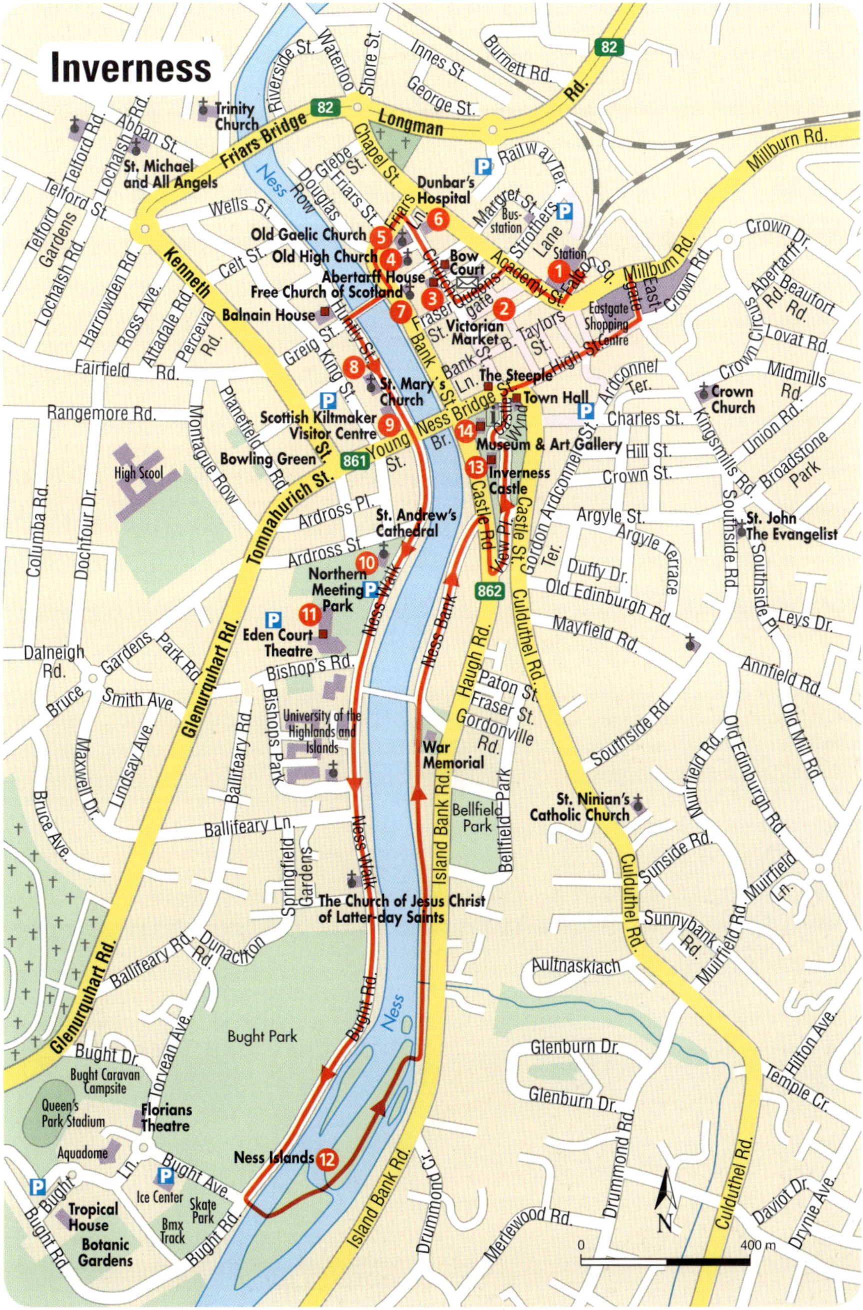

DIE BATTLE OF CULLODEN

Der letzte Thronanwärter der katholischen Stuart-Dynastie war Charles Edward Stuart (1720–88), wegen seiner lieblichen Gesichtszüge auch Bonnie Prince Charlie genannt. Der letzte amtierende Stuart-König, Charles' Großvater James II., war aufgrund seiner absolutistischen Tendenzen von dem reformbestrebten Parlament 1688 in der Glorious Revolution abgesetzt worden und nach Frankreich ins Exil geflohen. 1701 legte das englische Parlament fest, dass kein Katholik je wieder den britischen Thron besteigen sollte.

Unter Schottlands Adel gab es indessen weiterhin Stuart-Anhänger, die sogenannten Jakobiter (latein. Jakobus, abgeleitet von James II.). Auch das katholische Spanien und Frankreich wünschten einen absolutistischen Monarchen auf dem britischen Thron und unterstützten im Jahr 1715 den ersten Jakobiteraufstand von James III. (Old Pretender). Obwohl er eine Armee von 10 000 Mann zusammentrommeln konnte, hatte er keinen Erfolg. 1745 versuchte sein Sohn Charles (Young Pretender) sein Glück und landete am 23. Juli auf der Isle of Eriskay. Von Anfang an waren seine Chancen jedoch mehr als gering, denn er kam ohne Armee und ohne Waffen. Am 19. August konnte er in Glenfinnan nur wenige Tausend Mann aus den nordwestlichen Highland-Clans versammeln.

In den Lowlands war zu diesem Zeitpunkt kaum noch Unterstützung für die Sache zu finden, etliche Lowland-Clans wie die Campbells kämpften aufseiten der Regierung. Dennoch wagte Charles einen Vorstoß nach Süden. Die schwertschwingenden, kilttragenden Highlander waren zwar mutige Kämpfer, aber sie waren den modernen Musketen der Armee nicht gewachsen.

Im Frühjahr 1746 beorderte Charles die verbliebenen Truppen daher nach Inverness zurück. Am 16. April wurden die halb verhungerten Clan-Mitglieder in Culloden nahe Inverness von englischen Regierungstruppen eingekesselt und viele Hunderte ließen in der **Schlacht von Culloden** 1746 ihr Leben. Charles konnte sich mehrere Monate lang in den Highlands verstecken und entkam mithilfe der später legendären Highland-Heroine Flora MacDonald zuerst nach Skye und schließlich nach Frankreich, wo er sich fortan nicht mehr für schottische Belange interessierte.

Verlierer der Aufstände war die verarmte Bevölkerung der Highlands. Denn nun begann mit den sogenannten **Highland Clearances** eine systematische Politik der Zerschlagung des Feudalsystems der Highland-Clans und eine Räumung der Highlands durch die Regierung. Alle Clan Chiefs, denen man die Unterstützung der Jakobiter nachweisen konnte, wurden enteignet, und die *Crofters* (arme Pachtbauern, vgl. Kasten S. 228), bisher abhängig von ihrem Chief, wurden von dem bewirtschafteten Land vertrieben, Gemeinden wurden geplündert und in Brand gesteckt. Bis heute sorgt die Erinnerung an diese Ereignisse für Animositäten zwischen Highlandern, Lowland-Schotten und Engländern.

Auf dem Schlachtfeld von Culloden wurden die Jakobiter vernichtend geschlagen

Inverness Castle: Die Burg kann zwar nicht besichtigt werden, doch von dort aus hat man einen wunderbaren Blick auf die Stadt

Culloden (vgl. Kasten S. 190) überlebt hatten, einige wurden direkt exekutiert. Gleich daneben beherbergt die ❺ **Old Gaelic Church** von 1792 das Antiquariat und Café Leakey's Book Shop. Auf der gegenüberliegenden Straßenseite steht das ehemalige ❻ **Dunbar's Hospital** aus dem Jahr 1688, das vom Provost Alexander Dunbar gestiftet wurde. Bis 1792 wurde es als Schule genutzt.

Über die Friars Lane gelangt man zur südlichen Uferpromenade am River Ness. Hier erhebt sich die neugotische ❼ **Free North Church** mit dem höchsten Kirchturm der Stadt. Über die stark schwingende Fußgängerbrücke geht es hinüber zum Nordufer. Dort passiert man die neugotische katholische ❽ **St. Mary's Church** aus dem Jahr 1837 und steht bald darauf vor dem ❾ **Scottish Kiltmaker Visitor Centre**. Hier lernt man einiges über die Herstellung der handgefertigten Kilts und den Tartan, den kariert gemusterten Wollstoff (vgl. Kasten S. 10). Zu den gängigen Modellen gehört etwa The Clansman; die Sockenhalter kommen mit passendem Karoanstecker *(tartan flash)*.

Entlang dem Uferweg wird die neugotische ❿ **St. Andrew's Cathedral** aus dem Jahr 1869 erreicht. Die Kirche der Scottish Episcopal Church hat im Gegensatz zur presbyterianischen Kirche Bischöfe. St. Andrew's ist daher nicht nur dem Namen nach eine Kathedrale. Nur ein kleines Stück entfernt liegt das ⓫ **Eden Court Theatre**. In den modernen Bau wurde die einstige Residenz für den Bischof von Inverness integriert.

Der Ness Walk führt nun weiter bis zu den ⓬ **Ness Islands**. Die Inseln im Fluss sind angenehme grüne Oasen, die durch Fußgängerbrücken miteinander verbunden sind. Hier beginnt auch der **Great Glen Way**, der bis nach Fort William führt.

Wieder auf der anderen Seite des Flusses spaziert man auf der Ness Bank, bis man über die Castle Street in die Straße View Place gelangt. Von hier geht es bergan zum ⓭ **Inverness Castle**, in dem

Entlang dem Ness Walk lassen sich die kleinen Inseln im Fluss bequem zu Fuß erkunden

heute das Amtsgericht untergebracht ist. Bereits im 11. Jahrhundert stand hier eine erste Burg, die jedoch schon bald zerstört wurde. 1548 erbaute George Gordon, der Earl of Huntly, ein neues Schloss. 1562 verweigerte Gordon, der zu den protestantischen Lords of the Congregation gehörte, Königin Mary Stuart den Zugang. Daraufhin belagerten Regierungstruppen den Palast und Gordon wurde verhaftet. Während des Jakobiteraufstands unter Bonnie Prince Charlie verschanzten sich hier die Regierungstruppen, 1746 sprengten die Jakobiter es in die Luft.

Die Statue von Flora MacDonald vor dem Inverness Castle

Das heutige Schloss stammt aus dem Jahr 1863, davor steht eine Statue von Flora MacDonald, die Bonnie Prince Charlie während des Jakobiteraufstands unter Einsatz ihres Lebens zur Flucht verhalf (vgl. S. 190). Die Geschichte zwischen der hübschen Frau und dem Prinzen wurde stark romantisiert und Flora wurde noch zu Lebzeiten eine Heldin. Das Schloss selbst ist nicht zu besichtigen, im Park kann man jedoch die Ruhe und den Ausblick genießen.

Über den Castle Wynd gelangt man hinunter zur High Street. Auf dem Weg passiert man die städtische Kunstgalerie ⓮ **Inverness Museum and Art Gallery**. Von dort rechts auf der lebendigen High Street finden sich Geschäfte. Noch ein Stück weiter auf der Eastgate Street findet samstags ein Straßenmarkt statt.

Ausflugsziele:

Östlich von Inverness befindet sich das **Culloden Battlefield**, wo sich am 16. April 1746 die letzte Jakobiterschlacht zutrug (vgl. S. 190). Auf dem Gelände sind die Truppenpositionen durch Fahnen markiert – die schottischen sind blau, die englischen rot. Steine mit Inschriften markieren die Stellen, an denen Mitglieder eines bestimmten Clans ihr Leben ließen. Vom Dach des Besucherzentrums erhält man einen Gesamtüberblick über das Schlachtfeld.

In einem Waldhain, nur wenige Kilometer von Culloden entfernt, versteckt sich das Dörfchen Cawdor mit dem **Cawdor Castle**. Shakespeare diente es als Hintergrund für seine historisch nicht

Um sich gegen weitere Aufstände zu wappnen, ließ George II. das mächtige Fort George erbauen – es wurde aber nie angegriffen und ist deshalb sehr gut erhalten

Die Findhorn Bay am Moray Firth: Die Bucht steht unter Naturschutz, doch Fischen und Wassersport sind hier erlaubt

ganz korrekte Version der Regentschaft von König Macbeth (vgl. Kasten S. 181) – das Schloss entstand viele Jahre nach der Herrschaft des bekannten Königs.

Im Norden ragt die formidable Festungsanlage **Fort George** so weit in den Moray Firth hinein, dass sie fast die gegenüberliegende Küste der Black Isle berührt. Sie ist die östlichste der drei strategischen Befestigungsanlagen entlang dem Great Glen und fast noch komplett erhalten. Weil nach 1746 die Gefahr der Jakobiter gebannt war, sah das Fort keinen einzigen Angriff. Es ist weitgehend in einem Graben angelegt und gibt einen guten Einblick in die Kriegsführung des 18. Jahrhunderts, zudem hat man einen tollen Ausblick auf den Strand des Moray Firth.

Wer anstatt mythischer Wesen im Loch Ness wirkliche Tiere sehen möchte, darf eine 7 **Bootstour auf dem Moray Firth** nicht verpassen. Hier kann man große Tümmler sichten, die nördlichsten Delfine der Welt, die die Schiffe begleiten und dabei Kapriolen vollführen, auch Zwergwale tauchen auf.

Weiter Richtung Osten finden sich noch mehr schöne Strände, etwa der **East Beach Nairn** in der Bucht bei Nairn oder noch weiter der Burghead Beach.

SERVICE & TIPPS

i Inverness Visitor Centre
Castle Wynd, Inverness, IV2 3BJ
✆ 01463 252 401
April/Mai Mo–Sa 9–17, So ab 10, Mai/Juni Mo–Sa 9–18, So ab 9.30, Juli–Sept. Mo–Sa 8.45–18.30, So 9.30–18, Okt.–März Mo–Sa 9–17, So 10–15 Uhr
Hier erhält man ausführliche Informationen über alle Highland-Destinationen und kann Unterkünfte sowie Ausflüge buchen.

14 Inverness Museum and Art Gallery
Castle Wynd, Inverness, IV2 3EB
✆ 01463 237 114
www.highlifehighland.com/inverness-museum-and-art-gallery
Ostern–Okt. Di–Sa 10–17, Nov.–März Di–Do 12–16, Fr/Sa 11–16 Uhr, Eintritt frei

Die Clan-Steine auf dem Culloden Battlefield erinnern an die schottischen Familienverbände, die hier in der Schlacht ihr Leben ließen

Inverness Cathedral: den Grundstein legte 1866 der Erzbischof von Canterbury

Die Galerie zeigt eine Ausstellung über das Leben in den Highlands sowie Wechselausstellungen zu verschiedenen Themen.

9 Scottish Kiltmaker Visitor Centre
Highland House of Fraser Ltd.
4–9 Huntly St.
Inverness, IV3 5PR
✆ 01463 222 781, www.highlandhouseoffraser.com
Tägl. Mai–Sept. 9–22, Okt.–April 9–18 Uhr
Eintritt £ 2.50/1.50 (5–15 J.)
Hier erfährt man, wie die Kilts hergestellt werden, und kann sich mit Tartan, dem schottischen Karostoff, eindecken.

13 Inverness Castle
View Place
Inverness, IV2 3EG
www.explore-inverness.com
Der historische Ort, in dem heute das Amtsgericht untergebracht ist, kann nur von außen besichtigt werden. Von dort lohnen aber der Spaziergang im Park und der Ausblick.

10 St. Andrew's Cathedral
9–11 Kenneth St.
Inverness, IV3 5NR
✆ 01463 225 553
www.moray.anglican.org/inverness-cathedral
Tägl. 6–17.15 Uhr
Ursprünglich eine Mission wurde die Kathedrale ab 1866 nach Plänen des Architekten Alexander Ross erbaut und 1869 eingeweiht.

11 Eden Court Theatre
Eden Court, Bishops Rd.
Inverness, IV3 5SA
✆ 01463 234 234
www.eden-court.co.uk
In dem Kulturzentrum finden vielseitige Veranstaltungen von

Cawdor Castle: Das Schloss ist der Handlungsort von Shakespeares »Macbeth«

Theater über Tanz bis zu Film statt.

The Kitchen
15 Huntly St., Inverness, IV3 5PR
✆ 01463 259 119, tägl. außer So 12–15 und 17–22 Uhr
Am River Ness gibt es moderne schottische Küche mit Aussicht.
££

The Mustard Seed
16 Fraser St.
Inverness, IV1 1DW
✆ 01463 220 220
www.mustardseedrestaurant.co.uk
Tägl. Lunch 12–15, Dinner 17.30–22 Uhr
Sehr feine, moderne schottische Küche mit mediterranem Einschlag und großer Vielfalt an Fisch-, Fleisch und Geflügel sowie vegetarischen Gerichten.
££

Leakey's Book Shop & Café/ 5 Old Gaelic Church
Church St., Inverness, IV1 1EY
✆ 01463 239 947
Tägl. 10–17.30 Uhr
In dem Antiquariat in der alten Gaelic Church kann man stöbern und gemütlich Kaffee trinken.

2 Victorian Market
Academy St., Inverness, IV1 1PJ
✆ 01463 724 343
Tägl. außer So 9–17 Uhr
In den hübschen, historischen Markthallen gibt es viele interessante kleine Geschäfte.

Ausflugsziele:

Culloden Battlefield Visitor Centre
Culloden Moor
Inverness, IV2 5EU
✆ 0844 493 2159
www.nts.org.uk/Culloden
Tägl. April–Okt. 9–17.30, Juni–Aug. 9–18, Nov./Dez., Feb./März 10–16 Uhr
Eintritt £ 11
Hier im Besucherzentrum gibt es eine detaillierte Ausstellung zur Schlacht von Culloden (vgl. Kasten S. 190). Mit Film.

Großer Tümmler in der Bucht Moray Firth: Europaweit gibt es kaum einen besseren Platz, um Delfine zu beobachten

Cawdor Castle
Cawdor, Nairn, IV12 5RD
✆ 01667 404 401
www.cawdorcastle.com
Tägl. Mai–Okt. 10–17 Uhr
Eintritt £ 10.70/6.70, bis 5 J. frei
Sehenswertes, 600 Jahre altes Herrenhaus.

Fort George/ The Highlanders' Museum
The Common, Ardersier
Inverness, IV1 7TD
✆ 01667 460 232
www.historicenvironment.scot
Tägl. April–Sept. 9.30–17.30, Okt.–März 10–16 Uhr
Eintritt £ 8.50/5.10
In dem Fort befindet sich auch das Highlanders' Museum (www.thehighlandersmuseum.com), das die Geschichte der Highland-Regimenter dokumentiert.

7 Moray Firth Dolphins
www.moraydolphins.co.uk
www.dolphinspirit.co.uk
www.dolphintripsavoch.co.uk
Es gibt verschiedene Touren und Anbieter von Bootsausflügen zu den Delfinen im Moray Firth.

East Beach Nairn
Nairn, IV12 5DE
Sandstrand im Osten von Nairn.

❶ DRUMNADROCHIT/LOCH NESS

In dem Ort, der am Ufer von Loch Ness liegt, dreht sich alles um »Nessie«, das berühmte Loch-Ness-Monster. Zahlreiche Hotels und Cafés bezeugen den nie endenden Strom von Touristen auf den Spuren des Mythos, der den See auf der ganzen Welt berühmt gemacht hat. Stundenlang blicken fanatische Sucher durch ihre Kameralinse gebannt auf die Wellenbewegungen des 37 Kilometer langen Sees.

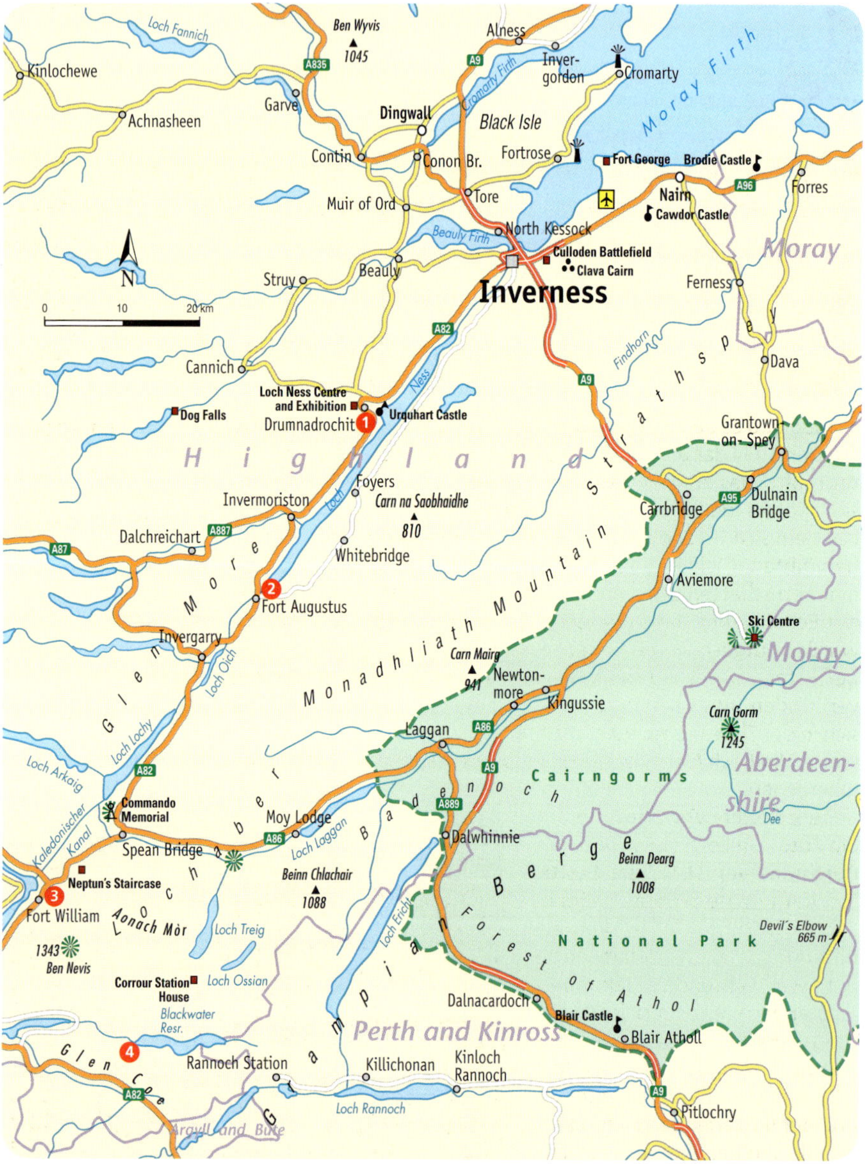

1692 gesprengt, damit es den Jakobitern nicht als Stützpunkt dienen konnte: Urquhart Castle am Loch Ness

1933 gab es den ersten Augenzeugenbericht über ein Monster, auf den 1934 das erste Foto folgte. Das bekannte »Surgeon's Photograph«, das an den Hals einer Gießkanne denken lässt, stellte sich später jedoch als Fälschung heraus. 1960 wurde der erste Film über ein sich im See bewegendes Objekt veröffentlicht, das den gewölbten Rücken eines Tiers zu zeigen schien. Dies führte zu einer ernsthaften Untersuchung der Erscheinung, unter anderem mit Echolot und Unterwasserfotografie. Hunderte von Theorien wurden aufgestellt, die sich etwa mit entlaufenen Zirkuselefanten befassten, bis hin zu der Vermutung, dass die Seen unteririsch verbunden und vorzeitliche Seekühe hier gestrandet seien, die sich in der Tiefe weiterentwickelt hätten. Die Suche geht bis heute weiter. Im **Loch Ness Centre & Exhibition** kann man der Legende nachgehen.

Den besten Vordergrund für ein Foto von Loch Ness bietet die Burgruine von **Urquhart Castle**. Sie liegt malerisch auf einem Landvorsprung, der in den See hineinragt. Die mittelalterliche Burg war während der Jakobiteraufstände eine Bastion der Regierungstruppen, die diese bei ihrem Abzug 1692 in die Luft sprengten.

Den besten Eindruck vom See und der umliegenden Landschaft erhält man bei einer Bootstour.

Unschwer zu verkennen: das Loch Ness Centre in Drumnadrochit

SERVICE & TIPPS

Visit Scotland
The Car Park
Drumnadrochit, IV63 6TX
✆ 01456 453 165
www.visitscotland.com
Mo–Sa März–Mai 9.30–17, Juni 9–17, Juli/Aug. 9–18, Sept./Okt. 9.30–16.30 Uhr, So jeweils kürzer

Loch Ness Centre & Exhibition
Drumnadrochit, IV63 6TU
✆ 01456 450 573
www.lochness.com
Tägl. Ostern–Juni, Sept./Okt. 9.30–17, Juli/Aug. bis 18, Winter 10–15.30 Uhr
Eintritt
£ 7.95/4.95, unter 6 J. frei
Das Zentrum informiert über die Geschichte und Umgebung von Loch Ness, anhand von Dokumentationen und Augenzeugenberichten sowie historischen Fotos und Multimediashows wird hier das Seemonster Nessie lebendig.

Urquhart Castle
Drumnadrochit, IV63 6XJ
✆ 01456 450 551
www.historicenvironment.scot
Tägl. April–Sept. 9.30–18, Okt. bis 17, Nov.–März bis 16.30 Uhr
Eintritt £ 8.50/5.10
Die mittelalterliche Burg gehört wegen ihrer malerischen Lage am Loch Ness zu den meistfotografierten Schlössern Schottlands. Die Geschichte des Schlosses und ihrer Clans wird in einer Ausstellung und einem Kurzfilm deutlich.

Loch-Ness-Touren
Boote verschiedener Veranstalter verkehren von Drumnadrochit (www.lochness-cruises.com), Fort Augustus (www.cruiselochness.com) und Inverness (www.jacobite.co.uk).

2 FORT AUGUSTUS

Nessie, das »Lieblingsmonster« Schottlands, kündigt sich den Besuchern schon in Fort Augustus an

Genau in der Mitte zwischen Fort William und Inverness befand sich das dritte der Verteidigungsforts im Great Glen. Heute ist nichts mehr von der Festung vorhanden. Der Name geht auf den Duke of Cumberland zurück, den Sohn von König George II., der federführend in den Highland Clearances nach 1746 war. Sein brutales Vorgehen brachte ihm den unschönen Beinamen »Metzger« ein.

Heute ist der hübsche Ort eins der beliebtesten Ausflugsziele am Caledonian Canal, nicht zuletzt wegen seiner Nähe zu Loch Ness. Der **Caledonian Canal** des Ingenieurs Thomas Telford eröffnete 1822 nach 17 Jahren Bauzeit. Das Bauprojekt bot vielen arbeitslosen Highlandern eine Beschäftigung und eine neue Perspektive. Wegen der Eisenbahn und des Baus immer größerer Schiffe verlor der Kanal jedoch seine wirtschaftliche Bedeutung. Nachdem Königin Victoria 1873 eine Bootsfahrt unternommen hatte, wurde der Kanal zur Touristenattraktion. Und so tummeln sich hier heute die *narrow boats*, schmale Hausboote, ebenso wie Ausflugsboote. Etwa die Hälfte des Kanals führt durch die Lochs Lochy, Oich und Ness.

Der Caledonian Canal in Fort Augustus

SERVICE & TIPPS

[i] Visit Scotland
The Car Park
Fort Augustus, PH32 4DD
✆ 01320 345 156
www.fortaugustus.net
Mo–Sa 9–17, Mai/Juni bis 18, Juli/Aug. bis 18.30 Uhr, So jeweils kürzer

Caledonian Canal Heritage Centre
Ardchattan House Canalside
Fort Augustus, PH32 4BA
✆ 01320 366 493
www.scottishcanals.co.uk
Tägl. 9–18 Uhr
Hier erfährt man alles Wissenswerte über den Kanal, kann Kanus und Boote mieten und sich im Shop mit Souvenirs eindecken.

The Boathouse Lochside Restaurant
Fort Augustus, PH32 4BD
✆ 01320 366 682
www.lochnessboathouse.co.uk
Das Restaurant ist Teil des Highland-Club-Ferienzentrums und bietet türkisch inspirierte Küche. ££

3 FORT WILLIAM

Fort William am Loch Linnhe im County Lochaber war die erste der drei Verteidungsanlagen in den Highlands. Es entstand 1698 und trägt den Namen von König William III. von Oranien, der James II. vom Thron verdrängte. Das **West Highland Museum** gibt Einblick in die Geschichte des Forts. Trotz des landschaftlich spektakulären Panoramas ist der Ort am Fuß des höchsten Berges Ben Nevis selbst keine Augenweide. Die kargen Überreste der einstigen Festung findet man in einer kleinen Grünanlage an der Uferpromenade am Loch Linnhe. Wanderer auf dem West Highland Way (vgl. S. 133) und dem Great Glen Way (vgl. S. 291) beginnen oder beenden hier ihre Wanderung. Vom hiesigen Bahnhof fährt der **Jacobite Steam Train** nach Mallaig (vgl. Road of the Isles S. 228), und auf dem Loch Linnhe verkehren zahlreiche Ausflugsboote.

Während des Aufstiegs zum Vulkankegel Ben Nevis bieten sich immer wieder interessante Ausblicke

Ausflugsziele:

Beliebt ist ein Ausflug zur Schleusentreppe **Neptune's Staircase** wenige Kilometer nördlich von Fort William. Auf der Strecke des Caledonian Canal gibt es 29 Schleusen und zehn Brücken. Bei der Schleusentreppe Neptune's Staircase in Banavie an der A830 gilt es acht Schleusensegmente hintereinander zu durchfahren, um einen Höhenunterschied von 20 Metern zu überwinden. Der Vorgang dauert etwa 90 Minuten und zieht immer Schaulustige an.

Von 1942 bis zum Ende des Zweiten Weltkriegs befand sich in Lochaber ein Trainingslager für Soldaten der britischen Armee. 1952 errichtete man ein Denkmal für die Männer, die im Krieg ihr Leben ließen. Nordöstlich von Fort William an der A82 bei Spean Bridge, steht vor dem spektakulären Hintergrund des Nevis-Bergmassivs das **Commando Memorial**, drei Bronzesoldaten, die in die Ferne blicken.

Wer den Aufstieg auf den 1345 Meter hohen Vulkankegel des **Ben Nevis** wagen will, muss für eine Bergwanderung ausgerüstet sein, denn der achtstündige Aufstieg ist kein Spaziergang. Er beginnt unweit des Glen Nevis Visitor Centre. Am zerklüfteten Gipfel wird man mit einer tollen Aussicht belohnt. Ben Nevis und die angrenzende Gebirgskette vereinen die höchsten Munros in Schottland.

Im Winter zieht das Skigebiet der **Nevis Range** Touristen an. Das Ski- und Sportzentrum befindet sich auf dem Aonach Mòr im Nevis-Bergmassiv wenige Kilometer nördlich von Fort William an der A82. Auf den Berg gelangt man mit der einzigen Gondelbahn in Großbritannien.

Das Commando Memorial erinnert an die britischen Einheiten in Achnacarry, die dort während des Zweiten Weltkriegs trainiert wurden

SERVICE & TIPPS

Visit Scotland
15 High St.
Fort William, H33 6DH
✆ 01397 701 801
www.visitfortwilliam.co.uk
Mo–Sa 9–17, Mai/Juni bis 18, Juli/Aug. bis 18.30 Uhr, So jeweils kürzer

West Highland Museum
Cameron Sq.
Fort William, PH33 6AJ
✆ 01397 702 169
www.westhighlandmuseum.org.uk, tägl. außer So April–Okt. 10–17, Nov./Dez., März 10–16 Uhr
Eintritt frei
Das sehenswerte Museum do-

kumentiert die Geschichte von Fort William und das Leben der Highlander mit vielen interessanten Exponaten.

Crannog Cruises
Town Pier
Fort William, PH33 6DB
✆ 01397 705 589
www.crannog.net/cruises
März–Okt. tägl 11, 13 und 15 Uhr, Abendfahrten Juli/Aug. Mo, Mi, Fr ab 19.30 Uhr
Tour £ 15/7.50
Die Fahrten dauern 90 Min. und führen entlang dem Loch Linnhe durch die schöne Landschaft der Region Lochaber.

Ausflugsziele:

Caledonian Canal – Neptune's Staircase
Banavie, Fort William, PH33 7NG
www.outdoorcapital.co.uk
Hier überwindet der Caledonian Canal über acht Schleusenkammern eine Höhe von 20 m.

Commando Memorial
Spean Bridge
Fort William, PH34
Denkmal an die britischen Soldaten im Zweiten Weltkrieg.

Ben Nevis
Glen Nevis Visitor Centre
Fort William, PH33 6PF
✆ 01397 705 922
www.ben-nevis.com, tägl. Sommer 8.30–18, Frühjahr/Herbst 9–17, Winter 9–15 Uhr
Für einen Aufstieg sollte man bergsteigerische Erfahrung haben. Das Visitor Centre hält Informationen bereit.

Nevis Range
Torlundy
Fort William, PH33 6SQ
✆ 01397 705 825
www.nevisrange.co.uk
Hier gibt es für Skifahrer und Snowboarder Zugang zu den Abfahrtsbahnen sowie einen Hochseilpark und ein Restaurant.

Die Grampian Mountains nehmen fast die halbe Landesfläche Schottlands ein – der Ben Nevis ist Teil des Gebirgsmassivs

Beeindruckende Kulisse der Highlands: die Felsformation der Three Sisters

4 8 GLEN COE

Die beste Aussicht auf das Panorama des einmaligen Tals **Glen Coe** erhält man, wenn man es in Richtung Nordwesten auf der A82 durchquert. Man fährt lange durch die flache, einsame Landschaft – rechter Hand befinden sich die Ausläufer von Rannoch Moor. Hat man den Loch Ba passiert, so bilden zuckerhutartige Berge wie der Buchaille Etive Mòr das südliche Eingangstor des Tals. Eine verwunschene, moosbedeckte Felsenlandschaft, gespickt mit Abbruchfelsen und Wasserfällen, erwartet den Besucher. Praktisch hinter jeder Kurve eröffnet sich eine neue atemberaubende Aussicht, wie die der Gipfel der Three Sisters. Dabei scheinen die Kuppen zum Greifen nah.

Vor dieser Kulisse kam es im 17. Jahrhundert zu einem politisch motivierten Massaker am Clan Donald (vgl. Kasten S. 202). Das **Glencoe Visitor Centre** an der A82 informiert darüber; ein Denkmal für das Massaker steht im Ort **Glencoe**.

Am Fuße des Berges Buachaille Etive Mòr im Tal Glen Coe

Der Ort selbst ist auf Besucher und Wanderer eingestellt, auf verschiedenen Routen kann man die Bergwelt erkunden und immer wieder die grandiose Aussicht genießen. Im Sommer tun das vor allem Wanderer und Mountainbiker, im Winter begeben sich die Skifahrer auf die Piste. Etwas weiter östlich verläuft auch der West Highland Way (vgl. S. 133) über die Hochebene des Rannoch Moor.

Ausflugsziel:

Wer die Zivilisation einmal ganz hinter sich lassen will, kann vom Ostausgang des Tals Glen Coe auf das Plateau des **Rannoch Moor** wandern. Das etwa 130 Quadratkilometer große Moorgebiet ist eine der letzten unberührten Landschaften Schottlands. Die Straße endet bei Rannoch Station und zur Endstation, zum Bahnhof

Corrour, führen keine Straßen, sondern nur noch Schienen. Wer den letzten Zug verpasst, muss 32 Kilometer zur Rannoch Station zurücklaufen oder in der 20 Minuten entfernt gelegenen Jugendherberge am Loch Ossian ohne Elektrizität übernachten. Im Sommer versorgt am Bahnhof in Corrour ein Café die mutigen Ausflügler.

Rannoch Moor ist übrigens der fiktive Sitz des McDuck Castle, des Stammsitzes des Clan Duck und Geburtsstätte der Comic-Ente Dagobert Duck.

Die unberührte Natur des Glen Coe lässt sich am besten bei Wandertouren erkunden

SERVICE & TIPPS

Visitor Centre Glencoe
Ballachulish, PH49 4HX
www.nts.org.uk
Ostern–Okt. tägl. 9.30–17.30, sonst Do–So 10–16 Uhr
Eintritt £ 6.50
Das Besucherzentrum bietet eine informative Ausstellung über das Glen, das Massaker, eine Aussichtsplattform und ein Café.

Glencoe Mountain Ltd.
Kingshouse
Glencoe, PH49 4HZ
✆ 01855 851 226
www.glencoemountain.com
Hier gibt es zwar nicht die höchstgelegenen Skipisten, aber dafür die schönste Aussicht. Sieben Skilifte bringen Gäste zu den Abfahrten. Im Sommer ist das Gebiet bei Mountainbikern beliebt, gewandert wird ganzjährig.

Ausflugsziel:

Rannoch Moor/ Corrour Station House
Corrour Estate
Fort William, PH30 4AA
✆ 01397 732 236
www.corrour-station-house-restaurant.co.uk
April–Okt. tägl. 8.30–21 Uhr
Fast unberührte Moorlandschaft. Im Bahnhof existiert im Sommer ein Café.

Loch Ossian Youth Hostel
Corrour
Fort William, PH30 4AA
✆ 01397 732 207
www.syha.org.uk/where-to-stay/highlands/loch-ossian.aspx
Übernachtunsmöglichkeit im Rannoch Moor.

MASSAKER VON GLENCOE

Die Clans Campbell und Donald lagen jahrhundertelang in einem Streit um die Vorherrschaft in den westlichen Highlands, der schließlich im Massaker von Glencoe kulminierte. Hintergrund dieses Blutbads war, dass König William III. nach einer Niederlage der Jakobiter 1690 den Highland-Clans wegen ihrer Teilnahme an dem Aufstand eine Amnestie angeboten hatte, um sich deren Loyalität zu sichern. Er forderte einen Treueschwur, dem die meisten zügig nachkamen.

Aus verschiedenen Gründen leistete der Clan Donald den Eid jedoch mit einiger Verspätung. Die englische Regierung beschloss, ein Exempel zu statuieren, und beauftragte unter der Führung von Robert Campbell of Glenlyon Regierungstruppen, die männlichen Clan-Mitglieder der Donalds umzubringen. Nachdem die Soldaten zwei Wochen die Gastfreundschaft der MacDonalds genossen hatten, kam es am 13. Februar 1692 zu einem Gemetzel. Die Mitglieder des Clan Donald wurden hinterrücks ermordet. Dieser Verrat wurde immer wieder kritisiert, weil er das Gesetz der Gastfreundschaft verletzt hatte, und den »murder under trust« haben die MacDonalds den Campbells bis heute nicht vergeben.

Der Buachaille Etive Mòr am östlichen Ende des Glen Coe: Sein Name bedeutet so viel wie »Großer Schäfer von Etive«

WESTLICHE HIGHLANDS UND ÄUSSERE HEBRIDEN

PANORAMASTRASSEN, FANTASTISCHE INSELWELT UND TRAUMSTRÄNDE

An der Westküste und auf den vorgelagerten Inseln der Äußeren Hebriden sind die gerundeten Hügel windgefegt und nur spärlich bewachsen – hier überlebt nur widerstandsfähige Vegetation. Dies sorgt aber gerade für grandiose Ausblicke: Der Blick schweift immer wieder in die Ferne, über Lochs und Fjorde, auf die Weite des Meeres.

Die Straßen der Highlands führen durch spektakuläre Landschaften und vielfach ist der Weg das Ziel. Einige Straßen vermarkten sich bereits als Sehenswürdigkeiten wie die A830, die Road to the Isles, die nach Skye und

Im Sommer grasgrün: die Bergrücken der Isle of Skye

zu den Small Isles führt, sowie die North Coast 500. Vom windumtosten Cape Wrath nach Süden erstreckt sich der North West Highlands Geopark. Die UNESCO nahm das Gebiet in die Liste der Geoparks auf, denn hier finden sich einige der ältesten Gesteinsformationen Europas.

Seilebost Beach auf der Insel Harris der Äußeren Hebriden

Im Nordosten befand sich einst das piktische Reich Fortriu, das im 9. Jahrhundert von den Norwegern eingenommen wurde. Bis 1266 waren die Hebrideninseln im Besitz der nordisch-gälischen Lords of the Isles, aus denen im 13. und 14. Jahrhundert die Clans hervorgingen. Die Chiefs der Clans unterstützten die schottischen Könige militärisch und erhielten im Gegenzug Ländereien und Titel und fungierten als Lehnsherren. Die Mitglieder der weitverzweigte Sippe eines Clans *(kinship)* lebten als ärmliche *Crofters* (Kleinbauern), die ihr Land vom Chief pachteten und Frondienste verrichten mussten (vgl. Kasten S. 228). Die Einkünfte kamen weitgehend aus Landwirtschaft und Fischfang.

1493 brachte James IV. die Hebrideninseln schließlich wieder unter die Krone. Als James V. im Jahr 1540 jedoch die Highlands besuchte, herrschten immer noch mittelalterliche Verhältnisse. In den Lowlands galten die sogenannten Highlander mit ihrer gälischen Sprache daher als ungebildet und barbarisch. Erst nach der Schlacht bei Culloden (vgl. Kasten S. 190) zerfiel die alte Feudalordnung, die neuen Landeigentümer stellten auf großflächige Schaf- und Rinderzucht um. Einige der Inseln wurden verkauft und die Bevölkerung umgesiedelt. Nach einer Hungersnot Anfang des 19. Jahrhunderts kam es zu einer Massenemigration der Landbevölkerung nach Südschottland, England, Kanada, Australien und Neuseeland.

Heute stellen die einsame Landschaft und das Naturerlebnis den touristischen Reiz der Highlands dar. Und die Inseln liegen wieder im Trend: Statistiken zeigen, dass seit 2001 die Einwohnerzahl auf den Hebriden um etwa vier Prozent angestiegen ist. Wo private Ländereien zum Verkauf stehen, ermöglicht die SNP eine Art Vorkaufsrecht für Kommunen, um Spekulation zu verhindern. So befinden sich heute z. B. die Insel Eigg und die Halbinsel Knoydart im Besitz der sie bewohnenden Kommunen.

Äußere Hebriden
Butt of Lewis
Port of Ness
Cape Wrath
Kinlochbervie
Arnol
Blackhouse
Barvas
Flannan Isles
Great Bernera
Carloway
Dun Carloway Broch
Standing Stones of Calanais
Stornoway
Garynahine
Broad-bai
Tiumpan Head
Portnaguran
Eye Peninsula
Handa Island
Scourie
Eddrachillis Bay
Kylesku
Assynt
Lochinver
Rubha Còigeach
Western Isles
Lewis
The Minch
Hushinish
4
West Loch Tarbert
Kebock Head
Western Isles
Tarbert
Toe Head
Harris
Pabbay
Leverburgh
Rodel
Bernaray
Renish Point
Sound of Harris
Otternish
Loch Broom
Gruinard Bay
8
Ullapool
Laide
Inverewe Gardens
Dundonnell
Falls of Measach
Gairloch
3
Sound of Monach
Tigharry
North Uist
Lochmaddy
Western Isles
Little Minch
Kilmuir
Staffin
Waternish Point
Loch Snizort
Uig
Old Man of Storr 719
Sound of Raasay
Rona
Loch Torridon
Bernaray
Loch Maree
Loch Fannich
Kinlochewe
Torridon
St. Kilda
Balivanich
Benbecula
Creagorry
Dunvegan Head
A87
6
Skye
Charles Lave
Inner Sound
Applecross
Shieldaig
Achnasheen
Dunvegan
Bracadale
Portree
Raasay
Strathcarron
Highlands
South Uist
Idrigill Point
Loch Bracadale
Talisker
Sconser
Lochcarron
Kyle of Lochalsh
Stromeferry
Daliburgh
Hebridensee
Sligachan
Scalpay
Dornie
Cannich
Lochboisdale
Broadford
Kyleakin
Eilean Donan Castle
Kylerhea
Sound of Barra
Cuillin Sound
Glenelg
Shiel Bridge
Invermoriston
Elgol
Isleornsay
Bayhirivagh
Barra
Canna
Armadale
Sound of Sleat
A87
Loch Cluanie
Castlebay
Rum
Loch Nevis
Loch Quoich
Mallaig
Mingulay
Eigg
Loch Morar
Loch Arkaig
Loch Lochy
Barra Head
Arisaig
5
A830
Glenfinnan
A82
Sound of Arisaig
Kaledonischer Kanal
Spean Bridge
Muck
Loch Shiel
Fort William
Neptun's Staircase
Innere Hebriden
Kilchoan
Salen
Strontian
Corran
Ben Nevis 1343
Coll
Arinagour
Loch Sunart
Inchree
Onich
Blackwater Resr.
Tobermory
Kentallen
Ballachulish
Tiree
Scarinish
Dervaig
Mull
A828
L. Tuath
Salen
Sound of Mull
Lochaline
Loch Linnhe
Portnacroish
A82
Ulva
Nordwest

Rora Head
Hoy
Scapa Flow
Flotta
Burray
Lyness
South Ronaldsay
Longhope
Burwick
Pentland Firth
Dunnet Head
Island of Stroma
Duncansby Head
Strathy Point
Whiten Head
Cliffs
2
Loch Eriboll
Kyle of Tongue
Scrabster
Dunnet
John O'Groats
Thurso
7
Castletown
Tongue
Cold-backie
Bettyhill
Melvich
Roadside
Ben Hope
927
Reiss
Noss Head
A882
A9
Wick
N
Syre
Altnaharra
Naver
Grey Cairns of Camster
A99
0
10
20
30
40
50 km
Ben Kilbreck
962
Kinbrace
Latheron
Loch Shin
A9
Helmsdale
Lairg
Falls of Shin
Brora
Dunrobin Castle
1
Golspie
Bonar Bridge
Dornoch
Dornoch Firth
NORDSEE
Skibo Castle
Tarbat Ness
Portmahomack
Tain
Ross
Moray Firth
Alness
Invergordon
Lossie-mouth
A9
Cromarty
Dingwall
Black Isle
Buckie
Cullen
Fortrose
Fort George
Sueno's Stone
Elgin
Macduff
Kinnairds Head
A96
Fraserburgh
Tore
Nairn
Forres
Fochabers
Banff
Cawdor Castle
Rothes
Keith
A98
A90
Clava Cairns
Turriff
New Deer
Mintlaw
Inverness
Craigellachie
Monster Centre
A82
Findhorn
Dava
Huntly
Aberdeen-
Peterhead
Ness
A9
A95
Urquhart Castle
Grantown-on-Spey
Dufftown
A96
Fyvie Castle
Moray
Deveron
Foyers
Oldmeldrum
Ellon
Cruden Bay
Carrbridge
Dulnain Bridge
Rhynie
Whitebridge
Tomintoul
Mossat
Pitmedden Garden
Newburgh
Aviemore
Inverurie
Don
Alford
Kintore
Newton-more
Colnabaichin
Craigievar Castle
Cairngorms
shire
ABERDEEN
Laggan
A86
Kingussie
Cairn Gorm
1245
Crathes Castle
Braemar
Aboyne
Dee
A9
Balmoral Castle
Ballater
Banchory
A889
Dalwhinnie
Dee
Berg
National Park
Stonehaven
Devil's Elbow
665 m
N. Esk
Perth and
A90
S. Esk
Inverbervie
Blair Castle
Laurencekirk
Blair Atholl
Angus
Kinross
Marykirk
Kinloch Rannoch
Pitlochry
Brechin
Loch Rannoch
Pass of Killiecrankie
Isla
Kirriemur
Montrose
A9
Forfar

❶ DORNOCH

Die Gegend am Dornoch Firth im County Sutherland, das noch zum breiten 7 **Moray Firth** gehört, hat ein mildes Klima. Mit seinen vielen Stränden an der Küste rund um Dornoch ist der Ort bei Sommerfrischlern sehr beliebt. Der lange Sandstrand **Embo Beach** etwa erstreckt sich vom Dornoch Point bis zur Loch Fleet Nature Reserve.

Die Kathedrale von Dornoch fiel 1570 einem Brand zum Opfer, wurde aber im 19. Jahrhundert komplett saniert

Im properen Städtchen Dornoch selbst sind die Kathedrale aus dem 13. Jahrhundert und das Heimatmuseum sehenswert. Die **Dornoch Cathedral** geht auf das Jahr 1222 zurück – da verlegte ihr Gründer, Bischof Gilbert de Moravia, den Bischofssitz von Halkirk hierher. Später wurde er heiliggesprochen. Im 19. Jahrhundert ließ die Countess of Sutherland sie restaurieren. Die Fenster auf der Nordseite der Kathedrale sind Andrew Carnegie gewidmet, der im benachbarten Skibo Castle oft seinen Sommerurlaub verbrachte.

Das kleine **Historylinks Museum** zeigt wichtige Ereignisse aus der Geschichte Dornochs. Das benachbarte kleine Flugfeld etwa wurde im Zweiten Weltkrieg von der Royal Air Force als Stützpunkt genutzt. 1727 fand hier die letzte Hexenverbrennung in Schottland statt – worauf man nicht gerade stolz ist. Ein Gedenkstein für Janet Horne, deren Tochter ebenfalls verurteil wurde, aber entkommen konnte, findet sich beim letzten Haus in der Carnaig Street.

Vom 9. bis zum 12. Jahrhundert stritten die Grafen von Orkney und die Könige von Alba um das Gebiet. Heute zieht der **Royal Dornoch Golf Club** inmitten der Dünenlandschaft eher betuchte Gäste an.

Unweit des Stadtzentrums liegt der weite Sandstrand von Dornoch

Ausflugsziele:

Das benachbarte **Skibo Castle**, das der Stahlmagnat Andrew Carnegie im 19. Jahrhundert ausbaute, ist heute Heimat des exklusiven Carnegie-Privatclubs. Hier heiratete die Sängerin Madonna im Jahr 2000 den britischen Filmemacher Guy Ritchie.

Die Gemeindekirche in Portmahomack ist die Heimstätte des Tarbat Discovery Centre – hier werden die archäologischen Fundstücke der Ausgrabungen auf der Fearn-Halbinsel gezeigt

Im Norden von Dornoch, in der Nähe von Golspie, liegt **Dunrobin Castle**. Der Umbau der Burg aus dem 14. Jahrhundert zu einem neugotischen Schloss erfolgte 1845 durch den Architekten Charles Barry im französischen Stil. Die Gärten des Schlosses, dem Familiensitz der Sutherlands, erinnern an Versailles.

George Granville Leveson-Gower heiratete in die Familie ein und wurde später Duke of Sutherland. Während der Highland Clearances ließ er zwischen 1811 und 1820 Tausende von *Crofters* auf brutale Weise aus ihren Häusern vertreiben. Als 1837 in Golspie eine massive Statue für den »Wohltäter« Sutherland errichtet werden sollte, löste dies starke Proteste aus.

Das hübsche Dörfchen **Helmsdale** liegt an der Mündung des gleichnamigen Flusses und entstand durch die Umsiedlung der Anwohner von Strath of Kildonan im 19. Jahrhundert. Im **Helmsdale Timespan Heritage Centre** kann man sich ein Bild von der Zeit der Pikten und der Wikingerüberfälle machen.

Südlich des Firth war die Fearn-Halbinsel eines der Hauptzentren des mächtigsten der piktischen Reiche, Fortriu, und lange ein Pilgerzentrum der Pikten mit einer heiligen Stätte in Portmahomack. Die archäologischen Ausgrabungen auf der Halbinsel dauern noch an, denn sie ist außergewöhnlich reich an Gebäuderesten und Stelen. Alle Funde, darunter Artefakte wie Gegenstände des täglichen Gebrauchs, werden im **Tarbat Discovery Centre** in **Portmahomack** ausgestellt.

Der hübsche Ort **Cromarty** mit ansprechender georgianischer Architektur sitzt an der Nordspitze der Black Isle am Eingang zum Cromarty Firth, einem Nebenarm des 7 **Moray Firth**. In dem ehemaligen Fischerhafen ist u. a. das **Cromarty Courthouse Museum** aus dem Jahr 1773 sehenswert.

SERVICE & TIPPS

Visit Dornoch
Sheriff Court House
The Square
Dornoch, IV25 3SD
✆ 0845 225 5121
www.visitdornoch.com
Mo–Fr 10–16 Uhr
Das Besucherzentrum wird momentan noch ausgebaut und manchmal kurzfristig geschlossen.

Historylinks Museum
The Meadows
Dornoch, IV25 3SF
✆ 01862 811 275
www.historylinks.org.uk
Ostern, Juni–Sept.
tägl. 10–16, Mai, Okt. Mo–Fr 10–16, Nov.–März Mi/Do

10–16 Uhr
Eintritt £ 3, Kinder frei
Heimatmuseum, das die Geschichte der Stadt dokumentiert.

Das Tarbat Ness Lighthouse, der dritthöchste Leuchtturm Schottlands

Dornoch Cathedral
Dornoch, IV25 3HN
www.dornoch-cathedral.com
Mitte Mai–Mitte Sept. Mo–Fr 10–16 Uhr
Kathedrale aus dem 13. Jh., seit der Reformation jedoch nicht mehr Bischofssitz. 1570 wurde die Kirche durch einen Brand stark zerstört.

Luigi Cafe Restaurant
Castle St.
Dornoch, IV25 3SN
✆ 01862 810 893
www.luigidornoch.com
Im Sommer tägl. ab 10, Dinner 18.45–21 Uhr, sonst nur Sa/So
Feine italienische Küche mit vielen Fischspezialitäten. ££

Grannie's Heilan' Hame Holiday Park
Embo, IV25 3QD
✆ 0344 335 3450
www.parkdeanholidays.co.uk
Der Touring Park direkt am Strand von Embo Beach bietet verschiedene Restaurants, Bars sowie ein beheiztes Schwimmbad. Anmietung der Ferienhäuser wöchentlich. ££

Royal Dornoch Golf Club
Golf Rd., Dornoch, IV25 3LW
✆ 01862 810 219
www.royaldornoch.com
Direkt in den Dünen mit Blick auf das Meer befindet sich der Championship-Course-Golfplatz, auf dem auch Gäste nach Zahlung von Green Fees spielen dürfen.

Ausflugsziele:

Dunrobin Castle
Golspie, KW10 6SF
✆ 01408 633 177
www.dunrobincastle.co.uk
Sept.–März Mo–Sa 10.30–16.30, So ab 12, Juni–Aug. tägl. 10–17 Uhr, Eintritt £ 11/6.50
Das heutige neugotische Schloss entstand 1845 nach einem Entwurf von Charles Barry.

Helmsdale Timespan Heritage Centre
Dunrobin St., Helmsdale, W8 6JA
✆ 01431 821 327
www.timespan.org.uk
Das Museum informiert über die Pikten und die Zeit der Wikingerüberfälle sowie den Goldrausch, als 1869 bei Kildonan im River Helmsdale Gold gefunden wurde.

Tarbat Discovery Centre
Tarbatness Rd.
Portmahomack, IV20 1YA
✆ 01862 891 351
www.tarbat-discovery.co.uk
April tägl. außer So 14–17, Mai tägl. außer So 10–17, Juni–Sept. Mo–Sa 10–17, So 14–17, Okt. tägl. 14–17 Uhr
Eintritt £ 3.50/1, bis 12 J. frei
An der Stelle der alten Gemeindekirche in Portmahomack auf der Fearn Peninsula stand einst eine piktische Abtei. In der Kirche werden heute archäologische Fundstücke ausgestellt.

Cromarty Courthouse Museum
Church St.

Cromarty, IV11 8XA
✆ 01381 600 418
www.cromarty-courthouse.org.uk
Im Sommer tägl. 12–16 Uhr
Eintritt frei, Spenden sind willkommen
Computeranimierte Figuren lassen das Leben in Cromarty lebendig werden.

Glenmorangie Distillery
Tain, IV19 1PZ
✆ 01862 892 043
www.glenmorangie.com
Führung nach Anmeldung
Eintritt £ 7
Die Destillerie befindet sich auf der Südseite des Dornoch Firth. Der Legende nach wurde das Getränk von den »16 Men of Tain« gebraut, d.h. hoch qualifizierten Whisky-Spezialisten, die dem Glenmorangie seine spezielle Note mit einem Hauch von Vanille gaben. Die Ardberg Distillery auf der Isle of Islay gehört zur selben Firma.

NORTH COAST 500

Den fernen Norden der Highlands kann man auf der Küstenstraße North Coast 500 erkunden. Sie ist Schottlands Antwort auf die amerikanische Route 66 und umspannt 500 Meilen der wildesten und einsamsten Landschaft, die Schottland zu bieten hat.

Die Strecke führt von Inverness in Richtung Nordosten entlang der flacheren, ländlich lieblichen Küste von Easter Ross bis zur Landspitze John O'Groats. Vom nördlichsten Punkt des Festlands bei Dunnet Head im County Caithness geht es weiter bis zu den Traumstränden von Durness und zur Nordwestspitze bei Cape Wrath. Von dort in Richtung Süden erstreckt sich im County Sutherland der North West Highlands Geopark mit Zentrum in Kylescu. Weiter führt die Strecke auf der Assynt-Halbinsel entlang unzähliger steiler Serpentinen bis Lochinver, vorbei an Buchten mit wunderschönen Stränden.

Südlich von Ullapool, im County Wester Ross, windet sich die A832 vorbei an der Gruinard Bay und am Loch Ewe bis Gairloch, entlang den Lochs Maree und Torridon rund um Wester Ross mit dem Beinn-Eighe-Massiv und dem dortigen Naturschutzgebiet, vorbei an der Appelcross Peninsula. Durch das Glen Carron geht es dann in Richtung Osten, vorbei an Achnasheen und Strathpeffer, zurück nach Inverness.

Wenn die Straße einspurig wird, muss man andere Autos in Ausweichbuchten *(Passing Places)* passieren lassen. Es gehört außerdem zum guten Ton, schnellere Autofahrer überholen zu lassen. Außerhalb der Saison ist man jedoch meist allein auf weiter Flur (www.northcoast500.com).

Schottische Einsamkeit so weit das Auge reicht: die North Coast 500 bei Loch Eriboll

2 DURNESS

Durness ist die nordwestlichste Siedlung Schottlands. In der geschützten Bucht am Loch Eriboll entwickelte sie sich zum Ferienort, an dem auch John Lennon als Kind mit seiner Tante Urlaub machte. Später soll er Durness mit seiner Frau Yoko Ono noch einmal besucht haben. Heute verströmt der kleine Ort den Charme vergangener Jahrzehnte, immerhin gibt es einen Einkaufsladen und eine Selbstbedienungstankstelle.

Die Smoo Cave bei Durness: Das Innere der Höhle wird mit Flutlicht beleuchtet

Die eindrucksvollste Sehenswürdigkeit von Durness ist die Sandsteinhöhle **Smoo Cave**. Über eine Treppe gelangt man hinab zur Höhle, in die der Bach Smoo über die Klippen fällt. Bei starkem Regen verwandelt sich das Ganze in einen Wasserfall.

Unweit des Ortes liegen einige der schönsten Strände des Nordwestens, dazu gehören der Balnakeil Beach, Brora Beach, Ceannabeinne Beach und die Sandwood Bay, die man nur zu Fuß erreichen kann.

Zum Balnakeil Beach lohnt eine kleine Wanderung. Folgt man der Hauptstraße von Durness nach Westen, gelangt man an der Wegkreuzung oberhalb von Loch Croispol zum Künstlerdorf **Balnakeil Craft Village**. In ausgedienten Militärbunkern haben Künstler ihre Studios und Galerien eingerichtet. Erfrischen kann man sich im Café der Chocolaterie **Cocoa Mountain**. Folgt man der Landstraße weiter nach Norden, erreicht man das historische Dörfchen Balnakeil, vor dem sich der Balnakeil Beach erstreckt. Rechts steht das **Balnakeil House** aus den Jahren 1720–44. Der einstige Herrensitz war im Mittelalter Sitz der Bischöfe von Caithness, heute sind hier Ferienwohnungen untergebracht. Gleich gegenüber ragen die Ruinen der alten Kirche aus dem Jahr 1619 auf.

Nördlich von hier erstreckt sich der felsige **Faraid Head** in den Pentland Firth. Der gesamte Küstenstreifen zeichnet sich durch wilde Schönheit und einsame Buchten mit Sandstränden aus.

Paradies für Seevögel und ihre menschlichen Fans: Handa Island vor der Küste von Scourie

Ausflugsziel:

Hoch oben am **Cape Wrath**, der nordwestlichen Spitze Schottlands, über atemberaubenden Klippen steht der von Robert Stevenson konstruierte Leuchtturm aus dem Jahr 1828. Bei gutem Wetter kann man nach Orkney schauen. Kaum zu glauben, dass bereits die Wikinger ihre Ruderboote durch diese Gewässer navigierten.

Für Geologen und Vogelliebhaber ist die Felseninsel **Handa Island** vor der Küste von Scourie, etwa 15 Kilometer nördlich von Kylesku, ein Paradies. Der Lewis-Gneis wird hier überlagert von den roten Sedimenten der sogenannten Torridionian Supergroup, eines geschichteten Sandsteins. Die von rosa Heidekraut bewachsene Insel ist ein Naturschutzgebiet und beheimatet eine Kolonie von Papageitauchern sowie viele andere Seevögel.

Goldener Strand und rote Felsen: der Strand der Sango Bay nahe Durness in den westlichen schottischen Highlands

Das Cape Wrath Lighthouse

STEVENSON LIGHTHOUSES

Der Leuchtturm am Cape Wrath wurde, wie viele andere in Schottland, vom Großvater des Schriftstellers Robert Louis Stevenson (1850–94) konstruiert. Der Enkel ergriff zunächst denselben Beruf, konnte ihn wegen eines Lungenleidens jedoch nicht ausüben. Stattdessen widmete er sich der Literatur und verfasste so bekannte Romane wie »Dr. Jekyll und Mr. Hyde« und »Die Schatzinsel« – und auch ein Buch über seine Leuchttürme bauenden Vorfahren (www.robert-louis-stevenson.org/lighthouses).

SERVICE & TIPPS

Durness Visitor Centre
Sango
Durness, IV27 4PZ
✆ 01971 509 005
www.new.durness.org
Mo–Sa März–Mai und Okt. 10–16.30, Juni 10–17, Juli–Sept. 9.30–17 Uhr, So jeweils kürzer
An der dünengesäumten Bucht von Sango Bay informiert das Visitor Centre über die Region.

Balnakeil Craft Village
Craft Village, Durness
Lairg, IV27 4PT
www.balnakeilcraftvillage.weebly.com
Hier leben und arbeiten verschieden Künstler. In den Shops (geöffnet in der Regel im Sommer 10–18 Uhr) kann man ihre Produkte erwerben.

Cocoa Mountain
Balnakeil Craft Village
8 Balnakeil, Durness
Lairg, IV27 4PT
✆ 01971 511 233
www.cocoamountain.co.uk/balnakeil
Oberhalb von Balnakiel Bay, nur 3 km von Durness entfernt, versteckt sich eine besonders Überraschung: die wohl entlegenste Chocolaterie Schottlands. Inmitten der Künstlerkolonie Balnakeil Craft Village verwöhnt dieses Start-up-Unternehmen heute Gäste mit Tee, Kaffee und Schokoladenspezialitäten.

Ausflugsziele:

Cape Wrath
www.visitcapewrath.com
Leuchtturm von Robert Louis Stevensons Großvater (s.o.), mit schönem Weitblick. Ein Café erfrischt die Wanderer.

Handa Island
Tarbet, Scourie, IV27 4SS
✆ 07920 468572
www.scottishwildlifetrust.org.uk/reserve/handa-island
Vogelinsel und wichtige Brutstätte Schottlands. Von Ostern bis Ende Aug. verkehrt von Tarbet aus Handa Ferry auf die Insel (s. u.).

Handa Ferry
4 Handa Terrace
Scourie, IV27 4TF
✆ 07780 967 800
www.handa-ferry.com
Ostern bis Ende Aug. Mo–Sa 9.30–16.45 Uhr
Überfahrt £ 12.50/5 (ab 5 J.)
Die Personenfähre verkehrt auf Anfrage, außerhalb der Sommermonate sollte man sich daher vorher telefonisch anmelden.

❸ GAIRLOCH

Der Fischerhafen Gairloch liegt westlich vom Loch Maree. Der lebendige Ort bietet sich an, um die Region Wester Ross zu erkunden. Das **Gairloch Marine Wildlife Centre and Cruises** veranstaltet verschiedene Sightseeing-Touren, auf denen man Wale und Delfine beobachten und die Küstenwelt erkunden kann.
Wer die wilde und raue Bergwelt bevorzugt, wandert mit einem Guide ins Torridon-Gebirge und seine Ausläufer, wo die Seeadler kreisen.

Dank des milden Golfstromklimas kann man im Inverewe Garden allerlei exotische Pflanzen bewundern

Ausflugsziel:

In Poolewe nördlich von Gairloch liegt der **Inverewe Garden**. Im milden Klima des Golfstroms gedeihen exotische Pflanzen aus der ganzen Welt vor schönster Kulisse. Der Garten bietet viele Aussichtspunkte, z. B. mit Ausblick auf einen Liliensee.

SERVICE & TIPPS

Gairloch Visitor Information
The GALE Centre, Achtercairn
Gairloch, IV21 2BH
✆ 01445 712 071
www.galeactionforum.co.uk
Das von der Kommune geführte Besucherzentrum hält Informationsbroschüren bereit, auch die Mitarbeiter helfen bei allen Fragen, von öffentlichen Busfahrplänen bis zur Wettervorhersage.

Spiral Cafe and Bistro
Cliffton, Strath
Gairloch, IV21 2BZ
✆ 01445 712 397
www.facebook.com/SpiralCafeandBistro
Tägl. außer Mo 12–14 und 17.30–20.30 Uhr
Frischer Fisch und Meeresfrüchte von der hiesigen Küste dominieren die Speisekarte dieses Restaurants. £–££

Gairloch Marine Wildlife Centre and Cruises
Charleston, Pier Rd.
Gairloch, IV21 2BQ
✆ 01445 712 636
www.porpoise-gairloch.co.uk

Sonnenuntergang über dem Fischerort Gairloch vor der gewaltigen Kulisse des Torridon-Gebirges

Sommer tägl. 10, 12.30, 15 Uhr
Fahrt £ 20/15 (bis 18 J.)
Bei Bootsausflügen (auch deutschsprachig) mit Meeresbiologen rund um Wester Ross kann man Wale und Delfine sichten.

Walking and Wildlife Adventures
✆ 01445 771 006
www.walkandwild.com
Tagestouren mit Guide £ 140, ab 2–6 Pers. £ 180
Hier kann man geführte Wanderungen durch die Wester-Ross-Region mit einem Mountain Guide, aber auch Kajaktouren entlang des Loch Maree buchen.

Der Veranstalter führt auch ein B&B.

Ausflugsziel:

Inverewe Garden
Poolewe, IV22 2LG
✆ 01445 712 255
www.nts.org.uk/Property/Inverewe-Garden-and-Estate/
Tägl. Ostern bis Mai und Okt. 10–17, Juni–Aug. 9.30–18, Sept. 10–17.30, Nov.–März nur Garten 10–15 Uhr
Eintritt £ 10,50, Kinder frei
Große Gartenanlage mit den schönsten exotischen Pflanzen in wilder Umgebung. Je nach Jahreszeit gibt es verschiedene Highlights.

4 LEWIS UND HARRIS

Lewis und Harris, die durch eine kleine Landbrücke miteinander verbunden sind, bilden zusammen die größte Insel Schottlands und sind Teil der Äußeren Hebriden. Die lang gestreckte Inselkette im Nordatlantik wirkt wie ein Wind- und Wellenbrecher vor Schottlands Küste. Hier verstecken sich 200 größere und kleinere Inseln, an deren tausendfach zerklüfteten Küsten seit Jahrtausenden die See nagt. Sie sind gebildet aus Lewis-Gneis, der zu den

HARRIS TWEED

Harris Tweed ist heute ein auf der ganzen Welt begehrter Stoff, allein 2015 wurden weltweit 1,5 Millionen Meter verarbeitet. Das hat zum Teil damit zu tun, dass Tweed als einzigartiges Material im Trend liegt und von renommierten Modedesignern, darunter sogar Häusern wie Chanel und Saint Laurent, verwendet wird.

Der Wollstoff ist sehr vielseitig und wird in vielen Farben und Mustern gewebt. Er ist seit 1993 gesetzlich geschützt und untersteht der Harris Tweed Authority (Guardians of the Orb). Die Authentizität wird durch das Siegel mit dem Reichsapfels garantiert, das auf Stoffbahnen und Kleidungsstücken angebracht wird.

Harris Tweed besteht aus 100 Prozent reiner Schurwolle, die auf den Äußeren Hebriden von den hier ansässigen Inselbewohnern gefärbt, gesponnen und gewebt wird. Neben den drei großen Firmen, die den Stoff auf der Insel herstellen, gibt es etliche unabhängige Weber.

Die Beliebtheit von Harris Tweed hat dazu geführt, dass die Firmen nun in neue Webstühle investieren und mehr Weber einstellen.

ältesten Gesteinen der Welt gehört und mehr als drei Milliarden Jahre alt ist. Menschen siedelten hier schon ab 8000 v. Chr. und archäologische Stätten und vorzeitliche Monumente gehören zu den bekanntesten Sehenswürdigkeiten des Archipels.

Siedlung auf der Insel Lewis: Nur 28000 Menschen leben auf den Äußeren Hebriden

Die Äußeren Hebriden zeichnen sich aus durch weite, einsame Landstriche, die nur von wenigen Häusern und kleinen Ansiedlungen durchbrochen werden. Großenteils sind die Inseln flach und von torfigem Grasland *(machair)* durchzogen. Insgesamt leben hier nur noch 28000 Einwohner. Überall stößt man auf Relikte der Vergangenheit: Verfallene Cottages und brachliegende Felder zeugen von den Spätfolgen der Highland Clearances, die Ende des 18. Jahrhunderts die einheimische Bevölkerung vertrieben. Heute sind die Haupteinnahmequellen der Inseln neben Schafzucht, Fischfang und Tourismus die Tweedweberei und das Kunsthandwerk.

In der Abgeschiedenheit der Inseln konnte sich das Gälisch bis heute erhalten und ist hier immer noch die erste Sprache. Aber man ist auch auf die Touristen eingestellt und spricht natürlich ebenfalls Englisch.

Fischerboote im Hafen von Stornoway, dem Hauptort der Insel Lewis

Lewis

Die Insel Lewis war ab 1266 in Besitz der MacLeods, Nachkommen der nordischen Lords of the Isles, bis James VI. den Clan 1597 enteignete. Sein Plan, die Inseln durch Lowlander neu besiedeln zu lassen, schlug fehl. Zunächst herrschte der MacKenzie-Clan, bis 1844 der Unternehmer Sir James Matheson Lewis und Harris aufkaufte. Die Zwangsräumung der *Crofters* durch Mathesons Verwalter Donald Munro gipfelte 1874 in den Bauernprotesten

Die Überreste des Brochs Dun Carloway: Die drei Meter dicken Steinmauern boten den Menschen jahrhundertelang Schutz vor Wind und Wetter

der Bernera Riots. Im Jahr 1918 kaufte der Seifenfabrikant und Multimillionär Lord William Leverhulme (1888–1949; der Gründer der Firma Unilever) die Isle of Lewis, doch sein Plan, den Ort Stornoway in ein Industriezentrum zu verwandeln, blieb ebenfalls erfolglos.

Am dichtesten besiedelt war von jeher die flache und fruchtbare Nordwestküste von Lewis, wovon viele prähistorische Monumente zeugen. Die Landschaft besteht hier weitgehend aus Torfmooren und Marschland. Harris im Süden ist weit bergiger und die Landschaft ist abwechslungsreicher. Die Nordküste von South Harris weist eine Vielzahl wunderschöner weißer Sandstrände auf, das Wasser ist hier türkisblau.

Stornoway (ca. 9000 Einwohner) ist der Hauptort der Insel Lewis und bietet sich als Ausgangspunkt für die Reise über die Insel an. Es gibt viele Geschäfte und Unterkünfte sowie Restaurants, Cafés und auch Kneipen.

Im **Lews Park** mit seinem schönen Grün in der sonst so kargen Landschaft lohnt das **Lews Castle** mit dem **Museum and Archives** einen Besuch. Nachdem die MacKenzies, die Earls of Seaforth, das Anwesen 1844 an Sir James Mathson verkauft hatten, begann dieser 1847 mit dem Bau des heutigen Schlosses. Lord Leverhulme

LEWIS CHESSMEN

Die Lewis-Schachfiguren sind ein einzigartiges Beispiel der Wikingerkunst. Sie entstanden zwischen 1150 und 1200, zu einer Zeit, als das Spiel in Europa populär wurde. Die aus Walross-Eckzähnen geschnitzten Figuren mit den ausdrucksstarken Gesichtern zeigen praktisch einen ganzen skandinavischen Hofstaat, so wie er damals ausgesehen haben muss.

93 Spielsteine, die 1831 in einer Sanddüne in der nordwestlichen Region Uig entdeckt wurden, sind heute im National Museum in Edinburgh und im British Museum ausgestellt. Nach Fertigstellung des neuen Museums im Lews Castle werden einige davon permanent hier gezeigt.

besaß das Herrenhaus bis 1923; er ließ Zentralheizung und elektrisches Licht einbauen. 1953 übernahm das Cromarty Council das Schloss und 2016 wurde ein neuer Museumsanbau mit Schwerpunkt auf der gälischen Kultur der Inseln eröffnet.

Das **Blackhouse** in **Arnol** ist ein seltenes Exemplar eines Crofter's House auf Lewis und stammt aus dem Jahr 1880. Innen wurde ein Feuer in der Mitte des Raums beständig mit Torf aus der Gegend gespeist. Der Rauch, der durch das reetgedeckte Dach nur langsam abzog, färbte zwar die Wände schwarz und sorgte für tränende Augen – aber er war ein wirksames Mittel gegen die Mücken. Die Kuh der Familie war direkt nebenan untergebracht. Erst 1964 zog die letzte Bäuerin hier aus.

Im Nordwesten von Lewis finden sich prähistorische Stätten wie das **Broch Dun Carloway**. *Brochs,* wie diese steinernen Rundhäuser in Schottland genannt werden, entstanden zuerst in der Eisenzeit ab ca. 700 v. Chr. Sie bestehen aus Trockenmauerwerk und sind circa 15 Meter hoch. Man nimmt an, dass die Türme einst Innenböden aus Holz hatten und mehreren Menschen Obdach boten. Unten gab es einen schmalen Zugang mit Wächterhäuschen, oben ein konisches Holzdach, das die Bewohner vor den Wettereinflüssen schützte.

Nicht weit von Dun Carloway stößt man bei Callanish auf die **Standing Stones.** Rund um ein Kammergrab ist hier ein Steinzirkel mit 13 Stelen angeordnet. In die vier Himmelsrichtungen sind weitere Stelen linear angeordnet, auf der Nordseite sogar in zwei parallelen Reihen. Um 1980 entdeckt, wird vermutet, dass der Hauptkreis vor etwa 5000 Jahren entstand. Ob Kalender oder Kult-

Eine der 13 Stelen der Standing Stones von Callanish

Durchatmen am weißen Sandstrand von Lewis

stätte, über die Bedeutung der Standing Stones lässt sich nichts Genaues sagen.

Über eine Brücke ist Lewis mit der Halbinsel **Great Bernera** verbunden. Ganz im Norden von Bernera findet sich das **Bosta Iron Age House**. Das rekonstruierte eisenzeitliche Haus ist schon allein wegen seiner Lage in einer wunderschönen Strandbucht einen Ausflug wert. Nach einem Sturm 1993 fand man hier in den Dünen die Überreste einer kompletten piktischen Siedlung aus der Eisenzeit. Sie liegt dort noch immer verborgen, aber einige Funde sind im **Heimatmuseum** in Bernera ausgestellt.

Harris

Auf Harris ist der größte Ort der nette Fährhafen **Tarbert**. Hier kommen die Fähren von Uig auf Skye an, bunte Häuschen gruppieren sich rund um den Hafen und auf den umliegenden Hügeln. Tarbert selbst hat nicht viel zu bieten, fungiert aber als Ausgangspunkt für verschiede Ausflüge.

Lohnenswert ist ein Trip zu den schönen Stränden im Norden und Süden der Insel. Von Tarbert gelangt man über die B887 nach Norden zum Strand von Huisinish. Die Küstenstraße führt durch den (baumlosen) **Forest of Harris** mit schönem Hügelpanorama. Von Huisinish selbst blickt man auf die kleinere Insel Scarp, wo der deutsche Wissenschaftler Gerhard Zucker 1934 Experimente mit einer wenig erfolgreichen Raketenpost durchführte (verewigt 2004 im Film »The Rocket Post«). Von hier kann man noch bis zur sieben Kilometer weiter östlich liegenden **Crabhadail-Bucht** wandern, wo ein weiterer Strand lockt.

Den Süden von Harris erreicht man über zwei Straßen: die Bays Road (auch Golden Road genannt), die an der dichter besiedelten Ostküste entlangführt, und die A859 Richtung Leverburgh. Landschaftlich schöner ist Letztere, passiert man hier ab Borve doch eine Reihe atemberaubender Strandbuchten mit weißem Sand und türkisblauem Wasser wie etwa den **Scarista Beach**.

Außer von Bergen und einigen weißen Sandstränden …

… wird die Insel Harris hauptsächlich durch Fjorde und Seen geprägt

Ausflugsziele:

Von **Leverburgh** auf Harris kann man einen Tagesausflug über den Sound of Harris zu der kleinen **Insel Berneray** oberhalb von North Uist unternehmen, wo es Strände und eine Seehundkolonie gibt. Die einstündige Tour führt durch die Schärenlandschaft zwischen den Inseln, unterwegs kann man Delfine und Seevögel beobachten. Ein Besucherzentrum findet sich unweit des Hafens in Berneray.

60 Kilometer westlich von North Uist liegt die Inselgruppe von **St. Kilda** als letzter Außenposten der Hebriden. Wegen seiner seltenen Flora und Fauna gehört das Archipel zum UNESCO-Weltkulturerbe. Seit 1930, als die letzten Einwohner um Evakuierung gebeten hatten, leben hier nur noch Seevögel. Im Sommer verbringen Teams von Archäologen mehrere Wochen mit Restaurierungs- und Ausgrabungsarbeiten auf den Inseln. Der National Trust of Scotland führt ein Museum. Auf der schaukeligen Bootsfahrt sind u.a. die höchsten Seeklippen Großbritanniens zu sehen, die hier einsam aus dem Meer ragen.

Steinhütten auf St. Kilda: Die Inselgruppe war 2000 Jahre bewohnt, die letzten Siedler wurden um 1930 auf eigenen Wunsch an andere Orte gebracht

SERVICE & TIPPS

Anreise

Der Flughafen in Stornoway (www.hial.co.uk/stornoway-airport) wird von Eastern Airways und Flybe, z.B. von Glasgow und Edinburgh aus, angeflogen.

Calmac-Fähren (www.calmac.co.uk) verkehren von Ullapool nach Stornoway und von Uig (Skye) nach Tarbert (Harris) und nach Lochmaddy (North Uist).

Zudem gibt es eine Schiffsverbindung von Leverburgh (Harris) nach Berneray (North Uist).

Region 9
Highlands & Hebriden

Mühsam von Hand wird der Harris Tweed in Heimarbeit gefertigt

Lewis

Visit Scotland
26 Cromwell St.
Stornoway, HS1 2DD
✆ 01851 703 088
www.visitscotland.co.uk
April–Mitte Okt. Mo–Fr 9–18, Sa 9–17, Mitte Okt.–März Mo–Fr 9–17 Uhr

Hebridean Way
www.sustrans.org.uk/ncn/map/route/route-780
Der Hebridean Way ist ein 297 Kilometer langer Radweg, der über die gesamten Länge der Äußeren Hebriden führt, vom Butt of Lewis bis nach Vatersay. Die Strecke umfasst zehn Inseln, verschiedene Brücken und mehrere Fährüberfahrten, weitgehend entlang der Atlantikküste. Bis zum Herbst 2016 soll daneben auch ein durchgängiger Wanderweg fertiggestellt sein.

Lews Castle Museum and Archives
Castle Grounds, Stornoway, HS2 0XP, Isle of Lewis
✆ 01851 822 746
www.lews-castle.co.uk
Mai–Sept. Mo–Sa 10–17, April, Okt./Nov. Di–Fr 13–17, Sa 10–17, Dez.–März Mi–Sa 13–16 Uhr
Eintritt frei
Im Juli 2016 eröffnetes modernes, familienfreundliches Museum mit interaktiven Multimedia-Objekten zur gälischen Kultur und der Inseln. Außerdem werden hier die Lewis-Chessmen-Figuren gezeigt (vgl. Kasten S. 220).

The Boatshed
Royal Hotel, Cromwell St.
Stornoway, HS1 2DG
✆ 01851 702 109
www.royalstornoway.co.uk
Tägl. außer So 7.30–21 Uhr
Moderne schottische Küche mit viel fangfrischem Fisch und entspanntem Ambiente. ££

Harris Tweed Hebrides
25 North Beach St.
Stornoway, HS1 2XQ
✆ 01851 700 046
www.harristweedhebrides.com
Tägl. außer So 10–17.30 Uhr
Feinster Tweed direkt vom Hersteller.

An Lanntair
Kenneth St.
Stornoway, HS1 2DS
✆ 01851 708 480
www.lanntair.com
In dem Kulturzentrum finden die wichtigsten Events in Stornoway statt, von Theater und Tanz über Konzerte bis zu Film.

The Arnol Blackhouse
42 Arnol, Bragar

Ohne Fenster und ohne Luxus: Das Arnol Blackhouse auf Lewis führt Besuchern vor Augen, wie einfach die Crofters im 19. Jahrhundert lebten

Antike Stele auf Bernera: Die Insel ist durch eine Brücke mit Lewis und Harris verbunden

Isle of Lewis, HS2 9DB
✆ 01851 710395
www.historicenvironment.scot
April–Sept. Mo–Sa 9.30–17.30, Okt.–März tägl. außer Mi und So 10–16 Uhr
Eintritt £ 4.50/2.70
Traditionelles Crofter's House. Der Besucher wird hier ins frühe 19. Jh. versetzt.

Carloway Mills
Carloway, HS2 9AG
✆ 01851 643 300
www.thecarlowaymill.com
In dieser Mühle kann man Tweed-Stoffe kaufen und beim Webprozess zuschauen.

Dun Carloway
Doune Broch Centre
Carloway, HS2 9AZ
✆ 01851 710 395)
www.historicenvironment.scot
An der A858 südlich von Carloway steht dieses etwa 15 m hohe eisenzeitliche, fensterlose Rundhaus *(Broch)*.

Standing Stones/Callanish (Calanais)
Visitor Centre
Calanais, HS2 9DY
✆ 01851 621 422
www.callanishvisitorcentre.co.uk
An der Westküste am Loch Roag liegt das beeindruckendste prähistorische Monument der Hebriden, ein Steinzirkel mit 13 Stelen.

Bernera Museum
Breaclete, Bernera, HS2 9LT
✆ 01851 612 331
www.visitouterhebrides.co.uk
Sommer Mo–Fr 12–16, Winter 13–15 Uhr, Eintritt frei
Wo einst die *Crofters* (vgl. S. 228) gegen die Vertreibung rebellierten, erfährt man heute im Gemeindehaus von Bernera einiges über die Vergangenheit und das Leben in der Region.

Bosta (Bostadh) Iron Age House
Great Bernera, HS2 9LT
✆ 01851 612 331
www.visitouterhebrides.co.uk
Mitte Mai–Anfang Sept. Mo–Fr 12–16 Uhr, Eintritt £ 3/1
Nachbau eines Hauses aus der Eisenzeit. Funde der Siedlung finden sich im Heimatmuseum in Bernera (s. o.).

The Hebridean Celtic Festival
✆ 01851 621 234
www.hebceltfest.com
Bei dem internationalen Festival keltischer Musik standen schon Runrig, Van Morrison, The Levellers und KT Tunstall auf der Bühne.

Ausgangspunkt für Ausflüge zu den Äußeren Hebriden: der Hafen von Tarbert

Harris

Visit Scotland
Pier Rd.
Tarbert, HS3 3DG
✆ 01859 502 011
www.visitouterhebrides.co.uk
Tägl. außer So Juni–4. Aug. 9.15–17.45, Sept./Okt. 9.15–16.45 Uhr
Oberhalb des Fährhafens.

Hebscape Gallery and Tearoom
Ardhasaig
Isle of Harris, HS3 3AJ
✆ 01859 502 363
www.hebscapegallery.co.uk
April–Okt. Di–Sa 10.30–16.30 Uhr
Bei Kaffee und Kuchen oder einer Tasse Tee kann man in der Galerie gleich außerhalb von Tarbert die schönste Landschaftsfotografie bewundern, die das Panorama vor den Fenstern widerspiegelt.

Harris Tweed and Knitwear Ltd.
Caberfeidh, Tarbert, HS3 3DJ
✆ 01859 502 040
www.harristweedisleofharris.co.uk
Gleich am Hafen kann man im Shop die von der Campbell-Familie gesponnenen Tweedstoffe begutachten und kaufen.

Huisinish/Crabhadail Beach
Isle of Harris
www.walkhighlands.co.uk/outer-hebrides/huisinish.shtml
2,5-stündige Wanderung von Huisinish zum Crabadail Beach.

Scarista House
Sgarasta Bheag
Isle of Harris, HS3 3HX
✆ 01859 550 238
www.scaristahouse.com
In der Nähe des Scarista Beach versorgt dieses Restaurant mit feinen Fisch- und Wildspezialitäten nicht nur Hotelgäste. Sehr gute Weinauswahl. ££

Ausflugsziele:

Berneray
www.isleofberneray.com
Tagesausflug mit Calmac (s. o.) zur Insel Berneray. Hier gibt es Seehunde, Delfine und Seevögel zu sehen.

St. Kilda
www.kilda.org.uk
Touren über www.kildacruises.co.uk, www.seaharris.com, www.gotostkilda.co.uk; Überfahrt vier Stunden eine Richtung, Hin- und Rückfahrt ca. £ 200 p. P.
Inselgruppe, wegen der seltenen Flora und Fauna Teil des UNESCO-Weltkulturerbes.

5 ROAD TO THE ISLES

Die A830, die Road to the Isles, führt von Fort William nach Mallaig (ca. 72 km), wo Fähren nach Skye und zu den Small Isles Eigg, Muck und Rum übersetzen. Die traumhaft schöne Strecke verläuft fast parallel zu den Schienen des West Highland Express, auch **Jacobite Steam Train** genannt, der etwa auf halber Strecke malerisch schnaufend das landeinwärts liegende Glenfinnan Viaduct aus dem Jahr 1902 überquert. In den Harry-Potter-Filmen dienen der Zug und das Viaduct mit Blick auf Loch Shiel als Kulisse für den »Hogwarts Express«.

Von Loch Shiel und Bergen eingerahmt: das Glenfinnan Monument

Glenfinnan, das wunderschön am Ufer des Loch Shiel inmitten schöner Berglandschaft gelegen ist, lohnt einen kleinen Stopp. Das 30 Meter hohe **Glenfinnan Monument** direkt am Ufer des Sees wurde 1815 von Nationalisten zum Andenken an Bonnie Prince Charlie und den Jakobiteraufstand von 1745 errichtet. Hier hatte er am 19. August die Stuart-Standarte erhoben und die zur Unterstützung willigen Clans um sich versammelt. Er konnte jedoch nur wenige Highlander für seine Sache begeistern. Von hier führt ein kurzer Spazierweg direkt zum Viaduct. Wer etwas über den Bau des Viaducts erfahren möchte, ist im **Glenfinnan Station Museum** richtig. Das Museum, das in einem historischen Wärterhäuschen untergebracht ist, dokumentiert die Arbeit der West Highland Line.

Vorbei am Loch Eil windet sich die Straße weiter bis **Arisaig** durch küstennahe Eichen- und Birkenwälder. Das Ferienörtchen liegt in einer geschützten Bucht am Loch nan Ceall. In Richtung

Harry-Potter-Fans nicht unbekannt: der Jacobite Steam Train auf dem Glenfinnan Viaduct

Norden findet man an der Küste kleine Buchten mit Stränden aus feinem weißen Sand wie den Camusdarach Beach mit wundervollen Blick auf Skye und die Small Isles. 1983 wurde hier der Film »Local Hero« von Bill Forsyth gedreht.

Die Straße und die Bahnlinie enden im netten Hafenstädtchen **Mallaig**, wo sich Fischerboote im Hafen tummeln. In den 1960er Jahren wurde Mallaig zu einem der Hauptexporthäfen für die Heringsfischer an der Westküste und noch heute leben die Bewohner hauptsächlich vom Fischfang. Von hier aus gehen Fähren zu den **Small Isles**.

SERVICE & TIPPS

Road to the Isles
www.road-to-the-isles.org.uk

Jacobite Steam Train
www.westcoastrailways.co.uk/jacobite, ✆ 01524 732 100
Mai–Okt. 2-mal tägl.
Hin- und Rückfahrt £ 34/19
An Bord gibt es Afternoon Tea und sogar Champagner bei schönster Aussicht.

Glenfinnan Station Museum
Station Cottage
Glenfinnan, PH37 4LT
✆ 01397 722 295
www.glenfinnanstationmuseum.co.uk
Mai–Okt. tägl. 9–17 Uhr
Ausstellung über die Eisenbahn und das Leben in den West Highlands. In einem Speisewagen-Café kann man sich stärken.

Glenfinnan Monument & Visitor Centre
Glenfinnan, PH37 4LT
✆ 01397 722 2250
www.nts.org.uk
Visitor Centre tägl. Ostern–Okt.

HIGHLAND CROFTERS

Überall in den Highlands und auf den Inseln sieht man noch heute die Überreste von einfachen Steinhütten. Es sind die Häuser der *Crofters* aus dem 18. Jahrhundert, d.h. der Pachtbauern, die das karge Land einst bewirtschafteten.

Die *Crofters* gingen aus den townships der alten Highland-Clans hervor, die im Mittelalter ihr Land noch als Kommune verwalteten und jeweils ihren Clan Chief wählten. Im Laufe der Jahrhunderte änderte sich jedoch die Rolle der Chiefs: Sie erhielten von den schottischen Königen Ländereien und Titel, wenn sie diese militärisch unterstützten. So wurden sie zu Feudalherren, die das Land an ihre Lehnsmänner verpachteten.

Die Pachtbauern blieben weitgehend rechtlos – sie durften keine dauerhaften Unterkünfte bauen und konnten willkürlich umgesiedelt werden. Als im 17. und 18. Jahrhundert vielfach auf großflächige Viehzucht umgestellt wurde, wurden die *Crofters* vertrieben. Teils siedelte man sie an enge Küstenstreifen um, wo sie eine notdürftige Existenz fristeten, viele wanderten jedoch aus. Die Highland Clearances nach 1745 beschleunigten den Prozess der oft brutalen Vertreibung. Erst ab 1886 wurde die Politik auf das Schicksal der verarmten Bauern aufmerksam: Der Crofters' Holdings Act garantierte Pächtern ein Dauerwohnrecht. Heute gibt es in den Highlands und auf den Inseln wieder fast 18 000 *Crofters*, die sich zum Teil selbst versorgen. Hierbei hilft nicht zuletzt die schottische Regierung, die durch Subventionen erreichen will, dass die einsamen Highlandregionen wiederbelebt werden.

Ein traditionelles Crofter's Cottage auf den Hebriden

10–17, Juli/Aug. ab 9.30 Uhr
Monument tägl. Ostern, Juli/Aug. 9.30–17, Sept./Okt. 10–17 Uhr
Denkmal für Bonnie Prince Charlie und den Jakobiteraufstand. Im Besucherzentrum gibt es eine informative Ausstellung.

Shiel Cruises
The Pier, Slatach
Glenfinnan, PH37 4LT
✆ 01687 470 322
www.visitglenfinnan.co.uk/shiel-cruises.html
Auf einer Bootsfahrt kann man einen der schönsten und friedlichsten schottischen Lochs am besten genießen.

The Land, Sea and Islands Centre
Arisaig, PH39 4NJ
✆ 01687 450 771
www.road-to-the-isles.org.uk/centre, Sommer Mo–Sa 10–18, So 14–17, Winter Mo 10–13, Sa 10–14, So 12–16 Uhr
Eintritt frei
Das Besucherzentrum in der alten Schmiede informiert über die Küstenregion und verkauft Postkarten und Infomaterial.

Cafe Rhu
The Harbour, Arisaig, PH39 4NH
✆ 01687 450 707
www.caferhu.com/contact-cafe-rhu.html
Mo–So 10–15, Di–Sa auch 18–21, So 17–20 Uhr
Dieses Bistro serviert tagsüber leichte Küche. Abends nur nach Voranmeldung.

Bahnstation und Austellungsort zugleich: das Glenfinnan Station Museum

Arisaig Marine Ltd.
Arisaig Harbour, PH39 4NH
✆ 06187 450 224
www.arisaig.co.uk
Ende April–Mitte Sept.
Von Arisaig gibt es eine direkte Fährverbindung zu den **Small Isles** Eigg, Muck und Rum mit der »M.V. Sheerwater«.

Caledonian MacBrayne
www.calmac.co.uk/mallaig-eigg-muck-rum-canna-smallisles-summer-timetable
Vom Mallaig Ferry Terminal verkehrt die Calmac-Fähre nach Eigg und von dort nach Muck oder Rum. Es gibt auch eine Rundreise zu allen Inseln ohne Aussteigen (**Small Isles Cruise**).

6 9 SKYE

Viele Wege führen auf die Hebrideninsel Isle of Skye, genau genommen zwei landschaftlich wunderschöne Straßen, zwei Fähren und eine Brücke. Am besten nimmt man auf dem Hinweg die A830 und die Fähre von Mallaig und auf der Rückfahrt die Brücke, wobei man noch die Fahrt auf der A87 genießen kann.

Bis 1995 war die 75 Kilometer lange und bis zu 45 Kilometer breite Insel nur per Fähre zu erreichen. Dann baute man für 30 Millionen Pfund die hoch geschwungene Verbindungsbrücke nach Kyle of Lochalsh.

Bei dieser Aussicht sollte man schwindelfrei sein: Wasserfall am Kilt Rock auf der Isle of Skye

Old Man of Storr, die schiefen Felsnadeln auf Skye

Der Name der sogenannten Misty Isle, deren spitze Cuillin Hills (bis 992 m) im Westen oft in tief hängende Nebelschwaden gehüllt sind, ist von dem altnordischen Wort für Wolke, *skuy,* abgeleitet.

Skye ist zu Recht eine der bekanntesten und meistbesuchten Inseln Schottlands, bietet sie doch die Highlands en miniature: Von rauer, karger Landschaft und zerklüfteten Felsformationen über lieblich grüne Auen bis hin zu tollen Sandstränden reicht das Spektrum. Während der Highland Clearances, als die Kultur und die Lebensweise der Clans zerschlagen wurden, wanderten fast 30 000 Einwohner aus. Heute leben noch etwa 9000 Menschen dauerhaft hier.

Wer mit der Fähre von Mallaig anreist, landet in **Armadale** auf der südwestlichen **Halbinsel Sleat**. Hauptattraktion von Armandale ist das **Clan-Donald-Skye-Zentrum** mit dem angeschlossenen **Museum of the Isles**. Hier kann man in das Wesen des Clans und ins Inselleben eintauchen. Auf Sleat befindet sich auch das Nationale Zentrum für gälische Sprache und Kultur, die Universität Sabhal Mòr Ostaig. Etwa 30 Prozent aller Einwohner auf Skye sprechen noch fließend Gälisch.

Die Inselhauptstadt **Portree**, in einer wunderschönen Bucht, hat einen hübschen Hafen, der von bunten Häuschen und den davorliegenden Booten gesäumt ist.

Richtet man sich nach Norden, ragt wie ein schlafender Mann die Felsenformation des **Old Man of Storr** aus der Ferne auf. Die A87 führt hier vorbei. Das Rückgrat der Halbinsel Trotternich bildet das Quiraing-Massiv, ein circa 30 Kilometer langer Kamm mit bis zu 700 Meter hohen Gipfeln aus vulkanischem Basalt, aus dem bizarre Felszacken in die Höhe ragen.

Zur Ostküste hin entstand durch gewaltige Erdrutsche vor 60 Millionen Jahren eine Steilwand. Nach Vulkanausbrüchen schichtete sich so viel Lava auf, dass die darunterliegenden Felsen auseinanderbrachen und ins Meer rutschten. Bei **Staffin** an der Küste findet man bei **Kilt Rock** die höchsten Seeklippen der Insel und einen Wasserfall.

An der Nordspitze der Halbinsel schließlich in **Kilmuir** lässt sich in den typischen *blackhouses*, den reetgedeckten Cottages im **Skye Museum of Island Life**, das Leben der Highland *Crofters* (vgl.

S. 228) nachempfinden. Auf dem nahen Friedhof findet sich das Grab von Flora MacDonald (vgl. S. 190), die hier 1790 verstarb.

Auf der Halbinsel Waternish liegt **Dunvegan Castle**, der Stammsitz der MacLeods, des zweiten Clans auf Skye neben den MacDonalds. Das Schloss hat eine neugotische Fassade und zeigt Memorabilien aus vielen Jahrhunderten.

Die einzige Whisky-Brennerei auf der Insel, **Talisker**, ist schon wegen ihrer Lage auf der Mingish-Halbinsel einen Besuch wert.

Ausflugsziele:

Von Kyle of Lochalsh führt die A87 durch das **Glen Shiel**. Auf der Strecke gibt es zahlreiche Aussichtspunkte zum Anhalten und Staunen. Das Tal erstreckt sich etwa 14 Kilometer vom Westende des Loch Duich bis zum Loch Cluanie im County Kintail. Mit der Bergkette der Five Sisters, mit den abenteuerlichen Namen *Sgùrr na Ciste Duibhe*, *Sgùrr na Càrnach*, *Sgùrr Fhuaran*, *Sgùrr nan Spàinteach* und *Sgùrr nan Saighead*, ist es eines der schönsten und einsamsten Täler in den Highlands. In der Mitte scheinen die schneebedeckten Kuppen, deren heidebewachsenen Hänge sanft ins Tal abfallen, zum Greifen nah. Unterwegs passiert man das Schlachtfeld der **Battle of Glen Shiel**, die hier am 10. Juni 1719 zwischen Regierungstruppen und Jakobitern stattfand. In den stillen Wassern des **Loch Cluanie** spiegeln sich an windstillen Tagen die Bergkuppen so klar wie in einem Spiegel.

Wo die drei Lochs Duich, Long und Alsh zusammentreffen, steht das fotogenste Schloss Schottlands: Das 10 **Eilean Donan Castle** bildet eine würdige Kulisse für viele Film- und Fernsehproduktionen, nicht zuletzt für die »Highlander«-Filme aus den 1980er Jahren. Das heutige Schloss ist ein Nachbau des Originals durch Colonel John Macrae-Gilstrap und entstand 1911–32. Gleich gegenüber bietet der Ort **Dornie** Unterkünfte und Gastronomie in wahrhaft spektakulärer Szenerie.

Ein beliebtes Ausflugsziel am **Loch Carron** ist das hübsche Örtchen **Plockton**, wo man am Seeufer gemütliche Stunden verbringen kann.

Eine schottische Ikone: Eilean Donan Castle in den schottischen Highlands

Ewige Ruhe: Grab eines Ritters auf dem Friedhof von Kilmuir unweit des Skye Museums of Island Life

SERVICE & TIPPS

Caledonian MacBrayne
www.calmac.co.uk/destinations/skye
Vom Mallaig Ferry Terminal mit der Calmac-Fähre nach Armadale, Fahrtzeit ca. 35 Min.

Glenelg Ferry
6 Coulindoune
Glenelg, IV40 8JU
✆ 07881 634 726
www.skyeferry.co.uk
Tägl. 10–18, Juni–Aug. bis 19 Uhr, alle 20 Min.
Eine Fahrt auf der winzigen Fähre (4 Autos) von Glenelg nach Kylerhea durch die Strömung der Meerenge mit handbetriebenem, drehbarem Wagendeck ist etwas für Nostalgiefans und Abenteuerlustige.

Visit Scotland
Bayfield House, Bayfield Rd.
Portree, V51 9EL
✆ 01478 612 992
www.visitscotland.co.uk
Juni–Aug. tägl. 9–18, April/Mai, Sept.–März 9–17 Uhr

Clan Donald Skye/Museum of the Isles
Armadale Castle
Armadale, IV45 8RS
✆ 01471 844 305
www.clandonald.com
Ostern–Okt. tägl. 9.30–17.30 Uhr
Eintritt £ 8.50/5.50
Hier besichtigt man den alten Stammsitz des Clan Donald im Armadale Castle und erfährt im Museum of the Isles, wie sich das Inselleben früher gestaltete.

Skye Museum of Island Life
Kilmuir, IV51 9UE
✆ 01470 552 206
www.skyemuseum.co.uk
Ostern–Okt. tägl. außer So 9.30–17 Uhr
Eintritt £ 2.50/0.50
Das Freilichtmuseum, wenige Kilometer südwestlich von Duntulm an der Nordspitze von Trotternish, gibt Einblick in das Leben der *Crofters* (vgl. S. 228).

Whitewave
Linicro, Kilmuir, IV51 9YN
✆ 01470 542 414
www.white-wave.co.uk
Kanu- und Kajakfahren vor der Küste von Skye.

Old Man of Storr
Trotternish
Imposanter Felsgipfel. Über die Anhöhe führt ein Wanderweg.

Granary Restaurant and Coffee Shop
Somerled Square
Portree, V51 9EJ
✆ 01478 612 873
www.granary-skye.co.uk
Einfache Gerichte, leckere Kuchen und Kaffee bietet das moderne Café mitten in Portree. £

Dunvegan Castle/MacLeod Estate
Dunvegan, IV55 8WF
✆ 01470 521 206
www.dunvegancastle.com
Ostern–Okt. tägl. 10–17.30 Uhr
Eintritt £ 12/9, bis 5 J. frei
Stammsitz der MacLeods. Gezeigt werden in dem Schloss aus dem 13. Jh. Kleinodien aus dem Besitz der Familie. Lohnenswert ist auch der Garten. Von hier aus können verschiedene Bootstouren gebucht werden.

Talisker Whisky Distillery
Carbost, V47 8SR
✆ 01478 614 308, www.discovering-distilleries.com/talisker
April–Okt. Mo–Sa 9.30–17, Juni–Sept. auch So 11–17, Juli/Aug. Mo–Fr bis 17.30, Nov./Dez. Mo–Fr 10–16.30 Uhr
Älteste Brauerei auf Skye, die noch in Betrieb ist.

Ausflugsziele:

Glen Shiel
www.walkhighlands.co.uk/kintail/kintail.shtml
Eines der schönsten und einsamsten Täler in den Highlands, ca. 14 km vom Westende des Loch Duich bis zum Loch Cluanie im County Kintail. Es gibt zahlreiche Wanderwege wie den South Glen Shiel Ridge. Die 26,75 km lange Strecke auf dem oberen Kamm der Gipfel bietet spektakuläre Ausblicke.

Cluaninie Inn
Skye & Lochalsh
Glenmoriston, IV63 7YW
✆ 01320 340 238
www.cluanieinn.com
Eine willkommene Rast im Glen Shiel bietet dieses Pub-Restaurant. Für müde Wanderer werden auch sehr preiswerte Zimmer vermietet. £

10 Eilean Donan Castle
Dornie Kyle of Lochalsh,
V40 8DX
✆ 01599 555 202
www.eileandonancastle.com
Tägl. Feb./März 10–17, April–Okt. 10–18, Nov./Dez. 10–16 Uhr
Eintritt £ 7, bis 5 J. frei
Im 13. Jh. entstand unter Alexander II. (1214–49) eine erste Burg, die später zum Sitz des Clan MacKenzie wurde. Das heutige Schloss ist ein Nachbau.

Plockton Shores
30 Harbour St.
Plockton, IV52 8TN
✆ 01599 544 263
www.plocktonshoresrestaurant.com
Sehr feine schottische Küche und viele Fisch- und Wildspezialitäten erhält man in diesem Restaurant am Seeufer des Loch Carron im schönen Plockton.

Auf den Landstraßen der Isle of Skye sollte man besonders auf die vierbeinigen Passanten Acht geben

7 THURSO

Die meisten Reisenden kommen nach Thurso wegen der Autofähre, die vom Hafen in Scrabster nach Orkney verkehrt. Schon die Wikinger nutzten den Ort als Landeplatz. Die Gewässer vor der Küste Nordschottlands sind immer aufgewühlt und haben gefährliche Strömungen. Das schreckt aber die Surfer nicht ab, die hier mutig die schnellen und steilen Wellen erstürmen.

Surfer und mutige Badegäste lassen sich nicht von der wilden Meeresströmung vor Thurso schrecken

Im größten Ort an Schottlands Nordküste lohnt ein Besuch des **Caithness Horizons**, eines wahrlich erstaunlichen Museums in dieser entrückten Gegend. Es dokumentiert die Geschichte der Region Caithness. Vorbei an fossilen Fischen aus dem Achanarras-Steinbruch wandert man durch die Devon-Periode vor circa 400 Millionen Jahren, vorbei an Stelen und anderen prähistorischen Objekten durch das Neolithikum bis in die piktische Zeit.

Ausflugsziele:

Der nördlichste Punkt Schottlands ist nicht, wie viele annehmen John O'Groats, sondern **Dunnet Head**. Hier steht seit 1831 ein Leuchtturm, das **Dunnet Head Lighthouse**, konstruiert von Robert Stevenson, dem Großvater des schottischen Schriftstellers Robert Louis Stevenson. Auf einem Spaziergang zur unterhalb von Dunnet Head gelegenen Bucht kann man Robben beim Faulenzen zusehen.

Das **Castle of Mey** liegt auf dem Weg nach John O'Groats. Die Queen Mum kaufte dieses kleine Anwesen 1952 und rettete es vor dem sicheren Abriss. Es ist das nördlichste Schloss Schottlands und überblickt die zerklüftete Küste am Pentland Firth. Die große Bollmauer schützt es vor Gischt und Winden.

1496 entdeckte der Holländer Jan de Groot hier oben eine Marktlücke und etablierte die Fähre nach Orkney. Der Ort wurde dafür nach ihm benannt. Noch heute überbrückt von **John O'Groats** eine Passagierfähre die kurze, aber gefährliche Strecke bis hinaus nach Orkney. Entlang den Klippen kann man zu den drei Kilometer entfernt liegenden **Duncansby Stacks** wandern, wo Klippenabbrüche aus rotem Sandstein in der Brandung stehen.

Weiter südlich lohnt ein Stopp in **Wick**. Ende des 19. Jahrhunderts wurde der Ort während des Heringsbooms zum wichtigsten Hafen an der Ostküste. Hier findet sich auch das in der Region einzigartige **No. 1 Bistro**. Es bietet gute und moderne Küche in einem Eckhaus in der wohl kürzesten Straße der Welt – sie besteht nämlich nur aus diesem Haus!

Jeder Sonnenstrahl will genossen werden: Seehund vor Dunnet Head

SERVICE & TIPPS

Visit Scotland
Caithness Horizons
Old Town Hall
Thurso, KW14 8AJ
✆ 01847 893 155
Mo–Sa 10–18, April–Aug. auch So 11–16 Uhr

Caithness Horizons
Old Town Hall, High St.
Thurso, KW14 8DD
✆ 01847 896 508
www.caithnesshorizons.co.uk
Mo–Fr 10–18, Sa 10–17, Mai–Aug. auch So 12–17 Uhr
Eintritt frei, Spende erwünscht
Ausstellung von Fossilien und prähistorischen Objekten.

Ausflugsziele:

Dunnet Head
Seadrift Centre
Dunnet Pavilion
Dunnet, KW14 8SY
✆ 01847 821 531
www.dunnethead.co.uk
Mo/Di, Do/Fr, So Mai–Sept. 14–17, Juli/Aug. ab 10.30 Uhr
Das Besucherzentrum am nörd-

Erbaut vom Großvater des Schriftstellers Robert Louis Stevenson: der Leuchtturm von Dunnet Head

lichsten Punkt des schottischen Festlands zeigt eine kleine Ausstellung über die Flora und Fauna der rauen Küste.

Castle of Mey
Thurso, KW14 8XH
✆ 01847 851 473
www.castleofmey.org.uk
Tägl. Juni–Sept. 10–17 Uhr, Ende Juli–Anfang Aug. geschl.
Eintritt £ 11/6.50
Das Schloss aus dem 16. Jh. befand sich bis zu ihrem Tod im Privatbesitz der Queen Mum.

John O'Groats
County Rd.
Caithness, KW1 4YR
✆ 01955 611 373
www.visitjohnogroats.com
Ostern–Okt.
Das Tourismusbüro hält Informationen zur Stadt und Umgebung bereit wie auch Bücher, Karten und Souvenirs.

Flavours Ice Cream Parlour
2 The Craft Centre
John O'Groats, KW1 4YR
Tägl. 11–20 Uhr
Eiscreme, Kuchen und Kaffeespezialitäten gibt es in diesem Café.

No. 1 Bistro at Mackays Hotel
1 Ebenezer Place
Wick, KW1 5ED
✆ 01955 602 323
www.mackayshotel.co.uk
Tägl. 10.30–22 Uhr
Moderne schottische Küche.
££

8 ULLAPOOL

Die weißen Häuschen von Ullapool reihen sich an einer dünnen Landzunge aneinander, die in den Fjord des Loch Broom hineinragt. Das Heimatmuseum **Ullapool Museum** widmet der Gegend eine Ausstellung. Der Ort strahlt eine entlegene Ruhe aus – zumindest bis zu den Sommermonaten. Dann überschwemmen Rucksacktouristen die Cafés und den Supermarkt, denn von hier aus verkehren die Fähren nach Lewis und Harris (vgl. S. 218). Das **Musikfestival Loopallu** zieht auch bekannte Rock- und Popbands in die nordwestliche Wildnis.

Fischerkahn auf dem Loch Broom nahe Ullapool

Der Küstenort Ullapool ist mit seinen knapp 1500 Einwohnern die größte Siedlung in den sonst dünn besiedelten nordwestlichen Highlands

Ausflugsziele:

Südlich von Ullapool an der A832 liegt eine atemberaubende Schlucht, die **Corrieshalloch Gorge** mit den **Falls of Measach**. Dort hat sich das Wasser tief in den Felsen gegraben. Vom Parkplatz gelangt man zu einer schwingenden Hängebrücke und blickt 61 Meter in die Tiefe, wo das Wasser brodelt. Ein Wanderweg führt entlang der zwei Kilometer langen Schlucht.

Von Ullapool in Richtung Norden führt die North Coast 500 (vgl. Kasten S. 213) auf die **Assynt-Halbinsel**, Teil des UNESCO North West Highlands Geoparks. Über die A837 gelangt man zu dem winzigen Fischerörtchen **Lochinver**. Von dort bieten sich Ausflüge in die schöne Landschaft der Assynt-Halbinsel an. Wer sich etwa auf die serpentinenreiche, steile B869 rund um die Landzunge bis Kylesku wagt, wird mit einzigartigen Panoramen belohnt. Unterwegs bietet sich die Gelegenheit zu Abstechern in von Dünen eingerahmte Buchten, wo perfekte kleine Strände mit weißem Sand und türkisblauem Wasser warten. Den Hintergrund bildet der Mount Suilven (732 m).

Zum **Achmelvich Beach** biegt man nach Lochinver von der B869 in ein sieben Kilometer langes, steiles Landsträßchen ab, das Anforderungen an die Navigation stellt. Alternativ kann man die Strecke auch wandern. Den **Clachtoll Beach**, der von Felsen eingerahmt ist, über die sich ein kleiner Wasserfall ergießt, erreicht man nur zu Fuß von Achmelvich aus oder man parkt an der B869 und folgt etwa vier Kilometer dem Flusslauf bis hinunter zur Bucht.

Weiter nördlich liegt an der A894 das Besucherzentrum des **North West Highlands Geoparks** in Kylesku. Hier findet man Informationen über die geologisch einzigartige Region des Moine Thrust Belt – eine geologische Überschiebung, die von der Isle of Skye bis zum Loch Eriboll im Norden reicht. Das Zentrum bietet geführte Wanderungen an, bei denen man die Region nach geologischen Besonderheiten erkundet.

SERVICE & TIPPS

Visit Scotland
6 Argyle St.
Ullapool, IV26 2UB
✆ 01854 612 486
www.visitscotland.com
Ostern–Juni, Okt. 9–17.30, Juli/Aug. 9–18, Sept. 9.30–17 Uhr, So jeweils kürzer

Ullapool Museum
7/8 West Argyle St.
Ullapool, IV26 2TY
✆ 01854 612 987
www.ullapoolmuseum.co.uk
Mo–Sa 11–16 Uhr
Eintritt £ 3.50, bis 16 J. frei
Interessantes Heimatmuseum über das Gebiet am Loch Broom.

The Ceilidh Place
14 West Argyle St.
Ullapool, IV26 2TY
✆ 01854 612 103
www.theceilidhplace.com
Das einladende Café-Restaurant dient gleichzeitig als Kulturzentrum, Buchladen und Hotel.

Loopallu
www.loopallu.co.uk
Musikfestival Ende Sept./Anfang Okt.

Ausflugsziele:

Corrieshalloch Gorge
Braemore, IV23 2PJ
www.nnr-scotland.org.uk/corrieshalloch-gorge
Großartiges Naturschauspiel. Hier haben die Falls of Measach eine Schlucht gegraben.

Assynt Peninsula Visitor Centre
Main St.
Lochinver, IV27 4LX
✆ 01571 844 194
www.discoverassynt.co.uk/visitor-centre.php
Mo–Sa 10–16.30 Uhr, So kürzer
Das Besucherzentrum führt in die Region ein. Von dort lassen sich viele Freizeitaktivitäten buchen wie Bootsausflüge, auch Kajaks können gemietet werden.

Lochinver Harbour
Lochinver, IV27 4LE
✆ 01571 844 406
www.invercruises.uk
April–Okt. tägl. außer Sa 12.30, 15.30, 18 Uhr
Rundfahrt £ 20/10
Dieser Veranstalter bietet eine 90-minütige Rundfahrt entlang der Küste an, die u. a. am Achmelvich Beach vorbeiführt. Unterwegs gibt es Seevögel, Robben und Delfine zu sehen.

Lochinver Larder
Main St.
Lochinver, IV27 4JY
✆ 01571 844 356
www.lochinverlarder.co.uk
Sommer Mo–Sa 10–20, So 10–17.30 Uhr, sonst kürzer
Fisch, Pasta, Salate und andere leichte Gerichte serviert dieses Café ganztags.

Achmelvich Beach
www.walkhighlands.co.uk/ullapool/achmelvich-beach.shtml
Schöner Wanderweg zum Strand.

Clachtoll Beach
www.walkhighlands.co.uk/ullapool/clachtoll-beach.shtml
Wanderweg zum Strand und einem eisenzeitlichen *Broch*. Ausgangspunkt ist der Clachtoll Beach Car Park.

North West Highlands Geopark
The Rock Stop, Unapool
Kylesku, IV27 4HW
www.nwhgeopark.com
Ostern–Mai Fr, So 11–16, Sa 10–16, Mai–Okt. tägl. 11–16 Uhr
Das Besucherzentrum informiert über die Region und bietet Führungen an.

Fotogene Kulisse: der North West Higlands Geopark

Umringt von Meeresbrise und Dünengras: der Wanderweg zum Clachtoll Beach

Region 10
Orkney und Shetland

ORKNEY UND SHETLAND

PRÄHISTORISCHE MONUMENTE UND SKANDINAVISCHES FLAIR

Schon die Anreise zu den nördlichsten Inseln im Vereinigten Königreich, Orkney und Shetland, ist abenteuerlich. Der Weg nach Orkney führt durch den Pentland Firth, eine der gefährlichsten Seestraßen rund um die Britischen Inseln. In dem schmalen Streifen, wo der Atlantik auf die Nordsee trifft, kommt es zu heftigen Strömungen und Seebewegungen – hier liegen zahlreiche Schiffswracks begraben. Auf der Fahrt gibt es einiges zu sehen, zum Beispiel Robben, die sich auf Felseneilanden sonnen. Auch Wale, Delfine, Riesenhaie und natürlich viele seltene Seevögel sind bei guten Verhältnissen zu beobachten. Nach Shetland gelangt man von Orkney mit der Nachtfähre oder mit dem Flugzeug – wenn nicht gerade dichter Nebel über dem kargen, baumlosen Archipel aufzieht. Hier ist man nirgendwo mehr als fünf Kilometer von der See entfernt.

Die Inselbewohner sind unweigerlich den Launen des Meeres und des Wetters unterworfen, denn Fähren oder Flugzeuge sind wetterabhängig, und wenn Stürme den Transport lahmlegen, fühlt man sich wie ein Gestrandeter.

Das Kitchener Memorial an der felsigen Nordwestküste des Mainlands der Orkneyinseln

Zum Orkney-Archipel gehören 70 Inseln, nur 20 davon sind bewohnt, teils jedoch nur mit einer Handvoll Menschen. Der Shetland-Archipel hat ungefähr 100 Inseln, von denen nur 15 bewohnt sind. Aufgrund der Entfernung vom schottischen Festland und der Wikinger-Vergangenheit scheint für *Orcadians* und *Shetlanders* die Regierung in Edinburgh weit entfernt und sie streben nach Unabhängigkeit. Dies gilt vor allem für die weiter nordöstlich liegenden Shetlandinseln, deren nächster Nachbar das norwegische Bergen ist.

Die bunten Häuschen auf Lerwick lassen ganz klar den skandinavischen Einfluss auf Shetland erkennen

Schon um 8000 v. Chr. finden sich Hinweise auf die ersten Siedler der Inseln. 876 gerieten sie unter die Herrschaft der Wikinger, und König Harald I. von Norwegen (ca. 852–933) setzte die *Jarls* (Earls) als Herrscher ein. Aus der »Orkneyinga saga«, die ein unbekannter Wikinger im 13. Jahrhundert verfasste, geht hervor, dass sich unter Thorfinn the Mighty (ca. 1009–65) der Einflussbereich der Wikinger bis auf die Hebrideninseln und das nördliche Festland Schottlands erweiterte. 1266 mussten die Wikinger die Hebrideninseln abgeben, aber erst 1469 fielen auch Orkney und Shetland wieder an Schottland – als James III. die Schwester von König Christian I. von Norwegen heiratete und dieser keine Mitgift aufbringen konnte, gab er James stattdessen Orkney und Shetland zurück. Von den Wikingern finden sich heute noch Spuren in den Langhäusern des Jarlshof auf Shetland. Die prähistorischen Anlagen Orkneys, Maes Howe, Ring of Brodgar und Skara Brae, gehören zum UNESCO-Weltkulturerbe.

Shetland ist vor allem für zwei Dinge weltbekannt: die Ponys und die Fair-Isle-Strickwaren

Region 10
Orkney und Shetland

ORKNEY

Wenn man den Meinungsumfragen der letzten Jahre glauben darf, gehören die *Orcadians* zu den glücklichsten Seelen im ganzen Königreich. Dies mag damit zusammenhängen, dass die Bevölkerung zwar weit verstreut wohnt, aber dennoch ein starker Gemeinschaftsgeist unter den Insulanern besteht. Man hilft sich gegenseitig und kommt bei Veranstaltungen zusammen. So sorgt das Orkney Folk Festival Mitte Mai für Unterhaltung. Das *Ba'* ist ein kurioses Ballspiel, dem die männliche Bevölkerung der Insel am Weihnachts- und Neujahrstag frönt.

Auf den Inseln, die man bereits vom Festland Schottlands aus sehen kann, halten sich Naturschönheit und historische Sehenswürdigkeiten die Waage. Letztere befinden sich vor allem auf der Hauptinsel **Mainland**, mit der Hauptstadt **Kirkwall** und mit

Stromness. Die Stätten des UNESCO-Weltkulturerbes um den **Ring of Brodgar** etwa reihen sich nordöstlich von Stromness aneinander. Man sollte jedoch unbedingt auch eine der kleineren Inseln wie **Hoy, Rousay, Westray** und **Papa Westray** besuchen. Sie alle bieten eine atemberaubende Natur und die Möglichkeit zu Wanderungen und Vogelbeobachtungen, aber auch eine Vielzahl historischer Stätten.

Die Broch of Gurness: ein eisenzeitliches Mehrgenerationenhaus auf Orkney

SERVICE & TIPPS

Kirkwall Airport
Kirkwall, KW15 1TH
✆ 01856 872 421
www.hial.co.uk/kirkwall-airport
Der Flughafen ist erreichbar von Edinburgh, Glasgow, Inverness, Aberdeen, Orkney und Bergen.

Northlink Ferries
✆ 0845 6060 449
www.northlinkferries.co.uk
Die große Autofähre passiert auf dem Weg von Scrabster nach Stromness die roten Sandsteinklippen auf der Westseite von Hoy. Hier sieht man auch den Old Man of Hoy, einen 137 m hohen Felsen in der Brandung (vgl. S. 246).

Zudem bietet die Fährgesellschaft eine Verbindung von Aberdeen über Kirkwall nach Lerwick auf Shetland.

Orkney Ferries
Shore St., Kirkwall, KW15 1LG
✆ 01856 872 044
www.orkneyferries.co.uk
Diese Fährgesellschaft verkehrt innerhalb des Orkney-Archipels zu den Nachbarinseln Hoy, Rousay, Westray und Papa Westray.

Pentland Ferries
Pier Rd., St. Margaret's Hope
Orkney, KW17 2SW
✆ 01856 831 226
www.pentlandferries.co.uk
Der kleine Katamaran fährt von der Gill's Bay vorbei an Stroma und Swona nach St. Margaret's Hope auf South Ronaldsay. Von hier aus sind es 20 Minuten bis zur Insel Mainland über die Churchill Barriers.

Yesnaby Castle, eine Sandsteinformation an der Küste von Mainland Orkney

Hummerkörbe vor dem Leuchtturm in Kirkwall auf dem Orkney-Archipel

Hafen von Kirkwall, dem Hauptort auf der Insel Mainland Orkneys

1 KIRKWALL

Orkneys Hauptstadt auf Mainland hat etwa 9000 Einwohner. Der Ort wird in der »Orkneyinga saga« als Kirkjuvagr zum ersten Mal erwähnt. Ab 1046 war es der Sitz der *Jarls of Orkney* und kann noch den mittelalterlichen **Bishop's Palace** und den Earl's Palace aus der Renaissance vorweisen. Der Bishop's Palace, von dem heute noch eindrucksvolle Ruinen stehen, zeigt dennoch viele interessante Details. 1263 starb hier der norwegische König Haakon, als er von der letzten Schlacht der Wikinger bei Largs zurückkehrte und auf Orkney Halt machte. Die lange Geschichte Orkneys lässt sich auch im **Orkney Museum** nachvollziehen; hier wird der Bogen geschlagen von der Steinzeit über die Pikten bis zu den Wikingern.

Die aus rotem und gelbem Sandstein erbaute **St. Magnus Cathedral** im romanischen Stil ist ein eindrucksvolles mittelalterliches Gebäude. Die Kathedrale war dem Earl of Orkney, Magnus Erlendsson, gewidmet, der als Märtyrer starb. Die Fundamente wurden 1137 von seinem Neffen gelegt und die Kirche zu einer Pilgerstätte.

Ausflugsziele:

Von Kirkwall in Richtung Süden fährt man über die Churchill Barriers nach **South Ronaldsay**. Nachdem es im Zweiten Weltkrieg einem deutschen U-Boot gelungen war, zwischen den Inseln in die Bucht von Scapa Flow einzudringen, ließ der britische Premierminister Winston Churchill zwischen die Inseln Dämme bauen. Heute dienen diese Barriers als Brücke zwischen den kleineren Inseln und verbinden Mainland mit South Ronaldsay. Auf dem Weg dorthin passiert man die **Italian Chapel**, errichtet von den Italienern, die zum Bau der Churchill Barriers zwangsverpflichtet

worden waren. Sie steckten ihre ganze Energie in die Ausstattung der Nissenhütte. Das Marienbild über dem Altar stammt von Domenico Chiochetti; mit dessen Heimatort im italienischen Moena pflegt man heute freundschaftliche Beziehungen.

Der Altar der Italian Chapel mit dem Marienbild des Künstlers Domenico Chiochetti

Wer sich für die Militärgeschichte Orkneys interessiert, sollte dem **Scapa Flow Visitor Centre** in Lyness am Südende der Insel Hoy einen Besuch abstatten. Während der beiden Weltkriege hatte die Royal Navy hier ihr Hauptquartier. Der Hafen von Scapa Flow ist eine natürliche Bucht, die durch die umliegenden Inseln eingerahmt und geschützt wird und in der tatsächlich eine ganze Flotte ankern kann. Das Museum informiert u. a. über dramatische Ereignisse der Marine wie das Unglück der »HMS Hampshire«, die hier 1916 aufgrund einer Fehlentscheidung Admiral Lord Kitcheners versank. Fast die ganze Besatzung kam dabei ums Leben. Auch über den Befehl der Selbstversenkung der deutschen Hochseeflotte 1919 erfährt man einiges: Nachdem 74 Schiffe der Flotte nach dem Ersten Weltkrieg wegen der Waffenstillstandsbestimmungen hier festgesetzt waren, gab die deutsche Admiralität den Befehl zur Selbstversenkung. Die meisten Schiffe wurden später geborgen, bis auf sieben Wracks, die heute ein beliebtes Tauchziel sind.

Lohnenswert ist unbedingt ein Ausflug zu den kleineren Inseln Rousay, Westray und Papa Westray, die sich gut an einem Tag erkunden lassen. Bei einem Küstenumfang von nur 20 Kilometern kann man **Rousay** gut zu Fuß oder mit dem Fahrrad umrunden. Große Teile der Insel sind Vogelschutzgebiete und die RSPB Trumland Nature Reserve erstreckt sich direkt nördlich vom Fähranleger. An der Südküste von Rousay reihen sich auf nur wenigen Kilometern mehrere prähistorische Stätten aneinander. Auf dem **Westness Heritage Walk** passiert man das Kammergrab **Midhow Cairn**, das auf 3500 v. Chr. datiert wurde. Es ist das längste Grab seiner Art auf Orkney und auch als »Totenschiff« bekannt, da man dort 25 Leichname fand. Nicht weit von hier steht der noch gut erhaltene **Midhowe Broch**, ein eisenzeitlicher Rundturm, der von 200 v. Chr.–200 n. Chr. in Benutzung war. Besonders interessant ist auch der auf der **Westness Farm** entdeckte Bootsschuppen *(noust)* aus der Wikingerzeit. Ganz in der Nähe entdeckte man ein **Wikingergrab**, mit Schmuck aus dem 8. Jahrhundert. Die Funde sind im National Museum of Edinburgh ausgestellt. Gleich beim Fährterminal kann man seine Eindrücke im **Rousay Heritage Centre** noch einmal beim Besuch der Ausstellung vertiefen.

Auch »Westray Wife« genannt: Die Venus von Orkney ist die älteste Menschendarstellung in Schottland

Auf **Westray** informiert das Besucherzentrum in **Pierowall** unweit vom Fähranleger über die Geschichte der Insel und birgt einige Schätze, die hier bei Ausgrabungen gefunden wurden: etwa den 4000 Jahre alte Westray Stone und die sogenannte Venus von Orkney, die geschnitzte Figur einer Frau aus dem Neolithikum.

Ein Minibus (www.westraybusservice.com) verbindet die beiden Fährterminals in Pierowall und **Rapness** miteinander. Der schönste Strand befindet sich im Süden der Insel bei der **Bay of Tuquoy**.

Von ihren 90 Einwohnern liebevoll Papay genannt (der Name geht auf das nordische Wort *papøy* für Priester zurück), ist **Papa Westray** per Fähre in 25 Minuten von Westray aus zu erreichen. Ein ganz besonderes Erlebnis ist jedoch der kürzeste (und wahrscheinlich holprigste) Flug der Welt von Westray nach Papay – er dauert nur zwei Minuten und verkehrt einmal pro Tag. Zu den wichtigsten Sehenswürdigkeiten gehören die **Knap of Howar**, die Ruinen zweier Trockensteinbauten, wahrscheinlich ein Bauernhof aus dem Neolithikum. Sie werden auf 3500 v. Chr. datiert und sind damit 1000 Jahre älter als die ägyptischen Pyramiden.

Lange bevor die Pyramiden in Ägypten errichtet wurden, lebten im Knap of Howar Bauern mit ihrem Vieh

SERVICE & TIPPS

Visit Scotland
The Travel Centre
West Castle St.
Kirkwall, KW15 1GU
✆ 01856 872 856
www.visitorkney.com
Mai–Mitte Sept. tägl. 9–18, Ende Sept.–April tägl. außer So 9–17 Uhr

John O'Groats Ferries
Ferry Office, John O'Groats
Caithness, KW1 4YR
✆ 01955 611 353
www.jogferry.co.uk
Die kleine Passagierfähre von John O'Groats bis Burwick kombiniert die Anreise per Schiff (40 Min.) mit einer Sightseeing-Tour auf der Insel Mainland. Am Fähranleger steigt man um auf einen Reisebus. Auch wer die Tour nicht bucht, kann vom Anleger den Shuttlebus bis Kirkwall benutzen.

Orkney Uncovered
Claremont, Mill St.
Kirkwall, KW15 1NL
✆ 01856 878 822
www.orkneyuncovered.co.uk/orkney-uncovered-cruise-tours
Verschiedene thematische Touren über die Inseln: etwa auf den Spuren der frühzeitlichen Bewohner oder der Rolle Orkneys in den Weltkriegen des 20. Jh.

The Orkney Museum
Tankerness House
Broad St.
Kirkwall, KW15 1DH
✆ 01856 873 535
Tägl. außer So Mai–Sept. 10.30–17, Okt.–April 10.30–12.30 und 13.30–17 Uhr, Eintritt frei
Zu den ältesten Funden, die das historische Museum ausstellt, gehört die Schale einer Haselnuss, Zeichen von nomadischer Besiedelung ab 6820 v. Chr.

Bishop's Palace und Earl's Palace
Palace Rd., Watergate
Kirkwall, KW15 1PD
✆ 01856 871 918
Ostern–Sept. tägl. 9.30–17.30 Uhr
Eintritt £ 4.50/2.70
Der Bishop's Palace geht auf das Jahr 1137 zurück und wurde für Bischof William the Old erbaut, den ersten Bischof der St. Magnus Cathedral (s.u.).

Den benachbarten Earl's Palace im Renaissancestil ließ Earl Patrick Stewart 1606 errichten.

St. Magnus Cathedral
Broad St.
Kirkwall, KW15 1NX
✆ 01856 874 894
www.stmagnus.org
April–Sept. Mo–Sa 9–18, So 14–17, Okt.–März tägl. außer So 9–13 und 14–17 Uhr
Kathedrale aus dem 12. Jh.

Skerries Bistro
Banks of Orkney, Cleat
South Ronaldsay, KW17 2RW
✆ 01856 831 605
www.skerriesbistro.co.uk
Tägl. außer Di 11–17 und 18–22 Uhr
An der Südspitze von South Ronaldsay kann man sich die Seebrise um die Nase wehen lassen. Fangfrische Jakobsmuscheln, Hummer und wärmende *Chowder* stehen hier auf der Speisekarte. ££

Judith Glue Shop and The Real Food Café
25 Broad St.
Kirkwall, KW15 1DH
✆ 01856 874 225
www.judithglue.com
Hier kann man Strickwaren und schöne Design- und Geschenkartikel kaufen, während man einen Kaffee trinkt.

Ausflugsziele:

Scapa Flow Visitor Centre
Lyness, Hoy
Kirkwall, KW16 3NU
Anreise mit Orkney Ferries (s. o.) von Houton nach Lyness
✆ 01856 791 300
Mo–Sa 10–16.30 Uhr, Mai–Sept. auch So, Eintritt frei
Militärmuseum in einer Ölpumpstation des einstigen Marinestützpunkts. Auf der gegenüberliegenden Insel Flotta befindet sich heute ein Öllager.

Italian Chapel
Lamb Holm
Orkney, KW17 2SF
✆ 01856 781 580
www.italianchapel.co.uk
Juni–Aug. tägl. 9–18, Mai, Sept. Mo–Sa 9–17, So 12–16, Mitte März–April, Okt. Mo–Sa 10–16, So 12–15, Nov.–Mitte März tägl. außer So 11–14 Uhr
Eintritt £ 3, bis 12 J. frei
Die Kapelle wurde erbaut von den italienischen Kriegsgefangenen, die die Churchill Barriers errichten mussten.

Wandern und Radfahren auf Rousay
www.discoverrousay.co.uk
Die Insel Rousay mit 20 km Küstenstrecke lässt sich gut zu Fuß oder per Fahrrad erkunden.

Westray Heritage Centre
Pierowall, KW17 2BZ
✆ 01857 677 414
www.westrayheritage.co.uk
Mai–Sept. Mo 11.30–17, Di–Sa 9–12, 14–17, So 13.30–17 Uhr
Eintritt £ 3/0,50 (5–16 J.)
Geführte Touren unter www.westraak.co.uk
Besucherzentrum, verschiedene Ausstellungen dokumentieren die Geschichte der Insel.

Papa Westray
www.papawestray.co.uk
Auf der kleinen Insel befinden sich die lange unter einer Düne begrabenen **Knap of Howar**, die 1929 entdeckten Ruinen zweier jungsteinzeitlicher Gebäude und damit die ältesten Funde auf Orkney.

Auf Orkney kommt der Hummer vom Schiff frisch auf den Tisch

Gilt als »Licht des Nordens«: die St. Magnus Cathedral in Kirkwall

❷ STROMNESS

Das historische Fischerdörfchen Stromness ist das hübscheste Städtchen auf Mainland und den gesamten Orkneyinseln. Die denkmalgeschützte Altstadt besteht aus einem Auf und Ab von steilen Gässchen und Treppen, die von der Hafenpromenade aufwärts klettern. Im 18. Jahrhundert machte die Hudson's Bay Company, die mit Fellen handelte, den hiesigen Hafen zu ihrem Stützpunkt für Reisen nach Alaska. Während des Heringsbooms im 19. Jahrhundert ging es hoch her, denn Hunderte von Seeleuten bevölkerten die Stadt, ebenso wie junge Frauen, die in der Fischindustrie arbeiteten. Man trank gerne mal einen über den Durst, weshalb von 1920 bis 1947 ein Alkoholverbot herrschte. Heute herrscht eher Gemächlichkeit und nur während des alljährlichen Orkney Folk Festival lebt die Stadt so richtig auf.

Das **Pier Arts Centre**, ein kleines, aber feines Museum für moderne Kunst und Partner der Londoner Tate, überrascht mit lichten Räumen. Im **Stromness Museum** kann man sich über die Geschichte Orkneys informieren. Neben archäologischen Objekten sind Fundstücke aus Schiffswracks wie der deutschen Hochseeflotte ausgestellt.

Direkt außerhalb der Stadt liegt **Ness Battery**. Die Anlage war einer der Hauptstützpunkte der Royal Navy in den beiden Weltkriegen und diente zur Verteidigung der Ankerplätze in der Bucht von Scapa Flow. Hier sieht man noch die Kanonen, mit denen der Stützpunkt verteidigt wurde.

Ausflugsziele:

Gut sichtbar von Stromness ist die dünn besiedelte Nordhälfte der **Insel Hoy**, wo der **Old Man of Hoy** als markantester Punkt auffällt. Die zackige Felssäule aus rotem Sandstein ragt 137 Meter vor der Westseite der Insel in die Höhe. Wer mit der Fähre von Scrabster aus anreist, fährt direkt daran vorbei. Aber auch von der

Die kleine Stadt Stromness blühte im 19. Jahrhundert durch die Heringsfischerei richtig auf, heute geht es hier eher gemächlich zu

Die Erosion durch das Meer zehrt den 137 Meter hohen Old Man of Hoy langsam auf – man rechnet damit, dass er bald zusammenbricht

Der Ring of Brodgar: Mit seinen 104 Metern Durchmesser ist der Steinkreis größer als Stonehenge

Landseite erhält man einen guten Blick. Der Ort **Rawick** bildet die Ausgangsbasis für Wanderer und Klippenkletterer auf dem Weg zum Old Man of Hoy (ca. 2,5 km). Ein gut ausgebauter Wanderweg führt bis zum Klippenrand. Wer danach noch höher hinaus möchte, kann den dahinter aufragenden 399 Meter hohen **Ward Hill** erklimmen. Er ist der höchste Berg des Archipels und bietet eine fantastische Aussicht. Die Klippen sind auch ein guter Aussichtspunkt für die Kolonien von Papageitauchern und anderen Seevögeln, die hier nisten.

Orkney weist einige prähistorischen Stätten auf, die von der UNESCO zum Weltkulturerbe erklärt wurden. Dazu gehört etwa der Megalith-Steinkreis **Ring of Brodgar** im Nordosten von Stromness. 36 der einst 50 Steine der Anlage, die wahrscheinlich zu zeremoniellen Zwecke genutzt wurde, sind noch vorhanden. Der Ring, der von 2500 bis 2000 v. Chr. datiert, ist umgeben von 13 Grabstätten.

Weiter Richtung Süden stößt man auf das **Ness of Brodgar**. Hier wird eine ganze Siedlungsanlage aus dem Neolithikum freigelegt, die um etwa 2300 v. Chr. zerstört und in den folgenden Jahrhunderten langsam zugeweht wurde. Ebenfalls an der B9055 stehen die **Standing Stones of Stenness**, sechs Meter hohe, schlanke Sandsteinsäulen, die einst einen Ring bildeten. Sie datieren von 3100 v. Chr.

Das bedeutendste Megalithgrab der Gegend **Maes Howe** liegt am Loch of Harray. Das Kammergrab, das von 3000 v. Chr. datiert, ist aus massiven Sandsteinblöcken gebaut. Als man es 1861 fand, war es bereits von Grabräubern geleert worden. An den Wänden haben Wikinger Runeninschriften eingeritzt, die darauf schließen lassen, dass die Kriegsherren sich hier mit ihren Geliebten vergnügten.

Auch das besterhaltene steinzeitliche Dorf Europas, **Skara Brae**, datiert auf 3100 v. Chr. Das Besucherzentrum informiert über die Entdeckung der Anlage: Um 1850 wehte ein Sturm einen Teil der Sanddüne fort, unter der sich die Anlage bis dahin versteckt hatte. Mit seinen zehn Häusern liegt es an einer wunderschönen Bucht an der Westküste von Sandwick. Die niedrigen, runden Trockensteinbauten waren hügelförmig angelegt und durch Passagen miteinander verbunden. So boten sie den besten Schutz gegen Wind und Wetter. Weil Holz offensichtlich schon damals knapp war, sind auch die Möbel, wie beispielsweise Bettstellen, aus Stein.

Von Skara Brae weiter auf der B9057 gelangt man in das Dörfchen **Evie**. Von dort erreicht man den **Broch of Gurness**, eine der interessantesten Ausgraben auf den Orkneys. Das steinerne Rundhaus aus der Eisenzeit war Teil einer piktischen Siedlung, die zwischen 500 und 200 v. Chr. bewohnt war. Rundherum sind tiefe Gräben und Wälle gezogen, die einst als Befestigung dienten. Ab 800 n. Chr. wurde es von den Wikingern als Grabstätte benutzt.

Von hier aus ist es nicht weit zur Vogelinsel **Eynhallow**, die einen außergewöhnlichen Ausflug verspricht. Nur alljährlich an einen Tag im Juli veranstaltet die Orkney Heritage Society eine abendliche Besichtigungstour auf das mythische Eiland, das bereits in den Wikingersagen als *Eyin Helga* (Heilige Insel) erwähnt wird. Der Legende nach war sie von bösen Zauberern bewohnt und wurde unsichtbar, wenn Schiffe sich ihr näherten. Seit 150 Jahren ist die Insel unbewohnt und es gibt weder Straßen noch Wege, nur die Ruinen der **Eynhallow Church** aus dem 12. Jahrhundert, den Blick auf die offene See und Hunderte von Eissturmvögel.

Eissturmvögel sind häufige Besucher auf Eynhallow, der heiligen Insel der Wikinger

Die Jungsteinzeitsiedlung Skara Brae: Mangels Bäumen auf Orkney bauten die Menschen hier alles aus Stein, selbst die Möbel

Die Standing Stones of Stenness: Keiner der Steine ist dicker als 30 Zentimeter

SERVICE & TIPPS

Visit Scotland
Ferry Terminal Building
Pier Head, Stromness, KW16 3BH
✆ 01856 850 719
www.visitscotland.com
April–Sept. tägl. außer So 10–15
Das Informationszentrum liegt zentral beim Fähranleger.

Pier Arts Centre
28–30 Victoria St.
Stromness, KW16 3AA
✆ 01856 850 209
www.pierartscentre.com
Im Sommer tägl. außer So 10.30–17 Uhr, sonst auch Mo geschl., Eintritt frei
Museum für moderne Kunst in einem Häuschen auf der Hafenmauer, mit Skulpturen von Barbara Hepworth und Werken u. a. von Ben Nicholson, Eduardo Paolozzi, Naum Gabo und Olafur Eliasson. Neben einer Dauerausstellung gibt es immer wieder Wechselausstellungen.

Stromness Museum
52 Alfred St.
Stromness, KW16 3DH
✆ 01856 850 025
www.orkneycommunities.co.uk
April–Okt. tägl. 11–17 Uhr
Eintritt £ 5/1
Dieses Museum bietet eine eklektische Sammlung von Artefakten aus der Geschichte Orkneys, darunter archäologische Stücke, aber auch Fundsachen von Schiffswracks wie der deutschen Hochseeflotte.

Ness Battery
Ness Rd., Stromness, KW16 3EL
✆ 07759 857 298
www.nessbattery.co.uk
Eintritt £ 6/4 (nur Bargeld)
Der ehemalige Hauptstützpunkt der Royal Navy ist nur mit einer geführten, 75-minütigen Tour zu besichtigen, der Kommentar ist jedoch tatsächlich wichtig, um die Zusammenhänge zu verstehen.

The Ferry Inn
10 John St.
Stromness, KW16 3AD
✆ 01856 850 280
www.ferryinn.com
Tägl. 7–22 Uhr
Dieses Pub-Restaurant erfüllt gleich mehrere Funktionen, neben gutbürgerlicher Küche und Ales aus Orkney gibt es auch Folkmusik. £

The Bayleaf Delicatessen
Porteous Close, 19 Graham Pl.
Stromness, KW16 3BY
✆ 01856 851 605
Mo 11–16, Di–Sa 10–17 Uhr
Hier kann man sich aus feinsten Zutaten wie verschiedenem Käse, Räucherfisch, eingelegten Oliven etc. sein Lunch-Picknick selbst zusammenstellen.

Orkney Folk Festival
www.orkneyfolkfestival.com
Ende Mai treten bei dem viertägigen Festival auf Mainland Künstler aus Orkney sowie Festlandschotten an verschiedenen Veranstaltungsorten auf.

St. Magnus International Festival
www.stmagnusfestival.com
Bei diesem Festival Mitte Juni gibt es klassische Musik mit verschiedenen einheimischen und Gastorchestern an Orten wie der St. Magnus Cathedral und sogar der Italian Chapel.

Ausflugsziele:

Old Man of Hoy
Tourveranstalter:
www.wildaboutorkney.com
www.exploreorkney.com,
www.orkneyuncovered.co.uk
Das Wander- und Vogelparadies ist mit Orkney Ferries (www.orkneyferries.co.uk) von Stromness erreichbar.

Ring of Brodgar
Orkney, KW16
✆ 01856 841 815

www.historicenvironment.scot
Eintritt frei
Zu den an der B9055 aufgereihten prähistorischen Stätten nördlich von Stromness gehört dieser Megalith-Steinkreis bei Brodgar.

Ness of Brodgar
Stromness, KW16 3JZ
www.nessofbrodgar.co.uk
Juli–Aug., geführte Touren Mo–Fr 11, 13 und 15, Sa/So 11 und 15 Uhr, Eintritt frei
Prähistorische Siedlungsanlage. In den Sommermonaten kann man den Archäologen über die Schulter schauen.

Südlich von hier, ebenfalls an der B9055, stehen die **Standing Stones of Stenness**.

Maes Howe
Chambered Cairn
Stromness, KW16 3HH
✆ 01856 761 606
www.historicenvironment.scot
Tägl. April–Sept. 9.30–17, Okt.–März 10–16 Uhr
Eintritt £ 5.50/3.40, Vorausbuchung notwendig, festgelegte Besuchszeiten
Gut erhaltenes Megalithgrab.

Skara Brae
Sandwick, KW16 3LR
✆ 01856 841 815
www.historicenvironment.scot
Tägl. Ostern–Sept. 9.30–17.30, Okt.–März 10–16 Uhr
Eintritt £ 10/4.30
Steinzeitliches Dorf, das ebenfalls zum Weltkulturerbe gehört. Im Eintrittspreis eingeschlossen ist auch der Besuch des Herrenhauses **Skaill House**, nur 200 m von der Anlage entfernt (nur April–Okt.).

Broch of Gurness
Aikerness
Evie, KW17 2NH
✆ 01856 751 414
www.historicenvironment.scot
März–Sept. tägl. 9.30–17.30 Uhr, Eintritt £ 5.50/3.30
Überreste einer piktischen Siedlung. Von der Anlage erhalten sind Teile des Rundhauses und des umgebenden Mauerrings.

Eynhallow
Orkney Library and Archive
✆ 01856 873 166
www.orkneycommunities.co.uk/ohs
An einem Tag im Juli (vgl. Website), Abfahrt 19.15, Rückfahrt 22.15 Uhr von Tingwall
Ticket £ 22/12 (Mindestalter 12 J.)
Einen Besuch auf der Insel Eynhallow, westlich von Rousay, muss man gut abpassen.

Jedes Jahr Mitte Juli chartert die Orkney Heritage Society für einen Tag ein Boot zur Insel, das 90 Gäste fasst.

Der Hafen von Stromness: Von hier aus starten Fähren zu den anderen Orkneyinseln

SHETLAND

Wer die Shetlandinseln bereist, sollte eine Portion Abenteuerlust mitbringen. Beim Erkunden des Inselarchipels mit seinen entlegenen Außenposten muss man auf einige Annehmlichkeiten der Zivilisation verzichten, denn es gibt kaum Infrastruktur. Dafür wird man mit einem einmaligen Naturerlebnis belohnt. Die karge, windgefegte Landschaft des Archipels bietet erstaunlich viel Abwechslung für das Auge, obwohl es kaum Bewuchs gibt. Fruchtbare Schafweiden wechseln sich ab mit baumlosem Moorland und felsigen Mondlandschaften, durchzogen von dramatischen Klippeneinschnitten, gegen die die Wogen branden.

Auf den der Küste vorgelagerten Felsen, zum Beispiel in Sumburgh, Noss und auf Unst, nisten Hunderttausende von Seevögeln, darunter Seeschwalben, Schmarotzermöven, Basstölpel, Eissturmvögel, Papageitaucher und die seltenen Thorswassertreter.

Von Mai bis September gibt es die weißen Nächte, in denen es nie ganz dunkel wird. Dafür ist es in den Wintermonaten nur sechs Stunden hell. Auf den Inseln herrscht eine hohe Luftfeuchtigkeit und an warmen Tagen kann es durch Verdunstung auf der Ostseite der Hauptinsel Mainland zu Nebel kommen. Fast immer und überall ist mit starkem Wind zu rechnen, der das Wetter sehr wechselhaft macht. Leider beeinflusst dies auch die Fähr- und Flugverbindungen auf die Inseln.

Das Fehlen von Bäumen bzw. Bauholz auf Shetland führte dazu, dass man sich mit den verfügbaren Materialien wie Steinen, Treibholz oder Tierhäuten behelfen musste. Unleugbar ist auch das skandinavische Flair der Häuschen mit ihren bunten Farben.

Auf Shetland mag es an Bäumen und Sträuchern mangeln, aber niemals an Schafen

Von Shetland aus erscheint das schottische Festland ferner als die Küste Norwegens. Tatsächlich gibt es wegen der schottischen und norwegischen Ölbohrinseln in der Nordsee noch heute einen regen Austausch zwischen den nordischen Nachbarn. Historisch gesehen sind die Shetlander seit der Wikingerherrschaft mit den

»Ein Land soll durch das Gesetz geschaffen werden«, so das Motto des Wappens von Shetland

Die Felseninseln Shetlands sind ein beliebtes Brutgebiet bei Papageitauchern

Norwegern eng verbunden. Dies zelebrieren sie jedes Jahr während des Festivals »Up Helly Aa« mit dem Aufmarsch einer Wikingerarmee. Der Einfluss der Wikinger zeigt sich auch in Dialekt und Ortsnamen, hier finden sich Reste der nordischen Sprache *Norn*, die auf Foula noch bis ins 19. Jahrhundert gesprochen wurde.

Im Zweiten Weltkrieg belieferten Fischerboote von Shetland norwegische Widerstandskämpfer mit Waffen und Munition und brachten sie vor den Nazis in Sicherheit. Mehr darüber erfährt man im Museum in der ehemaligen Hauptstadt **Scalloway**.

Die Shetlander lebten und leben vor allem von der Seefahrt und dem Fischfang. 1978 entstanden die ersten Bohrinseln für Nordseeöl vor der Küste und sorgten für einen Aufschwung und einen Bevölkerungsanstieg. Die Öl- und Gaspipelines fließen in das riesige Terminal in Sullom Voe im Norden der Hauptinsel Mainland. Das Nordseeöl wird jedoch immer teurer und unrentabler. Momentan fließt daher viel Geld in die Entwicklung neuer Anlagen für erneuerbare Energien wie Windparks.

Die Hauptinsel **Mainland** ist unterteilt in North, South, Central und West Mainland. Vier der Shetlandinseln sind durch Brücken miteinander verbunden: East Burra, West Burra, Trondra und Muckle Roe, die anderen Inseln erreicht man mit der Fähre oder dem Flieger (meist vom Flugzeugtyp Britten Norman Islander mit gerade mal zehn Sitzen). Allerdings muss man Fähr- und Flugverbindungen im Voraus buchen, weil die Plätze sehr begrenzt sind.

Jedes Jahr am letzten Dienstag im Januar feiern die Shetlander ihr skandinavisches Erbe mit dem »Up Helly Aa«

SERVICE & TIPPS

Tingwall Airport
Tingwall, Airport
Gott ZE2 9XJ
✆ 01595 840 246
www.directflight.co.uk/shetland
Vom Regionalflughafen Tingwall, 10 km westlich von Lerwick, verkehren kleine Sportflieger zur Fair Isle, Foula, Out Skerries und Papa Stour.

Sumburgh Airport
Shetland Isles, ZE3 9JP
✆ 01950 460 905
www.hial.co.uk/

sumburgh-airport
Der Flughafen wird von Edinburgh, Glasgow, Inverness, Aberdeen, Orkney und Bergen aus angeflogen.

Inter Island Ferries
✆ 01595 743 970
www.shetland.gov.uk/ferries
Der Fährverkehr zwischen den Inseln erfolgt mit dieser Fährgesellschaft.

Nicht alle Inseln werden direkt von Lerwick aus angefahren, so ist Unst nur von Yell aus zu erreichen, Yell nur vom Mainland etc. Dies sollte man vor der Reise recherchieren und bei der Reiseplanung beachten.

Northlink Ferries
✆ 0845 6000 449
www.northlinkferries.co.uk
Von Aberdeen via Kirkwall (Ork ney) nach Lerwick (12 Std.).

Öffentliche Verkehrsmittel
Informationen über z. B. Fähren und Busse erhält man unter:
www.travel.shetland.org

Autovermietung
Wer sich nicht auf regionale Busse verlassen will, sollte im Voraus ein Mietauto reservieren. Am Hafen in Lerwick und am Sumburgh Airport findet man Büros gängiger Firmen.

SHETLANDPONYS UND NORTH-RONALDSAY-SCHAFE

In der Entlegenheit der nordschottischen Inseln sind Tierarten entstanden, die es nirgendwo sonst in Großbritannien gibt. Die Shetlandponys haben sich in den letzten 2000 Jahren auf den Inseln entwickelt. Die kleinen Pferde werden nur bis zu einem Meter groß und haben sehr kurze Beine. Der Kopf wirkt ebenfalls klein, aber Hals und Körper sind robust. Aus diesem Grund können sie fast das Doppelte ihres Körpergewichts an Lasten ziehen, was sie für die Inselbauern in der Vergangenheit sehr wertvoll machte. Aus den langen Haaren des Pferdes ließen sich außerdem Angelleinen drehen. Man geht davon aus, dass die ersten Pferde in der Bronzezeit von Kelten aus Südeuropa auf Booten mitgebracht wurden. Im Laufe der Jahre bildete sich dann der Typus des Shetlandponys heraus, weil es mit dem rauen Klima und der relativen Nahrungsknappheit besser zurechtkam als größere Pferde.

Ebenfalls bemerkenswert sind die Schafe der Orkneyinsel North Ronaldsay. Auf der Insel, die nur noch 50 Einwohner hat, leben etwa 3000 Schafe. Die kleinen Tiere mit schmalen Köpfen haben ein dickes, mehrfarbiges Fell, das für Strickwaren beliebt ist. Die Herkunft der Art ist bis heute unbekannt.

Das wirklich besondere an den Schafen sind jedoch ihre Essgewohnheiten: Wenn die Ebbe einsetzt, begeben sich die Tiere an die Ufer und fressen Seetang. Sogar ihre Schlafgewohnheiten haben sie so eingestellt, dass sie bei Flut schlafen, damit sie sich bei Ebbe sattfressen können. Man geht davon aus, dass sich die Tiere in Zeiten der Nahrungsknappheit, wenn z. B. die Weiden nicht zugänglich waren, auf das Grünfutter aus dem Meer umgestellt haben. Der an Mineralien reiche Seetang ist gar nicht unbedingt gesund für die grasfressenden Tiere, aber Not macht erfinderisch.

Auch die Shetlandponys scheinen ein Faible für den Seetang zu haben – er muss wohl eine Delikatesse sein.

Robust: das Shetlandpony und das North-Ronaldsay-Schaf

❶ LERWICK

Der Hafen von Lerwick: Im Hintergrund, am Hay´s Dock, liegt das Shetland Museum

Die Inselhauptstadt von Mainland, die sich auf einer Landzunge in die Bucht streckt, hat 7000 Einwohner und auf der Hauptstraße Commercial Street kaufen die Insulaner ein. Das Nordende der Charlotte Street wird dominiert vom **Fort Charlotte**, das Charles II. 1665, in der Zeit des zweiten Kriegs gegen die Holländer bauen ließ. Diese legten es 1673 in Schutt und Asche. 1776–83 wurde es unter George III., der es seiner Frau Charlotte widmete, wieder aufgebaut. Heute gehört es der Royal Navy.

Das interessante **Shetland Museum** am Hay's Dock ist gleichzeitig auch das Nationalarchiv. Hier wird jeder Aspekt des Lebens auf den Inseln beleuchtet. Eine Abteilung beschäftigt sich mit der Fischereiindustrie, die für Shetland so bedeutend ist.

Im geschäftigen Hafen kann man den Boote nachschauen, an der Esplanade gibt es ein Kommen und Gehen von Seglern, Fähren, Fischerbooten und den Schiffen, die die Ölbohrinseln versorgen. Die bunten Boote bieten einen hübschen Kontrast zu den aus grauem Granit gebauten Häusern.

Wer etwas über die heimische Produktion von Strickwaren erfahren möchte, ist im **Shetland Textile Museum** richtig. Hier wird eine Sammlung traditioneller Textilien und Strickwaren der Inseln gezeigt, darunter Fair-Isle-Strickwaren und Shetland-Spitze sowie *Taatit*-Teppiche, die als Bettdecke benutzt wurden.

Das Museum ist untergebracht im **Böd of Gremista**, einem der seltenen Fischerhäuschen aus dem 18. Jahrhundert und Geburtshaus von Arthur Anderson (1792–1868), der 1830 die Schifffahrtsgesellschaft P&O (Peninsular and Oriental Steam Navigation Company) gründete.

Ausflugsziele:

Im Fischerhafen **Scalloway** westlich von Lerwick begann Shetlands Frühgeschichte, über die das **Scalloway Museum** informiert. Man nimmt an, dass die ersten Wikinger unweit von hier siedelten. Am Tingwall Loch wurden vom 13. bis zum 15 Jahrhundert Parlamentssitzungen abgehalten. Noch bis ins 18. Jahrhundert hinein

Die Halbinsel St. Ninian's ist nur durch einen schmalen Streifen mit dem Festland verbunden

Die bunten Segelboote vor Lerwick bringen Farbtupfer in die ansonsten überwiegend graue Stadt

war Scalloway die Hauptstadt von Shetland. Zur interessanten Ausstellung des Museums gehört auch eine Dokumentation über den *Shetland Bus*, eine Verbindungsroute im Zweiten Weltkrieg zwischen dem von Deutschen besetzten Norwegen und den Shetlands. Anfangs brachten Fischer verfolgte norwegische Widerstandskämpfer auf die Shetlands, später wurden sie von der norwegische Exilregierung und der Royal Navy unterstützt.

Südlich von Scalloway erreicht man die kleine Halbinsel **West Burra**, mit einige schönen Stränden. Südöstlich von Hamnavoe etwa gelangt man zum Strand von Meal, mit Parkplatz und Toiletten. Am Südende der Landspitze lockt der Strand von Bann Minn.

Die Halbinsel **St. Ninian's**, an der Westküste von South Mainland bei Bigton an der B9122, wird durch einen Tombolo, einen schmalen Dünenstreifen, vom Festland getrennt. Als nach der letzten Eisschmelze das Wasser anstieg, blieb nur ein schmales

Stück Land erhalten, das heute einen Strand bildet, der an beiden Seiten von Wasser umgeben ist. Bis heute arbeiten die Wellen an der Düne, die je nach Wasserstand teils überflutet ist. 1958 fand ein Schuljunge in den hiesigen Dünen einen Hort aus keltischem Silber aus dem 9. Jahrhundert. Der Schatz ist im National Museum of Scotland in Edinburgh ausgestellt, aber das Shetland Museum in Lerwick zeigt einige Nachbildungen.

Das Croft House Museum südlich von Dunrossnes: Hier kann man das einfache und harte Leben der Crofters hautnah nachvollziehen

An **Sumburgh Head**, der Südspitze Shetlands, ziert ein weiterer Leuchtturm von Robert Stevenson die hoch aufragenden, mit seltenen Pflanzen bewachsenen Klippen, an denen zahlreiche Papageitaucherkolonien nisten, im Wasser erspäht man Delfine und Wale. Das **Sumburgh Head Lighthouse** kann man auf einer geführten Tour besichtigen.

In direkter Nachbarschaft zum Sumburgh Airport ist der **Jarlshof** unbedingt einen Besuch wert, er ist die wichtigste prähistorische Anlage Shetlands. Die ersten Menschen siedelten hier vermutlich bereits um 4000 v. Chr., worauf Überreste aus der Bronze- und Eisenzeit schließen lassen. Der Hof wurde immer wieder überbaut, wobei die Steine der Anlage weiterverwendet wurden.

Ab dem 9. Jahrhundert ließen sich Wikinger hier nieder und bauten das heute noch gut sichtbare Langhaus, im 13. Jahrhundert entstand ein Bauernhaus. Im 15. Jahrhundert fiel die Insel an Earl Robert Stewart, der das Old House of Sumburgh errichtete.

Gleich westlich des Flughafens Sumburgh wurde 1975 ein ganzes eisenzeitliches Dorf entdeckt: **Old Scatness**. Die archäologischen Ausgrabungen dauern bis heute an und experimentelle Archäologen, die Techniken der Vorzeit untersuchen und nachbilden, setzen hier das Leben der Eisenzeit anschaulich in Szene.

Einen Einblick in das Leben der Crofter erhält man südlich von **Dunrossness** an der A970. Im **Croft House Museum**, bestehend aus zweit reetgedeckten Bruchsteinhäuschen aus der Mitte des 19. Jahrhunderts, lässt sich nachvollziehen, unter welch einfachen Bedingungen die Crofter lebten. Sie besaßen eine Kuh und bauten Kartoffeln an, räucherten Fisch und lebten immer an der Grenze des Existenzminimums.

Gesetzlich geschützt: die geometrischen Fair-Isle-Strickmuster

Von den frühzeitlichen Wohnhäusern Shetlands hat der **Broch of Mousa** überlebt. Mit dem Boot gelangt man auf die östlich vor South Mainland gelegene Insel, auf der sich eine Robbenkolonie am Strand aalt. Das gut erhaltene Rundhaus wird in der »Orkneyinga saga« erwähnt. Angeblich entführte 1153 Earl Haralds Cousin Erland der Jüngere dessen Mutter Margaret und verschanzte sich mit ihr auf der Insel. Die Fundamente des 13 Meter hohen

Turms sind solide gebaut. Man kann noch die Treppe bis nach oben hinaufsteigen und die Aussicht genießen.

Im wilden Nordwesten, auf der **Eshaness-Halbinsel**, informiert das **Tangwick Haa Museum** über das harte Leben der Fischer, die hier in der Tiefseefischerei und dem Walfang beschäftigt waren. Einen tollen Blick über die spektakulärsten Klippen aus rotem Sandstein garantiert das **Eshaness Lighthouse**. Vor der Küste liegen die Felszacken The Drongs in der Brandung, bei einem öffnet sich der Blick auf die Insel Papa Stour in der Ferne.

Die **Fair Isle** liegt im Süden weit draußen im Meer zwischen Shetland und Orkney. Sie ist nur 4,8 Kilometer lang und 2,4 Kilometer breit, bei einem Küstenumfang von 24 Kilometern. Von den dramatischen Klippen hat man bei Wanderungen ganz nah an der Küste einen guten Blick auf Seevögel und Wale. Das **Bird Observatory** zieht ständig Birdwatcher und Naturfreunde an. Es dient gleichzeitig als Informationsbüro, Hotel und Restaurant für Besucher.

Daneben ist die Insel für ihre Strickwaren mindestens so berühmt wie die Isle of Harris für ihren Tweed. Früher strickten die Frauen der Insel aus doppeltem Garn warme Pullover für die Seeleute. Heute sind die hiesigen geometrischen Strickmuster gesetzlich geschützt und werden zum großen Teil gewebt.

Vom Eshaness Lighthouse aus hat man eine fantastische Aussicht auf die wellenumtosten Klippen der Halbinsel

SERVICE & TIPPS

Visit Scotland
Market Cross, Lerwick, ZE1 0LU
✆ 01595 693 434
www.shetland.org, April–2. Okt. Mo–Sa 9–17, So 10–16, 3. Okt.–März tägl. 10–16 Uhr

Island Trails
Island Trails, Hillcrest
Bigton, ZE2 9JA
✆ 07880 950 228
www.island-trails.co.uk
Individuell gestaltete Wandertouren zu verschiedenen Themen.

Shetland Museum
Hay's Dock, Lerwick, ZE1 0WP
✆ 01595 695 057, www.shetlandmuseumandarchives.org.uk
Mo–Sa 10–16, So 12–17 Uhr
Das Hay's Dock Café-Restaurant bietet einen schönen Blick über die Bucht.

Shetland Textile Museum
Böd of Gremista
Lerwick, ZE1 0PX
✆ 01595 694 386, www.shetlandtextilemuseum.com
Di–Sa 12–17, Do bis 19 Uhr
Eintritt £ 3
Ausstellung traditionellen Textilien und Strickwaren der Inseln. Im Shop kann man Strickwaren kaufen.

Fort Charlotte
1 Charlotte St., Lerwick, ZE1 0JL
✆ 01595 692 140
www.historicenvironment.scot
Eintritt nur auf Anfrage
Von dem Fort aus der Zeit des zweiten Krieges gegen die Holländer hat man einen schönen Blick auf den Hafen.

Mareel
Gutter's Gaet
Lerwick, ZE1 0WQ
✆ 01595 745 555
www.mareel.org
In dem modernen Bau am Hafen befindet sich Lerwicks Kulturzentrum, wo Konzerte und Theater stattfinden und Filme gezeigt werden.

Clickimin Leisure Complex
Lochside, Lerwick, E1 0PJ
✆ 01595 741 000
www.srt.org.uk
Eines von sieben Freizeitzentren auf der Insel mit großem Schwimmbad.

Shetland Folk Festival
✆ 01595 694 757
www.shetlandfolkfestival.com
Während des nördlichsten Folk-Festivals im Vereinigten Königreich finden Ende April Events überall auf den Inseln statt.

Up Helly Aa
www.uphellyaa.org
Ende Januar feiert Shetland die Wikingervergangenheit mit Feuerspielen.

Ausflugsziele:

Scalloway Museum
Castle St., Scalloway, ZE1 0TP
✆ 01595 880 734
www.scallowaymuseum.org
Mo–Sa 11–16, So 14–16 Uhr
Eintritt £ 3, Kinder frei
Heimatmuseum, das u.a. an die Fischereiflotte Shetlands erinnert, die norwegische Widerstandskämpfer mit Waffen und Munition belieferte und sie vor den Nazis in Sicherheit brachte.

Auf der Fair Isle lassen sich unter anderem Otter beobachten

Fort Charlotte in Lerwick: George III. benannte die Festung nach seiner Frau, der Königin Sophie Charlotte

West Burra
www.shetlandvisitor.com/scalloway-trondra-burra
Schöne Strände auf der kleinen Halbinsel West Burra.

St. Ninian's Isle
www.shetlandamenity.org/st-ninians-isle-tombolo
Von Bigton aus gibt es einen 6 Kilometer langen Rundwanderweg um St. Ninian's (www.shetland.org/things/outdoor/walking/st-ninians-isle-circular).

Sumburgh Head Lighthouse, Visitor Centre and Nature Reserve
Sumburgh, ZE2 9JN
✆ 01595 694 688
www.sumburghhead.com
Ostern–Sept. tägl. 11–17.30 Uhr
Eintritt £ 6/2
Das Besucherzentrum informiert über Flora und Fauna in diesem Vogelschutzgebiet des RSPB, des britischen Vogelschutzvereins (vgl. S. 290). Den Leuchtturm kann man mit einer geführten Tour besichtigen.

Jarlshof
Sumburgh Head, ZE3 9JN
✆ 01950 460 112
www.historicenvironment.scot
Tägl. Ostern–Sept. 9.30–17.30, Okt.–März 9.30 Uhr bis Sonnenuntergang, Eintritt £ 5.50/3.30
Der Name der prähistorischen Anlage, Jarlshof, die nach einem heftigen Sturm freigeweht und so im 19. Jh. entdeckt wurde, geht auf Sir Walter Scott zurück, der sie in seinem Roman »The Pirate« als romantischen Hintergrund benutzte.

Old Scatness
Sumburgh, ZE3 9JW
✆ 01595 694 688
www.shetlandamenity.org/old-scatness, Mitte Mai–Anfang Sept. Fr 10.15–16.30 Uhr
Eintritt £ 5/4
Eisenzeitliches Dorf, das immer noch ausgegraben wird. Die Anlage kann im Rahmen einer geführten Tour besichtigt werden.

The Croft House Museum
Boddam, Dunrossness, ZE2 9JG
✆ 01950 431 406
www.shetlandheritageassociation.com, Mai–Sept. tägl. 10–17, So ab 11 Uhr
Eintritt frei, Spenden erbeten
Das Museum versetzt einen zurück in die Zeit der *Crofters*.

Broch of Mousa
Isle of Mousa, ZE2 9HP
✆ 07901 872 339
www.mousa.co.uk
Beeindruckendes Rundsteinhaus auf der kleinen Insel.

Tangwick Haa Museum
Eshaness, ZE2 9RS
✆ 01806 503 389

»Up Helly Aa« in Lerwick, ein Feuerspektakel, das 24 Tage nach Weihnachten stattfindet

Das Broch of Mousa, das besterhaltene Rundsteinhaus überhaupt

Dank Sir Walter Scott eine der bekanntesten historischen Siedlungen: der Jarlshof

www.tangwickhaa.org.uk
Mitte April–Ende Sept. tägl. 11–17 Uhr, Eintritt frei
Dokumentation der Tiefseefischerei und des Walfangs anhand von Gegenständen und Fotografien. Daneben gibt es eine Ausstellung über die hier gesponnene Shetland-Wolle.

Eshaness Lighthouse
Hillswick, ZE2 9RS
✆ 01595 694 688
www.shetlandlighthouse.com
Überblickt eine der spektakulärsten Klippen aus rotem Sandstein im North Mainland. Der Leuchtturm kann als Ferienwohnung gemietet werden.

Esha Ness Braewick Cafe and Caravan Park
Braewick, Eshaness, ZE2 9RS
✆ 01806 503 345
www.eshaness.moonfruit.com
Café tägl. 10–17 Uhr
Wer auf den Klippen von Eshaness in Richtung Braewick wandert, gelangt zu diesem Campingplatz und dessen Café mit tollem Ausblick.

Fair Isle Bird Observatory (FIBO) and Guesthouse
Fair Isle, ZE2 9JU
✆ 01595 760 258
www.fairislebirdobs.co.uk
Das Besucherzentrum im Nordosten der Insel ist mindestens einmal im Leben ein Muss für jeden Ornithologen. Hier werden heimische und migrierende Seevögel (fast 345 Arten) studiert, beringt und katalogisiert. Das Zentrum bietet den besten Ausgangspunkt für Erkundungstouren der Fair Isle.

Für die **Anreise auf die Fair Isle** mit dem Postboot »Good Shepherd IV« (12 Passagiere, ✆ 01595 760 363) oder dem Flugzeug vom Tingwall Airport (9 Passagiere, ✆ 01595 840 246, vgl. S. 254), muss man sich unbedingt vorher telefonisch anmelden.

Das Bird Observatory nimmt keine Zimmerbuchungen entgegen, bevor die Anreise nicht bestätigt ist. In den Sommermonaten gibt es auch einen Direktflug vom Sumburgh Airport (vgl. S. 254 f.).

Shetland Otter Watching
Hollie Shaw, c/o Burkle
Fair Isle, ZE2 9JU
✆ 01957 710 000
www.shetlandnature.net
Hier geht man auf Tuchfühlung mit den Ottern an Shetlands Küsten.

Fair Isle Made in Fair Isle
Burkle, Fair Isle, ZE2 9JU
✆ 01595 760 399
www.facebook.com/fairislemadeinfairisleknitwear
Die Designerinnen Hollie Shaw und Catriona Thomson stellen eine große Auswahl farbenfroher und aufeinander abgestimmter Strickwaren her.

Mati Ventrillon
Nedder Taft, Fair Isle, ZE2 9JU
✆ 01595 760 255
www.mativentrillon.co.uk
Die Designs von Mati Ventrillon zeichnen sich durch eine besonders feine Farbgebung und fantasiereiche Gestaltung aus. 2015 musste sich das Modehaus Chanel bei Ventrillon entschuldigen, nachdem es einige ihrer Entwürfe für die eigene Winterkollektion kopiert hatte.

Das Hermaness Nature Reserve auf Unst: Hier finden sich die nördlichsten Klippen Schottlands

2 UNST

Die nördlichste Insel des Archipels lädt zu ausgedehnten Naturwanderungen ein. Die Hauptsiedlung **Baltasound** war zur Zeit des Heringsbooms im 19. Jahrhundert ein geschäftiger Hafen, in 40 Heringsstationen wurde der Fang gesäubert, gesalzen und getrocknet. Noch bis weit ins 20. Jahrhundert stach man mit Holzbooten skandinavischer Machart in See.

Solche Boote kann man im **Unst Boat Haven** in Haroldswick besichtigen. Unweit davon gibt das **Unst Heritage Centre** Einblick in das Leben auf der Insel und das traditionelle Handwerk.

Weiter nördlich in **Saxa Vord** findet sich das North Base Café mit einer privat geführte Touristeninformation und angegliedertem Café. In dem Komplex befindet sich auch das Informationszentrum **Unst Walkers are Welcome**, ein guter Ausgangs- und Endpunkt für Wanderungen auf der Insel. Hier erhält man Informationsmaterial über die Insel und Wanderrouten. Nicht weit entfernt stellt die **Saxa Vord Distillery** den **Shetland Reel Gin** her.

Es gibt verschiedene Touren über die Insel, auf denen man etwa frei laufenden Shetlandponys (vgl. S. 255) begegnet und Otter beobachten kann. An der fernen Nordwestspitze der Insel hat man bei Klippenwanderungen in der **Hermaness Nature Reserve** den besten Ausblick auf den nördlichsten Klippenfelsen Schottlands, den **Oust Stack**, sowie den Leuchtturm **Muckle Flugga**, der gleich davor aus der Brandung aufragt (beide sind nicht zugänglich). Der Leuchtturm wurde von Thomas Stevenson gebaut, dessen Sohn, der Schriftsteller Robert Louis Stevenson, schrieb sich ins Gästebuch des Turms ein. Die Unster nehmen an, dass die Insel Unst Stevenson als Inspiration für seine »Schatzinsel« diente.

Ehemalige Fischerboote, ausgestellt im Unst Boat Haven

SERVICE & TIPPS

Anreise

Tagestouren nach Unst sind zwar möglich, müssen aber gut vorbereitet werden. Man erreicht die Insel mit der Fähre von der Insel Yell, die wiederum durch einen Fahrservice vom North Mainland in Toft versorgt wird. Von Lerwick verkehrt ein Busservice bis nach Unst, bei dem die Fähren mit eingeschlossen sind. Ansonsten bleibt nur die Fahrt mit einem Mietauto.

Five Star Wildlife Tours

Hollie Shaw, Admin and Bookings
Shetland Nature, c/o Burkle
Fair Isle, Shetland, ZE2 9JU
✆ 01957 710 000, www.shetlandnature.net/wildlife-tours
Hier werden begleitete Wander- und Bootstouren angeboten. Der Schwerpunkt liegt auf Naturbeobachtung – man sieht Otter und Seevögel, lernt aber auch etwas über die besondere Flora der nördlichen Inseln.

Unst Boat Haven

Haroldswick, Unst, ZE2 9ED
✆ 01957 755 244
www.unstheritage.com/web/unst-boat-haven/
Mai–Sept. Mo–Sa 11–16, So 14–16 Uhr, Eintritt £ 3, Kinder frei
Im Museum sind Fischerboote aus der Zeit des Heringsbooms ausgestellt, z. B. ein Sechssitzer, genannt *far haaf*, mit dem bis zu 50 km vor der Küste gefischt wurde.

Unst Heritage Centre

Old School, Haroldswick
Unst, ZE2 9EQ
✆ 01957 711 528
www.unstheritage.com/web/unst-heritage-centre, Mai–Sept. Mo–Sa 11–16, So 14–16 Uhr
Es werden Fischerboote und andere Artefakte wie Strickwaren mit den typischen Mustern der Inseln gezeigt.

Unst Walkers are Welcome

Northbase Information Center & Café
Saxa Vord, Unst, ZE2 9TP
✆ 01957 711 254, www.unstwalkersarewelcome.co.uk
März–Okt. tägl. 11–17 Uhr
Café ✆ 01957 711393
www.thenorthbase.co.uk
März–Okt. Mo–Sa 11.30–17, So 13–16 Uhr
Besucherzentrum und Café der Wanderorganisation. Ein guter Ausgangspunkt für Wanderungen; hier erhält man auch Tipps für die Klippenwanderungen.

Saxa Vord Distillery

Shetland Distillery Company
Haroldswick, Unst, ZE2 9EF
✆ 01957 711 217
www.shetlandreel.com
Geführte Touren mit Verkostung Di, Do, Sa 11.30–12.30 Uhr, Anmeldung erforderlich
Die Destillerie auf Unst stellt den Shetland Reel Gin her, der aufgrund einer geheimen Zutat eine besonders ozeanische Note hat. Auch ein Whisky-Blend wird angeboten.

Neben halbwilden Ponys trifft man auf der Insel Unst vor allem auf Schafe

UNTERKÜNFTE

HOTELS, BED & BREAKFASTS, PUBHOTELS, CAMPINGPLÄTZE

Wer einen Schottlandurlaub plant, sollte eine Route festlegen und die Unterkünfte im Voraus buchen. Der Durchschnittspreis für ein Doppelzimmer im Hotel liegt bei 60 bis 120 Pfund ohne Frühstück, WLAN ist meist umsonst. Bei Vorausbuchung kann man jedoch erheblich sparen.

Die Hotelpreise schwanken je nach Saison und Auslastung – die besten Tarife bekommt man mehrere Monate vor der Reise bei Onlinebuchung. Festgelegte Preise gibt es inzwischen nur noch in privaten B & Bs und auf Campingplätzen.

Die im Folgenden angegebenen Preiskategorien beziehen sich auf eine Übernachtung im Doppelzimmer für zwei Personen, das Frühstück ist meist nicht im Preis eingeschlossen.

£ – bis 60 Pfund
££ – 60 bis 120 Pfund
£££ – 120 bis 200 Pfund
££££ – über 200 Pfund

Aberdeen

AB11
68 Dee St.
Aberdeen, AB11 6DS
✆ 01224 582 133
www.ab11hotel.com
Modernes Townhouse Hotel nur einen Steinwurf vom Stadtzentrum entfernt. Das Frühstück gibt es auch per Zimmerservice. £££

Malmaison Aberdeen
49–53 Queens Rd.
Aberdeen, AB15 4YP
✆ 01224 507 097
www.malmaison.com/locations/aberdeen
Schickes Boutiquehotel mit Brasserie und Spa mitten in Aberdeen. ££–£££

Allan Guesthouse
56 Polmuir Rd., Aberdeen, AB11 7RT
✆ 01224 584 484
www.allanguesthouse.co.uk
Moderner Komfort in diesem B & B in einem viktorianischen Townhouse, nahe dem Stadtzentrum. ££

Aurora Guest House
429 Great Western Rd.
Aberdeen, AB10 6NJ
✆ 01224 311 602
www.auroraguesthouse.com
Hochgelobtes B & B mit sehr gutem Standard und Ausblick. ££

DoubleTree Hilton
Beach Boulevard, Aberdeen, AB24 5EF
✆ 01224 633 339
www.doubletree3.hilton.com
An diesem Hotel mit Standardkomfort überzeugt vor allem die Lage, nur einen Spaziergang entfernt von der Strandpromenade. ££

Aberlour

Aberlour Gardens Caravan & Camping Park
Aberlour, AB38 9LD
✆ 01340 871 586

www.aberlourgardens.co.uk
Camping- und Caravan-Stellplätze sowie Vermietung von Ferienwohnungen in der schönen Whisky-Region Speyside. £–££

Aboyne

Glendavan House
Dinnet, Aboyne, AB34 5LU
✆ 013398 81610
www.glendavanhouse.com
In Royal Deeside am Loch Leven liegt dieses Fünfsterne-Gasthaus mit ausgedehnten Gartenanlagen. ££–£££

Alloway

Brig o' Doon House Hotel
High Maybole Rd., Alloway, KA7 4PQ
✆ 01292 442 466
www.brigodoonhouse.com
Für Burns-Fans – direkt bei der berühmten Brücke aus dem Gedicht »Tam O'Shanter« in malerischer Lage. ££–£££

Applecross

Visit Applecross Ltd.
Applecross, Strathcarron, IV54 8ND

Badespaß im Schwimmbad des Macdonald Aviemore Resort

✆ 01520 744 268
www.applecross.uk.com/campsite/wigwams.htm
Auf der schönen und einsamen Applecross Peninsula kann man hier stilecht im hölzernen Wigwam wohnen. ££

Arbroath

Harbour Nights Guesthouse
4 Shore, Arbroath, DD11 1PB
✆ 01241 434 343, www.harbournights.co.uk
Komfortables B&B am bunten Hafen von Arbroath, begleitet vom Kreischen der Möwen. ££

Arisaig

Old Library Lodge and Restaurant
Road to the Isles, Arisaig, PH39 4NH
✆ 01687 450 651
www.oldlibrary.co.uk/Kinlochbervie
Einfaches B&B in Arisaig, an der Road to the Isles. £

Portnadoran Caravan Site
Bunacaimbe, Arisaig, PH39 4NT
✆ 01687 450 267
www.arisaigcampsite.co.uk
Südlich von Mallaig an der Road to the Isles blickt man hier auf eine flache Bucht mit schönen Stränden. £

Isle of Arran

Auchrannie Resort
Auchrannie Rd., Brodick, A27 8BZ
✆ 01770 302 234
www.auchrannie.co.uk
Schwimmbad, Fitnessstudio, Spa, Abenteuersport und mehrere Restaurants – hier kann man sich verwöhnen lassen. ££–£££

Auchterarder

The Gleneagles Hotel
Auchterarder, PH3 1NF
✆ 0800 389 3737
www.gleneagles.com
Fünfsterne-Luxushotel aus dem Jahr 1924 mit Spa und Golfplatz. ££££

Aviemore

Macdonald Aviemore Resort
Aviemore, PH22 1PN
✆ 01479 815 100
www.macdonaldhotels.co.uk
Dieses Ferienzentrum bietet vier Hotels sowie Lodge-Vermietung an. Gleichzeitig erhält man Zugang zu diversen Freizeiteinrichtungen, einem Kinderspielplatz, 3-D-Kino, Schwimmbad und Spa. £££

Spey Lodge
Allt na Cardoch, Rothiemurchus
Aviemore, PH22 1QP
✆ 0131 557 4466
www.speylodge.co.uk
Luxuriöses Ferienhaus (Self-Catering) in schönster Lage mit Platz für acht Personen. £££

Rothiemurchus Camp and Caravan Site
Coylumbridge, Aviemore, PH22 1QU
✆ 01479 812 800
www.rothiemurchus.net
Waldcamping unter kaledonischen Pinien bietet dieser Naturcampingplatz. Es werden auch Blockhäuser vermietet. £

Ayr

Abbotsford Hotel
14 Corsehill Rd., Ayr, KA7 2ST
✆ 01292 261 506
www.abbotsfordhotel.co.uk
Gemütliches Traditionshotel mit Restaurant. Es werden Golfaufenthalte angeboten. ££

Horizon Hotel
Esplanade, Ayr, KA7 1DT
✆ 01292 264 384
www.horizonhotel.com
Modernes Hotel mit Seeblick. ££

Ballater

No. 45
Braemar Rd., Ballater, AB35 5RQ
✆ 013397 55420, www.no45.co.uk
Viktorianisches Anwesen am Craigendarroch Hill. ££

Banff/Macduff

The Park Hotel
Fife St.
Macduff, AB44 1YA
✆ 01261 832 265
www.parkhotel-scotland.co.uk
Ein sauberes und einfaches Hotel in historischem Townhouse. Zur Unterhaltung werden am Wochenende u. a. Livemusik und Karaoke geboten. £–££

Banff Caravan Park
Banff, Inverboyndie, AB45 2JJ
✆ 01261 812 228
www.banfflinkscaravanpark.co.uk
Einfacher Campingplatz auf einer Rasenfläche direkt am Strand von Banff. £

Braemar

Braemar Lodge Hotel
Glenshee Rd., Braemar, AB35 5YQ
✆ 013397 41627
www.braemarlodge.co.uk
Im Cairngorms National Park liegt diese Ferienanlage mit Hotel, Blockhäusern und Bunkhouses. Bayerisches Flair verbreitet die holzverkleidete Bar, komplett mit Hirschgeweih. £–££

Isle of Bute

Ardencraig House Appartments
Ardencraig Rd., High Craigmore
Rothesay, PA20 9EP
✆ 01700 505 077
www.ardencraig.org.uk
An der schönen Küstenstraße mit Blick auf den Firth of Clyde und Argyllshire. ££

Callander

Roman Camp Country House Hotel
182 Main St., Callander, FK17 8BG
✆ 01877 330 003

www.romancamphotel.co.uk
Mitten im beliebten Callander liegt dieses schottische Traditionshotel in einem ehemaligen Herrenhaus. £££

Arden House
Bracklinn Rd., Callander, FK17 8EQ
✆ 1877 339 405
www.ardenhouse.org.uk
Etwas außerhalb von Callander an einem Golfplatz liegt dieses echt schottische B&B. ££

Campbeltown

Ardshiel Hotel
Kilkerran Rd., Campbeltown, PA28 6JL
✆ 01586 552 133
www.ardshiel.co.uk
An der Promenade von Campbeltown steht dieses elegant moderne Hotel. Die Whisky-Bar führt 700 Sorten. ££–£££

Kintyre Cottages
Kildalloig Estate, Kilkerran Rd.
Campbeltown, PA28 6RE
✆ 07979 855 930
www.kintyrecottages.com/cottages
Einmal so leben wie Paul McCartney auf dem Mull of Kintyre, hier hat man die Wahl aus verschiedenen Cottages. ££–£££

Castle Douglas

The Ship Inn
1 Fleet St., Gatehouse of Fleet
Castle Douglas, DG7 2HU
✆ 01557 814 217
www.theshipinngatehouse.com
Modernes Hotel, nahe der Küste und den Sehenswürdigkeiten von Galloway. ££–£££

Auchenlarie Holiday Park
Swalwell Holiday Group
Gatehouse of Fleet
Castle Douglas, DG7 2EX
✆ 01556 506 200
www.swalwellholidaygroup.co.uk
In diesem Holiday Park kann man mit dem eigenen Wohnwagen oder Zelt anreisen oder eine Kabinen-Lodge buchen. £–££

Cowal Peninsula

Old Kilmun House
Shore Rd.
Kilmun, By Dunoon, PA23 8SE
✆ 01505 872 515
www.oldkilmunhouse.com
In dem georgianischen Häuschen mit Kamin und Billardtisch am Holy Loch hat sogar schon der Fernsehkoch Jamie Oliver übernachtet. Gegen Aufpreis kann man sich bekochen lassen. £££–£££

Colintraive Hotel
Colintraive Hotel, Argyll, PA22 3AS
✆ 01700 841 207
www.colintraivehotel.com
Direkt am Fähranleger zur Isle of Bute befindet sich dieses Traditionshotel mit Fischrestaurant und Kajakvermietung. ££–£££

Portavadie Marina
Loch Fyne, PA21 2DA
✆ 01700 811 075, www.portavadie.com
An der Südwestspitze von Cowal sitzt am modernen Jachthafen dieses Ferienzentrum mit Unterkünften, einem Spa mit geheiztem Pool und Restaurants. An der Rezeption kann man Fahrräder mieten. ££

Crieff

Crieff Hydro
Strathearn House, Ferntower Rd.
Crieff, PH7 3LQ
✆ 01764 651 670
www.crieffhydro.com
Das Resorthotel mit vielen Freizeitmöglichkeiten war einst eine Spa-Destination gesundheitsbewusster Viktorianer. ££–£££

Dornoch

Dornoch Castle Hotel
Castle St., Dornoch, IV253SD
✆ 01862 810 216

www.dornochcastlehotel.com
Im historischen Dornoch bietet dieses Schlosshotel eine elegante Atmosphäre. Es wird Whisky-Verkostung angeboten. ££–£££

Drumnadrochit

Benleva Hotel
Drumnadrochit, Loch Ness, IV63 6UH
✆ 01456 450 080, www.benleva.co.uk
Im Nessie-Ort Drumnadrochit versorgt dieses moderne Pub-Hotel Gäste auch mit selbst gebrautem Bier. ££–£££

Crossroads Cottage
East Lewiston, Drumnadrochit, IV63 6UJ
www.cottagebylochness.com
Niedliches kleines Cottage am Stadtrand von Drumnadrochit mit allen modernen Einrichtungen. Wöchentliche Anmietung. ££

Loch Ness Lodge Hotel
Drumnadrochit, IV63 6TU
✆ 01456 450342, www.lochness-hotel.com
Modernes Lodge-Hotel mit Restaurant mitten in Drumnadrochit. ££

Dryburgh

Dryburgh Abbey Hotel
Dryburgh Village, St. Boswells
Melrose, TD6 0RQ
✆ 01835 822 261, www.dryburgh.co.uk
Country House Hotel in einem Landschaftspark am River Tweed in einem viktorianischen Herrenhaus. Auf dem Friedhof der benachbarten Dryburgh Abbey ist Sir Walter Scott beerdigt. £££

Dunbar

Bellhaven Bay Caravan and Camping Park
Belhaven Bay, Dunbar, EH42 1TU
✆ 01368 865 956
www.meadowhead.co.uk/Belhaven-Home
Schön gelegen an der Küste von East Lothian im historischen Dunbar. Hier kann man auch Chalets und Wigwams mieten. £–££

Dunblane

Cromlix Hotel
Kinbuck, FK15 9JT
✆ 01786 822125, www.cromlix.com
Luxushotel unter der Führung des Tennisstars Andy Murray. Das Restaurant wird von dem französischen Michelin-Sternekoch Albert Roux geführt. Zusätzlich wird Angeln, Golf und Tennis angeboten. £££

Dundee

Taypark House
484 Perth Rd., Dundee, DD2 1LR
✆ 01382 643 777, www.tayparkhouse.co.uk
Boutiquehotel in altem Herrenhaus aus dem 19. Jh. in schöner Gartenanlage. ££

Dunkeld

Atholl Arms
Bridgehead, Tay Terrace
Dunkeld, PH8 0AQ
✆ 01350 727 219, www.athollarmshotel.com
Moderne Zimmer und ein gutes Restaurant vervollkommnen die Vorzüge dieses direkt an der Tay-Brücke gelegenen Hotels. ££

Viktorianisches Herrenhaus im Herzen der Scottish Borders: das Dryburgh Abbey Hotel

Kinnaird House
Kinnaird Estate, Dunkeld, PH8 0LB
✆ 01796 482 831
www.kinnairdestate.com
Auf den großen Ländereien des Estate werden verschiedene Cottages sowie Angeln und Sportschießen angeboten. ££

Royal Dunkeld Hotel
Atholl St., Dunkeld, PH8 0AR
✆ 01350 727 322
www.royaldunkeld.co.uk
Traditionshotel in einer historischen Kutschenstation, mitten in Dunkeld. ££

East Neuk

The Waterfront
20 Shore St.
Anstruther, KY10 3EA
✆ 01333 312 200
www.anstruther-waterfront.co.uk
Am pittoresken Hafen von Anstruther gelegenes modernes Hotel in historischem Haus mit gutem Restaurant. ££

Crail Posthouse
39 High St. North, Crail, KY10 3RA
✆ 07969 664 273
www.crailposthouse.co.uk
Modern ausgestattete Ferienwohnungen mit vielen Extras inklusive – z.B. erhält man einen Präsentkorb mit Snacks, Kaffee und sogar Prosecco. £–££

Edinburgh

Balmoral Hotel
1 Princes St., Edinburgh, EH2 2EQ
✆ 0131 556 2414
www.thebalmoralhotel.com
Edinburghs Top-Hotel mit michelinbesterntem Restaurant. ££££

Apex International Hotel
23–27 Waterloo Place
Edinburgh, EH1 3BH
✆ 0131 441 0440
www.apexhotels.co.uk
Modernes Komforthotel mit mehreren Filialen in der Stadt. ££–£££

B+B Hotel
3 Rothesay Terrace
Edinburgh, EH2 7RY
✆ 0131 225 5084
www.bb-edinburgh.com
Zeitgenössisches B&B in schöner Lage. ££–£££

Edinburgh Holiday Appartments
✆ 0131 661 6060
www.edinburgh-holiday-accommodation.co.uk
Über diesen Vermittler bekommt man eine große Auswahl an Ferienwohnungen. ££–£££

Frederick House Hotel
42 Frederick St., Edinbugh, EH2 1EX
✆ 0131 2261999
www.frederickhousehotel.com
Zentrale Lage in der Neustadt mit angegliedertem Ricks Restaurant. ££–£££

Grassmarket Hotel
94–96 Grassmarket, Edinburgh, EH1 2JR
✆ 0131 220 2299
www.thegrassmarkethotel.co.uk
Tolle Lage am Grassmarket, Sonderpreise bei Frühbuchung. ££–£££

Stay Central Hotel
139 Cowgate, Edinburgh, EH1 1JS
✆ 0131 622 6801
www.staycentral.co.uk
Mitten auf der Partymeile gelegen eignet sich dieses Budget-Hotel für Nachtschwärmer und größere Gruppen. ££–£££

Ten Hill Place
10 Hill Place, Edinburgh, EH8 9DS
✆ 0131 662 2080
www.tenhillplace.com
Viersternehotel in ruhiger Lage am Holyrood Park. ££–£££

Bonham Hotel
35 Drumsheugh Gardens
Edinburgh, EH3 7RN
✆ 0131 274 7400
www.townhousecompany.com/thebonham

Townhouse-Hotel in schönem Altbau in Citynähe. ££

Channings
12–16 South Learmont Gardens
Edinburgh, EH4 1EZ
www.channings.co.uk
✆ 0131 315 2226
Modernes Boutiquehotel im Altbau in ruhiger Lage mit Bistro-Restaurant. ££

Motel One
18 Market St., Edinburgh, EH1 1BL
✆ 0844 693 1077
www.motel-one.com/en
Modernes Komforthotel im Zentrum. ££

Castle View Guest House
30 Castle St., Edinburgh, EH2 3HT
✆ 0131 226 5784
www.castleviewgh.com
B&B in der Nähe des Zentrums, von Geschäften und Restaurants. £–££

Edinburgh Town House
38 North Castle St., Edinburgh, EH2 3BN
✆ 0131 225 1975
www.edinburgh-townhouse.co.uk
Das beliebte B&B ist sehr zentral gelegen. £–££

Premier Inn
1 Morrison Link, Edinburgh, EH3 8DN
✆ 0871 527 8368
www.premierinn.com
Modernes Familienhotel in Stadtnähe in Haymarket. Je nach Saison und Filiale kann man in dieser preisgünstigen Kette gute Schnäppchen ergattern (ab £ 29 pro DZ). £–££

Smart City Hostel
50 Blackfriars St.
Edinburgh, EH1 1NE
✆ 0800 840 5500
www.smartcityhostels.com
Das Hostel ist gut gelegen und bietet ein gutes Preis-Leistungs-Verhältnis. £–££

Edinburgh Terrace Hotel
37 Royal Terrace
Edinburgh, EH7 5AH
✆ 0131 556 3423
www.terracehotel.co.uk
Unterhalb vom Calton Hill gelegenes B&B. Sehr gutes Preis-Leistungs-Verhältnis. £

Preisgünstig und modern: das Premier Inn in Edinburgh

Falkirk

Dunmore Pineapple
Dunmore Park, Airth
Falkirk, FK2 8LU
✆ 0844 493 2132
www.landmarktrust.org.uk
Ferienwohnung im ehemaligen Sommerhaus und Garten des Earl of Dunmore, geschmückt von der Skulptur einer Ananas. ££–£££

Fort Augustus

The Old Pier B&B
Old Pier House
Fort Augustus, PH32 4BX
✆ 01320 366 418
B&B am Loch Ness. Es stehen auch Blockhäuser zur Verfügung. ££

Fort William

Springwell Holiday Homes
Onich, Lochaber
Fort William, PH33 6RY
www.springwellholidaycottages.co.uk
Die Firma vermietet mehrere Cottages, u.a. auf den Inseln Lismore und Kerrera in wunderschöner natürlicher Lage. £–£££

Lock Keepers Cottage
Caol
Fort William, PH33 7PJ
✆ 0113 278 1638

www.lockkeeperscottage.eu
Direkt am Caledonian Canal liegen die Ferienwohnungen in dem niedlichen Wärterhäuschen. ££

O Loch Ossian Youth Hostel
Corrour, Fort William, PH30 4AA
✆ 01397 732 207
www.syha.org.uk/where-to-stay/highlands/loch-ossian.aspx
Ökohostel mit Grundausstattung, gut für Wanderer im einsamen Rannoch Moor. £

Glen Nevis
Fort Wiliam, PH33 6SX
✆ 01397 702 191
www.glen-nevis.co.uk/campsite
Campen im schönen Glen-Nevis-Tal am Fuß des Nevis-Massivs. Ferienwohnungen und Camping Pods werden auch vermietet. £–£££

Glasgow

15 Glasgow Sleep Boutique
15 Woodside Place, Glasgow, G3 7QL
✆ 0141 332 1263
www.15glasgow.com
Boutiquehotel im Westend von Glasgow in einem historischen Townhouse nahe Kelvingrove. £££

Von den Hütten der Glen Nevis Caravans hat man eine schöne Aussicht auf die Berge

Glasgow Tenement B&B
68 Clarence Dr.
Glasgow, G12 9TW
✆ 0782 466 8227
www.glasgowtenement.co.uk
Viersterne-B&B in einer Altbauwohnung im historischen Tenement-Haus aus dem frühen 20. Jh. ££–£££

West End Apartments
14/15 Lynedoch Crescent
Glasgow, G3 6EQ
✆ 0845 226 0232 (Mo–Fr 9–17.30 Uhr)
www.dreamhouseapartments.com/dreamhouse-serviced-apartments
Hier werden schicke Ferienwohnungen zu unterschiedlichen Preisen angeboten. ££–£££

Argyll Hotel
973 Sauchiehall St.
Glasgow, G3 7TQ
✆ 0141 337 3313
www.argyllhotelglasgow.co.uk
In Glasgows Westend, nahe Kelvingrove, liegt dieses Townhouse-Hotel mit dem angegliederten Sutherland Restaurant. ££

Cathedral House Hotel
28–32 Cathedral Sq.
Glasgow, G4 0XA
✆ 0141 552 3519
www.cathedralhousehotel.co.uk
In dem historischen Haus aus dem Jahr 1877 wurden einst reformierte Sträflinge aus dem benachbarten Duke-Street-Gefängnis untergebracht. Heute ist das zentral gelegene Hotel mit elegant modernem Ambiente nahe der Kathedrale auch wegen seines Restaurants und der Whisky-Bar beliebt. ££

citizenM Glasgow
60 Renfrew St./Hope St.
Glasgow, G2 3BW
http://support.citizenm.com
Ökonomisch organisiertes Hotel im hypermodernen Stil mit kleinsten Räumen und wenig Servicepersonal. Dafür stimmt der Preis. ££

Z Hotel
36 North Frederick St.
Glasgow, G1 2BS
✆ 0141 212 4550
www.thezhotels.com/z-glasgow

Urbanes Hotel in der Merchant City mit modernem Komfort zu niedrigem Preis. Fensterlose Zimmer sind noch billiger. ££

Glencoe

Glencoe Village Claichaig Inn
Clachaig Inn
Glencoe, PH49 4HX
✆ 01855 811 252
www.clachaig.com
Im Herzen des naturschönen Tals Glen Coe gibt es hier ein schnuckliges B&B sogar mit keltischer Livemusik. £

Grantown-on-Spey

Culdearn House Hotel
Woodlands Terrace
Grantown-on-Spey, PH26 3JU
✆ 01479 872 106, www.culdearn.com
Kleines viktorianisches Hotel. Von hier aus bieten sich Touren in den Cairngorms National Park an. Gutes Restaurant. ££–£££

Hawick

The Bank Guesthouse
No.12 High St.
Hawick, TD9 9EH
✆ 01450 363 760
www.thebankno12highst.com
Gleich an der High St. von Hawick liegt dieses moderne, aber günstige Hotel. ££

Helmsdale

Kindale House
Lilleshall St., Helmsdale, KW8 6JF
✆ 01431 821 415
www.kindalehouse.co.uk
Bodenständiges Hotel mit Restaurant an der Nordseeküste. ££

Inveraray

The George Hotel
Main St., Inveraray, PA32 8TT
✆ 01499 302 111

The George Hotel in Inveraray

www.thegeorgehotel.co.uk
Im georgianischen Hotel-Pub mit Kamin am Loch Fyne leben vergangene Zeiten wieder auf. ££–£££

Argyll Caravan Park
Inveraray, A32 8XT
✆ 01499 302 285
www.argyllcaravanpark.com
In diesem Wohnwagen Park kann man sich in ein Mobile Home einmieten. Gleich südlich vom beliebten Inveraray mit vielen Freizeitmöglichkeiten wie Bootsvermietung, Golf und Ponyreiten. ££

Inverness

Glenmoriston Town House Hotel
20 Ness Bank, Inverness, IV2 4SF
✆ 01463 223 777
www.glenmoristontownhouse.com
Modernes Townhouse Hotel direkt am River Ness. £££

Bught Caravan Park and Camping Site
Bught Carvan Park, Bught Lane
Inverness, IV3 5SR
✆ 01463 236 920
www.invernesscaravanpark.com
Am Westrand der Stadt liegt dieser Campingplatz direkt beim Schwimmbad und nicht weit von der Innenstadt.

Isle of Islay

Glenmachrie Farmhouse
Port Ellen
Isle of Islay, PA42 7AQ
✆ 01496 302 560
www.glenmachrie.co.uk
B&B in einem Bauernhaus aus dem Jahr 1898, unweit von Port Ellen und Bowmore. ££–£££

Jedburgh

Bucchleuch Arms
The Green, St. Boswells
Melrose, TD6 OEW
✆ 01835 822 243
www.buccleucharms.com
Moderne Zimmer, ein gutes Restaurant und eine schöne Gartenanlage zeichnen dieses empfehlenswerte Hotel zwischen Melrose und Jedburgh aus. ££

The Spinney B&B
Langlee, Jedburgh, TD8 6PB
✆ 01835 863 525
www.thespinney-jedburgh.co.uk
Von April bis Nov. nimmt dieses freundliche B&B außerhalb von Jedburgh Gäste auf.

John O'Groats

Natural Retreats
✆ 0844 384 3166
www.naturalretreats.co.uk
Wer auf die Nordküste und Orkney erkunden will, kann in diesen Ferienwohnungen und -häusern gut unterkommen. ££

Kelso

Ednam House Hotel
Bridge St., Kelso, TD5 7HT
✆ 01573 224 168
www.ednamhouse.com
Country House Hotel mit Ausblick über den River Tweed. Der Architekt James Nesbit baute das damalige Havanah House für James Dickson 1761. £££

Abbeyside Bed & Breakfast
Abbeyside, The Knowes, Kelso, TD5 7BH
✆ 01573 223 915
www.abbeysidebedandbreakfast.co.uk
B&B mit romantischem Garten und Blick auf die Kelso Abbey. ££

Jed Water in Jedburgh, unweit von der schottisch-englischen Grenze

Kirkcudbright

Baytree House
110 High St.
Kirkcudbright, DG6 4JQ
✆ 01557 330 824
www.baytreekirkcudbright.co.uk
Freundliches B&B inmitten des historischen Kerns von Kirkcudbright. £££

Kirriemuir

Glen Clova Hotel
Glen Clova
Kirriemuir, DD8 4QS
✆ 01575 550 350
www.clova.com
Moderner Komfort im Landhausstil. Ab wöchentlicher Anmietung stehen auch luxuriöse Blockhäuser mitten in schönster Landschaft zur Verfügung. ££–£££

Lake Menteith

Lake of Menteith Hotel
Port of Menteith, FK8 3RA
✆ 01877 385 258
www.lake-hotel.com
Gediegenes Hotel am schönen See, es wird Whisky-Verkostung in der eigenen Destillerie angeboten. Frühstück und Nachmittagstee inklusive. £££–££££

Lewis und Harris

Rodel Valley Log Cabins
Thorro House, Rodel
Isle of Harris, HS5 3TW
✆ 01859 520 465
www.rodelvalley.com
Die Blockhäuser nahe Rodel bieten einen unerwarteten Komfort. ££–£££

Rodel Hotel
Rodel, Isle of Harris, HS5 3TW
✆ 01859 520 210
www.rodelhotel.co.uk
Im schönen Rodel an der Südspitze von Harris blickt man von dieser Ferienwohnung hinaus auf einen malerischen kleinen Hafen. ££

Stornoway Bed & Breakfast
27, Newton St., Stornoway
Isle of Lewis, HS12RW
✆ 01851 701 782
www.stornowaybedandbreakfast.com
Unweit vom Fähranleger gelegenes modernes und günstiges B&B mit Seeblick. ££

Hebridean Guesthouse
61 Bayhead St., Stornoway
Isle of Lewis, HS1 2DZ
✆ 01851 702 268
www.hebrideanguesthouse.co.uk
Bed and Breakfast. Zimmer mit Ausblick auf einen Golfplatz. Guter Standard, es werden auch Ferienwohnungen angeboten. £–££

Linlithgow

West Port Hotel
18–20 West Port
Linlithgow, EH49 7AZ
✆ 01506 847 456
www.westporthotel.co.uk
Pubhotel unweit vom Schloss und dem historischen Stadtkern Linlithgows, mit gutbügerlichem Restaurant. ££

Loch Lomond

Bay Tarbet Hotel
Tarbet, Loch Lomond, G83 7DE
✆ 01301 702 346
www.bayhotels.co.uk/our-hotels/bay-tarbet-hotel-loch-lomond
Hotel in einem schönen Haus mit tollem Blick auf die Umgebung des Loch Lomond. Günstige Pauschaltarife mit Halbpension. ££–£££

Craigmore Guest House
Lochard Rd., Aberfoyle, FK8 3SZ
✆ 01877 382 536
www.craigmoreguesthouse.com
Im Herzen des Trossachs am River Forth nahe Aberfoyle gelegen. ££–£££

Inversnaid Bunkhouse and Top Bunk Bistro
Rosie & Dave Lang
Inversnaid, FK8 3TU
✆ 01877 386 249
www.inversnaid.com
Dieses Hostel hat eine unschlagbare Lage im Wald bei Loch Lomond und ein eigenes Bistro. £–££

Trossachs Holiday Park
Aberfoyle, FK8 3SA
✆ 01877 382 614
www.trossachsholidays.co.uk
Camping mitten in der schönsten Landschaft im Trossachs National Park. Es gibt auch Lodges zu mieten. £–££

Lochinver

Mountview Self-Catering
Mr & Mrs Roy and Susan MacLeod
70 Baddidarach
Lochinver, IV27 4LP
✆ 01571 844 684
www.mountview-lochinver.co.uk
Verschiedene Cottages und Lodges mit Blick auf Lochinver. Zur Ausstattung gehört auch jew. ein Jacuzzi. £££

Maybole

Culzean Castle – Brewhouse Flat
Culzean Castle and Country Park
Maybole, A19 8LE
✆ 0131 458 0305 (Mo–Fr 9–17 Uhr)
www.nts.org.uk/Holidays/Accommodation/Brewhouse-Flat-Culzean-Castle-and-Country-Park
In dem Rundbau im Westflügel des Schlosses wurde noch im 18. Jh. Bier gebraut. Die Lage in einem der schönsten Schlösser an Schottlands Westküste mit Park und Küstenblick ist unschlagbar. ££–£££

Melrose

Burts Melrose
Market Sq.
Melrose, TD6 9PN
✆ 01896 822 285
www.burtshotel.co.uk/food-and-drink
Elegantes Hotel im Herzen von Melrose mit einem schicken Restaurant und Bistro. £££

Wohnen im Schloss: Im Rundbau des Culzean Castle können Gäste untergebracht werden

The Old Bank House
27 Buccleuch St., Melrose, TD6 9LB
✆ 01896 823 712
www.oldbankhousemelrose.co.uk
Entzückendes B&B im alten Bankgebäude, im Herzen der Stadt. ££–£££

Isle of Mull

Calgary Self Catering
Calgary, PA75 6QQ
✆ 01688 400 256, www.calgary.co.uk
Hier stehen verschiedene Cottages am weißen Strand von Calgary zur Auswahl. ££–£££

Craignure Bay House
Craignure, PA65 6AY
✆ 01688 400 682, www.isleofmullcottages.com/craignure_bay_house.htm
In diesem hübschen Cottage mit Seeblick und acht Schlafgelegenheiten gibt es sogar einen Kamin und WLAN-Anschluss. ££–£££

Nairn

Nairn Lochloy Holiday Park
Nairn, IV12 4PH
www.parkdeanholidays.co.uk
Dieser Campingplatz liegt direkt an den Dünen des East Beach Nairn. Man kann sich auch in einem feststehenden Wohnwagen oder einer Lodge einmieten. £–££

North Berwick

Macdonald Marine Hotel & Spa
Cromwell Rd.
North Berwick, East Lothian, EH39 4LZ
✆ 0344 879 9130, www.macdonaldhotels.co.uk/our-hotels/marine
Spa-Hotel nahe der Strandbucht im wunderschönen North Berwick. ££–££££

Orkney

Brinkies Guest House
Stromness, Orkney, KW16 3JN
✆ 01856 851 881
www.brinkiesguesthouse.co.uk
B&B in schönster Lage mit Ausblick. ££

Ferry Inn
10 John St., Stromness
Orkney, KW16 3AD
✆ 01856 850 280
www.ferryinn.com
Beliebtes Pub-Hotel am Fähranleger mit Livemusik. ££

West End Hotel
14 Main St., Kirkwall
Orkney, KW15 1BU
✆ 01856 872 368
www.westendkirkwall.co.uk
Traditionshotel im Westen der Stadt. ££

Peebles

The Castle Venlaw Hotel
Edinburgh Rd., Peebles, EH45 8QG
✆ 01721 720 384
www.venlaw.co.uk
Ursprünglich aus dem Jahr 1762 wurde das Herrenhaus hundert Jahre später im Scots Baronial Style ausgebaut und bereits 1949 zum Schlosshotel. Günstige Wochenendtarife. £££

Rosetta Caravan Park
Rosetta Rd., Peebles, EH45 8PG
✆ 01721 720 770
www.rosettaholidaypark.com
Gut gelegener Campingplatz inmitten der grünen Hügellandschaft der Scottish Borders.

Perth

Perth Station Hotel
1 Leonard St., Perth, PH2 8HE
✆ 01738 637 237
www.perthstationhotel.co.uk
Das 130 Jahre alte Bahnhofshotel wurde in ein schickes Viersterne-Boutiquehotel verwandelt. ££–£££

Mercure Hotel
West Mill St., Perth, PH1 5QP
✆ 0844 815 9105
www.mercureperth.co.uk
Klassisch-modern am Bach der alten Mühle aus dem 15. Jh., mitten in Perth. £–££

Pitlochry

Lavender Spa
Atholl Palace Hotel, Pitlochry, PH16 5LY
✆ 01796 473 777
www.athollpalace.com/spa
Wer sich einmal richtig verwöhnen will, ist in diesem exklusiven Spa-Hotel richtig. £££

Port Appin

The Pierhouse Hotel
Port Appin, Appin, PA38 4DE
✆ 01631 730 302
www.pierhousehotel.co.uk
Am hiesigen Pier am Loch Linnhe, in der Nähe vom Castle Stalker, legten einst Dampfschiffe an und in dem Hotel lebte der Pier Master. Das Restaurant serviert fangfrischen Fisch. ££–£££

Portpatrick

The Portpatrick Hotel
Heugh Rd., Portpatrick, DG9 8TQ
✆ 01776 810 333
www.coastandcountryhotels.com
Dieses Dreisternehotel bietet einen schönen Blick über den Hafen von Portpatrick. £££

The Harbour House Hotel
53 Main St., Portpatrick, DG9 8JW
✆ 01776 810 456
www.theharbourhousehotel.co.uk
Pubhotel direkt am Hafen von Portpatrick. Das Bistro wartet mit moderner schottischer Küche auf. ££–£££

Scottisch Borders

Thirlestane Castle Holiday Park
Lauder, TD2 6RU
✆ 01578 718 884
www.thirlestanecastlepark.co.uk
In schöner Landschaft gelegener Campingplatz. £–££

Shetland

Glover Lodges
Blaisdon, Ocraquoy
Cunningsburgh
Shetland, ZE2 9HA
✆ 01950 477 596
www.gloverlodges.co.uk
Gut ausgestattete Blockhäuser im Süden der Insel in schönster Landschaft. ££–£££

The Lerwick Hotel
15 South Rd.
Lerwick, ZE1 0RB
✆ 01595 692 166
www.shetlandhotels.com
Ausreichenden Standard bietet dieses Hotel in Shetlands Hauptstadt. £

Shetland Camping Böds
Shetland Amenity Trust
Garthspool
Lerwick, ZE1 0NY
✆ 01595 694 688
www.camping-bods.co.uk
Die Unterbringung auf den Inseln erfolgt vielfach in sogenannten Camping Böds. In diesen einfachen, strandnahen Häuschen brachten einst die Fischer ihre Boote und Netze unter. Zur Grundausstattung gehören ein Ofen, eine Toilette, Kaltwasser und Stockbetten. Nicht alle haben Kochmöglichkeiten oder Elektrizität. Dafür sind sie extrem preiswert (£ 10 pro Bett, pro Nacht) und landschaftlich schön gelegen. Vorausbuchung notwendig.

Skye

The Flodigarry Hotel
Isle of Skye
Flodigarry, IV51 9HZ
✆ 01470 552 203
www.hotelintheskye.co.uk

Country House Hotel auf einer Klippe im Norden von Skye mit tollem Ausblick. Ein Teil der Zimmer befindet sich in dem Cottage, wo Flora MacDonald einst lebte. £££–££££

St. Abbs

St. Vedas Surf School und B&B
Coldingham Bay
Coldingham, TD14 5PA
✆ 018907 71679
www.stvedas.co.uk
Ideale Unterkunft für Surffans – man wohnt oberhalb der Surfschule mit Blick auf den Strand. ££

The Home Arms
High St.
Eyemouth, TD14 5EY
✆ 018907 51316
www.thehomearms.com/rooms.htm
Mitten im schönen Küstenörtchen Eyemouth liegt dieses moderne, bezahlbare B&B mit allem Komfort. £–££

St. Andrews

Dunvegan Hotel
7 Pilmour Place, North St.
St. Andrews, KY16 9HZ
✆ 01334 473 105
ww.dunvegan-hotel.com
Das Besondere an diesem Mittelklassehotel ist, dass es nur ca. 100 m vom Old Course entfernt liegt. Hier kehren viele passionierte Golfer ein. £££

Annandale Guesthouse
23 Murray Park
St. Andrews, KY16 9AW
✆ 01334 475 310
www.annandale-standrews.com
B&B in einem viktorianischen Townhouse. Vernünftige Preise. ££

Doune Guest House
5 Murray Place
St. Andrews, KY16 9AP
✆ 01334 475 195
www.dounehouse.com
Schnuckeliges B&B mit modernem Komfort. ££

Stirling

Hotel Colessio
33 Spittal St., Stirling, FK8 1DU
✆ 01786 448 880
www.hotelcolessio.com
Modernes Hotel in historischem Haus mit Grill Room Restaurant. ££–£££

Ardoch Lodge
Strathyre
Stirling, FK18 8NF
✆ 01877 384 666
www.ardochlodgeselfcatering.co.uk
Blockhäuser und Ferienwohnungen in schönster Lage im Trossachs Nationalpark. ££

The Portcullis
Castle Wynd
Stirling, FK8 1EG
✆ 01786 472 290
www.theportcullishotel.com
Traditionshotel in historischem Haus aus dem Jahr 1787 auf dem Gässchen, das zum Schloss hinaufführt. ££

Stonehaven

The Ship Inn
5 Shorehead
Stonehaven, AB39 2JY

Paradies für Golfer: die St. Andrews Links

✆ 01569 762 617
www.shipinnstonehaven.com
Direkt an der schönen Front am historischen Hafen gelegenes Pub-Hotel mit gutem Fisch-Restaurant. ££

Dunnotar Mains Farm
Stonehaven, AB39 2TL
✆ 01569 762 621
www.dunnottarmains.co.uk
Ferien auf dem Bauernhof südlich des Ferienortes Stonehaven. £–££

Tarbert

Tarbert Hotel
Harbour St., Tarbert, PA29 6UD
✆ 01880 820 264
www.tarberthotel.com
Alteingesessenes Traditionshotel mit Meerblick und gutbürgerlichem Restaurant. ££

Torsa Island

Sunnybrae
South Cuan, Isle of Luing
Oban, PA34 4TU
✆ 01852 314 274
www.torsa-island.co.uk
Ferien in einem Bauernhaus auf einer kleinen Insel in der Ardinamar Bay vor der Insel Luing. Dort steht ein Elektro-Buggy zur Verfügung, ebenso wie ein motorisiertes Schlauchboot. £££

Eriska Hotel & Spa
Isle of Eriska, Benderloch, PA37 1SD
✆ 01631 720 371
www.eriska-hotel.co.uk
Im einstigen Herrenhaus der Stewarts of Appin findet sich dieses Spa-Hotel mit Golfplatz. Auf der Insel am Loch Creran landete Bonny Prince Charlie vor dem Jakobiteraufstand von 1745. Günstigere Wochenendtarife. ££–£££

Ullapool

Point Cottage
22 West Shore St., Ullapool, IV26 2UR
✆ 01854 613 015
www.pointcottagebandb.co.uk
Direkt am Ufer des Loch Broom steht dieses Cottage mit freundlichen, modernen Zimmern. ££

The Sheiling
Garve Rd., Ullapool, IV26 2SX
✆ 01854 612 947
www.thesheilingullapool.co.uk
Entspannte Atmosphäre wird in diesem B&B mit Blick auf Loch Broom geboten. £

Ardmair Holiday Park
Ardmair Point Holiday Centre
Ardmair, Ullapool, IV26 2TN
✆ 01854 612 404
www.ardmair.com
Ebenfalls am Ufer des Loch Broom gelegen kann man hier campen oder Chalets und Lodges mieten. £–££

Wenn die Vögel schlafen gehen: Sonnenuntergang auf Fair Isle in Shetland

SERVICE VON A BIS Z

Anreise, Einreise

Deutsche, Österreicher und Schweizer benötigen zur Einreise einen gültigen Reisepass oder Personalausweis und haben uneingeschränktes Aufenthaltsrecht. Auch Kinder bis 16 Jahre benötigen einen Ausweis oder Kinderreisepass. Reisende aus anderen Schengenstaaten sollten sich vorher an ihre Botschaft wenden, denn Großbritannien gehört nicht zum Schengenraum. Haustiere dürfen nur mit Mikrochip und allen erforderlichen Impfungen einreisen. Am besten informiert man sich vorher genau beim Tierarzt und bei der entsprechenden Behörde (DEFRA, www.gov.uk/defra).

Mit dem Flugzeug
Von vielen deutschen Großstädten gehen täglich mehrere Flüge von Lufthansa, British Airways, aber auch Germanwings/Eurowings, Ryanair und Easyjet nach Edinburgh und Glasgow. Von Frankfurt/Main aus fliegt Lufthansa auch nach Aberdeen. Von Glasgow, Edinburgh und Inverness gibt es innerschottische Flüge mit Loganair (Flybe) und Ryanair nach Stornoway auf der Isle of Lewis wie auch nach Orkney und Shetland. Der Inselflugverkehr ist allerdings stark wetterabhängig.

Wahlweise kann man auch nach London fliegen und von dort mit der Bahn, dem Mietauto oder einem Anschlussflug weiterreisen.

✈ **Aberdeen International Airport**
Dyce, Aberdeen, AB21 7DU
✆ 0844 481 6666
www.aberdeenairport.com

Schottland in Zahlen
Fläche: 78772 km²
Höchster Berg: Ben Nevis 1345 m
Längster Fluss: River Tay 194 km
Größter See: Loch Lomond 56 km²
Küstenumfang Festland: ca. 9910 km
Einwohner: 5347600
Bevölkerungsdichte: 64/km², Highlands 9/km²

Edinburgh International Airport
Edinburgh, EH12 9DN
✆ 0844 448 8833
www.edinburghairport.com

Glasgow International Airport
Paisley, PA3 2SW
✆ 0844 481 5555
www.glasgowairport.com

Mit dem Schiff oder Eurotunnel
Für die Anreise mit Auto und Fähre sollte man eine Übernachtung einplanen, denn es gibt keine direkten Fährverbindungen mehr nach Schottland.

Die kürzeste und preiswerteste Strecke ist von Calais nach Dover (1,5 Std.) mit P&O (www.poferries.com) und DFDS (www.dfdsseaways.co.uk), wahlweise benutzt man den Autozug Le Shuttle im Eurotunnel nach Folkstone (www.eurotunnel.com).

Von Dover/Folkestone sind es dann noch einmal ca. 750 Kilometer bis Edinburgh. Alternativ dazu gibt es eine recht teure DFDS-Nachtfähre von Amsterdam-Ijmuiden nach Newcastle in Nordengland (Dauer 15,5 Std.) mit Schlafkabine. Von Newcastle braucht man dann noch einmal 193 Kilometer bis Edinburgh.

Mit der Bahn
Die Anreise mit der Bahn ist bei entsprechender Vorausbuchung günstiger und weniger anstrengend als eine Fahrt mit Auto und Fähre oder mit dem Bus. Mit dem ICE gelangt man nach Brüssel oder Paris und von dort mit dem Eurostar zum Londoner Bahnhof St. Pancras (2 Std.). Vom Nachbarbahnhof King's Cross fahren halbstündlich Schnellzüge in ca. 4,5 Stunden nach Edinburgh (www.virgintrainseastcoast.com).

Mit dem Bus
Eurolines Fernbusse (www.eurolines.com) sind zwar preiswert, bieten aber nur wenig Komfort und die Reise ist sehr lang (nach London ca. 18 Std.). Innerhalb Großbritanniens verkehrt dann der National Express nach Edinburgh, von London braucht er ca. 10 Stunden (www.nationalexpress.com).

Auskunft

Die Tourist Information für ganz Schottland ist telefonisch, im Internet oder postalisch zu erreichen. Vor Ort geben die Büros von Visit Scotland Auskunft, in Edinburgh finden sich drei zentrale Büros: am Flughafen, auf der Princes St. und in Leith.

Visit Scotland
Edinburgh Information Centre
Princes Mall, 3 Princes St.
Edinburgh, EH2 2QP
✆ 0131 473 3868, www.visitscotland.com
Juli/Aug. Mo–Sa 9–19, So 10–19, Juni bis 18, sonst bis 17 Uhr

Die Büros der lokalen Tourist Informations sind unter den beschriebenen Orten jeweils mit Öffnungszeiten aufgeführt. Ihre Mitarbeiter helfen bei der Buchung von Unterkünften (gegen eine geringe Gebühr), halten Broschüren und Landkarten bereit und geben Auskünfte zu Veranstaltungen, Ausflügen, geführten Wanderungen, sportlichen Aktivitäten etc.

Automiete, Autofahren

In Großbritannien herrscht Linksverkehr, der für Anfänger meist gewöhnungsbedürftig ist. Die Überholspur befindet sich auf rechten Seite. Auch bei britischen Fahrzeugen ist alles sozusagen spiegelverkehrt, das Steuer etwa auf der rechten Seite etc.

Wer nicht mit dem eigenen Auto anreist und zwischen 23 und 74 Jahre alt ist, kann ein Auto mieten. Sowohl wegen der Verfügbarkeit als auch wegen der günstigeren Tarife sollte man unbedingt schon von zu Hause online im Voraus buchen, den Mietwagen nimmt man dann z. B. am Flughafen in Empfang.

Alle Entfernungen sind in Meilen angegeben. Dies sollte man auch beim Tempolimit beachten: Auf der Autobahn und auf Schnellstraßen gilt ein Tempolimit von 70 mi/h (112 km/h), bei einspurigen Straßen reduziert sich dies auf 60 mi/h (96 km/h). In geschlossenen Ortschaften gelten 30 mi/h (48 km/h), es sei denn, auf Straßenschildern wird etwas anderes ausgewiesen. Besonders in Südschottland wird gerne und häufig geblitzt.

Die **Promillegrenze** am Steuer liegt bei **0,8 Promille**. Es besteht **Gurtpflicht** (auch bei

Kindern im Kindersitz) und es ist strafbar, am Steuer das Handy zu benutzen.

Absolutes Parkverbot herrscht in den Städten bei den gelben Doppellinien am Straßenrand. Bei einfachen gelben Linien gilt eingeschränktes Parkverbot (Schilder beachten).

Autofahren in den Stadtzentren von **Edinburgh** und **Glasgow** sollte man, wenn möglich, vermeiden. Zum einen gibt es nur sehr überteuerte Parkplätze, zum anderen verstrickt man sich hier in ein System von Einbahnstraßen. In Glasgow gibt es zudem massive Lücken in der Beschilderung bei Ausfallstraßen und Autobahnanschlüssen zur Stadtautobahn M8.

Bei einspurigen Straßen in entlegenen Gegenden sollte man auf Schlaglöcher achten. Im Winter wird wegen Schneefall und Vereisung von einer Urlaubsreise per Auto in die Highlands abgeraten.

In Schottland tankt man **bleifreies Benzin Super** (Petrol Premium Unleaded; 95 Oktan), **SuperPlus bleifrei** (Petrol Super Unleaded; 97/98 Oktan) oder **Diesel**. Darüber hinaus gibt es **Petrol Premium**, dieses Benzin hat eine höhere Oktan-Zahl und ist teurer.

Der **britische Verkehrsverein AA** (www.theaa.com) ist das Äquivalent des deutschen ADAC. Wer einen Schutzbrief vom ADAC hat, erhält vom AA auch Pannenhilfe, man benötigt aber die grüne Versicherungskarte. Ein weiterer Verkehrsverein ist der **RAC** (www.rac.co.uk).

Diplomatische Vertretungen

Deutsches Generalkonsulat
16 Eglinton Crescent
Edinburgh, EH12 5DG
✆ 0131 3372323
www.edinburgh.diplo.de

Österreichisches Honorarkonsulat
9 Howard Place
Edinburgh, EH3 5JZ
✆ 0131 5581955
austrianconsulate@focusscotland.co.uk

Schweizer Generalkonsulat
58/2 Manor Place
Edinburgh, EH3 7EH
✆ 0131 2259313
edinburgh@honrep.ch

Ausgefallene und bunte Designerware kann man vor allem in Glasgow kaufen

Einkaufen

Die beste Einkaufsstadt Schottlands ist **Glasgow**, gefolgt von **Edinburgh** und **Dundee** – hier kann man stundenlang durch Kaufhäuser und Passagen wandern. Kleidung und Schuhe sind in Schottland billiger als in Deutschland und es gibt immer viele Sonderangebote.

In **Edinburgh** findet man viele kleine Boutiquen mit Kunsthandwerk, Mode und witzigem Design. In den **Scottish Borders** bekommt man Strickwaren direkt vom Hersteller, wie z. B. von Pringle. Nicht nur auf der Isle of Harris werden **Tweed**-Waren verkauft – zu erkennen an dem Logo des Reichsapfels (The Orb).

Zu den beliebtesten Mitbringseln aus Schottland gehören Webwaren aus **Tartan**. In den Souvenirshops und Touristenbüros oder in Ketten wie **Edinburgh Woolen Mill** gibt es Schals und Accessoires in vielen Farben und Mustern. Ausgefallene Schottenröcke findet man in Designerboutiquen, wie z. B. **21 Century Kilts** in Edinburgh, oder man lässt sie sich maßschneidern, wie im **Scottish Kiltmaker Visitor Centre in Inverness**.

Zu den gängigsten Geschenken gehört auch das in dekorativen Dosen verpackte **Shortbread** und **Toffee** in verschiedenen Geschmacksrichtungen. In den Museumsshops der von Historic Scotland oder dem National Trust geführten Einrichtungen bekommt man neben keltischem Schmuck und Anstecknadeln auch interessante Literatur.

Wer sich in Schottland mit Whisky eindeckt, sollte beachten, dass man nur bis zu zehn Liter Spirituosen nach Europa einführen darf. Zudem lohnt sich der Einkauf nur bei seltenen Sorten, denn Alkohol ist im Vereinigten Königreich mit hohen Steuern belegt und teurer als in Deutschland.

Essen und Trinken

Die schottische Küche ist besser als ihr Ruf. Die neue britische Kochkunst, die sich als *Modern British*, bzw. *Modern Scottish* bezeichnet und die zuerst in den Großstädten ihren Siegeszug antrat, erreicht nach und nach auch entlegenere Gegenden. Hierbei stehen fantasiereiche Rezepte und ungewöhnliche Zutaten mit mediterranem oder ostasiatischem Einschlag im Vordergrund. Die indische Küche ist bereits seit Kolonialzeiten ein Dauerbrenner.

Schottlands michelinbesternte Köche wie Martin Wishart und Tom Kitchin setzen Trends für nachwachsende Jungköche. Heutzutage legt man Wert auf Nachhaltigkeit und frische, saisonale Bio-Zutaten. In vielen Restaurants werden **Fischspezialitäten** aus heimischen Gewässern, etwa Hummer, Jakobsmuscheln, Lachs und Forelle, angeboten.

Neben dem **Aberdeen Angus Beef** ist auch **Lamm** recht verbreitet, ebenso wie **Reh** *(venison)*. In individuell geführten Gastro-Pubs werden auch traditionelle Standards wie **Pies** oder **Fish and Chips** aus frischen Zutaten zubereitet und kommen nicht, wie bei den Ketten, aus der Tiefkühltruhe und der Mikrowelle.

Die Top-Gastronomie sitzt zwar in Edinburgh, Glasgow und in exklusiven Highland-Hotels. Dennoch trifft man auch an unerwarteten Orten immer wieder auf sehr zeitgenössische Etablissements, die meist das Verdienst aufstrebender Jungköche sind, die für ein aufgeschlosseneres Publikum kochen.

Das schottische Nationalgericht **Haggis**, laut Robert Burns *the great chieftain o' the puddin' race*, ist eine Presswurst aus Schafsmagen, gefüllt mit Haferflocken und Innereien. Inzwischen gibt es dies auch als vegetarische Variante, die übrigens in gebratener Form gar nicht mal schlecht ist. Traditionellerweise serviert man das Haggis mit *neeps and taties*, d.h. Pastinaken und Kartoffeln.

Obwohl sich ein Großteil der Schotten nach wie vor zu fettreich ernährt und es zu kulinarischen Katastrophen wie *fried mars bars* (frittierte Marsriegel) kommt, die in einigen Imbissbuden immer noch serviert werden, beginnt nicht jeder Schotte seinen Tag mit einem üppigen *cooked breakfast,* wie man es in Hotels und B & Bs aufgetischt bekommt.

Als man noch körperlich hart arbeiten musste, war das *Scottish Breakfast* ein wichtiger Kalorienlieferant. Hierzu gehören Eier verschiedener Zubereitung, *baked beans*, *bacon* und oft auch *black pudding* (gebratene Blutwurst). Zur schottischen Variation des gekochten Frühstücks gehört auch die *square sausage,* d.h. plattgeklopftes Wurstbrät, und der *potatoe scone*, ein stärkehaltiger Kartoffelkuchen.

Wahlweise gibt es dazu noch gebratene Champignons und eine halbe gebratene Tomate. Nur noch selten findet man *kippers*, Räucherhering, auf der Karte. Stattdessen frühstücken die meisten Schotten heute *continental*, das heißt ein Gebäckstück, Panini oder Toast mit Kaffee oder Tee.

Großen Einfallsreichtum und eine breite Auswahl findet man bei **Snacks** und leichten Mahlzeiten: Weil man heute keine Zeit mehr für ein umfangreiches Frühstück oder einen ausgedehnten Lunch hat, packt man die Zutaten eben in ein Sandwich, wie z.B. Ei und Bacon, gebratenes Haggis oder Thunfisch mit Mayonnaise.

Bei *Pies*, *Pasties* und *Sausage Rolls* werden die Zutaten in Teig eingewickelt und im Ofen gebacken. Eine warme Zwischenmahlzeit bieten auch *Toasties*, d.h. überbackene

Weltweit berühmt und berüchtigt: Haggis, der mit Innereien gefüllte Schafsmagen

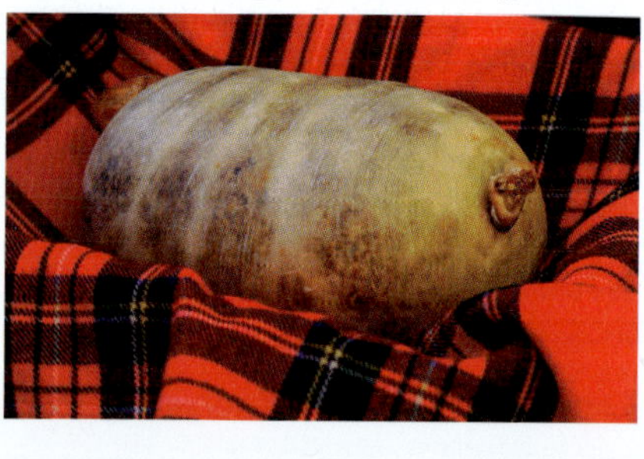

Sandwiches mit unterschiedlicher Füllung und viel Käse sowie nahrhafte Suppen. Die *Cullen Skink* ist eine dicke Fischsuppe mit geräuchertem Schellfisch, Kartoffeln und Zwiebeln, *Cock-a-Leekie* ist eine cremige Suppe aus Huhn und Lauch.

Eine außergewöhnliche schottische Spezialität sind die *Tunnock's Teacakes* aus Glasgow: eine Art Mohrenkopf auf Keksbasis. Sie sind heute nicht nur wegen des Retrodesigns der Verpackung im Stil der 1950er Jahre wieder besonders beliebt. Als urschottisches Produkt aus der Familienfirma Tunnocks sind die Teacakes inzwischen zum Vorzeigesymbol der neuen Unabhängigkeitsbewegung geworden.

Im Trend sind **Microbreweries**, d.h. unabhängige Produzenten von Real Ale und Cask Ale, die nicht mehr an große Brauereien gebunden sind, sondern in ihren Pubs eigene Biere verkaufen.

Sogar mit dem Anbau von Weinreben hat man sich schon versucht, aber bisher ohne Erfolg. Wer abends ausgeht, muss für alkoholische Getränke in Schottland wesentlich mehr einplanen als in Deutschland oder Südeuropa. Insbesondere Weine sind oft von minderer Qualität und total überteuert. Whisky-Trinker kommen allerdings auf ihre Kosten.

Die empfohlenen Restaurants auf den Infoseiten sind in drei **Preiskategorien** eingeteilt. Die Preise gelten jeweils für ein typisches Hauptgericht ohne Getränk:

£ – unter 10 Pfund
££ – 10 bis 25 Pfund
£££ – über 25 Pfund

Feiertage, Feste, Veranstaltungen

Gesetzliche Feiertage
New Year's Day (1. Januar)
New Year Holiday (2. Januar)
Good Friday (Karfreitag)
Early May Bank Holiday (Anfang Mai)
Spring Bank Holiday (Ende Mai)
Summer Bank Holiday (Anfang August)
St. Andrew's Day (30. November)
Christmas Day (25. Dezember)
Boxing Day (26. Dezember)

Fällt ein Feiertag auf ein Wochenende, so wird der darauffolgende Montag automatisch zum Feiertag (Bank Holiday). In Schottland gibt es ganzjährig **Feste und Veranstaltungen**:

Urschottische Leckerei aus Schaumkuss und Keks: die Tunnock's Teacakes

Januar
Burns Night – Überall im Land feiert jeder Schotte, der etwas auf sich hält, am 25. Januar den Geburtstag des Barden mit einem *Burns Supper*.
Up Helly Aa – Shetland feiert die Wikingervergangenheit Ende Januar (www.uphellyaa.org).

April
Shetland Folk Festival – Folkmusikfestival auf den Shetlandinseln Ende April (www.shetlandfolkfestival.com).

Mai
Orkney Folk Festival – Festival der Folkmusic auf den Orkneys Ende Mai (www.orkneyfolkfestival.com).

Juni
Kirkcudbright Jazz Festival – Hochkarätigen Jazz gibt es in Kirkcudbright in der zweiten Juniwoche (www.kirkcudbrightjazzfestival.co.uk).
Glasgow International Jazz Festival – Internationales Jazzfestival Ende Juni (www.jazzfest.co.uk).

Juli
T in the Park – Musikfestival Anfang Juli im Strathallan Castle in der Nähe von Perth (www.tinthepark.com).
Hebridean Celtic Festival – Keltische Musik

Kugelstoßer bei den Highland Games

in Stornoway, Isle of Lewis, Mitte Juli (www.hebceltfest.com).
ButeFest – Musikfestival Ende Juli auf der Isle of Bute (www.butefest.co.uk).

Ende Juli–September
Edinburgh International Festival – Das größte Event des Landes ist das Edinburgh Festival im Sommer.

Neben der Hauptveranstaltung **EIF** (www.eif.co.uk) gehören sechs weitere Veranstaltungen zu dem Spektakel, die teilweise parallel stattfinden:

Edinburgh Military Tattoo (www.edintattoo.co.uk), **Edinburgh Festival Fringe** (www.edfringe.com), **Edinburgh International Book Festival** (www.edbookfest.co.uk), **Edinburgh Mela** (www.edinburgh-mela.co.uk), **Edinburgh Jazz and Blues Festival** (www.edinburghjazzfestival.com) und das **Edinburgh Film Festival** (www.edfilmfest.org.uk).

September
Braemar Gathering – im Sommer gibt es eine Vielzahl von Highland Games wie diese in Braemar am ersten Sa im Sept. (www.braemargathering.org).

Ende September–bis Anfang Oktober
Loopalu – Musikfestival in Ullapool Ende Sept./Anfang Okt. (www.loopallu.co.uk).
Wigtown Book Festival – Literaturfest in Wigtown mit Lesungen, Konzerten und anderen Veranstaltungen (www.wigtownbookfestival.com).

Dezember
Hogmanay – Die Silvesterfeier wird überall in Schottland ausgiebig gefeiert. In Edinburgh werden dann die Princes Street Gardens zum Veranstaltungsort (www.edinburghshogmanay.com).

Während des Edinburgh International Festival wird die Royal Mile zur Bühne

Geld, Kreditkarten

Die britische Währung ist das **Pfund Sterling** (Pound Sterling). Ein Pfund entspricht 100 Pence (Wechselkurs: € 1 = £ 0,83, £ 1 = € 1,19, Stand Juli 2016). Die schottischen Banken drucken ihre eigenen Banknoten, die anders aussehen als die englischen. Obwohl die Noten denselben Wert haben, werden sie in England nur im direkten Grenzgebiet angenommen.

Kreditkarten (mit PIN) werden fast überall akzeptiert (EC-Karten nicht überall). Mit einer EC-Bankkarte kann man von allen Geldautomaten Geld abheben, es fallen jedoch Umrechnungs- und Bankgebühren an.

Der **Sperrnotruf** für EC- und Kreditkarten ist ✆ 0049 116 116 oder ✆ 0049 30 40 50 40 50 (www.kartensicherheit.de, www.sperrnotruf.de). Ob die eigene Bank an das Notrufsystem angeschlossen ist, sollte man vor der Reise klären.

Hinweise für Menschen mit Handicap

Viele Einrichtungen in Schottland sind heutzutage auf Rollstuhlfahrer oder Menschen mit Sehbehinderungen oder Gehörschäden eingestellt und barrierefrei. Unter dem Stichwort **Accessibility** findet man z. B. auf Websites von Museen und anderen Einrichtungen die entsprechenden Hinweise. Über die Einrichtungen in öffentlichen Verkehrsmitteln, auf Straßen und auf dem Wasser erhält man Informationen bei **Transport Scotland** (www.transport.gov.scot/accessible-transport).

Busse und Trams haben bereits senkbare Plattformen und Züge werden bis 2020 entsprechend ausgestattet. Momentan muss man jedoch noch vor der Bahnreise Kontakt aufnehmen, um Hilfe zu bekommen, da ältere Pendlerzüge keine automatischen Rampen oder Behindertentoiletten haben.

Bei Unterkünften gibt es normalerweise keine Probleme. Auf der Website von **Open Britain** (www.openbritain.net) sind geeignete Unterkünfte in allen Regionen Großbritanniens gelistet. Hier findet man zudem Informationen zu einer großen Auswahl an Themen rund um das Reisen. Weitere hilfreiche Informationen bei: DisabledGo (www.disabledgo.com), Royal National Institute of Blind (www.rnib.org.uk) und Tourism for All (www.tourismforall.org.uk).

Internet

In **Glasgow** gibt es rund um den George Square und an allen Einkaufsstraßen Hotspots für kostenlosen WLAN-Anschluss. In **Edinburgh** gibt es ebensolche Hotspots in 70 öffentlichen Gebäuden. Generell kann man sich in Museen und anderen öffentlichen Einrichtungen in deren WLAN einloggen. Fast alle Hotels, B & Bs und Ferienhäuser bieten kostenlosen WLAN-Anschluss an. In sehr entlegenen Highlandregionen gibt es jedoch Funklöcher oder nur sehr langsame Verbindungen.

Reisende ohne Smartphone erhalten in Bibliotheken über die dortigen PCs Anschluss an das Internet.

Auf der Website der Tourist Information **VisitScotland** (vgl. Auskunft) findet man viele Tipps für Reiseziele in Schottland und Unterkunftsempfehlungen. Zudem gibt es viele regional geführte Websites, die Unterkünfte und Gastronomie, aktuelle Veranstaltungen und Festivals listen. Einige größere Städte bieten Apps für Smartphones an.

Hilfreiche Internetseiten mit Veranstaltungshinweisen und aktuellen Termine:
Schottland allgemein – www.willkommeninschottland.com, www.list.co.uk
Aberdeen – www.visitabdn.com
Edinburgh – www.edinburgh.org, www.viewedinburgh.co.uk
Glagow – www.peoplemakeglasgow.com, www.glasgowlife.org.uk
Dundee – www.dundee.com
Invararay/Argyll – www.inverary-argyll.com

Klima, Kleidung, Reisezeit

Schottland kann ganzjährig bereist werden und im Winter ziehen schneebedeckte Berge der Highlands Skifahrer und Wanderer an. Allerdings sind die meisten Sehenswürdigkeiten in Mittelschottland und in den Highlands von Oktober bis Ostern geschlossen.

Die empfehlenswerteste Reisezeit für die ländlichen Gebiete ist von April bis Oktober. In Nordschottland hat man im Sommer vier

Stunden länger Tageslicht. Im Herbst und Winter kann man Polarlichter sehen.

Das **Wetter** in Schottland wird vom westlichen und nördlichen Atlantik beeinflusst und ist wechselhaft. Da das Klima vom Golfstrom bestimmt wird, herrschen jedoch in den Küstengebieten gemäßigte Temperaturen. So ist es auf den Inseln und an der Küste oft um einige Grad wärmer und auch nasser als im gebirgigen Inland, wo im Winter die Temperaturen weit unter null liegen. Oft herrschen im Nordwesten und im Nordosten am selben Tag unterschiedliche Wetterverhältnisse.

Generell gilt die schottische Ostküste als wärmste und trockenste Gegend des Landes mit den meisten Sonnenstunden und der niedrigsten Niederschlagsmenge (unter 800 mm). Im Westen gibt es zwar viermal so viel Regen pro Jahr, hier sorgt aber der starke Wind dafür, dass Wolken schnell wieder weggeblasen werden. Aufgrund der fehlenden Luftverschmutzung scheint nach dem Regen die Sonne mit einer sehr hohen Intensität und es wird sofort wieder warm.

Der Tag besteht fast immer aus einer Mischung von Wolken, Sonne und Regen, sodass die Kleidung am besten aus mehreren Schichten besteht. Im Sommer liegt die Durchschnittstemperatur bei 19/20° Grad Celsius. Kommt der Wind aus nördlicher Richtung, kann es jedoch auch im Juli und August stark abkühlen. Der Wetterservice des Wetteramts und die BBC geben detaillierte Wettervorhersagen für alle Regionen (www.metoffice.gov.uk, www.bbc.co.uk/weather).

Längenmaße:		
1 inch (in.)	=	2,54 cm
1 foot (ft.)	=	30,48 cm
1 yard (yd.)	=	91,44 cm
1 mile	=	1,609 km
Hohlmaße:		
1 gill	=	0,142 l
1 pint	=	0,568 l
1 quart	=	1,136 l
1 gallon	=	4,546 l
Gewichte:		
1 ounce (oz.)	=	28,35 g
1 pound (lb.)	=	453,6 g
1 stone	=	6,35 kg
1 hundredweight	=	50,8 kg

Maße und Gewichte

Das metrische System wurde vor mehreren Jahrzehnten eingeführt. Dennoch sind immer noch viele Briten mit den imperialen Maßen vertraut, die auch beharrlich weiterhin benutzt werden: Entfernungsangaben erfolgen in Meilen (miles, 1 Meile = 1,61 km), Längen werden in Inches (Zoll) gemessen

Regenbogen über der Stadt Tarbert: Wetterwechsel sind alltäglich an Schottlands Küsten

(1 inch = 2,54 cm), Gewichte in Ounces (Unzen) angegeben (1 ounce = 28,35 g) und Getränke in Pints (1 pint = 0,57 Liter).

Medizinische Versorgung

Die staatlich geführte Gesundheitsorganisation NHS, National Health Service, regelt die medizinische Versorgung in ganz Großbritannien. Der telefonische Notdienst NHS 24 berät 24 Stunden Erkrankte unter ✆ **111** und vermittelt Patienten weiter an ärztliche Notdienste.

Um medizinische Versorgung in Anspruch zu nehmen, muss man eine **Europäische Krankenversicherungskarte** (EHIC) besitzen, anhand derer die Kosten mit der eigenen Krankenkasse zu Hause abgerechnet werden. Vor Ort muss man dann nur Medikamentenkosten zahlen. Allerdings sind nicht alle Behandlungen kostenfrei, so gibt es z. B. keinen zahnärztlichen Notdienst und hier muss man meist einen Privatarzt aufsuchen und in Vorkasse treten. Es empfiehlt sich auf jeden Fall, eine zusätzliche **Auslandsreisekrankenversicherung** abzuschließen.

Apotheken und Drogerien wie »Boots« sind sieben Tage lang zu den normalen Öffnungszeiten geöffnet. Wer außerhalb dieser Zeiten Schmerzmittel o.Ä. benötigt, findet diese in den Supermärkten und Ecklädchen, weil es keine Nachtapotheken gibt.

Mit Kindern in Schottland

In Schottland sind die meisten Einrichtungen und Sehenswürdigkeiten bestens auf Kinder eingestellt und bieten speziell auf junge Gäste ausgerichtete Unterhaltung an, etwa Schnitzeljagden und Abenteuerspielplätze. Auch kann man auf Kinder ausgerichtete Stadttouren buchen. Insbesondere die Erlebnismuseen (u. a. das **Riverside Museum in Glasgow** oder das **Loch Ness Centre & Exhibition in Drumnadrochit**) sind mit interaktiven Beschäftigungen sehr spannend für Kinder.

Für die meisten Sehenswürdigkeiten gibt es sogenannte **Family Tickets** zu vergünstigten Preisen für zwei Erwachsene und bis zu drei Kindern. In Pubketten und Familienrestaurants gibt es spezielle Kindermenüs und Kindersitze, teils sogar Spielplätze im Außen- und Innenbereich.

Mücken

Eine unschöne Nebenerscheinung der vielen Gewässer in Schottland sind die Stechmücken, genannt *midges*. Die kleinen Insekten der Spezies *Ceratopogonidae* treten bei feuchtwarmen Verhältnissen in großen Schwärmen auf und stellen eine wahre Plage dar. Wer in der Nähe von Seen wandert oder zeltet, wird regelrecht überfallen. Gegen Stechmücken sollte man sich unbedingt schützen, vor allem natürlich, wenn man auf Mückenstiche allergisch reagiert. Campingplätze haben normalerweise Anlagen, die Mücken vertreiben, aber wirksamer sind Mittel zum Einreiben und entsprechende Kleidung. Hilfe bieten auch Mückenvorhersagen, zu finden z. B. unter www.midgeforecast.co.uk.

Nachtleben

Glasgow gilt als Schottlands Hauptstadt des Nachtlebens mit einer unvergleichlichen Auswahl an Unterhaltung jeder Art. Aber auch **Edinburgh** steht dem nur in Wenigem nach. Weit verbreitet sind die Lounge Bars, die tagsüber Kaffee und leichte Küche servieren, abends legt hier ein DJ auf.

In den westlichen Highlands und auf den Hebrideninseln spielen keltische Bands auch in der kleinsten Kneipe und regelmäßig werden *Cèilidhs* veranstaltet, bei denen man zu folkloristischer Musik tanzt. Aber auch traditionelle **Pubs** bieten Unterhaltung in Form von Karaoke und Quizabenden oder Musik von Livebands. Hier findet man auch Billardtische und Dartscheiben.

In sogenannten **Real Ale Pubs** und Microbreweries erhält man *Real Ale* oder *Cask Ale*, d.h. obergärige Biere ohne Zusätze, die oft direkt vor Ort gebraut werden. Pubs schließen gegen 23 Uhr, während die **Lounge Bars** in den Städten bis 1 Uhr geöffnet bleiben. Ausgewiesene **Nightclubs** bleiben bis in die frühen Morgenstunden geöffnet.

Notfälle, wichtige Rufnummern

Die **Notrufnummer** in dringenden Notfällen (Notarzt, Polizei, Feuerwehr, Küstenwache) ist die ✆ 999. Daneben gibt es auch den **EU-weit gültigen Euronotruf** ✆ 112. Wenn man erkrankt ist, aber keine Lebensgefahr besteht, wählt man die Nummer ✆ 111.

Öffnungszeiten

Die Kernöffnungszeiten der **Geschäfte** sind Mo–Sa 9–17 und So 10–16, die der **Banken** Mo–Fr 9–16/17 Uhr. In Großstädten sind einige Bankfilialen auch samstags bis mittags geöffnet.

In größeren Städten gibt es **Supermärkte** wie Morrisons und Tesco, die bis 21 oder 23 Uhr geöffnet sind. In den entlegeneren Gegenden der Highlands gelten oft eingeschränkte Öffnungszeiten und einige Läden bleiben sonntags geschlossen. **Ecklädchen** und **Tankstellen** sind normalerweise bis 22/23 Uhr geöffnet.

Post, Briefmarken

Seit der Teilprivatisierung und dem Börsengang der Royal Mail wurden viele Postämter geschlossen. Heute findet man Postdienststellen meist in kleineren Läden. Die Öffnungszeiten sind Mo–Fr 9–17.30, Sa 9–12 Uhr. Briefmarken erhält man jedoch auch beim Zeitschriftenhändler *(newsagent).* Das Porto wird nach Gewicht, Größe und Dicke berechnet. Generelle Postauskünfte erhält man unter www.postoffice.co.uk.

Presse, Radio

Die nationale Zeitung Schottlands ist *The Scotsman* (www.scotsman.com). Britische überregionale Zeitungen wie *The Times* und *The Guardian* produzieren eine schottische Ausgabe. Alle Zeitungen sind auch online verfügbar. Daneben gibt es regionale Blätter wie *Glasgow Evening Times* oder *The Herald* in Edinburgh. Die BBC bietet die Regionalsender BBC Scotland und den gälischsprachigen Sender BBC Alba an.

Rauchen

In Großbritannien gilt national ein allgemeines Rauchverbot in allen öffentlichen Räumen und an öffentlichen Plätzen, dies schließt auch Bahnhöfe, öffentliche Einrichtungen und alle Arbeitsplätze ein. Auf der Straße sollte man keine Kippen wegwerfen. Kneipen und Restaurants haben Außenbereiche, die für Raucher bestimmt sind und im Winter beheizt werden.

Sicherheit

Schottland ist ein sehr sicheres Land. Während Anwohner der Highlands nicht einmal ihre Türen abschließen müssen, weil jeder jeden kennt, ist man in einer Großstadt wie Glasgow aber dennoch eher auf Sicherheit bedacht. In den größeren Städten sollte man im Gewühl daher generell auf Taschendiebe gefasst sein. Auch sollte man keine Wertgegenstände im Auto liegen lassen.

Sport und Erholung

Angeln

Der Angelsport (*angling* oder *fishing*) ist an Schottlands zahlreichen Gewässern weit verbreitet. Dabei wird unterschieden zwischen Sea Fishing in Meeresgewässern und dem Fischen in Flüssen und Seen, das wiederum nach verschiedenen Fischarten unterteilt ist: Salmon Fishing (Lachs), Trout and Grayling Fishing (Forelle und Äsche) und Coarse Fishing (alle anderen Fischarten wie Karpfen etc.) Wer in einem der fischreichen Flüsse oder Seen angeln möchte, benötigt eine Angellizenz. Alle nötigen Informationen findet man auf der Website von Fish Scotland (www.fishscotland.co.uk).

Birdwatching

Birdwatching oder auch Birding ist ein beliebtes britisches Hobby und viele Amateur-Enthusiasten begeben sich mit einem Fernglas auf die Wanderung, um heimische oder seltene Vögel aufzuspüren. Die **Royal Society for the Protection of Birds (RSPB)** ist der nationale Vogelschutzverein und bietet eingehende Informationen über britische Vogel und Seevögel sowie Möglichkeiten zum Birdwatching. Der Verein betreibt viele Vogelschutzgebiete im ganzen Land. Das einschlägige Magazin Bird Watching gibt es unter www.birdwatching.co.uk. Der Tourveranstalter Heatherlea bietet speziell zugeschnittene Ferien an, z. B. Reisen ins Bird Observatory auf Fair Isle (www.heatherlea.co.uk).

Golf

Der Golfsport wurde in Schottland erfunden und im Royal and Ancient Golfclub in St. Andrews in der Grafschaft Fife wurden die Regeln des Sports festgelegt. Schotten sind begeisterte Golfspieler und gegen Zahlung von Green Fees kann man auch als Nichtmitglied in den meisten Clubs spielen (www.randa.org, www.visitscotland.com/de-de/see-do/active/golf). Viele Golf Links liegen in landschaftlich schönen Gegenden, direkt an der Küste oder eingebettet in grüne Hügel.

Neulinge finden auf den Websites der Golfplätze auch Informationen für Tageskurse. Verschiedene Veranstalter bieten Golfurlaube nach Schottland an, z.B. www.golfinschottland.com.

Radfahren

Um die Radfahrer kümmert sich die Organisation Sustrans (www.sustrans.org.uk/scotland). Insbesondere in den Highlands gibt es viele Langstreckenwege für Mountain Biking. Beliebte Routen findet man u.a. unter www.scotland.forestry.gov.uk/activities/mountain-biking.

Auf der Website von Sustrans findet man die nationalen Fahrradrouten, die durchgehend nummeriert sind, mit Karten und Beschreibungen. Fahrräder kann man an vielen Orten ausleihen und die Tourist Offices helfen gerne mit Informationen weiter. Einen Fahrradverleihservice für die schottischen Großstädte bietet u.a. Bike and Go, www.bikeandgo.co.uk/locations/scotland.

Reiten

Beliebt in Schottland ist das **Pony Trekking**, das in verschiedenen Orten angeboten wird, und es ist ein erholsamer Weg, die einsamen Küstenlandschaften Schottlands zu erkunden. Die Anbieter sind bestens auf verschiedene Altersgruppen und deren Reiterfahrung eingestellt und halten eine entsprechende Auswahl an Pferden bereit (www.ridinginscotland.com). Pony Trekking und Reiterferien bieten u.a. www.highlandsunbridled.co.uk, www.newtonmoreridingcentre.com, lomond-ponytreks.co.uk, visitcairngorms.com/horseriding.html, www.wilderways.scot.

Wandern

Schottland ist ein Wanderland und es gibt zahlreiche Fernwanderwege, die durch bestimmte Regionen führen und die man auf Teilstrecken oder auf ganzer Länge erkunden kann. Der längste Wanderweg ist mit 341 Kilometern der **Southern Upland Way** von Portpatrick an der Westküste Galloways bis nach Cockburnspath an der Nordseeküste. Ebenfalls sehr lang sind der **Fife Coastal Path** (150 km) und der **West Highland Way** mit 152 Kilometern von Milngavie bis Fort William. Der **Speyside Way** entlang des Speytals von Buckie bis Aviemore hat 130 Kilometer und der **Great Glen Way** von Fort William bis Inverness 117 Kilometer (www.walkhighlands.co.uk/great-glen-way.shtml).

Insbesondere die Highlands sind bei Mountainbikern sehr beliebt

Die Organisation Walk Highlands bietet auf ihrer Wesite umfassende Infos zu kurzen und langen Wanderwegen und Routen in den meisten Regionen Schottlands an. Hier findet man Routenbeschreibungen und Online-Karten (www.walkhighlands.co.uk). Die Fernwanderwege werden auch auf der Website www.walkscotland.com beschrieben.

Man sollte sich jedoch nicht nur auf Online-Informationen verlassen. Der besten Reisebegleiter sind die Karten der nationalen Kartografen Ordnance Survey. Die Explorer-Reihe stellt jeden Landstrich im Detail dar. Die Karten sind erhältlich in Buchläden, in Touristeninformationen und teilweise an Tankstellen (dort jeweils für die entsprechende Region).

Wassersport

Natürlich können an der langen Küste und auf den Lochs von Schottland auch alle Arten von Wassersport betrieben werden. Per Kanu oder Kajak lässt sich die Landschaft vom Wasser aus erkunden (www.visitscotland.com/see-do/active/watersports).

Sprachhilfen

Ursprünglich wurden in Schottland keltische Sprachen wie das sogenannte p-keltische Brythonisch und das q-keltische Goidelisch, d.h. Gälisch, das die Iren mitbrachten, gesprochen. **Gälisch** ist heute noch als Minderheitensprache auf den Inseln und im Nordwesten Schottland, den Highlands, zu finden. Ab dem 11. Jahrhundert bildete sich in den Lowland-Regionen die Umgangssprache **Scots** heraus. Es vereint Elemente und Lehnwörter aus dem Keltischen, Nordenglischen, Skandinavischen und anderen europäischen Sprachen.

Gegen Ende des 16. Jahrhunderts setzte sich Standard-Englisch als Schriftsprache durch, während das Scots als regional abweichender Dialekt die Zeiten überdauert hat. Besonders ausgeprägt ist Scots in den Lowlands und in Glasgow, das sein eigenes *Patois*, seinen eigenen Dialekt aufweist, das Glasgow Patter.

Aber auch die Aussprache des Standard-Englisch weist Unterschiede in Aussprache und Melodie auf. Schotten sprechen mehr guttural, so rollen sie z.B. das »r« und hauchen das »h« bei der Aufeinanderfolge von »wh«, wie z.B. in *why (gespr. hwei), where (hwer)* etc. Das »ch« wird ausgesprochen wie im Deutschen in »ach« oder »doch« (z.B. in *loch, broch, och*).

Wörter und Redewendungen in Scots

aber (Aberdeen)	– Flussmündung
albanach	– Schotte
auld	– alt
a wee dram	– ein Schluck Whisky
ay	– Ja
ben (fell, law, pen, pap)	– Berg
bonnie	– schön
brae	– Hügel
bridie	– Fleischpastete
burn	– Bach (Bannockburn)
Bye for noo!	– Tschüs!
dreich	– kaltes, nasses Wetter
dun	– Hügelfort
firth	– Förde, Fjord
glen	– Tal
Hae a guid day.	– Habe einen guten Tag.
haeme	– Zuhause
Here's tae ye!	– Zum Wohl!
hielan	– Highland
hootenanny	– Fest, Feier
hogmanay	– Neujahrsfeier
inver (Inverness)	– Flussmündung
kirk	– Kirche
kyle	– Meerenge, Sund
lassie/lass	– Mädchen
loch	– Meeresarm, Fjord
munro	– Berg
nae	– nicht
naw	– nein
noo	– jetzt
Och!	– Oh!
polis	– Polizei
puddin	– Nachtisch
Sassenach	– Engländer
strath	– Flusstal
tattie	– Kartoffel
wee	– klein
ye	– Du

Wörter und Redewendungen in Gälisch

bealach [bɛlax]	– Pass
ceilidh [keɪli]	– Feier
Ciamar a tha sibh? [kʲimar ə ha ʃiv]	– Wie geht's?
Fàilte! [fɑːlʲtʲə]	– Willkommen!
Feasgar math. [fesgər ma)	– Guten Tag.
glè mhath [gleː ma]	– sehr gut
Madainn mhath. [madɪNʲ ma]	– Guten Morgen.
Slàinte! [slɑːntʃə]	– Zum Wohl! Prost!
Tapadh leibh. [tahbəɣ le]	– Vielen Dank.
Tha i brèagha. [ha i brʲiə.ə]	– Das Wetter ist schön.
Tha i fliuch [ha i flux]	– Es regnet.

Strom

Für den Anschluss von Elektrogeräten an die dreipoligen britischen Steckdosen braucht man einen Adapter, den man bereits zu Hause im Haushaltswarenladen oder am Flughafen kaufen sollte. In Großbritannien selbst findet man nur Adapter für Kontinentaleuropa.

Die Stromspannung beträgt 240 Volt Wechselstrom, 50 Hertz.

Telefonieren

Öffentliche Fernsprecher gibt es in Großbritannien kaum noch, und wo sie existieren, werden sie meist mit Kreditkarte und nicht mit Münzen betrieben. Wer sein **Handy bzw. Smartphone** im Ausland benutzen möchte, sollte sich vorab bei seinem Anbieter über Roamingtarife informieren.

Die Roaminggebühren sind in den letzten Jahren europaweit stark reduziert worden, allerdings ist die Interneteinwahl oft noch teuer. Als Alternative kann man sich eine Prepaid-Karte für das englische Netz besorgen. Prepaid-Karten (Pay-as-you-Go) erhält man vor Ort in den Telefonshops der bekannten Anbieter wie O2, Vodafone und T-Mobile oder im Voraus online auf den entsprechenden Websites.

Die **Auslandsvorwahl** für **Großbritannien** lautet ✆ +44, danach wählt man die Vorwahlnummer der Stadt ohne die Null und schließlich die Teilnehmernummer.

Die gleiche Prozedur gilt bei Gesprächen von Großbritannien ins Ausland, die Vorwahl für **Deutschland** ist ✆ +49, für **Österreich** wählt man ✆ +43 und für die **Schweiz** ✆ +41.

Trinkgeld

In Pubs ist es nicht üblich, ein Trinkgeld zu geben, da man Getränke an der Theke kauft und es keine Tischbedienung gibt. Manchmal gibt es jedoch an der Theke eine Sammelbüchse für das Personal. In Restaurants ist ein *tip* von 10 bis 15 Prozent durchaus angemessen. Auch Taxifahrer, Zimmermädchen und andere Dienstleister freuen sich über ein kleines Trinkgeld.

Unterkunft, Camping

In den Großstädten Edinburgh und Glasgow gibt es Unterkünfte für jeden Geschmack und Geldbeutel, vom **Hostel bis zum Luxushotel** (www.scotland-hotels.com). Zur Zeit der Schulferien und während des Edinburgh International Festivals sind jedoch die preiswerten Unterkünfte bis ins benachbarte Umland lange im Voraus belegt.

In den Highlands gibt es nur eine begrenzte Anzahl an Hotels und Bed & Breakfasts (B&Bs) und in der Hochsaison sind oft sogar Campingplätze ausgebucht.

Wenn man sich im Urlaub selbst versorgen möchte, lohnt sich in den Großstädten sowie in einsameren Gegenden und auf den Inseln die Anmietung einer Ferienwohnung oder eines Ferienhauses, d.h. eines **Cottages oder einer Lodge** *(Self-Catering Accommodation)*. Hier ist man allerdings an einen Mindestaufenthalt von drei bis sieben Nächten gebunden (www.cottages-in-scotland.com, www.forestholidays.co.uk).

Private **Hostels und Jugendherbergen** (www.syha.org.uk, hostel-scotland.co.uk) bieten neben Mehrbettzimmern auch günstige Doppel- oder Familienzimmer an. In den Städten gibt es Filialen von Budget-Hotelketten wie Premier Inn, Ibis oder Travellodge mit gleich bleibend gutem Standard und einem angegliederten Restaurant.

Sogenannte Boutiquehotels oder Townhouse Hotels sind gehobene **Bed & Breakfasts** (www.walkhighlands.co.uk/bedandbreakfast.shtml), teils ebenfalls mit Restaurant. Spricht man von einem Guesthouse, handelt es sich meist um ein B&B mit mehreren Zimmern. Private B&Bs können in Größe, Standard und Ausstattung erheblich variieren. Mit Vorsicht zu genießen sind B&Bs, die weit unterhalb der preislichen Norm angesiedelt sind. Zudem können solche Unterkünfte weit außerhalb liegen. Manche Pubs oder Restaurant vermieten ebenfalls Zimmer, die meist einen guten Standard haben.

In den Großstädten sollten die Lage der Unterkunft sowie die Anbindung an öffentliche Verkehrsmittel eine Rolle bei der

Meerblick garantiert: Campen an Schottlands wilder Küste

Auswahl spielen. Falls man mit dem Auto unterwegs ist, ist im Stadtzentrum der Großstädte die Verfügbarkeit eines Parkplatzes wichtig, da sonst Zusatzkosten in Form von Parkgebühren anfallen. In den Highlands findet man eine große Auswahl an Lodges mitten in der Natur.

Campingplätze bieten inzwischen die Möglichkeit der Anmietung von feststehenden Hütten (*Camping Huts* oder *Pods*), die es in verschiedenen zeitgemäßen Formen gibt, z.B. als Wigwam (vorteilhaft bei Mückenplage); (www.scottishcamping.com, www.campingandcaravanningclub.co.uk).

Bei der Qual der Wahl hilft Visit Scotland (vgl. Auskunft), die eine begrenzte Auswahl an Unterkünften auf ihrer Website anbieten. Natürlich kann man auch in jeder Tourist Information Hilfe bei der Buchung erhalten.

Verkehrsmittel

Innerhalb von Schottland gibt es verlässliche Bahnverbindungen (www.scotrail.co.uk), aber in ländlichen Gegenden ist das Hauptverkehrsmittel der Bus bzw. der Überlandbus. Informationen über alle Verkehrsmittel erhält man unter: www.transport.gov.scot.

Auf den Inseln und in anderen entlegenen Gegenden gibt es teilweise sonntags keinen Busverkehr. Zwischen den *Sea Lochs* und den Inseln verkehren viele Fähren, wobei Caledonian MacBrayne (Calmac) das Monopol hält.

Fähren
Caledonian MacBrayne (www.calmac.co.uk), Fährverkehr zu den Hebriden, Skye und über den Firth of Clyde
Western Ferries (www.western-ferries.co.uk) und Argyll Ferries (www.argyllferries.co.uk), Fährverkehr zwischen Gourock und Dunoon über den Firth of Clyde.

Insel-Kreuzfahrten
Hebrides Cruises (www.hebridescruises.co.uk)
Hebredian Island Cruises (www.hebridean.co.uk)
Majestic Line – West Coast Cruises (themajesticline.co.uk)

Zeitzone

In Großbritannien gilt die GMT (Greenwich Mean Time), d.h. es ist immer eine Stunde früher als auf dem Kontinent. Zur Sommerzeit werden die Uhren ebenfalls umgestellt, sodass auch hier nur eine Stunde Unterschied besteht. Die Zeiten werden mit a.m. (*ante meridiem*, 0–12 Uhr) und p.m. (*post meridiem*, 12–24 Uhr) angegeben.

Zoll

Einfuhrbegrenzungen gibt es bei Alkohol (10 Liter Spirituosen, 90 Liter Wein) und Zigaretten (3200).

Bei der Ausfuhr von Waren gelten die jeweiligen Einfuhrbestimmungen des Ziellands (also in Deutschland z.B. 10 Liter Spirituosen, 800 Zigaretten, 20 Liter Wein etc.; www.zoll.de).

Die Autofähre nach Shetland ist die komfortabelste Verbindung vom Festland aus

Orts- und Sachregister

Die *kursiv* gesetzten Begriffe bzw. Seitenzahlen beziehen sich auf Angaben im Service, **fette** Ziffern verweisen auf ausführliche Erwähnungen.

Namenregister

Namenregister

Dryburgh Abbey Hotel: S. 269
Fotolia/Adrianpluskota: S. 106; Afunbags: S. 89 o.; andrea cerri ferrari: S. 102; bomboman: S. 179; Anthony Brown: S. 26/27; Cieniu1: S. 6 u.; Circumnavigation: S. 4/5; ClawsAndPaws: S. 173 o.; elxeneize: S. 206; emigrant: S. 68 o.; francescodemarco: S. 49 u.; Friedberg: S. 2/3; Heartland Arts: S. 90; James Thomson: S. 171; Jenifoto: S. 31; JoeGough: S. 228; John Braid: S. 242 o.; johnbraid: S 212; Kristina Ruetten: S. 106 o.; Kwaczo: S. 230; leksele: S. 115 o.; MartinM303: S. 231; Maximilan Krä: S. 197 o.; Michelis Palis: S. 62 u.; NataliyaHora: 23/24; Nic Neish: S. 10 u.; Nikokvfrmoto: S. 241 o., 251; Pietro Bevilacqua: S. 138; Rafalrusta: S. 16 o.; Richie0703: S. 45 o.; Stocksolutions: S. 92 o.; Stuart Lowe: S. 178; Thomas Daly: S. 158; victor Lord Denovan: S. 64; William McKelvie: S. 241 u.
Glen Navis: S. 272
iStockphoto/22kay22: S. 121/122, 122 o.; ABBPhoto: S. 263; AdShooter: S. 279; aiaikawa: S. 256 o.; Alan Hewitt: S. 14; Alan Crawford: S. 57 o.; Alanach_d: S. 109; AlasdairSargent: S. 214 u.; AndrewJShearer: S. 254 u., 258, 261 u.; AndyRoland: S. 255 u.; Ansaharju: S. 34; Anthony Rosenberg: S. 220 u.; arodPEI: S. 135; BasPhoto: S. 10 o.; Bob Balestri: S. 253; Carol_Ann_Peacock: S. 224 o.; claffra: S. 223 u.; Colin_Hunter: S. 152; damnura: S. 265; Darren Pullman: S. 229; David Chadwick: S. 291; David Woods: S. 85 u.; David Woolfenden: S. 46 o.; davidhills: S. 103; David Pimborough: S. 285; denovan: S. 54, 65; Denys Dolnikov: S. 217 o.; Derek Dammann: S. 7 u.; Derek McDougall: S. 83 o., 86 u., 119, 150, 190, 194 o., 202 o.; Dgwildlife: S. 260, 280; Dimitrios Vasiliou: S. 66/67; DonFord1: S. 273; Dougall_Photography: S. 154, 156, 185; Douglas McGilviray: S. 276; Duncan Walker: S. 126; duncan1890: S. 21 o., 181; elkor: S. 107 o.; EmmaIsabelle: S. 165 u.; elgol: S. 214; Empato: S. 44, 131 u., 202 u.; fotoVoyager: S. 186/187, 200 o., 217, 219 u., 221 o., 222; fujji: S. 12 o.; Gannet77: S. 30 u., 170 o.; Garnett77: S. 9 u., 157 u., 160 o., 162 u.; gegeonline: S. 213 o., 233 u.; Georg Hanf: S. 151 o., 243 o.; George Clerk: S. 1 (Schmutztitel), 21 u., 23, 32, 51 u., 67, 68 u., 108 o., 165 o., 236; Gim42: S. 40 u., 41 o., 87 o., 142, 148, 170 u., 176; Gueholl: S. 11 u., 42, 102 o.; hipproductions: S. 59; hmproudlove: S. 258 u.; Horst Gerlach: S. 43; HultonArchive: S. 63 u.; Iain Sarjeant: S. 235 u.; IcarusImages: S. 195; Iliyas-Campbell: S. 167; JanMiko: S. 274; Jbyard: S. 16 u.; jgshields: S. 174 o., 192; jiduha: S. 245 u.; JoeDunckley: S. 104 o.; John Braid: S. 168/169, 173, 246; John Butterfield: S. 129 u.; JohnFScott: S. 42 o., 77 u., 200 u. ; johnshepherd: S. 182 u.; Julieanne Birch: S. 13 u.; JuneCairns: S. 104 u.; Khrizmo: S. 95; Kloeg008: S. 232; krzych-34: S. 199; Lichtmeister Photography Productions: S. 5 u.; Lingbeek: S. 50; lisland: S. 252, 254, 264 u.; Liz Leyden: S. 8, 9 o., 22 o., 38, 94, 286 o.; Lukasphoto: S. 147; Lusky: S. 151; Marc-Andre_LeTourneux: S. 261 o.; mariofederrovici: S. 247; MarkGillow: S. 227 o., 227 u.; Martin McCarthy: S. 15 u., 73 u., 76, 77 o., 78, 114, 118 o., 118 u., 207, 225, 238, 249 u., 250; mashuk: S. 20 u.; Matthew Stansfield: S. 188; Michael Harrison: S. 74 u., 81 o.; Mike Bentley: S. 160; mipan: S. 4 o.; Moorefam: S. 255 o., 259, 294; munro1: S. 235 o.; Murphy_Shewchuk: S. 184 u.; Nikokvfrmoto: S. 251; nicolamargaret: S. 288; northlightimages: S. 237 o., 237 u.; naumoid: S. 111 u.; nicolamargaret: S. 72 u.; Nicola Ferrari: S. 73 o.; Oleg Albinsky: S. 11 o., 37 u.; Peter Burnett: S. 70 o., 72 o., 140, 149, 166 o., 175 u., 180 o., 187, 193 u., 216, 218, 219 o., 220 o., 224 u., 226, 248; Philartphace: S. 98; Photomick: S. 249 o.; PHoyle: S. 193 o.; pidjoe: S. 53 u.; Placebo365: 153 u., 158/159; Poligrafistka: S. 6 o.; Ramonespelt: S. 139; rfwil: S. 133 o.; SalvatoreConte: S. 5 o., 194 u.; Seenicks: S. 108 u.; Sergeicha: S. 262 u.; Shaiith: S. 47; shank_ali: S. 201; Simon11uk: S. 49 o.; Simon Bradfield: S. 204/205; Sporran: S. 107 u.; spumador: S. 113 o.; Stephenmeese: S. 133 u., 135; Steven Wynn: S. 36; StockSolutions: S. 215; stuartbur: S. 56 u.; Studio-Annika: S. 7 o.; sunlow: S. 146, 191 o.; Thorsten Schmitz: S. 60; taz-ufos: S. 116/117; Tom Foxall: S. 112; toneteam: S. 234; TT: S. 198, 257 o., 262 o.; Warwick Lister-Kaye: S. 256/257; Wendy Conway: S. 166 u.; William McKelvie: S. 93; Zmeel Photography: S. 197 u., 203;
Jasperimage/Shutterstock.com: S. 153 o.
johnbraid/Shutterstock.com: S. 183, 242 u.
Lilly Nielitz-Hart: S. 26, 33, 35 o., 35 u., 37 o., 39 u., 52, 57 u., 61, 70 u., 71 u., 86 o., 87 u., 88 o., 88 u., 89 u., 91, 96, 100, 101 o., 101 u., 105 o., 105 u., 110, 111 o., 115 u., 124, 125 o. 125 u., 127 o., 127 u., 128, 130, 132, 137, 141, 143 o., 144 o.,

145, 162 o., 164 o., 175 o., 182 o., 191, 192 o., 229, 233 o.
Macdonald Aviemore Resort: S. 266
mauritius/Alamy/ allan wright: S. 184 o.; Andrew Bell: S. 97; Chris leachman: S. 210 u.; Colin Lunn: S. 51 o.; DGB : S. 210 o.; gkphotography : S. 116; Gary Cook: S. 93; Gary Doak: S. 22 u.; Ian Rutherford: S. 56 o.; Iain Sarjeant: S. 213; John Peter Photography: S. 113 u.; Kevin George: S. 80; Mar Photographics: S. 144 u.; Stephen Doreys: S. 75; Tim Graham: S. 79 o.;
mauritius images/Loop Images/Andrew Wilson: S. 61
mauritius images/nature picture library/2020VISION/Peter Cairns: S. 49 o.; Rob Jordan: S. 58;
National Museums Scotland: S. 32 o., 39 o.
pixelio/Rolf Handke: S. 45 u.;
Ptomkins/Visit Scotland / ScottishViewpoint: S. 264 o.
Shutterstock/aiaikawa: S. 239 o.; Anneka: S. 223; Bill Kret; S. 85 o.; DrimaFilm: S. 221 u.; jennyt: S. 244; Misty River: S. 53 o.;
Visit Britain: S. 12 u., 13 o., 63 o., 74, 79 u., 129 o., 131 o., 136, 172, 239 u., 271, 284, 293
Visit Britain/AndrewPicketPhoto.com: S. 286 u.; HarryWilliams: S. 164; McAteer-Photograph: S. 283; Natalie Pecht: S. 157 o.
Visit Scotland/Scottish Viewpoint: S. 245 o.
VISTA POINT Verlag (Archiv), Potsdam: S. 17 o., 18, 19, 20 o., 30 o., 40 o.
Wikipedia/Google Art Project: S. 84; Unbekannter Urheber: S. 177 u.
Wikipedia (CC BY-SA 2.0)/Jim Bain: S. 211
Wikipedia(CC BY-SA 3.0)/ChristianBickel: S. 62 o.; DLloyd: S. 177; Erfurth at German Wikipedia: S. 15 o.; Hajotthu: S. 81 u.; Kjetil Bjørnsrud: S. 46 u.; Otter: S. 243 u.

Titelbild: Schloss Urquhart am Loch Ness, Foto: iStockphoto/Marcus Lindstrom
Foto für App: Blick auf Edinburgh vom Carlton Hill mit dem Dugald Stewart Monument im Vordergrund, Foto: Fotolia/Anthony Brown
Vordere Umschlagklappe (innen): Übersichtskarte des Reisegebiets mit den eingezeichneten Reiseregionen
Schmutztitel (S. 1): Cupcakes mit der schottischen Flagge, Foto: iStockphoto/George Clerk
Haupttitel (S. 2/3): Grünes Tal in den schottischen Highlands, Foto: Fotolia/Friedberg
Umschlagrückseite: Papageientaucherpärchen auf der Insel Staffa, Foto: Fotolia/leksele (unten)

Gaia ist eine Marke der VISTA POINT Verlag GmbH, Potsdam

Reihenkonzeption: Horst Schmidt-Brümmer, Andreas Schulz
Bildredaktion: Bettina Hamann, Eszter Kalmár
Lektorat: Christina Richter
Layout und Herstellung: Sandra Penno-Vesper
Reproduktionen: Noch & Noch, Menden
Kartographie: Huber Medien GmbH, München
Gesamtherstellung: Ullmann Medien GmbH, Potsdam

ISBN 978-3-95733-721-4